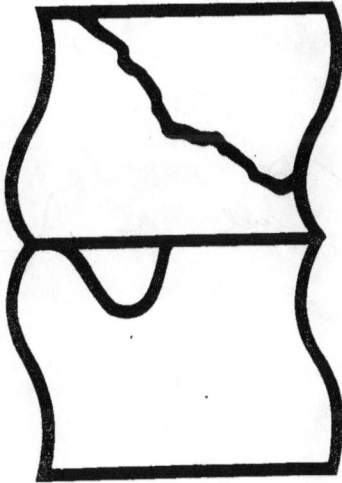

Romans illustrés de Paul de Kock

La

Demoiselle du Cinquième

par

Paul de Kock

Mme J. Rouff et Cie, Éditeur, 14, Cloître St-Honoré

Jules ROUFF et Cie, Éditeurs, 14, cloître Saint-Honoré, Paris

PAUL DE KOCK

LA DEMOISELLE DU CINQUIÈME

I. — UNE MAISON DE LA RUE DU FAUBOURG-MONTMARTRE.

C'était une fort grande maison, d'assez belle apparence, avec deux boutiques de chaque côté de la porte cochère : à gauche un rôtisseur, marchand de volailles cuites ou crues, vendant fort cher, mais ne tenant que du beau ; à droite un pâtissier, se chargeant aussi, outre la pâtisserie, de vous fournir tout ce que vous pouviez désirer pour votre dîner ; par conséquent c'était un pâtissier-traiteur. Mais maintenant, à Paris, le cumul gagne toutes les professions : le boulanger fait des petits pâtés ; la fruitière vend du chocolat ; l'épicier tient de la papeterie ; le liquoriste vend du vin et le boucher fait du bouillon.

Cette maison avait donc une porte cochère, puis une cour oblongue, puis un autre corps de logis et une autre cour plus petite que la première, dans laquelle on avait essayé de faire un carré de gazon et de planter de la vigne vierge le long des murs, pour lui donner un aspect champêtre ; mais tout cela n'avait pas pris. A Paris, les jardins viennent difficilement, par la raison qu'on ne leur laisse jamais assez d'air ; car le moellon a presque partout remplacé la verdure ; c'est peut-être d'un rapport plus certain, mais c'est infiniment moins joli à l'œil et moins bon pour la santé. Après cela, vous me direz : Si vous voulez voir des arbres et du gazon, allez à la campagne, ne vous logez pas à Paris ; c'est juste. Cependant, je pourrais vous répondre que, dans beaucoup de grandes villes, on a ménagé une place pour des arbres ; qu'à Londres, par exemple, chaque square a son petit bouquet de feuillage, ce qui ne nuit en rien à la beauté de la place. Vous pourrez encore me dire que Paris a ses boulevards, promenade magnifique, sans égale dans l'univers, et qui est toute plantée d'arbres qui, malheureusement, n'ont pas toujours le temps de grandir. Je pourrais peut-être vous répondre encore quelque chose, mais cela nous entraînerait trop loin de mon sujet, et il n'y aurait pas de raison pour que cette conversation ne fît la valeur d'un volume ; on pelle cela : tirer à la page, mais ce n'est pas mon habitude, et je voudrais pas la prendre. Revenons à la maison du faubourg.

Je disais que rien n'avait pu pousser dans la seconde cour, je ne trompais : dans un espace de quinze pieds carrés, ménagé dans un coin à gauche et fermé par un petit grillage en bois, on était parvenu à faire tenir un pin d'une hauteur assez modeste ; tenir était bien le mot qui convenait à ce malheureux arbre qui semblait plutôt enfoncé entre quelques pierres que planté dans la cour ; mais comme, par état, les pins doivent être toujours verts, même lorsqu'ils sont morts, on avait le droit de penser que celui-ci avait pris racine dans cet endroit ; quelques capucines que l'on avait, non sans peine, fait grimper sous deux fenêtres du rez-de-chaussée, achevaient de donner à ce petit coin le faux semblant d'un jardin. Cet espace, clos de treillage, faisait partie du logement du rez-de-chaussée où se tenait une école de petits garçons ; et c'était dans cet échantillon de verdure appelé pompeusement jardin par le maître de la classe, que les élèves avaient la permission de se promener pendant le temps des récréations, avec défense formelle d'y faire aucun dégât et de toucher à rien ; défense qui ressemblait à un persiflage. Mais, comme les élèves dépassaient rarement l'âge de sept ans, ils ne se permettaient aucune réflexion à ce sujet.

Retournons dans le corps de logis qui donne sur la rue. Contre l'escalier, était la loge du concierge (à Paris, il n'y a plus de portiers, il n'y a que des concierges). Ce concierge était une femme, ce qui obligeait les locataires à faire très-souvent une faute de français, en disant : la concierge. Mais il y a comme cela beaucoup de choses qu'il est d'usage de mal dire.

La concierge... puisque c'est reçu de parler ainsi, est une bonne femme de soixante ans, qui n'a ni pie ni perruche, ce qui fait son éloge, et ne cancanne pas trop sur les locataires, mais dont toute la préoccupation est de savoir le matin ce qu'elle mangera pour son dîner, et le soir ce qu'elle fera pour son souper. Ce penchant pour la bonne chère lui fait très-souvent oublier qu'il est venu du monde pour un locataire, et ce que cette personne l'a chargée de dire. Mais on ne peut pas songer à tout, et lorsqu'une concierge cherche à quelle sauce elle accommodera son carré de mouton, elle peut bien oublier qu'elle est chargée de lettres ou de commissions.

Cette concierge se nomme madame Ador. Elle a une nièce assez drôlette, qui devrait garder la loge lorsque sa tante s'absente; mais la nièce aime beaucoup à courir dans le quartier; la tante a souvent des emplettes à faire pour la cuisine, et pendant ce temps la loge se garde toute seule.

Le premier étage de la maison est entièrement occupé par un fabricant de plaqué, ses ouvriers et ses commis. Comme cet industriel ne fabrique que des objets élégants, on pourrait presque dire des objets d'art, il n'a généralement affaire qu'à du beau monde; aussi son magasin est-il fort bien tenu, et sa femme a-t-elle toutes les manières d'une petite maîtresse.

Au second, sont deux appartements séparés : l'un est habité par un médecin. C'est un homme de quarante-cinq ans, qui a de la réputation, une belle clientèle, et que l'on n'a pas facilement, car il est demandé partout. Mais le docteur est un homme de plaisir, aimant le monde, la table, le jeu, et surtout ayant une passion violente pour la musique. A trente ans, il s'est mis dans la tête d'apprendre à jouer du violon; il s'est acheté un *Amaty*, a pris un maître et a étudié jusqu'à trois et quatre heures par jour, temps qu'il dérobait à ses malades qui peut-être ne s'en sont pas plus mal trouvés. Enfin, le docteur est arrivé à faire assez mal sa partie dans un quatuor de Pleyel, mais il étudie toujours, au grand désespoir de ses voisins; et cet homme, qui a fait de fort belles cures et est infiniment plus savant en médecine qu'en musique, ne montre aucun amour-propre lorsqu'il a sauvé quelqu'un qui était très-malade, mais se gonfle de joie quand on lui dit :

— Je vous ai entendu jouer du violon... vous avez un fameux coup d'archet... vous en détachez!...

Ce sont presque toujours ses confrères qui lui disent cela.

L'appartement situé sur le même carré, et qui est de deux mille francs, est occupé depuis peu de temps par une célèbre danseuse de l'Opéra, jolie femme, qui a beaucoup de talent, beaucoup d'adorateurs, dépense beaucoup d'argent et fait beaucoup de dettes.

Lorsqu'elle a emménagé, on a été ébloui par la magnificence de son mobilier. Jamais rien d'aussi élégant, d'aussi coquet, n'était entré dans la maison. Madame Ador et sa nièce étaient restées en admiration, la jeune fille, devant une psyché dont le cadre n'était que dorure et ciselure; la concierge, devant des casseroles d'argent doublées en porcelaine.

Mais, en glissant une pièce de vingt francs dans la main de madame Ador qui, en la recevant, avait fait une révérence en fromage, mademoiselle Cypriane lui avait dit :

— Ma petite concierge, vous savez que si l'on demande mademoiselle Cypriane... et s'il vient des lettres ou des bouquets... ou n'importe quoi pour mademoiselle Cypriane, c'est pour moi.

— Oui, madame, oh! je sais... madame est assez connue par son talent!.. J'ai l'honneur d'entendre parler de madame... et ma nièce qui va quelquefois à *la Grande-Opéra*, a eu le bonheur de voir madame jouer dans un opéra où l'on ne parlait pas.

— Oui oui... mais écoutez... je n'ai pas vu votre propriétaire, puisqu'il ne demeure pas dans la maison...

— Non, madame... il reste rue Mouffetard, dans une autre de ses maisons...

— Vous comprenez bien que je n'ai pas le temps d'aller rue Mouffetard, moi!... Est-ce un bon enfant que ce propriétaire... est-il aimable!

— Madame, c'est un monsieur fort gros qui a une perruque blonde et un chien de Terre-Neuve .. qui a fait autrefois le commerce dans le sucre... pas son chien... lui, M. Mouton...

— Eh! bien ma petite concierge, faites-moi le plaisir de dire à M. Mouton, ah! quel drôle de nom!.., il n'est possible d'être méchant quand on porte ce nom-là... vous direz donc à cet excellent mouton de mettre ma quittance sous le nom de madame Patinosky... vous entendez...

— Comment madame... plusieurs noms?

— Ce n'est pas cela; madame Patinosky est mon amie intime qui loge avec moi quand elle ne loge pas à la campagne, car elle a une campagne magnifique, on pourrait dire un château... on n'exagererait pas; n'importe, quand cette chère Patinosky n'habite pas sa *villa*... on pourrait même dire un palais, car c'est un petit palais, tout en marbre et en porphyre... Eh bien! lorsque vous disais donc qu'elle quitte ce lieu de délices pour loger souvent chez moi, et je suis bien aise... pour des raisons de famille, que mon logement soit sous le nom de mon amie... Du reste ce sont de ces choses qui se font à Paris, et il me semble que cela ne doit pas vous étonner... et surtout que cela doit vous être fort égal; du moment qu'il y a un mobilier qui répond amplement de votre loyer, votre propriétaire n'a rien à craindre.

— Oh! assurément, madame peut se flatter d'avoir un mobilier de princesse, c'est magnifique!...

— C'est que je n'aime que les belles choses, moi. Ainsi c'est une affaire entendue n'est-ce pas?

— C'est que, lorsque le propriétaire M. Monton est venu, je lui avais

dit que le logement du second était loué et que nous allions avoir l'honneur de loger une grande artiste de l'Opéra... mademoiselle Cypriane.

— Eh bien! vous en serez quitte pour lui dire maintenant que le loyer est au nom d'une autre personne... c'est entendu; mon logement sous le nom de madame Patinosky... Bonjour, ma petite concierge, j'aurai soin de vous.

Et la belle Cypriane avait quitté madame Ador qui, au bout d'une heure, tout occupée d'un plat de choucroute dont elle voulait se régaler, n'avait pas manqué d'oublier la recommandation de la danseuse.

Montons un étage : au troisième, les logements sont moins grands, parce qu'il y en a trois : l'un est occupé par un employé au trésor et sa femme, couple très-tranquille et bien rangé, n'ayant ni chien, ni chat et ne faisant aucun bruit; le mari sortant tous les jours à neuf heures pour aller à son bureau, et rentrant à cinq heures et un quart; la femme sortant sur le midi pour aller... se promener, et rentrant une heure avant son mari : cette dame n'ayant pas de bonne et ne voulant pas faire elle-même sa cuisine, on fait monter le dîner de chez le pâtissier-traiteur en bas.

A côté, deux dames : la mère et la fille. La mère est veuve de son troisième mari : elle se remarierait volontiers si elle en trouvait un quatrième, mais comme elle frise la soixantaine, il est probable qu'elle n'en trouvera pas. La fille n'est veuve que de son premier; mais elle semble disposée à marcher sur les traces de sa mère. Il y a comme cela de ces familles où les maris ne font que paraître et disparaître.

A côté encore : un vieux monsieur seul avec sa bonne; c'est un Allemand, M. Bugle, ancien négociant, retiré des affaires avec de la fortune, mais ne sachant pas l'employer, non qu'il soit trop économe, non qu'il soit avare, mais parce qu'ayant avoir constamment travaillé, ne sachant comment dépenser son revenu, le gros Allemand passe son temps à se promener sur le boulevard Montmartre, en fumant son cigare, marchant constamment dans le même espace, s'arrêtant de temps à autre pour regarder les passants, et répétant continuellement à ceux de ses amis qui lui disent bonjour :

— Che m'ennuie... che m'ennuie peaucoup... che n'ai rien à faire, c'est empêtant!...

Nous voici au quatrième étage : là ce sont des logements de garçons, aussi allons-nous en trouver :

A gauche demeure Gaston Durandal : c'est un jeune homme de vingt-trois ans. Joli garçon, taille moyenne, cheveux châtains, air doux et même un peu timide, mais qui prend de la physionomie lorsqu'il s'enhardit et ose être un homme. Ses grands yeux bleus n'osent point encore se fixer longtemps sur une femme, quoiqu'il les aime beaucoup, ou justement parce qu'il se sent très-enclin à l'amour, et que la vue d'un joli minois le trouble et l'émotionne au point de lui ôter tous les moyens, et malgré cela, gai, aimable, spirituel, toujours disposé à rire et à s'amuser.

Gaston n'est à Paris que depuis dix-huit mois. Il a quitté Orléans, sa patrie, après la mort de ses parents. Il est venu chercher là Paris ce qu'on y cherche toujours, la gloire et la fortune car il était déjà un peu poête et comptait sur sa plume et sur le théâtre pour devenir célèbre. Mais en attendant qu'il eût trouvé la gloire, qui ne se prostitue pas au premier venu, et la fortune qui se prostitue quelquefois, mais se gagne difficilement, il avait rencontré le plaisir; à vingt-trois ans, et c'est ce que l'on trouve le plus aisément à Paris.

A côté de Gaston Durandal, loge Alexandre Grandmoulin. Celui-ci a vingt-six ans; il n'est ni beau ni laid de visage, mais il est grand fort et bien bâti. Loin d'avoir l'air timide de son voisin Gaston, Alexandre porte la tête haute, il a le regard hardi, et ses yeux noirs qu'il ouvre autant que possible afin de les agrandir, se fixent sur les jolies femmes d'une façon qui quelquefois les fait rougir. Ce jeune homme est persuadé qu'il faut avoir l'air audacieux pour faire des conquêtes; il n'est cependant ni fat, ni prétentieux; aussi, à part ques défauts qui tenaient à sa mauvaise éducation, Alexandre Grandmoulin était un fort bon garçon, tout disposé à obliger quand il en trouvait l'occasion.

M. Alexandre Grandmoulin fait le courtage en marchandises, mais négligeant un peu trop les affaires pour le plaisir, paresseux par goût, flâneur par passion, et dormeur avec délices, il aime à être bien mis, à avoir toujours un habit à la mode, mais n'a pas encore pu parvenir de mettre de côté de quoi s'acheter une montre, même en argent. En revanche, comme sa fenêtre est au midi, il a dessiné un cadran solaire et planté sur sa croisée, un indicateur au-dessus de sa croisée, c'est là qu'il va voir l'heure lorsqu'il a quelque rendez-vous.

Après la porte du bel Alexandre, vient celle de M. Alcibiade Collinet; celui-ci est un petit roux tirant sur le puce, figure assez fine, trop fine peut-être; il y a du renard dans son regard et du singe dans son sourire. C'est un garçon tout mince, tout fluet, qui a du mielleux dans les manières comme dans les paroles. Il est à peu près du même âge que le grand Alexandre, mais quoiqu'il aime aussi le plaisir, il ne néglige pas le travail; il est clerc d'huissier, il veut arriver et il arrivera.

Celui-ci est très-serré sur la dépense; il possède une montre, mais il porte longtemps le même paletot : il serait même vrai de dire qu'il ne le quitterait volontiers jamais, mais que c'est le paletot qui le quitte.

Il y a une quatrième porte sur le carré ; c'est aussi celle d'un logement de garçon, mais ce logement n'est occupé que par une dame qui n'a pas craint le voisinage de ces trois jeunes gens.

Cette dame, qui se fait appeler Montenlair, et se donne trente-cinq ans, quoiqu'elle en paraisse plus de quarante, est une ancienne actrice, retirée du théâtre par suite des cabales que ses trop grands succès lui attiraient.

C'est une brune qui a pu être très-piquante, mais qui a abusé du tabac à priser et du ratafia de cerises. Il y a maintenant beaucoup de laisser-aller dans sa tenue et dans sa démarche. Du reste, extrêmement obligeante pour ses voisins, madame Montenlair ne cesse de répéter qu'elle n'a rien à elle.

Maintenant nous pouvons ut de suite vous dire que les trois jeunes gens, logeant sur le même carré, n'ont pas tardé à se lier ensemble ; la jeunesse fait si vite connaissance, c'est l'âge où l'on croit ne voir autour de soi que des amis, et l'expérience vient assez tôt pour nous désabuser.

Quant à madame Montenlair, qui vivait en garçon, elle avait fait comme les jeunes gens, et s'ils l'avaient voulu, elle aurait été jusqu'à les tutoyer, tant elle désirait bannir toute cérémonie.

Nous arrivons au cinquième étage. Là, le palier s'allonge en longs corridors ; là, sont les chambres des bonnes, car mademoiselle Amanda, la nièce de la portière, couche dans une soupente en bas, auprès de sa tante. Le cinquième n'a donc que des chambres de domestiques, plus un tout petit logement, composé d'une chambre et d'un grand cabinet, et qui a été loué tout meublé par la concierge à une jeune fille qui lui a été très-bien recommandée.

Cette jeune fille se nomme Félicie ; ses cheveux sont très-noirs, ses yeux bruns, vifs et mutins ; son nez légèrement retroussé ; sa bouche assez grande a une expression tout aimable et laisse voir en souriant des dents ravissantes de blancheur. Mademoiselle Félicie n'est ni trop grande ni trop petite, mais elle est fort bien faite ; sa taille est fine, son mollet bien placé, son pied étroit et cambré.

C'est une jolie fille que cette Félicie, et elle n'a pas l'air de le savoir ; elle ne fait point la coquette, elle n'affecte point un air sauvage pour se faire suivre, et elle ne lance pas un regard en dessous pour se faire remarquer. Tout chez elle est franc, simple, naturel. Rien de gauche ni d'emprunté dans ses manières ; enfin, elle sait entrer et sortir d'un salon comme quelqu'un qui a l'usage du monde.

Nous ne vous avons pas dit ce que faisait cette jeune fille, mais la suite vous l'apprendra sans doute. Achevons d'abord le recensement de notre maison.

Vous connaissez le principal corps de logis. Le second, situé entre les deux cours et beaucoup moins considérable, n'était pas aussi élégant, l'escalier était étroit et assez mal tenu, et les logements étaient en grande partie occupés par des artisans mariés ou des employés chargés de nombreuse famille. Enfin, le dernier pavillon, situé après la seconde cour, n'avait qu'un rez-de-chaussée et un premier : en tout trois logements. Le premier occupé tout entier par une blanchisseuse de fin et ses ouvrières ; le rez-de-chaussée logeant d'un côté un tailleur en vieux ; et l'autre M. Loupard, homme de cinquante ans, long comme une perche, maigre comme un balai, qui se disait bachelier ès lettres, et tenait la petite école des petits garçons, devant laquelle était le petit carré fermé de treillage, qui encadrait un pin et des capucines.

Maintenant, vous savez comment était habitée la maison dont je viens de faire la description. Je pourrais bien vous dire aussi quel était son numéro... mais je ne vous le dirai pas.

II. — UNE DAME QUI A DU FEU.

Nous sommes en l'année mil huit cent cinquante-cinq, à la fin d'octobre ; il est neuf heures du soir et il ne fait pas chaud.

Alexandre Grandmoulin ouvre sa porte, s'avance sur le carré, tout débraillé, sans cravate, les bretelles lâchées et le gilet déboutonné, enfin, comme quelqu'un qui vient de se livrer au sommeil, et n'a pas encore réparé le désordre de sa toilette. Là il étend les bras, s'étire et se met à crier d'une voix de stentor :

— Ohé les autres !... qui est-ce qui a du feu chez les voisins ?... je suis gelé, moi... Voilà un automne qui ressemble comme deux gouttes d'eau à un hiver... Eh bien ! on ne répond pas... est-ce qu'il n'y a personne ici... est-ce que tout le monde est de oce soir...

— Une des autres portes s'ouvre : c'est celle de madame Montenlair. Cette dame passe sa tête, puis passe son bras dehors. Sa main tient un bougeoir, parce que l'escalier n'est éclairé que jusqu'au second, les autres locataires ayant le droit de se casser le nez en rentrant chez eux.

— Qu'est-ce qu'il y a... qu'est-ce que c'est ? dit la voisine en jetant un coup d'œil sur le carré. Ah ! c'est M. Alexandre, je crois... Vous avez quelque chose, monsieur Alexandre !...

— Pardon... voisine... pardon... certainement ce n'est pas vous que je

me serais permis *hisser* comme cela... c'est à mes deux amis que je m'adressais... mais il me paraît qu'ils sont absents... Quelle heure est-il donc, à présent ?... mon cadran solaire n'a pas été aujourd'hui... le soleil est dérangé...

— Mon voisin, neuf heures viennent de sonner...

— Neuf heures !... pas possible... alors il serait temps de dîner...

— Comment ! vous n'avez pas encore dîné, monsieur Alexandre ?

— Mon Dieu non... je vais vous dire, en revenant de la Bourse, à cinq heures, j'étais un peu fatigué, je me suis jeté sur mon lit... j'ai fait un somme... et, sans le froid, je crois que je dormirais encore ; vous connaissez le proverbe : « Qui dort dîne... » Avez-vous du feu chez vous, voisine ?

— Il y a toujours du feu chez moi, jeune homme, je ne le laisse jamais s'éteindre...

— Diable ! c'est donc comme chez les vestales...

— Venez vous réchauffer, mauvais sujet !... et si je n'avais pas dîné, je vous dirais : Venez partager mon modeste repas... Mais c'est fait... et ma foi, je n'ai pas de restes... J'avais une cuisse d'oie, je l'ai dévorée...

— Vous êtes trop bonne... j'accepte votre feu, c'est bien assez... mais d'abord, permettez que je me rajuste... remettons nos bretelles, reboutonnons ce gilet...

— Venez donc, venez donc, voisin, est-ce que entre hommes on fait des façons, et vous savez bien que je suis un garçon aussi, moi...

— Cela vous plaît à dire, mais je n'en crois rien...

Pendant que le grand Alexandre répare le désordre de sa toilette, une autre porte s'ouvre sur le carré, c'est celle de chez Gaston. Le jeune poète paraît une plume dans la bouche, une lumière à la main, en disant :

— Est-ce qu'on n'a pas appelé tout à l'heure... Ah ! c'est toi, Alexandre...

— Eh bien ! il est encore gentil, celui-là... Dites donc, madame Montenlair, n'est-ce pas qu'il y a bien dix minutes que je l'ai appelé ?... et il ouvre à présent... Tu dormais donc aussi, toi ?

— Moi, dormir ! oh non ! je travaillais, j'étais dans le feu de la composition... un vaudeville en trois actes que je fais...

— Pour quel théâtre, monsieur Gaston ?

— Ma foi, ma voisine, ce sera pour celui qui en voudra... vous concevez, quand on commence, on va où l'on peut.

— Vous me donnerez des billets, j'espère...

— Oh ! pour cela, vous pouvez y compter ; malheureusement nous n'en sommes pas encore là...

— Voyons, Gaston, laisse un peu là ce chef-d'œuvre... As-tu du feu chez toi ?

— Du feu ? pas du tout... Pourquoi ?

— C'est qu'alors je n'aurais pas été importuner la voisine... elle a du feu, elle... elle en a toujours, même, à ce qu'elle assure... C'est le feu sacré que cette femme-là... allons nous chauffer chez elle... tu as assez travaillé ce soir...

— Mais... j'étais en train...

— Bah !... tu es toujours en train. Voisine, vous voulez bien qu'il qu'il vienne se chauffer aussi, n'est-ce pas ?

— M. Gaston !... mais n'a-t-il pas aussi ses entrées chez moi ?

— Prenez garde, madame Montenlair, il est capable d'en abuser !...

— Taisez-vous, mauvais sujet. Messieurs, je vous attends en tisonnant.

Madame Montenlair est rentrée chez ell., et Alexandre dit à Gaston, qui regarde sa plume :

— Je suis sûr que tu aimerais mieux avoir tes entrées à l'Opéra que chez la voisine... C'est un bon garçon que cette femme-là... Tu n'as pas vu Collinet, ce soir... tu ne sais pas où il est ?...

— Non, je ne l'ai pas vu...

— Son huissier est capable de le faire travailler jusqu'à dix heures ! Mais aussi, quelle singulière vocation... se mettre clerc d'huissier.

En ce moment, on entend siffloter dans l'escalier l'air des étudiants et bientôt une petite tête rousse se montre dans les profondeurs de l'escalier.

— Tiens, le voilà, ce petit *Perrin Dandin !...* s'écrie Alexandre en se penchant sur la rampe. Arrive donc, suppôt de Thémis... tu as flâné en route, je le gage.

Le petit jeune homme blond roux, tout fluet, tout mince et au museau de fouine, arrive sur le carré du quatrième, tenant un rouleau de paperasses sous son bras.

— Tiens ! qu'est-ce que vous faites donc su.. le carré, messieurs, est-ce que c'est votre salon maintenant ? dit le jeune clerc en souriant à ses amis.

— Nous nous disposions à aller nous chauffer chez la voisine, madame Montenlair...

— Ah ! elle a du feu... c'est pas bête, ça... Le fait est qu'il fait très-froid... on gelait à l'étude, mais le patron a déclaré qu'on ne devait pas avoir froid avant la Toussaint... on n'allume jamais le poêle avant ; j'ai l'onglée, moi...

— Avec ça que ton paletot ne doit pas te donner beaucoup de chaleur...

— Pourquoi donc que mon paletot ne me tiendrait pas chaud?... il est très-ample...

— Oui, il est ample, mais il doit être d'un âge bien vénérable... quelle carotte à tabac!...

— Ah! dame, messieurs, moi, je n'ai pas le moyen de m'acheter tous les jours des habits!... allons nous chauffer.

— Un moment, messieurs, avez-vous dîné, vous autres.

— Oui, sans doute.

— Moi aussi, et depuis longtemps; je crois même que je recommencerais volontiers.

— Eh bien! messieurs, moi je n'ai pas dîné, et je commencerais volontiers avant de recommencer comme voudrait le faire Collinet.

— Pourquoi n'as-tu pas dîné à l'heure qu'il est?

— Ah! pourquoi... pour plusieurs raisons, mais je crois que la meilleure, c'est parce que je n'avais pas d'argent...

— Je croyais que tu avais crédit à ton restaurant?

— Oui, mais dernièrement ils m'ont servi une gibelotte dans laquelle j'ai trouvé une queue de chat qu'on avait oublié de dépioter; je vous avouerai que cela m'a dégoûté de la maison.

— Il fallait venir m'emprunter cent sous, dit Gaston.

— Mon cher ami, je sais que tu ne ressembles pas à la fourmi, toi, tu es prêteur!... j'ai souvent eu recours à toi dans l'occasion, je te dois même encore de l'argent...

— Est-ce que je te le demande?

— Non, tu ne me le demandes pas, c'est vrai, et tu as bien raison de ne pas me le redemander... car ce serait absolument inutile en ce moment!

— Eh bien! alors...

— Eh bien! je ne veux pas tomber toujours sur toi; après tout, tu n'es pas trop riche non plus; tu manges ce que tu as apporté en arrivant à Paris... en attendant que tu te gagnes... tu comptes pour cela sur le théâtre ou sur les libraires! Pauvre Gaston, ménage ta bourse... tu auras du tirage, va!... bref, je ne me suis pas adressé à Collinet parce qu'il est comme la fourmi, lui.

— Est-ce qu'on peut prêter aux autres lorsqu'on a à peine pour soi? tu viens de me dire toi-même que je devrais m'acheter un paletot neuf... mais quand on n'a pas d'argent!...

— Mon cher Collinet, nous avons des gens qui ont de l'argent et ne veulent jamais rien acheter, qui poussent l'économie jusqu'à la ladrerie... J'en connais comme ça...

— Voisins! venez vous chauffer! crie madame Montenlair du fond de son appartement.

— Nous voici, voisine... nous voici! Voyons, Collinet, il ne s'agit pas de tout cela; je t'ai remis, il y a déjà plusieurs jours, un effet de cinquante francs sur un certain M. Bodinet, demeurant rue Galande; cet effet est échu depuis près d'un mois; je me suis présenté plusieurs fois chez ce particulier, je ne l'ai jamais trouvé; il paraît qu'il sort avant le jour et ne rentre que la nuit. Tu m'as dit que tu saurais bien pincer mon individu. Comme représentant huissier, tu dois avoir l'habitude de ces expéditions... Eh bien! as-tu vu le Bodinet?

— Oui, ce matin, je suis parvenu à le trouver au moment où il ouvrait sa porte pour filer.

— Ah! bravo... honneur à Collinet... que je t'embrasse, cher ami, tu as mis la main sur mon débiteur et il t'a payé?... car tu sais comment on se fait payer, toi... Donne-moi vite mes cinquante francs... je vais me faire monter un dîner soigné de chez le pâtissier-traiteur d'en bas.

— Ne me serre pas si fort, Alexandre, je n'ai rien à te remettre... le Bodinet n'a pas payé.

— Qu'est-ce que tu dis là? pas payé... et c'est mon oncle qui m'envoie des broches qu'on ne payé pas... A qui se fier, maintenant!... voilà la première fois que cela arrive. Mon oncle, qui fait le commerce de tabatières à Troyes en Champagne, a souvent de petits effets sur Paris, qu'il me charge de toucher pour lui... je les touche toujours, et lui jamais! Mais comme l'a si bien dit Scribe dans Dupin ou avec Dupin, je ne m'en souviens plus : Un oncle est un caissier donné par la nature!... et ce misérable Bodinet n'a pas payé... n'a pas même donné un à-compte... car je t'avais autorisé à recevoir tout ou partie...

— Rien du tout; ce monsieur m'a dit, d'un ton tort dégagé et comme quelqu'un qui en a l'habitude : Je ne puis pas payer, je ne suis pas en fonds... je n'ai pas vendu les tabatières, elles étaient défectueuses.

— Défectueuses!... tes tabatières de mon oncle!... il me... qu'il me les rende alors, je les ve...drai... moi... Enfin, je pense que tu as saisi le mobilier de Bodinet?

— Saisi! penses-tu?... pour cinquante francs... et l'effet n'est pas même timbré... tu aurais plus de frais que cela ne vaut... et puis, il est tout le mobilier de ce monsieur! J'ai aperçu un lit de sangle et une malle qui servait de table de nuit, voilà tout.

— Mais à qui donc mon oncle vend-il ses tabatières? Je lui écrirai une lettre sévère à ce sujet! Ainsi plus d'espoir, tout est perdu.

— Pas encor; le Bodinet, tout en déclarant qu'il ne pouvait pas payer, m'a dit : Monsieur, il y a un besoin au bas de ce billet, présentez-vous y, et j'aime à croire qu'on fera honneur à ma signature.

— Un besoin! qu'est-ce que cela... un besoin...

— Une autre personne qui paie quelquefois si le souscripteur du billet ne paie pas.

— Ah! bigre! c'est fameux, cela, et moi qui n'avais pas remarqué ce précieux besoin... J'avais pris cela pour une seconde adresse du Bodinot... Enfin, où faut-il trouver ce dernier espoir?...

Le petit Collinet sort de sa poche un vieux portefeuille très-gras; de l'une des poches il tire un carnet de papier de couleur, du carnet il tire un papier plié, et dans ce papier il prend enfin le billet de cinquante francs appartenant à Alexandre, il le lui présente et celui-ci lit avec peine au bas du billet : Au besoin, chez M. Loupard, maître de pension, faubourg Montmartre... numéro... numéro... numéro... sapristi! il y a un pâté dessus!...

— Et qu'avons-nous besoin de numéro? M. Loupard, qui tient une pension... c'est dans cette maison même.

— Ah bah! il y a une pension dans la maison... est-ce de demoiselles?

— Non, c'est une école de petits garçons, elle est au fond de la cour... Je crois que l'on met là les enfants, seulement pour les retrouver le soir... Je doute qu'ils y fassent leurs humanités.

— Que les enfants fassent là ce qu'ils voudront, ça m'est égal, pourvu que le maître d'école me paie... Au fond de la cour, dis-tu; je vais tout de suite y courir...

Gaston arrête Alexandre qui s'apprêtait à descendre, en lui disant :

— Est-ce que tu y penses... sais-tu que maintenant il est bientôt dix heures? je suis sûr que le maître d'école est couché depuis longtemps, et tu voudrais aller réveiller ce brave homme pour savoir s'il veut payer pour M. Bodinet... Ce serait mal prendre ton temps... Tu iras demain matin.

— Mais je n'ai pas le sou et je veux dîner... ou plutôt souper, moi... je ne peux pas attendre jusqu'à demain matin...

— Envoie en bas chez le pâtissier ou le rôtisseur... c'est bien facile.

— Je sais que c'est facile d'envoyer, mais pour moi ils ne donneront rien à crédit... ce sont des cuistres, ils m'ont déjà refusé... Ah! si c'était pour toi, qui est différent... ils savent que tu paies les notes recta, ils enverraient toute leur boutique...

— Eh bien! on dira que c'est pour moi, je le veux bien.

— Ah! ce bon Gaston! toujours le même... Je t'embrasserais si je n'avais pas mal au nez... Collinet, tu devrais bien prendre notre ami pour modèle!

— Le plus souvent!... murmure le jeune clerc d'huissier tout en examinant ses paperasses. Je ne prendrai jamais pour modèles ceux qui prêtent de l'argent et en ont ensuite besoin pour eux.

Cependant le grand Alexandre s'est penché le corps par-dessus la rampe de l'escalier, et il se met à crier d'une voix à percer des murailles.

— Madame Ador... ohé! madame Ador! estimable portière... Ah! qu'est-ce que j'ai dit là! Concierge!... suisseuse! montez un peu s'il vous plaît... vous ou votre nièce... la pétillante Amanda... dont je raffolerais si elle n'était pas née dans l'île des Tortues.

Les pas lourds de la concierge ne tardent point à se faire entendre dans l'escalier, car madame Ador était fort complaisante, et pourvu qu'on ne la dérangeât point lorsqu'elle faisait sa cuisine ou quand elle mangeait, elle était toujours disposée à rendre service à ses locataires.

Elle est sur le carré du troisième, lorsque le bel Alexandre lui crie :

— Ne montez pas plus haut, excellente concierge, je suis déjà désolé que vous ayez pris vous-même cette peine; votre nièce, mademoiselle Amanda, ne pouvait donc pas monter à votre place?

— Ma nièce est allée au théâtre d'élèves de la rue de la Tour-d'Auvergne, voir une de ses amies qui doit essayer sa vocation tragique dans une pièce du Palais-Royal... Le Vieux Loup de mer, où l'on dit même que M. Grassot est si beau en loup de mer que ça fait frissonner. C'est pourquoi je suis seule à ma loge... sauf quatre bonnes de la maison qui cancanent un brin sur leurs maîtres; mais s'il faut aller loin, ça me sera impossible...

— Non, madame Ador, vous ne sortirez même pas de la maison; il s'agit seulement d'entrer chez le pâtissier-traiteur en bas, et de lui dire de m'envoyer... non... qu'est-ce que je dis! d'envoyer, pour M. Gaston Durandal, un petit dîner... pour un, mais copieux. Deux plats à son choix, du potage s'il y en a, et du dessert... et du pain... et une bouteille de vin... et tout de suite, dès que ce sera prêt...

— Pour M. Gaston Durandal.

— Oui, mais on sonnera chez madame Montenlair, où mon ami va souper... parce qu'il y fait plus chaud que chez lui...

— Ça suffit, monsieur, j'y vais tout de suite... Deux plats de dessert et un potage au choix...

— Ah! sapristi, pas de bêtise... c'est deux plats au choix... deux gros plats et un dessert... tu m'entends... Allez, vertueuse concierge!...

Madame Ador redescend l'escalier, et en ce moment on entend madame Montenlair qui crie de nouveau :

— Ah! messieurs, venez donc; j'ai un feu magnifique en ce moment... et ça ne peut pas durer toujours.

III. — LE PETIT POT DE CRÈME ET LES NOISETTES.

Les trois jeunes gens sont entrés chez madame Montenlair, dont l'appartement se compose de trois petites pièces : une salle à manger, une chambre à coucher et une petite cuisine ; le tout meublé d'une façon plus originale qu'élégante ; les chaises et les fauteuils sont dépareillées ; le canapé, qui semble dater de Louis XV, est recouvert en velours d'Utrecht jaune, tandis que les trois coussins placés dessus sont en damas vert. Le reste est à l'avenant ; il semble que madame Montenlair ait dégarni plusieurs de ses loges d'actrice pour se meubler un appartement.

Mais les jeunes gens s'occupent peu de cela ; il y a en effet un bon feu dans la cheminée de la chambre à coucher, et ils s'empressent d'aller s'installer devant.

— Nous venons profiter de votre aimable invitation, voisine, si cela ne vous gêne pas...

— Par exemple ! me gêner ; cela me fait plaisir, au contraire... pprochez donc, messieurs... Ah ! voilà M. Alcibiade Collinet...

— Oui, madame, je me suis permis de suivre mes amis...

— N'êtes-vous pas aussi mon voisin ? comme tel vous avez droit à mon feu...

— Dites donc, voisine, dit le grand Alexandre, vous allez peut-être me gronder, mais je me suis permis de dire que l'on m'apporte mon dîner chez vous... ça m'aurait ennuyé d'aller manger tout seul dans ma chambre...

— Vous avez très bien fait... ce pauvre garçon, qui n'a pas encore dîné... Ah ! que je suis fâchée d'avoir mangé toute ma cuisse d'oie... elle était si bonne...

— Je n'ai jamais douté des qualités de votre oie, madame Montenlair, mais ce n'est pas assez que vous me chauffiez ce soir... Je n'entends pas vous coûter encore la nourriture...

— Ah ! jeunes gens ! si j'étais riche... je n'aurais rien à moi... c'est dans ma nature !...

— Il me semble qu'elle n'a pas déjà grand'chose ! murmure le clerc d'huissier en inspectant du regard le mobilier de l'appartement.

— J'ai eu un beau moment, messieurs, oh ! oui, un très beau moment !... C'est lorsque j'ai débuté à Bordeaux, dans le *Sourd* ou *l'Auberge pleine*.

— Est-ce que vous faisiez le sourd ?

— Non ! qu'il est bête ! je jouais *Pétronille*... la Provençale *Pétronille*... c'est le plus beau rôle de l'emploi !...

— C'est une jeune première ?

— Non, c'est une soubrette... Comment ! est-ce que vous ne connaissez pas le *Sourd* ? cela se joue partout.

— Je l'ai vu jouer, moi... mais il me semble que le rôle de Pétronille n'est pas long.

— Pas long, c'est possible ! mais comme il est en situation !... tous les mots portent... On me jeta trois bouquets, et le soir même, un des premiers négociants de Bordeaux vint mettre à mes pieds un cachemire, trois mille francs par mois et une calèche à deux chevaux gris pommelés.

— Et vous refusâtes tout cela !

— Par exemple ! pour qui me prenez-vous ? J'acceptai... cela dura six mois ; on ne parlait dans Bordeaux que de la séduisante *Rosinette*, c'était mon nom de théâtre, *Rosinette Pétronillette*... On y ajoutait ce dernier nom en se rappelant mes brillants débuts dans le *Sourd* !... Au bout de ce temps, mon négociant fit faillite et disparut... C'est égal, je m'étais bien amusée...

— Six mois à trois mille francs, ça fait dix-huit mille ! dit le petit clerc, vous auriez pu mettre de côté une jolie somme...

— Fi donc ! je n'ai jamais mis que mon bonnet de côté... et d'ailleurs, pense-t-on à l'avenir dans la saison des amours...

— Oui, mais la saison des amours passe comme le printemps...

— Tant pis !... vous croyez peut-être que j'ai des regrets, pas du tout, je me suis amusée ! j'ai d'agréables souvenirs !

— Bravo ! madame Montenlair, vous avez la philosophie d'Épicure !... c'est bien cela !... touchez là... j'aime vos principes, nous nous entendons.

Et le grand Alexandre tend sa main à sa voisine, qui rape dedans.

— La philosophie ! c'est fort joli en paroles, reprend le clerc d'huissier ; mais si madame n'avait que cela pour vivre, elle ne mangerait pas de cuisses d'oie.

— Le petit a raison ! le boucher et le boulanger sont très-peu philosophes, mais heureusement on a une tante... une tante fort riche, même !

— Oh ! vous nous en direz tant... Ah ! vous avez une tante riche, madame Montenlair ?

— Mais oui ; elle a au moins quinze mille francs de revenu.

— C'est un joli capital, dit M. Collinet en rapprochant sa chaise de celle de sa voisine. Et votre tante demeure-t-elle à Paris ?

— Non, elle n'y est jamais venue. Elle habite Angoulême.

— Et vous êtes sa seule héritière...

— Je crois que oui.

— Vous n'en êtes...

— Eh ! mon Dieu, est-ce qu'on est jamais sûre... mais malheureusement lorsque je me mis au théâtre, cela m'a brouillée avec ma tante. Elle m'a envoyé sa malédiction en me défendant de jamais lui donner de mes nouvelles. Tant que j'ai été au théâtre je lui ai obéi ; mais au bout de dix-sept ans j'ai écrit à ma tante : « J'abandonne la scène malgré les succès que j'y obtenais, puisque ça vous contrarie que je sois actrice. » Et ma tante m'a répondit : « Vous avez trop tardé à m'obéir, cependant je veux bien vous faire quinze cents francs de pension, mais c'est tout ce que vous aurez jamais de moi ! »

— Elle a écrit *jamais* ?

— Elle l'a écrit. Eh bien, me suis-je dit, avec quinze cents francs de rente on bouillotte... et j'ai bouillotté.

— On frappe à la porte, ce doit être mon souper ! s'écrie Alexandre en courant ouvrir.

C'était en effet un marmiton chargé d'une manne. On le fait entrer. Mamame Montenlair a déjà avancé une table sur laquelle une toile cirée sert de nappe, ce qui économise beaucoup le blanchissage.

Le marmiton a posé avec précaution la manne à terre, et il met sur la table tout ce qu'elle contient. Il y a un potage, deux plats couverts, puis un petit pot de crème, du fromage, des mendiants et des biscuits...

— Ah ! messieurs, voici la manne céleste !... s'écrie Alexandre en sautant dans la chambre ; je doute que celle qui est tombée sur les Israélites ait jamais été aussi appétissante !

— Quel festin ! dit le clerc d'huissier en approchant son nez des plats couverts. Ça sent très-bon...

— Voyons, Collinet, fais-moi le plaisir de ne pas poser ton nez sur chaque plat...

— Tu ne mangeras jamais tout ça...

— Par exemple... tu vas voir... et du vin... ah ! voici une bouteille... elle est bien petite...

— Il aurait voulu une dame-jeanne !

— Allez, marmiton, allez... Ah ! Gaston... puisque c'est pour toi le souper... as-tu deux sous à donner à ce môme ?

Gaston donne pour boire au garçon qui remporte sa manne. Dès qu'il est parti, Alexandre se met à table, il découvre le potage et s'écrie :

— Potage Crécy !... celui que j'aime le mieux !... c'est ravissant !...

— Regarde donc tes deux plats...

— Non ! non ! ne touchez pas à cela... j'aime à être surpris... chaque chose viendra en son temps... Délicieux potage ! Mes enfants, vous me croyez si vous voulez, mais ce dîner ou plutôt ce souper est pour moi plein de charmes...

— Ça fait plaisir de te voir manger ! dit madame Montenlair.

— Parce qu'on voit que je mange avec plaisir, n'est-ce pas, voisine... enfoncé le potage.

— Tu ne l'as pas mangé... tu l'as ingurgité...

— J'irai moins vite maintenant... quel plat prendrai-je ?...

— Regarde donc ce que c'est d'abord...

— Mais non... mais non... Oh ! ces huissiers, c'est impatient de fureter partout.

— Je parie pour du fricandeau...

— Qu'est-ce que tu paries ?

— Ton pot de crème...

— Contre quoi ?

M. Alcibiade Collinet réfléchit quelque temps, fouille dans ses poches, dans ses goussets, et murmure enfin :

— Contre un décime...

— Veux-tu rire !... Il ose m'offrir deux sous de mon pot de crème... et vous remarquerez, madame et messieurs, qu'il est au chocolat !... ce qu'il y a de plus recherché, de plus nourrissant, de plus onctueux en pot de crème. Tiens, je vais te faire une proposition, moi ; hier j'ai cassé mon vase nocturne... je ne l'ai pas encore remplacé... je te parie mon pot de crème contre ce joli pot de nuit doré que tu as gagné dernièrement sur le boulevard Saint-Martin, en jouant à ces loteries d'objets en porcelaine où l'on tourne une grande manivelle... J'ai remarqué qu'à l'époque du jour de l'an, ces jeux-là pullulaient sur les boulevards... je ne sais pas si c'est dans l'intention de propager le goût de la porcelaine, j'en doute. J'aimerais mieux voir des boutiques pour vendre des biscuits. Eh bien ! ton pot, ça te va-t-il ?

— Oh ! par exemple... un objet qui m'est revenu à vingt-huit sous... contre ce qui n'en vaut six tout au plus sur la carte...

— D'abord il ne t'a pas coûté vingt-huit sous, car tu nous as dit que tu l'avais gagné très-vite, ensuite mon petit pot est plein de chocolat...

— Le mien a un œil au fond...

— Je prise très-peu ces yeux-là... ils ont toujours l'air de loucher... J'y joindrai un biscuit... et un peu de fromage... hein ! c'est gentil ça !...

— Et le pari comprendra les deux plats...

— Comment cela ?

— C'est-à-dire que s'il y a du fricandeau dans l'un ou l'autre plat, j'ai gagné ?

— Allons, soit! je le veux bien... je suis large en affaires, moi... c'est parié...

— Oui...

— Tape dans la main... d'ailleurs nous avons des témoins.

— Regarde à présent !...

Alexandre enlève une assiette d'un des plats couverts et s'écrie :

— Fricassée de poulet !... j'ai déjà gagné avec celui ci .. Je te permets de découvrir l'autre.

Le clerc d'huissier prend avec ses deux mains l'assiette qui recouvre l'autre plat et reste tout penaud en apercevant un tronçon d'anguille à la tartare.

— Tu as perdu! s'écrie le grand Alexandre en attaquant sa fricassée de poulet. Ton vase nocturne m'appartient... Fricassée de poulet, anguille à la tartare... les deux plats que je préfère... c'est ravissant!... décidément la fortune me sourit!...

— Il faut que j'aie du guignon ce soir... Comment, ce pâtissier-traiteur qui ordinairement a toujours du fricandeau de reste... quand je lui demande un plat pour mon souper il ne m'envoie jamais que cela !...

— Voyez-vous ce fripon, il croyait parier à coup sûr... Mon petit Collinet, on ne t'envoie ni poulet ni anguille, à toi, parce que c'est bien plus cher... on sert les gens selon leur mérite...

— Oui, et si on avait pensé que c'était pour toi on aurait certainement envoyé du fricandeau !...

— Allons, tiens, je suis généreux, moi!... quand je serai au dessert tu auras une noisette... Cette fricassée de poulet est succulente!... je n'aurais jamais assez de pain.

— J'en ai, voisin, à votre service, ne vous en privez pas...

— J'accepte, femme obligeante !... mais à une condition... c'est qu'en reconnaissance de vos bontés, vous me permettrez de vous offrir ce petit pot de crème au chocolat qui faisait tant envie à Collinet et pour lequel il a perdu un autre... qui n'est pas de crème à faim.

— Mon voisin, vous êtes en appétit, gardez votre petit pot.

— Voisine, vous accepterez... ou je refuse votre pain... ce qui me privera beaucoup.

— Allons, puisque vous le voulez, j'accepte; mais, de mon côté, vous me permettrez de vous faire goûter de mon ratafia de cerise... Justement M. Philosèle... un de mes anciens amis, m'en a apporté une bouteille bien...

— Oh! très-volontiers, voisine, je ne fais pas de façon, moi, je goûterai de votre ratafia...

— Nous en goûterons tous! s'écrie le clerc d'huissier.

— Voyez-vous ce Collinet qui s'invite lui-même... Prenez garde, madame Montenlair, il voudra se venger sur votre ratafia de la perte de son pari... il est capable de boire la bouteille...

— M. Alcibiade en boira tant qu'il voudra... Tout ce que j'ai est à son service...

— Madame, vous êtes vraiment trop aimable... Votre tante est-elle bien vieille?

— Mais dans les soixante-quinze environ...

— C'est déjà pas mal !

— Prenez garde à vous, madame Montenlair, cet apprenti huissier a des intentions amoureuses... il va vous demander votre main à la seconde tournée de ratafia... Eh bien !.. tu ne nous dis rien, toi, là-bas, eh! Gaston... à quoi diable rêves-tu?

— Est-ce que cela se demande! dit madame Montenlair. A l'âge de M. Gaston on ne rêve qu'à ses amours.

— Eh bien! voilà ce qui vous trompe, voisine, c'est que ce pauvre Gaston n'en a pas d'amour... il ne peut pas réussir à faire une petite connaissance gentille. Comprenez-vous cela... à vingt-trois ans... bien fait, joli garçon, spirituel et généreux, ne pas avoir des conquêtes plus qu'on n'en veut!... c'est à ne pas le croire!... Enfin, voilà Collinet... qui n'est pas beau... qui n'est pas donnant... tant s'en faut! eh bien! il n'a qu'une affaire... une piqueuse de bretelles qu'il mène tous les dimanches dans les endroits où l'on entre gratis... et qu'il fait rafraîchir avec de la limonade à deux liards le verre... ou des glaces à un sou, qu'on vend sur le boulevard du Temple le soir devant les théâtres...

— Je paie à Thérésine ce qui me fait plaisir... entends-tu ?...

— Eh bien! qu'est-ce que je dis? tu lui paies ce qui te fait plaisir... mais non pas ce qui lui ferait plaisir à elle... pauvre Thérésine... pour une Andalouse elle a choisi un hidalgo bien rat!...

— Et toi qui fais le Joconde! et qui ne jamais le sou... qu'est-ce que tu paies donc à tes maîtresses?

— Moi! d'abord je paie de ma personne... c'est déjà très-joli, ensuite, quand je suis en fonds, je ne sais rien refuser à ma femme!... Elle me demanderait... la lune!... que je ferais en sorte de lui en offrir une... Ma voisine, vous avez daigné me promettre du pain.

— En voilà, beau jeune homme, en voilà... vraiment ça donnerait de l'appétit rien que de vous voir manger!

— Je le crois bien, j'ai toujours été très-appétissant...

— Mais je reviens à M. Gaston... est-ce vrai que votre ami dit de vous?...

— De moi, madame Montenlair... qu'est-ce qu'on dit de moi? s'écrie Gaston qui n'avait pas écouté la conversation.

— Voyez-vous, voisine, il était plongé dans ses plans de pièce, il ne nous entendait pas...

— C'est vrai... je viens, je crois, de trouver un effet très-heureux pour le dénouement de mon vaudeville... Oh! j'en suis très-content!. Que me demandiez-vous, voisine?

— S'il est vrai que vous ne sachiez pas faire une conquête?

— Hélas... oui... ce n'est que trop vrai... mais c'est ma faute... près d'une femme qui me plaît, je deviens si gauche, si embarrassé si timide enfin, que je ne suis que lui dire... On me prend pour un imbécile, et on me tourne le d s.

— Ah! il faut vous défaire de cela, voisin, la timidité sied aux jeunes filles, mais elle nuit à l'avancement des jeunes gens. Ah! Dieu! à Bordeaux les hommes ne sont pas embarrassés près du sexe... y ai-je reçu des déclarations... Les femmes goûtent peu les hommes timides!...

— C'est à-dire qu'elles s'en moquent! je lui ai répété cela cent fois, voisine... Je vais passer à mon anguille tartare... le tronçon est petit, mais il est entouré d'une sauce avec laquelle on mangerait un pain de munition...

— Quel ogre que cet Alexandre!

— Taisez-vous, huissier en herbe, et songez que dès ce soir je prétends entrer dans le meuble qui m'est acquis.

— Ah! tu veux entrer dedans!.. Tu crois donc qu'il est grand comme une baignoire...

— Suffit! je m'entends... ma voisine, je vous demanderai encore un peu de pain.

— Ne lui en donnez pas, voisine, il va crever chez vous...

— Tu aurais bien voulu y tenir ma place, toi!

— Si je l'avais voulu, rien ne m'empêchait de me faire monter à souper... Dieu merci! j'ai encore quelques monacos à mon service.

— A ton service, je le crois, mais jamais à celui des amis!

— Voisin, votre petit pot de crème est délicieux.

— Tant mieux, mame Montenlair, et maintenant que je suis arrivé au dessert, pour prouver que je ne suis point un égoïste... j'invite toute la société à le partager avec moi!

— Ah! bravo!... c'est un beau trait cela... Décidément Alexandre est aussi grand que son nom!..

En disant cela, le petit Collinet va prendre le pain de la voisine, s'en coupe un énorme morceau, et va se placer contre la table où il attaque le fromage de Roquefort. Madame Montenlair prend quelques mendiants pendant que le grand Alexandre s'amuse à casser des noisettes avec son coude. Gaston ne veut rien, il n'a pas faim.

— Quoi, monsieur Gaston, vous n'avez pas d'appétit, à votre âge, et vous n'êtes pas amoureux... Ah! si vous étiez amoureux, je comprendrais pourquoi vous ne mangez pas!

— Eh! mon Dieu, voisine, je ne demanderais pas mieux que d'être amoureux... ce n'est pas l'envie qui me manque; je le suis de toutes les jolies femmes que je rencontre dans les rues... Souvent j'en suis une, puis, pendant que je marche sur les pas de celle-là, il en passe une autre que je trouve mieux, alors je quitte la première pour la seconde...

— Quand on court après deux lièvres on n'attrape pas de perdrix!

— Mais enfin, voisin, quand vous en suivez décidément une qui vous plaît, vous tâchez sans doute d'entamer la conversation, ce ne peut pas être la dame qui commence...

Je n'ose jamais rien dire, je tousse de temps à autre, ou je fredonne un couplet entre mes dents...

— Une femme ne peut pas répondre à une toux, parce qu'il tousse ou qu'il chante...

— Moi, dit Alexandre, je lui ai enseigné mon vieux moyen qui m'a réussi toujours. On dit à la dame ou à la demoiselle : Mon Dieu, madame, vous avez du blanc par derrière après votre châle... permettez-moi de vous l'ôter... et on l'essuie un peu avec son mouchoir, comme la personne ne peut pas voir son dos, elle vous croit, vous remercie et la connaissance est faite.

— Moi, dit Collinet, j'ai un autre moyen : je marche sur les talons de la dame, elle se retourne en colère, alors je me confonds en excuses, en disant que c'est un chien qui m'a poussé, et la conversation est engagée.

— J'aime mieux le moyen de M. Alexandre... Mon Dieu! qu'il me fait peur en cassant ses noisettes avec son coude... Vous allez vous blesser...

— Pas de danger, voisine, regardez bien : on pose sa noisette sur la table, à un endroit solide, on met son coude dessus, en ayant soin que le cubitus touche en plein la noisette. On tient son bras bien droit, on ferme sa main, et on se donne un grand coup de poing dessus... comme cela... tenez... et la noisette est cassée.

— Mais cela doit faire horriblement mal au coude...

— Pas du tout... Voulez-vous que je vous en fasse casser...

— Oh! non, vraiment.

— Sapristi! il a bu tout son vin! dit le petit clerc qui vient de prendre la bouteille pour se verser.

— Tiens! il fallait t'en laisser peut-être..

— Dame! moi qui me suis bourré de pain et de fromage... heureusement la voisine nous a parlé de ratafia...

— C'est juste... et je vais vous en donner.

Au moment où madame Montenlair se lève pour aller chercher sa bouteille on frappe deux petits coups à sa porte. Elle s'arrête tout étonnée en disant :

— Tiens ! qui donc peut frapper si tard... Philosèle est venu hier... ne vient jamais deux jours de suite...

— Philosèle est l'ancien adorateur qui donne du ratafia! dit tout bas Alexandre à ses amis, il paraît qu'il fait des liqueurs... c'est quelque vieux confiseur.

Les jeunes gens se lèvent en s'écriant :

— Si nous sommes de trop, voisine, nous allons partir... nous serions désolés de vous gêner en rien...

— Mais, non , messieurs, non... restez donc... je vais voir ce que c'est.

IV. — MADEMOISELLE FÉLICIE.

Madame Montenlair a ouvert, et elle voit devant elle une jeune et jolie personne qui paraît avoir une vingtaine d'années ; chapeau de paille jaune et noir, portant une simple robe de mousseline-laine; un châle de bourre de soie ; mais relevant tout cela par une figure distinguée, gracieuse, aimable, par de beaux yeux noirs fendus en amande, une bouche franche et spirituelle ; et enfin par une jolie taille et une tournure tout à fait séduisante.

C'était mademoiselle Félicie, la personne qui occupait un petit logement au cinquième étage.

La jeune fille salue l'ancienne actrice en lui disant :

— Je vous demande bien pardon, madame, d'avoir frappé à votre porte, mais je viens du spectacle... je me souviens à présent que je n'ai pas une seule allumette chimique chez moi pour me procurer de la lumière... je m'étais promis d'en acheter, et je l'ai oublié... je n'aime pas me coucher sans voir clair... et si vous étiez assez bonne pour m'en prêter une...

— Ah! mademoiselle demeure dans la maison...

— Oui, madame, ici dessus, depuis quinze jours... sans cela je ne me serais pas permis de frapper chez vous...

— Vous êtes mademoiselle Félicie, alors... La portière m'a parlé de vous, elle m'a dit : Vous avez une nouvelle voisine fort gentille...

— La portière est bien honnête.

— Entrez donc, mademoiselle, entrez... je vous donnerai des allumettes !...

La jeune fille a suivi madame Montenlair qui la fait entrer dans la chambre où sont les trois jeunes gens. Mademoiselle Félicie s'arrête sur la porte en apercevant si nombreuse compagnie, tandis que les trois amis laissent paraître tout le plaisir qu'ils éprouvent à l'aspect d'une si jolie personne.

— Mademoiselle, dit madame Montenlair, je vous présente trois de vos voisins... qui ont bien voulu ce soir venir se chauffer et faire la causette chez moi... Ces messieurs demeurent sur mon carré. Messieurs, vous ne saviez pas, je gage, avoir une si jolie voisine... et je pense que vous serez charmés de faire sa connaissance.

Les jeunes gens saluent la jeune fille qui leur rend leur salut d'une façon toute gracieuse et sans paraître aucunement embarrassée.

— Comment ! mademoiselle demeure dans la maison ? s'écrie Alexandre en faisant déjà de l'œil à la jeune fille.

— Oui, monsieur, je demeure ici dessus.

— Depuis peu de temps alors ?

— Depuis quinze jours.

— Quinze jours ! et je ne vous ai pas encore rencontrée... C'est ouer de malheur !

— Je descends le matin de très-bonne heure chercher mes provisions, et bien souvent je ne sors plus dans la journée.

— Je sors aussi de très-bonne heure, moi, dit le petit Collinet, en lignant de l'œil, et si le sort m'avait favorisé, j'aurais bien pu rencontrer mademoiselle.

Gaston ne dit rien ; il se contente de regarder sa jeune voisine et de lui présenter une chaise, en balbutiant :

— Si mademoiselle... voulait s'asseoir...

— Oh ! merci, monsieur... il est tard, je vais monter chez moi...

— Reposez-vous un instant, mon enfant, dit madame Montenlair; soyez tranquille, les voisins ne vous mangeront pas... et puis quand on demeure dans la même maison, il n'y a pas de mal de savoir qui l'on a près de soi... Savez-vous que vous avez eu la main heureuse en frappant chez moi, car enfin vous auriez pu aussi bien frapper chez un de ces messieurs ?

Mademoiselle Félicie s'assoit en disant :

— Je savais bien que c'é... votre porte, madame, et je ne m'adressais pas au hasard... lorsque je suis venue demeurer dans cette maison, la concierge m'a renseignée sur ses habitants. Ceux de ce corps de logis, car pour les autres cela m'intéressait peu. Je sais que le premier étage est occupé par un fabricant de plaqué, dont la femme, qui est une petite maîtresse, ne sort jamais à pied, et ne porte que des robes de soie ou de velours. Au second étage, je n'aurais pas été frapper chez le médecin, je ne suis pas malade, ni chez cette brillante danseuse, qui n'ouvre pas sans qu'on dise le mot...

d'ordre, parce qu'elle redoute les créanciers. Au troisième étage, j'aurais craint de troubler le repos de l'employé et de sa femme, qui se couchent de bonne heure, à ce qu'on prétend. La dame veuve et sa fille veuve accueillent, dit-on, assez mal les personnes de mon sexe. Et quant à ce gros Allemand... M. Beugle, qui loge aussi au troisième étage, qui passe sa vie à s'ennuyer... oh ! je me serais bien donné de garde de frapper chez lui... j'aurais eu trop peur de gagner sa maladie! Il ne restait donc plus que cet étage... le mien ne compte plus... et je savais aussi comment il était habité. Vous voyez, madame, que je ne pouvais vraiment m'adresser que chez vous... dont on m'avait d'ailleurs vanté l'obligeance et la bonté.

Tout cela a été dit par mademoiselle Félicie avec autant de finesse que de tact. Les jeunes gens se regardent, Alexandre dit à Collinet :

— Elle a de l'esprit, cette jeune fille, elle s'exprime très-bien... tant mieux, sa conquête n'en aura que plus de charmes... Je n'aime pas les femmes bêtes, moi.

— Elle a très-bien passé en revue les cinq étages, répond le jeune clerc, elle serait en état de faire un inventaire... n'est-ce pas, Gaston ?

Gaston se borne à répondre :

— Elle est charmante... j'en suis déjà amoureux.

Madame Montenlair, qui a remarqué aussi la facilité avec laquelle s'exprime sa nouvelle voisine, secoue la tête en lui disant :

— Savez-vous bien, mademoiselle, que vous venez de nous faire en quatre mots le portrait de nos voisins, d'une façon très-spirituelle... et vous nous avez débité cela si bien... Une soubrette de la Comédie-Française n'aurait pas mieux dit... Excusez ma question, mais n'auriez-vous pas quelquefois joué la comédie en société ?...

— Non, madame, jamais...

— Eh bien! je suis sûre que vous vous en acquitteriez parfaitement...

— Je ne crois pas, madame, et d'ailleurs je n'aurais pas de goût... non pas que je pense que ce soit une profession à dédaigner... mais c'est qu'au contraire je la trouve très-difficile... Il faut avoir tant de talent pour réussir au théâtre... et si l'on reste toujours médiocre, alors on ne doit pas se féliciter de l'avoir choisie !...

— Oh ! oui ! s'écrie Alexandre, c'est un fichu état que de se faire siffler !...

Puis, s'apercevant qu'il vient de jeter une pierre dans le jardin de madame Montenlair, le grand jeune homme s'empresse de reprendre :

— C'est un fichu état pour les hommes... car les femmes... quand elles sont jolies... cela passe toujours... on les supporte...

Madame Montenlair, qui désire changer la conversation, reprend en s'adressant à sa voisine :

— Mademoiselle n'est pas de Paris ?

— Pardonnez-moi, madame... et je l'ai habité jusqu'à l'âge de quinze ans et demi...

— Ah ! j'aurais été bien étonné que mademoiselle ne fût pas une Parisienne, dit Alexandre... il n'y a rien en elle qui sente la province.

— Je vivais avec mon père, car je perdis ma mère en venant au monde. Il y a six ans, ayant eu le malheur de perdre aussi mon père, une tante que j'avais et qui habitait dans les environs de Grenoble, dans le Dauphiné, m'écrivit de me rendre près d'elle; j'y allai... et j'y restai six ans.

— Six ans ! mais à ce compte vous auriez donc plus de vingt ans ?...

— J'ai vingt-deux ans bientôt, madame.

— Vingt-deux ans ! en vérité, on ne vous les donnerait pas.

— Mademoiselle en paraît à peine dix-huit, dit Alexandre.

— Enfin, vous étiez donc avec votre tante, mais vous vîntes quelquefois à Paris pendant ce temps?

— Non, madame, pas une seule fois ; ma tante habitait une maison isolée, dans la campagne ; elle aimait la retraite et n'allait presque jamais à la ville voisine... Elle ne comprenait pas que l'on eût envie de voir Paris.

— Voilà une tante qui ne devait guère suivre les modes! dit Alexandre, et vous deviez vous ennuyer beaucoup chez elle ?...

— Non, monsieur. Sa maison était située sur une colline d'où l'on avait une vue magnifique... et les environs de Grenoble sont si beaux... la campagne y est si belle. Dans notre jardin nous avions des fleurs d'une rare beauté... et cela est si joli les fleurs! Ah! je les regrette...

— Malgré cela vous êtes revenue à Paris...

— Ma tante est morte aussi... Je ne pouvais pas rester là-bas toute seule...

— Et vous bien fait de revenir, mon enfant ; vous n'êtes point d'un âge à vivre loin du monde, à vous confiner dans la retraite... Et que comptez-vous faire maintenant ?... Avez-vous un état ?

Mademoiselle Félicie se pince les lèvres ; elle hésite à répondre ; enfin, elle murmure :

— Toutes les femmes savent coudre et broder :

— C'est juste. Toutes celles qui veulent s'en donner la peine, au moins... Mais il y en a qui s'en acquittent fort mal et d'autres très-bien. Vous êtes sans doute du nombre de ces dernières ?...

— Oh ! non, madame, je ne m'en flatte pas... cependant je couds assez bien pour savoir faire une robe, et c'est le principal...

Avez-vous du feu chez vous, voisine ? (Page 8.)

— Ah ! vous êtes couturière, alors...

— Mais... non, madame, je ne suis pas couturière...

— Vous faites de la broderie ?...

— Je brode mes cols...

— Vous êtes chemisière, peut-être ?...

Mademoiselle Félicie, que toutes ces questions semblent impatienter, répond en se levant vivement :

— Non, madame !... Mais pardon... vous m'avez promis une allumette chimique, et il est tard...

— Je vais vous en donner, mademoiselle ; mais auparavant vous accepterez bien un petit verre de ratafia ; j'allais en verser à ces messieurs au moment où vous avez frappé.

— Je vous remercie, madame, mais je ne bois jamais de liqueur...

— Ce n'est point une liqueur, du ratafia de cerises... c'est très-innocent... je ne vous en mettrai qu'une goutte.

Pendant que madame Montenlair dispose ses petits verres et verse de son ratafia, le grand Alexandre s'approche de la jeune fille et lui dit en faisant l'aimable :

— Mademoiselle, on vous a présenté vos voisins, mais on ne vous a pas dit ce qu'ils faisaient... Je vais réparer cet oubli...

— Oh ! c'est inutile, monsieur ; je le sais... la concierge me l'a dit aussi. Vous, monsieur, vous êtes courtier en marchandises... monsieur est clerc d'huissier... et monsieur est auteur, je crois...

En disant ces derniers mots, mademoiselle Félicie arrête ses regards sur Gaston qui se sent rougir et répond en balbutiant :

— Oui, mademoiselle... je suis... c'est-à-dire... je m'essaie... je commence... Aimez-vous le spectacle, mademoiselle ?...

— Oui, monsieur, beaucoup.

— Et vous y avez été ce soir, sans doute ? dit Alexandre.

— En effet, monsieur, je viens du Gymnase.

— Et... et...

Le grand jeune homme a bien envie de demander à la jeune voisine avec qui elle a été au spectacle, mais madame Montenlair présente ses petits verres de ratafia. On les prend, on les boit, et mademoiselle Félicie, après avoir dit que le ratafia était délicieux et refusé d'en accepter un second verre, prend des allumettes que madame Montenlair a posées sur la table, remercie de nouveau sa voisine, fait un salut gracieux à ses voisins et part vivement.

— Jolie fille !... très-jolie fille ! dit Alexandre lorsque mademoiselle Félicie est partie. Et bien faite... bien découpée... Avez-vous vu son pied, messieurs ?

— Oui, il est petit, cambré... ce n'est pas un pied plat... de ces pieds avec lesquels on peut dormir debout ! dit Collinet en se versant, en tapinois, du ratafia.

— Et quel œil spirituel ! s'écrie Gaston ; quelle voix sympathique ! Donnerait-on jamais vingt-deux ans à cette demoiselle ?...

— Ah ! mes chers voisins, voilà l'avantage des nez retroussés... avec ces nez-là on paraît jeune bien plus longtemps ! c'est comme cela ; si j'avais eu le nez retroussé, moi, je ferais encore les ingénues à Bordeaux...

— Ah ! vraiment, en vieillissant, je me donnerai des coups de poing sous le nez alors... Mademoiselle Félicie s'exprime facilement... elle ne fait point de fautes en parlant... cette jeune fille doit avoir reçu de l'éducation... N'est-ce pas votre avis, madame Montenlair ?

— Messieurs, cette jeune personne est fort gentille, assurément, elle a tout ce qu'il faut pour plaire... elle n'est pas sotte ; il suffit de causer un peu avec elle pour s'en apercevoir ; mais avec tout cela elle n'a pas voulu me dire ce qu'elle faisait... voilà ce que je n'aime pas... Je l'ai questionnée à ce sujet ; il me semble que c'était tout simple. Avez-vous remarqué que cela paraissait l'impatienter ?... et qu'alors elle a tout de suite voulu s'en aller.

— Oui, dit le petit clerc, j'ai fort bien vu cela... mais elle sait très-bien ce que nous faisons tous.

— Qu'est-ce qu'il y a là d'étonnant ? répond Alexandre ; c'est la concierge, madame Ador, qui le lui aura conté ! Avant de venir demeurer dans la maison, elle aura voulu savoir comment elle était composée ; elle-même vous l'a dit...

— Et cela fait son éloge, murmure Gaston. Avez-vous vu comme son front est beau... noble... fier ?...

— Ta, ta, ta !... le voilà parti, lui... tu en es amoureux, n'est-ce pas, Gaston ?

— Oh ! oui... elle m'a tourné la tête !...

— Eh bien ! à moi aussi...

— Et à moi aussi...

— Oui, mais toi, Collinet, tu bois tout le ratafia en attendant... Madame Montenlair, si vous n'y faites pas attention, il va vider votre bouteille.

— Eh ! mon Dieu, qu'il boive ! s'il le trouve bon !

— Mais alors, j'en veux aussi, moi ; ma nouvelle passion ne m'a pas encore fait perdre le boire et le manger... La jeune voisine doit avoir une jambe charmante... quand on a un si joli pied on a toujours la jambe bien faite. N'est-il pas vrai, madame Montenlair ?

— Souvent, mon voisin ; mais pas toujours. Il y a des exceptions...

C'était mademoiselle Félicie. (Page 7.)

— Elle venait du spectacle... Mais elle n'avait pas été seule au spectacle?...

— Eh! parbleu! elle avait été avec son amoureux, c'est bien probable... Elle a vingt-deux ans... elle est charmante, elle doit avoir au moins un amoureux, et si elle n'en a pas qu'un, c'est une fille très-honnête...

— Ah! Alexandre, pourquoi supposer tout de suite le mal... pourquoi cette jeune personne ne serait-elle pas sage?

— Parce qu'elle vit seule... qu'elle n'a plus de parents autour d'elle... qu'elle a déjà voyagé... qu'elle est revenue à Paris... et qu'elle n'a pas voulu nous dire ce qu'elle faisait... probablement parce qu'elle ne fait rien... et quand une jeune fille habite seule et ne fait rien... on sait bien ce qu'elle fait.

— Je suis un peu de l'avis de M. Alexandre, dit l'ancienne artiste. Cependant il ne faut pas aller trop vite dans ses jugements... Les apparences sont souvent trompeuses...

— Et d'ailleurs, répond Gaston, les apparences seraient en faveur de cette jeune personne... Elle se présente bien, s'exprime bien, n'a pas mauvais ton...

— Je suis fâchée de ne point lui avoir demandé ce que faisait son père...

— Elle ne l'aurait peut-être pas dit, non plus...

— Enfin, puisque la concierge sait si bien ce que tout le monde fait dans la maison, elle pourra sans doute nous dire aussi ce que fait cette jeune fille?...

— C'est cela, et là-dessus, allons nous coucher, car il est minuit passé, et nous empêchons la voisine de dormir...

— Oh! messieurs, je n'aime pas à me coucher de bonne heure, moi... J'ai toujours trouvé que le temps que l'on dormait était un temps perdu.

— C'est assez vrai... j'en perds diablement, alors... A propos, voisine, connaissez-vous dans la maison un monsieur Loupard, qui tient une école de petits garçons?...

— Je l'ai vu passer quelquefois; c'est un pauvre homme qui n'a pas l'air très-heureux...

— Ah! fichtre, tant pis... moi qui ai un besoin à toucher chez lui.

Enfin, nous le verrons demain matin... Bonsoir, voisine...

— Bonsoir, madame Montenlair...

— Bonsoir, mes-ieurs.

Arrivés sur le carré, les trois jeunes gens ouvrent chacun leur porte et s'arrêtent sur le seuil.

— Je vais rêver à la ravissante voisine d'au-dessus, dit Alexandre.

— Et moi aussi.

— Et moi j'y rêverai tout éveillé...

— Voyons, messieurs, un instant... faisons une convention. Cette jeune fille nous plaît à tous les trois... nous voulons lui faire la cour, n'est-ce pas?

— Sans doute.

— Ah! si elle pouvait m'aimer.

— Eh bien! il ne faut pas que cette rivalité nous brouille... c'est stupide de se brouiller pour un cotillon...

— Et c'est pourtant ce qui arrive tous les jours.

— Convenons d'agir loyalement... Pas de mauvais propos les uns contre les autres... Le plus aimable l'emportera, c'est probable, mais celui qui sera vainqueur, le dira sur-le-champ aux deux autres, afin qu'ils cessent aussitôt leurs poursuites, et on n'en restera pas moins bons amis. Ça y est-il?

— Ça y est.

— Tapons-nous dans la main comme les trois Suisses... Maintenant c'est juré, il n'y a plus à y revenir... et là-dessus, bonsoir.

— Bonne nuit.

— Ah! sapristi, et l'objet que j'ai gagné... Voyez pourtant comme un joli minois nous fait oublier les affaires. Allons, Collinet, ouvre-moi ta porte que j'aille chercher l'objet.

— Je te le donnerai demain.

— Du tout! je le veux ce soir... tu n'aurais qu'à le casser cette nuit...

Alexandre entre chez le clerc d'huissier, s'empare du vase de nuit, orné d'un œil au fond et le transporte chez lui, en disant :

— C'est gracieux! c'est coquet. Si je réussis dans mes projets amoureux, je ferai hommage de ce nécessaire à ma conquête.

V. — LE MAITRE ET L'ENFANT.

Alexandre, contre son ordinaire, s'est levé de bonne heure; il est pressé de se rendre à la petite école, parce qu'il a grand besoin d'argent. Le souvenir de la jeune voisine du cinquième ne l'a pas empêché de dormir, non pas qu'il soit insensible aux attraits de mademoiselle Félicie, mais parce qu'il se croit d'avance certain de faire sa conquête. Il ne redoute nullement ses deux rivaux. Collinet n'est ni joli garçon, ni bel homme; et Gaston est trop timide pour savoir profiter des avantages qu'il a reçus de la nature.

A sept heures, Alexandre sort de sa chambre; il s'arrête sur le carré, regarde un moment en l'air s'il apercevra du monde au cinquième; aucune porte ne s'ouvre. Il a un instant envie de monter et d'aller chanter quelque chose sur le carré du cinquième, mais bien-tôt frappant sur ses gousets vides, il se dit :

— Les affaires avant tout, et en amour comme à la guerre, que faut-il pour commencer les hostilités?... de l'argent!... toujours de l'argent.

Le grand jeune homme descend vivement l'escalier, traverse la première cour, arrive dans la deuxième, où il n'avait jamais pénétré, aperçoit le malheureux pin rabougri et sept ou huit petits garçons de quatre à sept ans, qui essaient de courir dans le petit coin entouré de treillage. Puis il lit au-dessus des fenêtres à gauche :

Ecole primaire. On prend les enfants en pension et en garde.

— Ce doit être là, se dit Alexandre en entrant sous un petit vestibule qui sépare les deux logements du rez-de-chaussée. Et tournant le bouton d'une porte à gauche, il se trouve dans la classe de M. Loupard; c'est une grande salle plus longue que large, et entièrement privée de papier, probablement on a pensé que les enfants le déchireraient et on a jugé inutile de cacher la nudité des murs. En revanche, de nombreuses taches d'encre, des bons hommes de toutes les dimensions, des essais de nez ou d'oreilles, des noms, des chiffres, le tout tracé à la plume, au crayon, et même à la craie, font de cette salle une espèce de musée enfantin.

Des bancs de bois sont placés en travers de la salle sur les deux tiers de sa longueur; devant chaque banc sont élevées les pupitres sur lesquels doivent travailler les élèves. Dans la partie de la salle restée libre, on voit une grande table en bois noirci et formant bureau, et un vieux fauteuil qui a été recouvert en cuir, mais auquel il ne reste plus que quelques échantillons de sa toilette. Le fauteuil et la table sont placés sur une estrade élevée de huit pouces au-dessus du sol, de façon que de cette place on peut dominer sur toute la classe. Derrière le bureau, on voit une ardoise attachée au mur.

— Diable! diable! se dit Alexandre en regardant autour de lui. Tout ceci est d'une simplicité qui frise l'indigence; je sais bien qu'il ne faut pas une classe bien somptueuse pour ces messieurs que je viens de voir jouer au cheval fondu... mais cependant, ceci me semble bien puritain et cela ne sonne pas à mes oreilles... personne... est-ce que le maître d'école dormirait encore... ce n'est pas probable, quand on n'est pas riche on est matinal... voyons... adressons-nous aux élèves.

Ouvrant une des fenêtres qui se trouvent au niveau du jardin, Alexandre s'y place en disant aux enfants qui y prennent leurs ébats.

— Messieurs, pourriez-vous me dire où je trouverai M. Loupard? vous me feriez bien plaisir.

Les petits garçons regardent Alexandre d'un air étonné; quelques-uns se mettent à rire, d'autres lui tirent la langue, et tous se mettent à crier :

— Ohé! ohé!...
— Tiens, celui-là, qu'est-ce qu'il veut?
— C'est-i un grand!...
— C'est un élève?
— Ah! il vient à l'école...
— A la chie-en-lit... lit... lit !...
— Infiniment obligé, messieurs, reprend le grand jeune homme en saluant les enfants, si on vous envoie ici pour y apprendre à tirer votre langue et à fourrer vos doigts dans votre nez, vous avez parfaitement profité : mais cela ne me dit pas où je pourrais trouver votre professeur.

— Ah! il nous embête...
— De quoi, monsieur, de quoi?
— Voulez-vous jouer avec nous...
— Avez-vous une balle élastique?...
— Achetez nous un cerf-volant?...
— Ah! il rit ... ah! il rit!...
— V'là monsieur! v'là monsieur!...

Les cris des enfants cessent sur-le-champ et Alexandre en devine la cause en voyant arriver un grand homme maigre et jaune, habillé avec une vieille redingote verdâtre qui descendait jusqu'à ses chevilles, et qui étant hermétiquement boutonnée du haut en bas, ne permettait point de pénétrer dans les secrets du gilet et du pantalon. Une cravate de couleur, roulée en corde, était tout ce qui se montrait au-dessus de cette mystérieuse redingote. Puis venait une figure longue et osseuse qui affectait une certaine gravité, mais qui pourtant n'avait rien de bien sévère, quoique la longue visière d'une casquette en toile grise jetât, dans la pénombre, tout le haut du visage.

M. Loupard, car c'était lui-même qui venait alors de faire ses provisions, tenait dans sa main gauche une de ces boîtes en fer-blanc dans lesquelles les laitières mettent du lait, puis un pain rond sous son bras. Sa main droite était plus embarrassée, elle portait un mauvais panier, découvert et sans anse, rempli de charbon, sur lequel charbon on avait posé un demi quarteron de beurre mal enveloppé dans son papier, un cornet rempli de café en poudre et une douzaine de pommes qui avaient déjà pris un peu la couleur du charbon; avec cela le maître d'école avait encore un petit pot à confiture rempli de

mélasse et qu'il avait posé assez artistement entre les pommes et le charbon, mais pour lequel il craignait incessamment un accident, le moindre mouvement d'une pomme pouvant renverser le pot et faire tomber la mélasse sur le charbon. Aussi, portait-il son panier avec beaucoup de précaution et comme un échevin présentant les clés d'une ville à un vainqueur.

En apercevant un étranger dans sa classe, M. Loupard, présumant que c'est le père de quelque nouvel élève qu'on veut lui confier, ne songe plus qu'à dissimuler ce qu'il porte afin de ne point laisser deviner qu'il n'a point de domestique et va lui-même acheter ses provisions. Par un mouvement assez brusque il laisse couler le pain rond qu'il tenait sous son bras jusqu'à l'entrée d'une vaste poche de sa houppelande, mais quoique la poche soit fort grande, le pain ne peut y disparaître en entier, et il en reste plus de la moitié en dehors; pour dissimuler sa boîte au lait, le maître d'école emploie un autre stratagème; il déboutonne le dernier bouton de sa redingote et cache alors la boîte de fer-blanc sous un pan de ce vêtement, ce qui l'oblige à la cacher aussi sa main.

Tout cela s'est fait avec adresse, mais il reste encore le panier si bien garni, et celui-là il n'y a pas moyen de le faire passer sous la redingote. M. Loupard ne trouve pas d'autre moyen, pour ne point le laisser voir, que de le faire passer derrière son dos; mais en le tenant ainsi, il est obligé de contourner son bras, et il craint, dans ce mouvement pour son pot de mélasse. Tout cela donne au malheureux professeur tant d'embarras et d'inquiétude, qu'en abordant Alexandre il ne sait quelle contenance tenir, et pour le saluer finit par laisser tomber son pain à terre et renverser une partie de son lait.

— C'est à M. Loupard, maître de pension, que j'ai l'honneur de parler? dit le grand jeune homme en saluant aussi.

— Oui, monsieur, c'est moi-même... je vous demande bien pardon si je vous reçois ainsi... mais le matin... ma domestique est je ne sais où... et...

— Prenez garde, monsieur, vous laissez tomber des pommes de votre poche...

— Vous croyez... ne faites pas attention...
— Et mais voilà aussi du charbon qui dégringole...
— Comment... il y du charbon... vous croyez...

Et le pauvre professeur que ne voulait pas absolument montrer son panier, devenait rouge comme un homard, tout en cherchant à redresser ce qu'il tenait derrière son dos. Mais Alexandre, qui a pitié de son embarras, lui enlève lestement son panier qu'il pose sur un des bancs de la classe en disant :

— Permettez moi de vous débarrasser. Oh! je sais ce que c'est que le détail du ménage, il m'arrive souvent aussi d'aller moi-même aux provisions... et je m'en trouve bien... je paie tout moins ch r que mon groom... ils sont très-voleurs les grooms!...

— Ah! monsieur, en vérité... je suis confus... il faut que ma domestique se soit égarée...

— Mon groom s'égare aussi très-souvent, je suis quelquefois huit jours sans le revoir... quelle affreuse engeance que les domestiques... et qu'on ferait bien de s'en passer... si on le pouvait!

— C'est vrai, monsieur... et c'est pour un élève que monsieur désire me parler... je leur apprends la lecture, l'écriture et les trois règles primitives; je ne vais pas jusqu'à la *division*... à moins qu'ils ne soient âgés de plus de sept ans, c'est cinquante centimes de plus par mois.

— Pardon, monsieur Loupard, mais il ne s'agit point de tout cela... ce n'est pas pour vous confier un élève que je me suis rendu près de vous.

La figure du maître d'école se rembrunit et il ne craint plus de s'occuper de ses pommes qu'il essuie avec un mouchoir de couleur, après avoir ôté le pot de mélasse du panier.

— M. Loupard, reprend Alexandre, je viens à vous pour un besoin...

— Comment, monsieur? c'est pour cela que vous entrez dans ma classe!... s'écrie le maître avec humeur. Et moi qui renverse mon lait... allez dans la cour, monsieur, une petite porte jaune.

— Eh non!.. c'est pas cela, monsieur Loupard, vous n'y êtes pas... est-ce que je me serais permis de vous déranger si j'avais... Ah! pour qui me prenez-vous?...

— Mais enfin, monsieur?

— Monsieur Loupard, vous devez connaître un certain M. Bodinet...

— Bodinet, s'écrie le professeur en levant les yeux au ciel. Si je le connais... Bodinet! ah! oui, monsieur... j'ai ce malheur... Bodinet!... je voudrais bien ne pas l'avoir connu, ce monsieur-là... en voilà un qui me met dedans...

— Je ne sais pas s'il vous met dedans, mais j'ai peur qu'il m'y mette aussi, moi. Tenez, monsieur Loupard, voici un petit billet de cinquante francs souscrit par ce M. Bodinet que je ne connais pas, moi. Cette broche m'a été envoyée par mon oncle. On a eu beaucoup de peine à trouver Bodinet qui sort de chez lui avant le soleil... enfin on a mis la main dessus, mais ce monsieur n'a pas payé...

— Oh! cela ne m'étonne pas, monsieur!...

— Il a donné pour raison qu'il n'avait pas d'argent... c'en est une assez péremptoire, mais il a ajouté : voyez ce qu'il y a au bas du billet... et en effet, au bas du billet... daignez regarder vous-même, je vous en prie...

Le maître d'école approche le billet de son nez, ce qui semble annoncer qu'il a la vue courte, et il lit en s'arrêtant sur chaque mot :

— Au besoin... chez M. Loupard... maître de pension... faubourg Montmartre... Qu'est-ce que cela signifie monsieur cette mauvaise plaisanterie-là ?...

— Eh mon Dieu, monsieur Loupard, il me paraît que vous n'êtes pas non plus très au courant des affaires de commerce ; cela signifie que ce M. Bodinet ne payant pas, on a le droit de venir vous demander si vous voulez payer pour lui, afin de faire honneur à sa signature... si vous vouliez le faire, je ne vous cacherais pas, monsieur Loupard, que cela me ferait un sensible plaisir.

— Payer pour lui, monsieur, payer pour ce mauvais sujet !... Eh bien, il ne manquerait plus que cela... ce serait le bouquet... il faut qu'il soit bien hardi, bien effronté, pour avoir posé ce... vous appelez cela un besoin...

— C'est le terme consacré.

— Cet affreux besoin au bas de son billet.

— Vous n'avez donc pas de fonds à ce M Bodinet ?

— Des fonds !... non, je n'ai pas de fonds... mais j'ai autre chose à lui que je vais vous faire voir...

Et le maître d'école s'approchant d'une des fenêtres se met à crier :

— Holà !... monsieur Aristide Bodinet, venez un peu ici tout de suite...

Une petite voix aigre répond :

— Monsieur, j'ai prêté ma toupie à Bertrand qui ne veut pas me la rendre .. je veux ma toupie, moi !...

— Tu ne l'auras pas ! pourquoi que tu m'as crevé mon ballon ?

— Ce n'est pas moi qui l'ai crevé, c'est Finart...

— Non, c'est toi...

— C'est toi !

— Rends-moi ma toupie ou je te fiche des coups...

M. Loupard passe sa tête en dehors de la fenêtre, en criant comme un sourd :

— Si on ne se tait pas, je vais aller mettre le holà avec le martinet!... avancez tout de suite, monsieur Aristide.

Un petit garçon de cinq ans à peine, entre bientôt dans la classe. C'est un blondin à la mine éveillée, qui n'a pas des traits de séraphin, mais qui a de ces physionomies fraîches et gaies que l'on aime à trouver dans un enfant, d'autant plus qu'elles sont fort rares chez les grandes personnes. Ses yeux bleus sont petits, mais très-vifs, ils se fixent sans hésiter sur la personne à laquelle il parle, sa bouche est grande et spirituelle, son nez un peu épaté, est retroussé de manière à n'en pouvoir dissimuler les ouvertures; enfin son teint est clair, rose et vermeil.

Le costume du petit garçon se compose d'une mauvaise veste courte, parfaitement déchirée aux deux coudes; d'un petit gilet qui n'a plus que deux boutons et d'un pantalon tout rapiécé, et pas assez cependant puisque quelques lambeaux de chemise passent par derrière et flottent entre les jambes du pantalon qui lui descend pas jusqu'à la cheville et laisse voir de petites chaussettes qui ne montent pas au même endroit; de mauvais souliers éculés et percés complètent le costume du jeune Aristide, et cette mise plus que modeste, n'empêche pas le petit garçon de se présenter fier comme un page. Mais en ce moment l'affaire de la toupie ayant amené des débats fâcheux, il a les cheveux fort mal peignés, quelques coups d'ongle au visage, et il est rouge comme un coq.

En entrant dans la classe, le jeune Bodinet marche droit vers le maître et se met à crier :

— Monsieur, Bertrand m'a griffé, moi je lui ai donné des gifles... j'ai bien fait... il dit que c'est moi qui suis cause qu'il saigne au nez... Tant pis, qu'il me rende ma toupie... ou bien je le battrai encore... il verra !...

— Taisez-vous, Aristide, taisez-vous... et tenez-vous en repos, si cela est possible ; plus tard j'éclaircirai l'histoire de votre toupie. Monsieur, vous voyez ce petit garçon ?

— Oui, il est drôle... j'aime sa mine éveillée... Il ne doit pas être bête ?

— Oh! non, il ne l'est pas, le petit gaillard... il me fait quelquefois des questions au-dessus de .. n âge... il est rempli de moyens... un peu tapageur... se battant pour un rien... pas méchant au fond et surtout pas sournois. Eh bien ! monsieur, cet enfant est le fils de ce monsieur Bodinet... Il me l'amena il y a un an passé... il y a eu un an au mois de septembre... Le petit était vêtu comme vous le voyez maintenant, seulement ses effets étaient en meilleur état... mais en un an les enfants usent tant!... Enfin, son père me dit en e donnant des airs de notaire! « Monsieur, voilà mon fils que je viens mettre en pension chez vous... apprenez-lui beaucoup de choses, apprenez-lui surtout à faire fortune, c'est la science la plus utile. » Monsieur, répondis-je, avant de faire fortune, il faut savoir lire et écrire... Nous avons, il est vrai, des gens qui ont fait leur chemin sans cela, mais ce sont des exceptions, des anomalies. Je dois d'abord tâche de faire en sorte que cet enfant soit sage, studieux, obéissant, afin que

plus tard il devienne un homme probe et vertueux... Le papa qui semblait fort distrait me dit : « Monsieur, je vous le confie, je m'en rapporte à vous... Vous le garderez tout à fait, vous le nourrirez... il mange très-peu, vous le blanchirez, vous l'instruirez et nous nous arrangerons... »

— Un moment ! repris-je, je n'ai pas pour habitude de prendre des élèves à demeure chez moi... cependant si cela vous oblige, comme je n'en ai pas en ce moment, je veux bien me charger de vot garçon... mais alors pour le loger, le nourrir, l'instruire, en avoir soin enfin, ce sera trois cents francs pour la première année... Nous augmenterons quand il grandira. « Très-bien, me répondit M. Bodinet, ce n'est pas trop cher. C'est convenu... gardez-le »

— Et ce monsieur faisait déjà mine de s'en aller, je l'arrêtai en lui disant : un moment monsieur! et le trousseau de l'enfant... vous concevez bien que pour cent écus, je ne puis pas lui fournir des vêtements, moi.

— Le trousseau! répondit M. Bodinet, en se grattant l'oreille : mais le petit à deux chemises sur lui, et une autre paire de bas dans sa poche... est-ce que ce n'est pas suffisant pour les premiers mois...

— Ah! monsieur, vous plaisantez... il faut au moins la demi-douzaine de chemises, des mouchoirs, des bas... une blouse, enfin tout à l'avenant.

— Très-bien, je vous enverrai son trousseau dans la semaine... Voici mon adresse.

Et le monsieur voulait toujours s'en aller. Je l'arrêtai derechef, en lui disant :

— Mais monsieur, vous ne connaissez donc pas les usages? Quand on met un enfant en pension, on paye toujours le trimestre d'avance... il y a même des maisons où l'on exige le semestre, mais moi je me contenterai de trois mois... c'est donc soixante-quinze francs que vous avez à me compter.

M. Bodinet fit alors une singulière figure; il se tâta, fouilla dans toutes ses poches et finit par me présenter treize francs cinquante centimes en me disant : « Je n'ai que cela sur moi, je vous donnerai le reste avec le trousseau du petit. » Mais moi je ne voulus pas me contenter de ses treize francs, alors il courut à un papier soigneusement enveloppé dans du papier et qu'il avait posé sur un banc en entrant :

— Parbleu! monsieur, s'écria-t-il en prenant un air important, puisque vous avez si peu de confiance en moi, je vais vous montrer, moi, que j'en ai en vous... Je vais vous laisser pour un millier de francs de valeurs... mais cela m'est égal a moi, je suis bourré de marchandises !... et après cela, j'espère que vous n'aurez pas peur d'en être pour vos avances...

Ce monsieur défaisait son paquet... Je m'attendais à voir des bijoux, de l'argenterie, mais le paquet ne contenait que des tabatières... il y en avait une vingtaine de diverses formes et de différentes grandeurs... Je vous en montrerai tout à l'heure... mais cela me vexa, je me connais pas en tabatières, je ne prise jamais; il me dit : « Toutes ces boîtes sont d'un haut prix; il y en a en platine, en écaille, en bois de Judée... Elles valent cinquante francs pièce l'une dans l'autre. Cependant si vous trouvez à en placer quelques-unes pour vingt francs, lâchez-les, je vous le permets. A présent vous voilà nanti et tranquille, c'est vous qui avez des fonds à moi... vous êtes mon entrepôt, mon dock, et dans un cas urgent s'y aurai recours. Avant peu je viendrai vous revoir. »

En me disant cela, ce monsieur partit sans même embrasser son fils. Moi je vous avoue que j'étais resté tout étourdi au milieu de toutes ces tabatières. Enfin je gardai le petit. Un mois se passa, je ne revis pas M. Bodinet. J'allai à l'adresse qu'il m'avait laissée; on me dit : ce monsieur est à la campagne... on ne sait quand il reviendra. Pendant ce temps, le jeune Aristide usait ses deux chemises et ses deux paires de bas. Un autre mois se passa et point de Bodinet!... J'essayai de vendre quelques tabatières... on me donna trente-cinq sous des plus belles !... Je n'ai pas voulu les vendre à ce prix... j'ai craint de faire du tort à ce monsieur... Enfin que vous dirai-je, les mois se sont écoulés... M. Bodinet a changé de logement sans laisser son adresse... et il ne s'est plus occupé de son fils... J'aurais pu aller me plaindre chez le commissaire... on aurait mis l'enfant... je n sais où... mais en vérité, je n'ai pas eu ce courage... il est gentil e petit; quoique tapageur, il a de grandes dispositions... il approuv tout ce qu'il veut... je me suis dit : « Ce serait dommage de le mettre à la porte... il mange beaucoup peu son âge, c'est vrai, mais il n'est pas difficile et mange tout ce qu'on lui donne; si bien, monsieur que je l'ai gardé... je l'habille comme je peux... et c'est là le plus difficile... car moi-même... »

M. Loupard a fait un mouvement pour entr'ouvrir sa redingote et montrer son pantalon, mais il s'arrête en comprenant que ce serait trop s'exposer, il reprend :

— Malheureusement voilà l'hiver qui arrive... je crains que à petit n'ait point assez chaud avec sa veste... enfin... la Providenc est grande! elle m'enverra peut-être quelques bons élèves... et je tâcherai de pourvoir à tout. Maintenant, monsieur, trouvez-vous que je doive faire honneur à la signature de M. Bodinet?

Alexandre a écouté le maître d'école avec attention. Cet homme que d'abord il avait trouvé gauche et ridicule, a pris un tout autre aspect à ses yeux; il ne voit plus en lui qu'un homme humain, généreux, sensible, et il lui tend la main, en lui disant d'une voix où perce l'émotion :

— Monsieur Loupard, touchez là, s'il vous plaît... je serai heureux de vous serrer la main.

— Monsieur... c'est beaucoup d'honneur pour moi...

— Non pas vraiment... c'est de mon côté qu'est l'honneur... car vous êtes un honnête homme... Vous n'êtes pas riche... ça se voit! et cependant vous gardez avec vous un enfant, dont on ne vous paie pas la pension... Vous partagez avec lui le peu que vous avez, plutôt que d'abandonner ce petit... ce que son père ne craint pas de faire, lui... je le répète, vous êtes un digne homme... moi je suis un assez mauvais sujet... je mange ce que je gagne... souvent plus que je gagne... mais malgré cela, si j'avais un mioche, je ferais en sorte de ne point le laisser sur les bras des autres... Ce M. Bodinet est tout bonnement une franche canaille...

— Ah! monsieur, il ne faut pas dire cela devant son fils...

— Il ne nous écoute pas... il goûte à la mélasse...

— Monsieur Aristide! qu'est-ce que vous faites là-bas ?...

— C'est pour voir si elle est bonne... c'est pour mon déjeuner, n'est-ce pas, monsieur?...

— Vous en aurez sur votre pain si vous êtes sage... sinon du pain sec...

— Ah! ouiche!... il dit ça, papa Loupard, mais il ne m'en donne jamais de pain sec... aussi j'ai du fiel... c'est mon ami!... N'est-ce pas que tu es mon ami?

Le petit garçon est allé enlacer une des jambes de son maître, qui regarde Alexandre en murmurant :

— Le petit drôle connaît la manière de me prendre... il n'y a pas moyen de rester fâché avec lui... Monsieur, voulez-vous que je vous montre les tabatières... vous me direz ce qu'elles valent.

— C'est inutile, monsieur Loupard, je les connais parfaitement vos tabatières... je sais de quelle fabrique elles sortent, elles viennent de mon oncle, qui en fait le commerce. C'est pour cela que M. Bodinet lui avait souscrit un billet de cinquante francs; leur valeur varie entre vingt-cinq et quarante sous, et vous conseille de les donner dans ces prix là...

— Et ce monsieur qui disait me laisser pour un billet de mille francs de valeurs... Peut-on mentir si peu de point!...

— A propos, je puis vous donner son adresse, il demeure pour le moment rue Galande 7 ou 9... mais on ne le trouve jamais.

— N'importe... j'irai tenter un dernier effort... Qu'il me donne du moins de quoi acheter un vêtement d'hiver à son fils...

— En effet, ce pauvre garçon ne doit pas avoir bien chaud; cette veste et ce pantalon menacent de le quitter au premier moment.

— Rentrez donc votre chemise, Aristide.

— J'ai beau la fourrer, elle ressort toujours... il y a un trou...

— Il n'y en avait qu'un petit hier, vous l'aurez agrandi en vous battant, suivant votre coutume.

Alexandre va taper sur les joues du petit bonhomme qui le regarde en souriant.

— C'est donc un garçon bien querelleur, Aristide.

— Non, monsieur... c'est pour jouer !...

— Quel âge as-tu?

— Cinq ans, bientôt...

— Tu as froid aux coudes, n'est-ce pas.

— Non, monsieur, quand j'ai froid, je joue à la main chaude!...

— C'est très-bien pour les mains; mais ton pantalon est percé, il entre du vent par là... Tu ne peux pas réchauffer cette partie-là en jouant à la main chaude...

Je fais dessus des petits pâtés, ma chemise brûle...

— Je vois que tu ne manques jamais d'expédients. Veux-tu venir avec moi?

— Où ça?

— Chez moi... ce n'est pas loin, je demeure dans la maison. Je te donnerai des bonbons.

— Oui, je veux bien, si mon ami Loupard me le permet.

— Nous allons lui demander la permission.

Alexandre va alors au maître d'école qui rangeait ses pommes et son urne.

— Monsieur Loupard, je suis votre voisin, je me nomme Alexandre Grandmoulin, je demeure dans le premier corps de logis de cette maison. Je ne suis pas riche, mais cependant je dois avoir dans ma garde-robe quelques vieux vêtements qui pourraient servir pour cet enfant. Voulez-vous me permettre de les lui offrir?

— Ah! monsieur, vous êtes trop bon... J'accepte avec reconnaissance au nom de mon élève...

— Alors en avant, marche, Aristide! Monsieur Loupard j'espère aurai le plaisir de vous revoir...

— Monsieur, ce sera me faire honneur.

Le grand Alexandre prend par la main le petit garçon et arrive avec lui à son quatrième étage, au moment où M. Collinet sortait pour se rendre chez son huissier.

En apercevant son voisin, le jeune clerc s'écrie

— Ah! tu as été chez le maître d'école... eh bien! es-tu satisfait... et le besoin?

— Le besoin... Tiens, le voilà le besoin... Je l'amène avec moi...

— Qu'est ce que c'est que ce petit déguenillé?

— C'est le besoin, âgé de cinq ans... il y en a de tout âge... mais quand il est si jeune, il n'aurait pas la force d'attendre...

— Que diable nous débites-tu là...

— Qu'est-ce que c'est... qu'y a-t-il? demanda Gaston entr'ouvrant sa porte et passant sa tête pour regarder sur le carré :

— Entrez une minute chez moi, messieurs, et je vais vous expliquer la chose... monsieur Aristide, donnez-vous la peine d'entrer.

Alexandre fait entrer le petit garçon chez lui; Collinet et Gaston les suivent. Alors le grand jeune homme leur raconte ce qu'il vient d'apprendre de M. Loupard, et la conduite de ce dernier avec le fils du sieur Bodinet il termine sa narration en s'écriant:

— Maintenant, messieurs, j'espère que vous ne laisserez pas tout faire à ce pauvre maître de pension, qui ne m'a pas l'air d'en avoir assez pour lui. Voyez ce petit, comme il est vêtu... ou plutôt remarquez qu'il n'est pas vêtu! et nous entrons dans l'hiver... Allons... il s'agit de se fendre ici... et de lui donner chacun quelques effets que nous ne portons plus... M. Loupard les fera arranger à sa taille... au moins ne mourra pas cet hiver... et ce serait dommage, car je vous garantis qu'il y a quelque chose dans ce petit garçon...

— C'est ainsi que tu as fais là, Alexandre, s'écrie Gaston en embrassant l'enfant, je cours chercher chez moi... j'ai bien des choses à lui donner...

— Et toi, bel huissier, tu ne bouges pas...

— Moi, mais... je ne crois rien posséder qui soit à la taille de ce mioche...

— Il ne s'agit pas que cela soit à sa taille... on arrangera tout cela... est-ce que tu aurais le cœur de ne rien lui donner?

M. Collinet ne répond pas, mais il rentre chez lui en marronnant.

Au bout de quelques minutes, Alexandre avait trouvé un vieux paletot, un pantalon de drap à pied et deux gilets, dont un de flanelle, et il mettait tout cela sur l'épaule du petit garçon. Gaston apporte bientôt un paquet dans lequel il y a de vieilles chemises, des mouchoirs, des cravates, et il joint à tout cela un vieil habit noir. On n'attendait plus que l'offrande de Collinet; le jeune clerc, après s'être fait longtemps attendre, arrive avec deux faux-cols et un bas de coton, qu'il présente en disant :

— Voilà tout ce que j'ai trouvé à donner...

— Comment, Collinet!.. pas même la paire de bas complète; tu gardes donc le pendant pour l'offrir à Thérésine...

— Si j'avais trouvé le jumeau de ce bas, je les aurais gardés tous deux... je n'en ai pas de trop.

— Et que veux-tu que ce petit fasse d'un seul bas?

— Il en fera... un bonnet de coton pour coucher...

— Ah! que tu as bien fait de le mettre chez un huissier...

— Messieurs, quand on n'a pas trop pour soi... vous savez le proverbe : Charité bien ordonnée...

— Ah! ce proverbe-là a été fait pour les mauvais cœurs...

— Est-ce que tout ça est pour moi ? dit le petit garçon en regardant ce qu'on lui donne...

— Oui, mon Aristide... vous allez être mis comme un élève en pharmacie de troisième année!

— Ah! mais il y a aussi pour mon ami Loupard, là-dedans... c'est pas tout pour moi?

— Il aura ce que tu voudras bien lui donner...

— Je lui donnerai tout... puisqu'il me donne à manger, lui...

— Voyez-vous, messieurs, ce petit garçon n'est point ingrat... il y aura du cœur là-dedans... et il n'y en a pas partout... n'est-ce pas, Collinet?...

— Je serai en retard à mon étude...

— Dis donc, Aristide, pourras-tu porter tout cela jusqu'à ta pension?

— Oh! oui, je le porterai bien...

— Ce sera lourd pour toi

— Non, je le porterai bien.

— A la rigueur, d'ailleurs, tu peux traîner le paquet... ça se lave.

— Merci, messieurs, merci.

— Au revoir, Aristide... Ah! d s donc, ne te bats plus avec Bertrand, surtout...

— Ah! quand je serai propre... s'il me dit quelque chose... il verra... lui qui m'appelle toujours : cul nu!...

— Oh! s'il t'appelle ainsi, rosse-le, tu feras bien; décidément on fera quelque chose de cet enfant-là.

VI. — LA CARAFE.

Quand le petit Aristide est parti, Collinet remet son rouleau de paperasses sous son bras en disant :

— Je m'en vais.

— Et moi aussi, dit Alexandre en prenant son chapeau. Il faut que je tâche de faire du courtage ce matin. Et toi, Gaston, sors-tu ?

— Moi? oh! non, pas de si bonne heure... j'ai le temps... D'ailleurs, je travaille.

Arrivés sur le carré, les trois jeunes gens se regardent, se mettent à rire, puis lèvent le nez en l'air.

— L'as-tu vue, toi ?

— Non.

— Et toi ?

— Qui ça

— Ah ! fais donc le nigaud. A qui pensons-nous tous les trois en ce ment : n'est-ce pas à la petite voisine d'en haut ?

— C'est vrai, au fait... je ne l'ai pas aperçue...

— Ni moi.

— Savez-vous, messieurs, que la lutte n'est pas égale... Gaston a beaucoup d'avantage sur nous... nos occupations nous obligent à abandonner la maison, Collinet et moi, tandis que Gaston est capable de ne point sortir de la journée, de travailler sur le carré même, afin de guetter la jeune fille au passage... mais heureusement pour nous, il n'est pas entreprenant, nous nous rattraperons là-dessus... Venez, jeune huissier, je vais vous dire en route où l'on vend des bas dépareillés, afin qu'une autre fois vous ne soyez pas exposé à faire un cadeau incomplet.

— Oh ! non, je ne suis pas entreprenant ! se dit Gaston en regardant ses deux amis descendre l'escalier. Mais je le serai cette fois... je veux l'être, car l'image de cette charmante fille était toute la nuit devant mes yeux... impossible de dormir un moment... Qu'elle est jolie... comme ses yeux ont une expression à la fois douce et spirituelle... quelle taille gracieuse... chacun de ses mouvements a du charme... le timbre de sa voix arrive au cœur... Non, je n'ai jamais été amoureux comme je le suis cette fois ! Mais est-ce moi qui lui plairai... Peut-être aucun de nous n'y réussira-t-il... Hier, elle n'a pas fait grande attention à moi... je lui ai si peu parlé aussi !... si elle pouvait descendre, à présent que les autres sont partis... Ah ! je crois que j'entends ouvrir une porte...

Une bonne descend, et rit au nez du jeune homme qui se promène sur le carré avec sa plume à la main et son cahier de papier dans l'autre. Gaston feint de rentrer chez lui ; mais lorsqu'il est certain que la bonne est loin, il rouvre doucement la porte et revient sur le carré respirer en l'air.

Il y a près de dix minutes que Gaston est en faction, lorsqu'il entend encore ouvrir une porte. Bientôt une bonne descend. Gaston rentre chez lui en sort de nouveau quand on est passé ; mais une porte s'ouvre encore : c'est à l'étage au-dessous. C'est le gros Allemand, M. Beugle, qui sort de chez lui. Gaston, qui n'est pas fâché de trouver une occasion de causer sur le carré, se penche et salue son voisin.

— Bonjour, monsieur Beugle, vous sortez de bonne heure, aujourd'hui ?

— Ah ! ponchour, mossié Gasdon... Il fait beau !...

— Oui, mais il fait froid... Vous allez déjà vous promener, monsisur Beugle ?

— Eh mon Dié ! que foulez-fous que che fasse ?... che zais bas à quoi basser mon temps... che m'ennuie... che n'ai rien à faire...

— On lit, cela occupe ; est-ce que vous n'aimez pas la lecture ?

— Oh ! si fait... chaime beaucoup la lecture... mais che savais pas pien lire tans les livres françois...

— Alors vous lisez de l'allemand ?

— Foui, mais ça m'ennuie... Foulez-vous un pon cigare ?

— Je vous remercie, volontiers.

Gaston descend au troisième ; il prend le cigare que son voisin lui présente, et tâche de continuer la conversation, tout en regardant souvent en haut.

— Est-ce que vous dînez habituellement chez le traiteur, monsieur Beugle ?

— Non, c'est mon ponne qui fait mon cuisine... elle fait pas pien... mais che suis habitué...

— Pourquoi ne dînez-vous point au restaurant ? c'est plus gai... cela vous distrait !...

— Ah foui... mais c'est que chez le restaurant on ne me serfait chamais ce que che feux mancher... Quand che demande un boulé ôti, il me serve une betite fricassée... che zais quoi... et c'est tonchours comme ça...

— Qu'est-ce que vous entendez par un boulé rôti ?...

— Eh mon Tié ! un petit folaille... pien tendre...

— Ah ! un poulet...

— Ya... un boule... ponchour, che vais me bromener...

— Et le spectacle, monsieur Beugle, vous devez aller souvent au spectacle... c'est amusant, et on passe sa soirée...

— Ah ! foui... c'est amusant... mais che m'y endors... barce que che compreuds bas pien... il faudrait que quelqu'un fienne afec moi, bour m'expliquer la bièce... alors che comprendrais...

— On emmène quelqu'un... une dame par exemple...

— Che connais pas de tames...

— Vous en avez deux là... ; sur votre carré, deux veuves... qui j'en suis sûr, seraient charmées de faire votre connaissance...

Le gros Allemand se penche vers Gaston et lui dit à l'oreille en prenant un air malin : — Elles sont bas cholies...

— Ah ! monsieur Beugle ! il vous les faut jolies... allons je vois que vous êtes un amateur !..

— Oh ! foui ! foui ! chétais un amateur autrefois... mais à brésent che zuis plus rien titout !... bonchour... che vais me bromener.

Gaston n'ose pas retenir plus longtemps M. Beugle ; il remonte lentement à son quatrième ; il se décide à entrer chez lui, en ayant soin de laisser sa porte ouverte, de façon à ce que personne ne puisse passer sur le carré sans qu'il le voie. Le jeune homme essaye de travailler, mais il lui est impossible d'écrire une scène, ni de faire un couplet. Au lieu de s'occuper de sa pièce, il ne songe qu'à sa jolie voisine du cinquième. Au moindre bruit, il avance sa tête pour mieux voir sur le carré. Il se désole de ne rien entendre ; il cherche quel prétexte il pourrait prendre pour aller frapper chez mademoiselle Félicie, en se disant : — Alexandre en trouverait lui, il n'aura pas peur de se présenter... Je veux cependant l'emporter sur lui... Je veux qu'elle m'aime... mais pour cela il faut au moins que je me déclare.

Tout à coup un bruit de pas retentit sur le carré, Gaston quitte sa table, renverse son écritoire et sa chaise et accourt tout effaré sur le palier, où il voit madame Montenlair, en jupon et en camisole, qui est en train de vider quelque chose dans le plomb.

Le jeune homme s'arrête tout confus et sa voisine se hâte de rentrer, en lui disant :

— Bonjour, voisin... vous m'avez fait peur... vous êtes arrivé comme un cheval échappé... ne me regardez pas... je suis trop en négligé...

— Elle peut être tranquille ! Ce n'est pas elle que j'ai envie de regarder... mais comme mademoiselle Félicie doit être gentille en camisole et en jupon court !... surtout quand elle se baisse pour ramasser des épingles !

Cette image enflamme l'imagination de Gaston, sa tête se monte, il n'y tient plus, il gravit l'escalier en se disant :

— Tant pis... je lui demanderai... un verre d'eau.

Au moment de franchir les dernières marches, Gaston entend une porte s'ouvrir, et bientôt mademoiselle Félicie paraît devant lui.

La jolie fille s'arrête en se trouvant vis-à-vis du jeune homme : celui-ci se sent troubler comme s'il était surpris en faute, il s'appuie sur la rampe et balbutie :

— Ah ! pardon... mademoiselle...

— Bonjour, monsieur... vous montez ?...

— Oui, mademoiselle... Mon Dieu... j'allais... je me serais permis...

— Est-ce que vous avez besoin de quelque chose ?...

— Mademoiselle c'est... je me trouve par hasard sans eau... et justement j'avais très-soif...

— Oh ! je vais vous en donner, monsieur, avec grand plaisir...

— Mademoiselle, c'est bien indiscret, ne vous connaissant que depuis hier... d'oser après vous demander quelque chose...

— Pourquoi donc cela ?... entre voisins, c'est tout naturel... n'ai-je pas assez été hier frapper chez cette dame... qui est si aimable... elle est déjà sortie sans doute, et c'est pour cela que vous avez pensé à moi ?...

Gaston se mord les lèvres en répondant :

— Oui... elle est sortie... à ce que je crois...

— Venez, monsieur, veuillez prendre la peine de monter.

Mademoiselle Félicie a rouvert sa porte et elle fait une grande révérence au jeune homme, en lui disant :

— Donnez-vous la peine d'entrer, monsieur, ce n'est pas bien beau chez moi, mais vous serez indulgent.

Gaston ne se sent pas d'aise, il est dans la chambre de la jeune fille, il respire avec délices, il regarde autour de lui en s'écriant :

— Ah ! que c'est gentil, ici...

— Ah ! monsieur, vous voyez que c'est bien modeste...

— Cela embaume.

— J'ai quelques fleurs, c'est la plus belle parure de ma chambre... du reste ces meubles ne sont pas à moi. En quittant Paris pour aller chez ma tante, j'avais vendu ce que j'avais. Quand je suis revenu je n'avais plus rien. Se loger dans un hôtel garni, c'est guère convenable pour une demoiselle ; j'ai été bien heureuse de trouver un petit logement meublé dans une maison honnête.

— Je trouve cette chambre ravissante... qu'on doit y être bien !... je voudrais y passer ma vie.

La jeune fille sourit de l'enthousiasme de Gaston et répond :

— Je crois que vous êtes bien mieux chez vous... Au moins cela ne fait pas mansarde...

— Je vous assure que je me trouve bien mieux ici !... quelle jolie vue on a...

— Vous devez avoir à peu près la même.

Gaston examinait tout avec bonheur ; ses yeux s'arrêtaient sur la modeste couchette placée au fond de la chambre, sur la petite table, sur les vases remplis de fleurs, sur le fauteuil placé contre la croisée et qu'il supposait être la place habituelle de Félicie. Il ne disait plus rien ; son cœur était plein et il soupirait.

Cependant la jeune fille a été prendre une carafe qu'elle remplit d'eau et pose sur la table en disant :

— Monsieur voilà ce que vous désiriez...

Gaston sent avec chagrin qu'il ne peut pas rester davantage, car sa voisine sortait et elle peut avoir affaire. Il se dirige vers la porte en balbutiant :

— Ah! c'est juste... vous sortiez, mademoiselle... et je vous en empêche... pardon... excusez-moi...

Et il quitte en soupirant la chambre de sa voisine, qui sort après lui. Lorsqu'ils sont tous deux au bas de l'escalier, mademoiselle Fé-'icie s'écrie :

— Eh bien! à quoi pensez-vous donc? vous n'avez pas pris la carafe!...

— Ah! c'est vrai... je l'ai oubliée.

— Et moi qui ne vous l'ai pas donnée, attendez, attendez...

En quelques secondes la jeune fille a remonté l'escalier, rouvert sa porte, pris la carafe et elle est revenue près de Gaston qui est resté indécis à la même place et s'écrie :

— En vérité, mademoiselle, je suis désolé de toute la peine que vous avez prise... c'est ma faute, je suis bien étourdi...

— Il n'y a pas grand mal... voilà la carafe... je vais vous la descendre, parce que les hommes ne savent pas porter cela...

— Ah! mademoiselle, je ne souffrirai pas que vous preniez cette peine... donnez-moi donc cela...

— Mais non... je vous la donnerai devant votre porte...

— Je vous en prie... laissez-moi vous débarrasser.

Et le jeune homme prend le bas de la carafe que la jeune fille retient par le haut et il veut la lui retirer, et celle-ci cède, au moment où Gaston renonce à s'en emparer, et la carafe tombe et se brise et l'eau inonde l'escalier.

Gaston reste stupéfait, mademoiselle Félicie se met à rire.

— Je suis bien maladroit, dit enfin Gaston.

— Mais non... c'est moi qui ai lâché trop tôt...

— Oh! c'est ma faute, mademoiselle!

— Après tout, monsieur, ce n'est pas un bien grand malheur.

— Il sera facile à réparer, j'ai chez moi une carafe à peu près semblable... je cours la chercher...

— Mais ce n'est pas la peine, monsieur...

— Si... si... j'ai cassé la vôtre, vous prendrez la mienne.

Gaston entre vivement dans son logement, dont la porte était ouverte, et mademoiselle Félicie le suit en disant :

— Je veux bien la prendre, mais c'est pour aller l'emplir.

Et le jeune homme s'arrête tout confus au moment de prendre la carafe qui est sur la cheminée, parce qu'il vient de voir qu'elle est pleine d'eau.

Mademoiselle Félicie vient aussi de s'en apercevoir, elle se sent rougir presque autant que Gaston, et les deux jeunes gens restent un moment l'un devant l'autre sans se parler...

— Vous vous étiez trompé, dit enfin la jolie fille, qui pitié de l'embarras de Gaston, vous aviez de l'eau...

— Ah! vous croyez?...

— Mais regardez plutôt...

Gaston lève les yeux, mais ce n'est pas la carafe qu'il regarde, ses yeux remplis d'amour, s'arrêtent sur la jeune fille dont ils semblent implorer le pardon.

En ce moment on entend sur le carré madame Montenlair qui chante, va et vient et dit tout haut :

— Me voilà présentable, au moins... mais tout à l'heure, quand M. Gaston m'a parlé... je me faisais peur à moi-même!

Félicie se met encore à sourire en regardant son voisin qui redevient honteux d'être de nouveau convaincu de mensonge. Mais la jeune fille ne semble pas bien en colère; il y a de ces mensonges que les femmes pardonnent si facilement.

Cependant mademoiselle Félicie a fait quelques pas vers la porte en disant : — Adieu, monsieur.

Gaston se saisit de la main qu'il presse avec force, en balbutiant :

— Pardonnez-moi... vous savez bien maintenant que je n'ai dit tout cela que pour avoir un prétexte... je brûlais du désir de vous revoir... j'espérais que vous descendriez... j'ai passé une partie de la matinée sur l'escalier... pour que j'aie osé vous le dire... mon amour a été plus fort que ma timidité... jamais jusqu'à ce moment je n'avais osé en dire autant à aucune femme... c'est que jamais je n'avais éprouvé ce que je ressens pour vous...

— Monsieur, vous me permettrez de ne pas croire si légèrement...

— Ah! que faut-il faire pour que vous me croyiez... dites... ordonnez...

— Il faut d'abord me laisser m'éloigner, car si quelqu'un venait me trouver chez vous, on pourrait former des conjectures qui ne seraient pas favorables.

Gaston quitte la main de Félicie, qui satisfaite de sa soumission, sort de sa chambre en disant :

— Adieu, monsieur Gaston, et accompagne ces mots d'un sourire qui n'annonçait pas qu'on lui gardât rancune.

Le jeune homme va sur le carré pour la rejoindre, mais elle est déjà à l'étage au-dessous et il n'ose courir après elle. Il se décide à rentrer dans sa chambre, dont cette fois il referme la porte, mais il est content de lui, et jette sa casquette en l'air en s'écriant :

— J'ai parlé... je me suis déclaré... elle sait que je l'aime... et cela n'a pas eu l'air de la fâcher!... Oh! maintenant je n'aurai plus peur et je veux mener les amours aussi vite qu'Alexandre.

VII. — LES PETITS PRÉSENTS.

En rentrant chez lui, Gaston jette les yeux sur sa carafe et s'écrie :

— Avec tout cela, j'ai cassé la carafe de mademoiselle Félicie, il faut que je lui en donne une autre... Tant mieux! ce sera un motif pour retourner chez elle. J'en achèterai une bien jolie... que je lui porterai quand elle sera rentrée... Allons tout de suite acheter une carafe, car il m'est impossible de travailler en ce moment.

Le jeune homme met un paletot et sort. En bas, il trouve madame Montenlair en grande conversation avec la concierge; lorsqu'il passe, sa voisine a beau lui faire avec la tête un signe qui semble promettre bien des choses, Gaston ne s'arrête pas, quoiqu'il devine que c'est sur mademoiselle Félicie que madame Montenlair est allée interroger madame Ador.

Gaston ne sait pas où l'on vend des carafes. Il marche au hasard, tout en regardant à droite et à gauche. Tout à coup il se sent pris par le bras.

Celui qui vient de l'accoster est un jeune auteur avec lequel il s'est lié depuis peu, et qui lui a promis de collaborer avec lui. C'est donc pour Gaston, une connaissance précieuse qui peut l'aider à faire son premier pas, chose plus difficile au théâtre qu'ailleurs.

Tout en causant les deux messieurs se proposent mutuellement de déjeuner; ils se rendent dans un café restaurant du boulevard Montmartre En déjeunant on fait un plan de pièce, ce qui est cause que le repas se prolonge assez tard dans la journée et ce n'est qu'à près de trois heures que Gaston rentre dans sa maison avec une jolie carafe qu'il a achetée sur le boulevard.

Mais pendant que Gaston oubliait ses amours pour s'occuper de théâtre, Alexandre Grandmoulin n'est pas resté oisif. Après avoir couru toute la matinée chez des demi-gros et dans les premiers magasins de Paris, il est parvenu à faire un assez fort placement de café; il s'est fait avancer son courtage, et une fois de l'argent dans sa poche, n'a plus pensé qu'à faire la conquête de sa jolie voisine du cinquième. Comme pour réussir près des femmes c'est ordinairement avec des bouquets que l'on commence les hostilités, Alexandre achète un superbe bouquet et regagne son logis, en disant :

— Toutes les jeunes filles aiment les fleurs... D'ailleurs celle-ci nous a dit hier qu'elle regrettait encore celles du jardin de sa tante... mon bouquet lui fera plaisir; elle sera sensible à cette galanterie... me voilà très-bien près d'elle... le reste ira tout seul.

En arrivant chez lui Alexandre demande à la concierge si mademoiselle Félicie est chez elle.

— Non, monsieur, elle est sortie depuis à ce matin! répond madame Ador sans cesser d'écumer son pot au feu, tandis que mademoiselle Amanda, qui est alors dans la loge, examine de tous ses yeux le bouquet que porte le grand jeune homme, et s'écrie enfin, comme n'y tenant plus.

— Ah! le beau bouquet... ah! le magnifique bouquet!... voyez donc ma tante...

— Je vois... je vois, qu'on n'a pas mis assez de carottes dedans...

— Des carottes!... dans un bouquet si distingué... par exemple!...

— Laissez donc votre tante s'occuper de sa marmite, mam'selle Amanda, vous voyez bien qu'elle est enfoncée dans son bouillon, le reste lui est bien indifférent...

— Ça doit coûter bien cher, dans ce temps-ci, un bouquet avec des camélias...

— Il est certain que vous ne l'auriez pas pour deux sous... Ah! dites-moi, Gaston est-il sorti ce matin?

— Oui, monsieur, il est sorti, et il n'est pas encore rentré, car voilà sa clef... même que je viens seulement de finir sa chambre avec la vôtre ensemblement.

— Très-bien. Quand il reviendra faites-moi le plaisir de lui dire que je ne suis pas rentré.

« De cette façon, se dit Alexandre en grimpant son escalier, Gastonne se doutera de rien et ne me guettera pas... Ce n'est pas que je redoute beaucoup ses tentatives, mais il est toujours bon de ne tromper ses rivaux; je me tiendrai l'oreille collée contre ma porte, et quand la jolie voisine rentrera je l'arrêterai au vol. »

Arrivé au quatrième, Alexandre se trouve nez à nez avec madame Montenlair qui vidait ses eaux grasses au plomb. L'ex-actrice, faisant elle-même son ménage, avait fort souvent affaire sur le carré.

Alexandre tâche de dissimuler son bouquet en le tenant derrière son dos. Mais on trompe difficilement une femme qui a de l'expérience et madame Montenlair n'en manquait pas.

— Bonjour, monsieur Alexandre, vous rentrez de bonne heure aujourd'hui...

— Oui, voisine... j'avais quelque chose à prendre chez moi... je vais ressortir tout de suite... Qu'est-ce qui vous fait donc sourire, voisine?

— Moi! rien... mais prenez garde... ne vous frôlez pas contre le mur... vous pourriez l'abîmer et ce serait dommage...

— L'abîmer... ah! vous avez vu...

Et le grand jeune homme se décide à faire passer son bouquet par-devant en disant :

— C'est aujourd'hui la fête de ma tante... et je vais aller la lui souhaiter...

— Diable, vous ne donnez que des bouquets ficelés comme ça à votre tante!... Vous êtes un neveu miraculeux...

— Il est assez joli, c'est vrai...

— C'est-à-dire qu'il me rappelle ceux qu'on me jetait à Bordeaux... Je voudrais que Philosèle vît ce bouquet-là... lui qui croit être galant quand il m'apporte pour deux sous de girofiée.

— Bonjour, voisine, au plaisir.

Alexandre se hâte de rentrer chez lui et de refermer sa porte, et madame Montenlair en fait autant tout en murmurant :

— Pour sa tante ce bouquet-là... et il croit que je donne là-dedans, il me prend donc pour une ostende !

C'est quelques minutes après le retour d'Alexandre, que Gaston rentre avec sa carafe. La concierge lui a dit que ses amis n'y étaient pas, que mademoiselle Félicie n'était pas rentrée, et il monte lestement son escalier en se disant : « Je vais guetter ma jolie voisine au passage, et je lui porterai ma carafe. »

Madame Montenlair était encore sur le carré, elle balayait le devant sa porte, elle lorgne la carafe que porte Gaston en disant :

— Ah! monsieur Gaston vient de faire des emplettes à ce que je vois...

— Oui, voisine, j'avais cassé ma carafe, je viens d'en acheter une autre...

— Ah! mais, vous êtes coquet dans vos carafes... fichtre! c'est pas de la petite bière... comme c'est élégant... comme c'est taillé... c'est du cristal ça...

— Oui... j'aime les jolies carafes...

— Ça fait trouver l'eau meilleure n'est-ce pas?.. C'est magnifique!... elle me rappelle un verre d'eau, dont on me fit présent à Bordeaux... et qui avait aussi une carafe dans ce style... Combien que celle-ci vous a coûté, sans être trop curieuse?...

Gaston fait un mouvement d'impatience et rentre vivement chez lui, en criant :

— Vingt-cinq sous, voisine :

— Vingt-cinq sous!... une carafe en cristal taillée comme ça !... c'est vingt-cinq francs qu'il veut dire... il avait l'air contrarié de ce que j'admirais son emplette... il y a encore quelque chose là-dessous... oh! je connais ça... Je suis bien fâchée que Philosèle n'ait pas vu cette carafe-là... cela lui aurait peut-être donné l'idée de m'en acheter une semblable.

Madame Montenlair est rentrée chez elle avec son balai.

Un quart d'heure après, c'est le jeune clerc d'huissier qui rentre à son domicile, et s'arrête devant la loge de la concierge, toujours occupée de son bouillon. Collinet n'a pas besoin de prendre sa clef, parce qu'il l'emporte constamment avec lui, la portière n'fait pas son ménage, parce que le petit clerc trouve que c'est une dépense superflue; suivant lui, le ménage d'un garçon qui est dehors toute la journée n'ayant jamais besoin d'être fait. Quant au lit, avec un coup de poing donné au matelas son coucher est toujours assez moelleux.

— Mademoiselle Félicie, cette jeune personne qui a élu son domicile dans le présent immeuble, est-elle chez elle dans ledit instant? demande Collinet en flairant l'odeur de la marmite.

Madame Ador goûte son bouillon et murmure : il manque de goût! J'en suis sûre, pas assez de carottes... c'est la faute d'Amanda qui ne fait pas attention quand je l'envoie m'acheter des légumes.

— Madame Ador, je vois que vous ne m'avez pas entendu, je vais derechef et en réitérant vous formuler ma question : Mademoiselle Félicie, du cinquième, est-elle présentement dans son local ?

— Mon Dieu! qu'est-ce qu'ils ont donc tous après mam'selle Félicie! se dit la concierge en faisant la grimace parce qu'elle vient de se brûler.

— Non, monsieur, non, mam'selle Félicie n'y est pas.

— Très-bien... ah! madame Ador, si Gaston et Alexandre vous demandaient si je suis rentré, je vous enjoins de nier le fait... J'ai des raisons pour me le tenir seul chez moi. Y sont-ils chez eux?

— Non monsieur.

— Tant mieux, je n'y suis pas non plus.

Et M. Collinet monte son escalier en se disant : « Au reste, mes rivaux ne penseront jamais que j'ai quitté l'étude avant cinq heures et demie, comme de coutume; il m'a fallu un trait de génie pour être libre !... on guette un débiteur qu'on ne pince jamais; moi,

dit : Laissez-moi aller, je connais un café où il se rend, je le guetterai, je le pincerai et on m'a laissé partir... demain je dirai que le débiteur est parti en chemin de fer... Je vais guetter le retour de la jolie voisine, alors je lui offrirai cette petite boîte d'allumettes chimiques que j'ai achetées à son intention... elle sera sensible à cette attention... ce sera une galanterie qui m'ouvrira sa porte... et je n'aurai dépensé qu'un sou... voilà comme j'entends l'amour... ceux qui se ruinent pour les femmes sont des imbéciles... moi, je ne me ruinerai jamais. »

Au moment où Collinet met le pied sur son carré, en considérant avec bonheur la boîte d'allumettes chimiques d'un sou, madame Montenlair sort de chez elle, tenant à la main un petit tapis qu'elle va secouer par la fenêtre du carré.

— Ah! bigre! je n'aurais pas voulu qu'on sût que j'étais rentré, se dit Collinet en fourrant la petite boîte de carton dans sa poche. Mais il n'y a pas moyen d'éviter la rencontre et déjà madame Montenlair lui sourit en s'écriant :

— Tiens, c'est M. Collinet!... ah! comme vous revenez de bonne heure, ordinairement vous ne quittez votre étude qu'à près de six heures... est-ce que vous êtes indisposé ?

— Non voisine, pas du tout... mais aujourd'hui... c'était la fête du patron... alors il nous a donné un exeat...

— Ah! c'est la fête de votre huissier... Tiens il s'appelle donc comme la tante de M. Alexandre... qui vient de rentrer avec un bouquet magnifique...

— Ah! Alexandre est rentré... avec un bouquet...

— Cette concierge m'a induit! se dit le petit clerc... il a acheté un bouquet... c'est pour la jeune fille susdite !... il veut le lui donner, parlant à sa personne !

— Comment donc s'appelle-t-il votre huissier? monsieur Collinet.

— Ah! ma foi... je n'en sais rien... et ça m'est bien égal!... il nous a dit : C'est ma fête !... nous ne lui en avons pas demandé plus...

— C'était pour savoir si c'est un nom qui a aux deux sexes... Je vais aller regarder mon almanach...

« Va regarder ton almanach! se dit Collinet en rentrant vivement chez lui... les voisins cela a son bon et son mauvais côté... aujourd'hui celle-ci m'embête considérablement. »

Madame Montenlair sort de nouveau de chez elle, en criant :

— Je n'y conçois rien... c'est aujourd'hui la Saint-Melon, et demain la Saint-Hilarion... que votre huissier se nomme ainsi c'est possible, mais une femme!... Tiens... il n'est plus là... il est rentré, et il a refermé sa porte... rentrés tous les trois dans la journée... certainement il y a quelque chose... Le petit clerc tenait aussi un objet qu'il a fourré dans sa poche en m'apercevant... ce n'était pas gros!... je parie qu'ils guettent le retour de la jolie petite d'hier au soir... je vas guetter aussi, moi, ça va m'amuser... d'autant plus que je n'ai rien de mieux à faire... Oh! ces hommes ! à Bordeaux c'était moi que l'on guettait! et maintenant M. Philosèle me fait droguer des journées à l'attendre ! O tempora, ô Maurice !... comme disait ce vieil auteur qui était toujours sifflé! Secouons mon paillasson et n'ayons pas l'air.»

Madame Montenlair est rentrée chez elle en ayant soin de fermer sa porte avec fracas.

Quelques minutes s'écoulent; une bonne monte l'escalier : lorsqu'elle passe sur le carré du quatrième, toutes les portes s'ouvrent presque en même temps et se referment presque aussitôt.

— Eh bien! qu'est-ce qu'ils ont donc sur ce carré-ci... est-ce qu'ils jouent à cache-cache? dit la bonne en continuant de monter,

— Il est chez lui!

— Il est rentré.

— Déjà revenu!

— C'est pour elle!

— C'est pour la voisine d'en haut.

— Il guette la petite.

Telles sont les réflexions des trois amis, fort désappointés de ne point pouvoir agir en secret. Mais au bout d'un moment ils se disent :

— Après tout, tant pis.

— Je m'en moque.

— Je ne lui offrirai pas moins ce que j'ai acheté pour elle.

— Il faut que je m'amuse, se dit madame Montenlair; et elle ouvre sa porte bien doucement, sort sans faire de bruit, descend quelques marches avec précaution, puis remonte en tapant du pied, en fredonnant à demi-voix ; à peine est elle sur son carré que les trois portes de ses voisins s'ouvrent brusquement et les jeunes gens paraissent : l'un, tenant son bouquet, l'autre sa carafe, le troisième sa boîte de chimique.

Tous les trois se regardent... madame Montenlair part d'un éclat de rire; les jeunes gens en font autant; il y avait de quoi, chacun d'eux avait un air si drôle, si désappointé en reconnaissant madame Montenlair qu'il était difficile de les regarder sans rire.

— Voyons, mes chers voisins, vous vous gênez pas... offrez-moi vos présents, dit l'actrice d'un ton goguenard, car je vois bien que vous avez quelque chose à m'offrir... je ne ferai pas la coquette, moi, et je vous préviens, que je recevrai de toute main...

— Quel bouquet! s'écrie Gaston en considérant celui que tient Alexandre, à qui destines-tu cela?

C'est papa Loupard. (Page 10.)

— A sa tante, qui s'appelle Hilarion ou Melon, dit madame Montenlair.

— Non, voisine, je ne veux plus feindre, car je ne vois pas pourquoi e cacherais que je désire tenter la conquête de la jolie Félicie... c'est pour elle ce bouquet... Et toi, Gaston, que veux-tu faire de cette carafe...

— Je veux l'offrir à cette demoiselle pour remplacer celle que je lui ai cassée ce matin...

— Tu lui as cassé une carafe!... ah! il paraît que tu as mis le temps à profit... fiez-vous donc aux gens timides... Mais toi, Collinet... tu tiens aussi quelque chose à la main... te serais-tu fendu de quelque présent... j'en serais stupéfait... sont-ce des diamants qu'il y a dans cette boîte?

— Non, messieurs, offrir des diamants cela offenserait cette jeune personne; ce serait lui dire : Je veux vous séduire, vous entretenir!... Fi donc! je ne ferai jamais de ces choses-là!...

— Nous en sommes persuadés!... Enfin cette boîte...

— Ce sont des allumettes chimiques... première qualité... cette demoiselle en manquait...

— Ah! ah! ah! une boîte d'allumettes d'un sou!...

— Oui, messieurs... cela vous fait rire!... c'est plus utile qu'un bouquet, cela.

— Et moins cher.

— Ce diable de Collinet, il n'y a que lui pour avoir de ces idées-là.

— Riez! riez!... nous verrons le présent qui sera le mieux reçu; le mien est sans conséquence et à cause de cela sera peut-être le seul accepté.

— Messieurs, dit madame Montenlair qui a penché sa tête pour regarder dans l'escalier, vous allez savoir à quoi vous en tenir, car voilà mademoiselle Félicie qui monte.

Les jeunes gens éprouvent une assez vive émotion; le grand Alexandre lui-même, malgré son assurance habituelle près des femmes, n'est pas maître de son trouble et se sent presque embarrassé lorsque la jolie tête de Félicie commence à poindre dans l'escalier.

La jolie fille demeure toute surprise en trouvant au quatrième étage chaque habitant devant sa porte; elle va se contenter de saluer et de passer, mais les jeunes gens murmurent tous les trois en même temps un : Mademoiselle!... qui semble annoncer quelque chose. Alors elle s'arrête pour en attendre la suite.

Mais la suite n'arrive pas... il semble que ces messieurs attendent chacun que ce soit un autre qui commence. Madame Montenlair a pitié de leur embarras et prend alors la parole.

— Ma petite voisine, ne montez pas si vite... car vous arrivez à propos, voilà mes trois voisins qui ont chacun quelque chose à vous offrir... et qui ont l'air de ne savoir comment s'y prendre... ce qui m'étonne de leur part...

— Ces messieurs ont quelque chose à m'offrir... à moi? dit la jeune fille d'un air surpris.

— Mon Dieu, mademoiselle, dit Alexandre, tout cela est fort simple et ne mérite pas vraiment l'importance que nous semblons y mettre... je sais que vous aimez les fleurs... j'ai pensé que vous me permettriez de vous offrir ce bouquet... que voici.

— Mademoiselle, balbutie Gaston en présentant sa carafe, j'ai eu ce matin la maladresse de renverser une carafe que vous teniez... je voudrais vous prier d'accepter celle-ci en échange.

— Mademoiselle, dit à son tour le jeune clerc en présentant sa petite boîte, vous manquiez hier au soir d'allumettes chimiques, comme je sais que l'on en vend... qui prennent feu tout de suite... je voulais vous offrir cette boîte... c'est sans conséquence.

— Messieurs, répond la jeune fille en prenant un air sérieux, je n'ai pas pour habitude de recevoir aucun présent, aucun bouquet... je n'ai... avantage de vous connaître que depuis hier au soir, et vous me permettriez de ne rien changer à mes habitudes.

Les trois jeunes gens demeurent tout confus; ils ont l'air consterné, chacun d'eux baisse le nez en regardant ce qu'il tient à sa main. Madame Montenlair s'apercevant que la jeune fille se dispose à remonter chez elle, la retient par le pan de sa robe et va chercher à la fléchir, lorsqu'un grand bruit de voix dont quelques-unes sont montées au diapason de la colère, se fait entendre à l'étage au-dessous.

Pour connaître la cause de ce bruit, il nous faut revenir chez M. Loupard.

Lorsqu'il a vu arriver le petit Aristide chargé de paquets de linge et de vieux vêtements, le maître d'école a interrogé son élève, et celui-ci lui a conté comment le monsieur qui l'avait emmené l'avait conduit chez lui et avait appelé deux autres de ses amis et que tous enfin lui avaient donné quelque chose.

Le pauvre professeur se sent pénétré de reconnaissance pour ces jeunes gens qui ont eu pitié du dénûment d'un enfant, et qui obligent sans ostentation, sans bruit, pour le seul plaisir d'obliger. M. Loupard examine les effets; il pousse un cri de joie à la vue du paletot qui est encore fort présentable; il reste en admiration devant l'habit noir, devant le pantalon et les gilets; il sent ses yeux se mouiller de larmes à la vue des chemises, des mouchoirs, des cra-

Voyons, mes chers voisins, ne vous gênez pas; offrez-moi vos présents. (Page 15.)

rates enfin, il embrasse Aristide qui a laissé tous les vêtements pour retourner à la mélasse, et lui dit :

Ces jeunes gens sont tes bienfaiteurs... tu les as bien remerciés ?...

— Oh! oui !... donne-moi du pain, mon maître...

— Mais cela ne suffit pas, il faut que je les remercie aussi, moi !

— Et donne-moi des pommes, s'il vous plaît...

— Tu sais bien où demeure le monsieur qui t'a emmené?

— Oh! oui... je le sais, c'est dans l'autre maison...

— Je ne peux pas y aller maintenant, parce que c'est l'heure de commencer ma classe; mais tantôt, lorsqu'elle sera finie, tu me conduiras chez ces jeunes gens si généreux... et je choisirai une des plus belles tabatières que je prierai celui qui est venu ici... je ne me rappelle plus son nom... je le supplierai de l'accepter.

A quatre heures, sa classe finie, M. Loupard avait mis dans sa poche une tabatière soigneusement enveloppée dans du papier joseph. Il avait pris par la main le petit Aristide, auquel il avait déjà fait endosser un des gilets qu'on lui avait donnés, lequel gilet, beaucoup trop grand pour l'enfant, pouvait à la rigueur lui servir de paletot, et il avait dit au petit garçon :

— Conduis-moi chez tes bienfaiteurs.

Le jeune Bodinet qui, en venant la première fois, n'avait pas compté les étages, s'arrête au troisième devant une porte, en disant : C'est là!

M. Loupard sonne, un peu fort peut-être, mais il croit sonner chez un garçon, tandis qu'il venait de carillonner chez les deux dames veuves; la mère, madame Mirolin, âgée de soixante ans, grande, maigre, le teint bistré et le nez rouge, montrait en parlant des dents qu'un loup aurait enviées, et sa voix aigre et criarde vous agaçait le tympan, même lorsqu'elle parlait doucement.

La fille, madame Joly, plus grande encore et plus maigre que sa mère, avait une figure osseuse, des yeux éraillés qui semblaient toujours exprimer la colère, surtout depuis que son veuvage se prolongeait, et une voix sans cesse enrouée qui aurait lutté avantageusement avec une contre-basse.

Ces deux dames conservaient un fond de rancune pour leurs voisins, auxquels elles avaient lancé quelques œillades provocantes et qui n'avaient pas eu l'air d'y faire attention. Le gros Allemand, M. Bourgle, avait été pour elles aussi froid que les jeunes gens du quatrième. Depuis ce temps, les deux veuves fronçaient le sourcil et affectaient de cracher toutes les fois qu'elles rencontraient ces messieurs.

C'est madame Joly qui vient ouvrir la porte en disant :

— Qui est-ce qui se permet de carillonner ainsi... et la sonnette n'est pas cassée, il faut qu'elle soit solide!... Qu'est-ce que vous voulez, monsieur... qui êtes-vous, que voulez-vous?

A ce flux de paroles prononcées avec aigreur, le maître d'école est un moment interdit, cependant il se remet et répond :

— Mille pardons, madame... d'avoir sonné fort... j'ai eu la main lourde... mais est-il chez lui... nous voudrions le voir... le remercier... l'embrasser...

— Quoi... qu'est-ce que vous voulez embrasser... qui demandez-vous enfin?...

— La personne qui demeure ici... C'est relativement aux vêtements dont on a gratifié Aristide... c'est encore bien bon... il y a surtout un habit noir et un pantalon... laissez-nous entrer s'il vous plaît.

— Mais non certainement, vous n'entrerez pas. Qu'est-ce que vous chantez avec un habit noir et un pantalon... est-ce que vous vous croyez au Temple ici?...

— Qu'est-ce que c'est, Guillemette?... à qui en as-tu... qu'est-ce qui a donc sonné?

Ces paroles prononcées de l'intérieur, arrivent comme un sifflet de chemin de fer aux oreilles de M. Loupard qui essaye encore de se faire comprendre en balbutiant :

— Madame, si ce monsieur n'y est pas, quand y sera-t-il...

— Quoi... qui... quel monsieur... vous m'ennuyez, à la fin...

— Le monsieur qui demeure ici!...

En ce moment arrive la maman, madame Mirolin, qui, croyant que sa fille est en danger et qu'on veut forcer leur domicile, s'est armée d'une pelle à feu et s'écrie :

— Quel est cet homme avec ce petit vagabond?... quelque mendiant, j'en suis sûre... Allez-vous-en bien vite ou je crie au voleur...

— Mais madame, je ne suis ni un mendiant ni un voleur, répond le maître d'école en se redressant; voyons, Aristide, est-ce pas ici que demeure le généreux monsieur qui t'a donné des vêtements?...

— Ah! dame... je crois que si, moi!...

— Cet homme se trompe, ma mère; il demande sans doute ce gros bœuf d'en face... ou bien les époux Patineaux.

— Il faut sonner chez les Patineaux et savoir s'ils les connaissent...

— Sonner chez les Patineaux... oh! ce serait bien inutile, le mari ne revient de son bureau qu'à cinq heures passées, et il n'y a pas de danger que sa femme y soit à présent.

— On ne sonne pas comme cela sans savoir où, monsieur...

— On s'informe à la portière, monsieur... mais la nôtre a si peu

2

besoin, elle laise monter tout le monde... elle ne s'informe pas siu-lement où l'on va...

— Mesdames, permettez, je ne demande pas un gros bœuf... au contrare...

— Tenez, le voilà... parlez-lui de vos pantalons, et laissez-nous en repos.

M. Beugle rentrait parce qu'il était quatre heures, et qu'il dînait toujours à cette heure-là, même quand il n'avait pas faim. Les gens réglés dans leurs habitudes font comme cela une foule de choses sans y prendre aucun plaisir, mais qu'ils ne reculeraient point de cinq minutes, de peur de se déranger dans leurs fonctions.

M. Loupard s'est retourné vers le gros Allemand qu'il salue hum-blement, en disant au petit garçon :

— Est-ce que c'est un de ces trois messieurs qui t'ont habillé ?

— Oh! non... ils n'étaient pas si gros!...

— Ponchour, mossié... qu'est-ce que vous foulez?... demande M. Beugle en examinant le petit garçon qui tire la langue à madame Mirolin.

— Monsieur, s'écrie madame Joly en s'adressant à son voisin, tâchez donc une autre fois de mieux indiquer votre porte... qu'on ne somme pas chez nous, quand c'est vous qu'on demande... Si on avait cassé notre sonnette, nous vous l'aurions fait payer...

— Comment?... ché combrenais pas... mossié il demantait ma-lame?...

— Non, monsieur, je demande les jeunes gens généreux qui ont habillé ce pauvre petit...Voyons, Aristide, où est-ce, je ne vois pas d'autres portes cependant!...

Aristide était trop occupé à faire des grimaces à madame Mirolin pour écouter son maître, et la vieille dame s'écrie tout à coup en courant sur l'enfant pour le battre :

— Polisson! drôle!... je vais t'apprendre à me tirer la langue!...

Mais le petit garçon n'a pas attendu que l'effet suive la menace, il court se cacher derrière le gros Allemand, qui lui semble un rempart très-solide, et le coup de pied qu'on lui destinait se perdre dans le fond de culotte de M. Beugle, un brave homme d'apathie ordinaire et veut rosser les deux veuves ; mais Loupard se jette au-devant de lui et l'arrête. C'est en ce moment que les jeunes gens du quatrième re-gardent ce qui se passe au-dessous d'eux, et le petit Aristide, recon-naissant Alexandre, s'écrie :

— Ah! les voilà... c'est là-haut, les messieurs... c'est là-haut!...

Madame Joly et sa mère, qui ont peur de M. Beugle, viennent de se sauver chez elles où on les entend s'enfermer à triple tour. M. Lou-pard se confond en excuses avec le gros Allemand, qui se tâte encore la fesse en disant :

— Pon! pon! che bense plis... il est chentil tout blein ce betit!... mais les femmes ils étaient pien méchantes.

M. Loupard et son élève sont arrivés au quatrième où Alexandre s'écrie en les voyant :

— Comment, c'est vous, mon cher professeur, qui avez des mots avec les deux *Arthémises* du troisième... mais aussi qu'alliez-vous faire chez ces terribles veuves?

M. Loupard salue la société réunie sur le carré, et répond en montrant Aristide :

— C'est un peu la faute de mon élève, je lui avais dit de me con-duire chez vous, monsieur, et l'enfant s'est trompé d'étage...Il paraît que les dames là-dessous sont très-irascibles.

— Et pourquoi vouliez-vous venir chez moi... avez-vous quelque chose à me demander?...

— A vous demander... oh non, monsieur, mais j'ai à vous remer-cier, vous et vos généreux amis, pour tout ce que vous avez fait pour cet enfant...

— Comment, c'est pour cela que vous venez... est-ce que cela en vaut la peine... il ne fallait pas vous déranger, monsieur Loupard...

— Pardonnez-moi, messieurs, cela en vaut bien la peine au contraire...

— Assez, assez, monsieur Loupard.

— Et moi, dit madame Montenlair, comme je suis très-curieuse, je prie monsieur de parler... car j'aime beaucoup à savoir ce que font mes voisins...

— Madame, monsieur que voilà était venu à ma classe pour affaire... il a vu cet enfant... abandonné chez moi par son père...

— Et que vous gardez sans que l'on vous paie, vous, monsieur Loupard...

— Je ne puis pas mettre ce pauvre petit à la porte... mais comme mes moyens sont très-bornés... l'enfant manquait de vêtements... je voyais arriver l'hiver avec terreur... eh bien, monsieur a emmené le petit Bodinet chez lui... et avec deux de ses amis, ces messieurs, n'est-ce pas, Aristide?

— Oui, oui, les v'là tous les trois...

— Ils ont donné à cet enfant des vêtements, du linge... enfin de quoi lui faire une garde-robe complète pendant plus d'une année... et ils ne veulent pas que je vienne les remercier, oh! si fait... les belles actions ne doivent pas se cacher... il faut les publier, monsieur, ce ne serait que pour donner à d'autres l'envie d'en faire aussi ; n'est-ce pas, madame.

Madame Montenlair ne répond au professeur qu'en se mouchant; de son côté mademoiselle Félicie détourne la tête pour essuyer une larme qui perle au coin de ses yeux. Quant aux trois jeunes gens, ils ne disent rien, et ont l'air aussi embarrassés que si on venait de les prendre en délit de fraudes... En terminant son récit, M. Loupard sort de sa poche une tabatière qu'il présente à Alexandre en lui disant :

— J'espère que vous ne la refuserez pas... vous savez d'où elle vient...

— Je l'accepte, monsieur Loupard ; mais comme je ne prise pas, j'en ferai hommage à madame Montenlair qui, je l'espère, ne refusera pas ce petit présent...

— Non, vraiment, s'écrie l'ancienne actrice, donnez monsieur Alexandre... oh! je ne refuse rien, moi, c'est une habitude que j'ai contractée à Bordeaux...

— Et moi, messieurs, dit Félicie en souriant aux trois jeunes gens, j'accepte aussi ce que vous voulez bien m'offrir, car d'après ce que je viens d'entendre, vous donnez de si bon cœur que ce serait mal de vous refuser. Les jeunes gens poussent une exclamation de joie. La carafe, le bouquet et la boîte d'allumettes passent dans les mains de la jeune fille qui remonte chez elle avec tout cela. Tandis que M. Loupard, après avoir encore remercié chacun de ces messieurs, retourne à sa classe avec Aristide qui, en passant, donne un coup de pied dans la porte des deux veuves.

VIII. — DES CANCANS.

Quelques jours après les événements qui s'étaient passés sur le carré du quatrième, une jeune bonne, nommée Maria, à la mine éveillée, au nez retroussé et dont la mise était toujours fort coquette, s'arrêtait au carré du second étage, toujours dans la maison que vous connaissez, et au moment d'ouvrir la porte de l'ap-partement du docteur, son maître, posait son panier à terre et enta-mait la conversation avec une autre bonne blonde, jeune aussi, gentille aussi, et dont la mise était plutôt celle d'une femme de cham-bre que d'une cuisinière.

Cette dernière se nommait Zéphirine et était au service de la dan-seuse de l'Opéra.

— Bonjour mam'selle Zéphirine, ça va bien, aujourd'hui?

— Comme vous voyez, mam'selle Maria, vous venez du marché ?

— Mon Dieu, oui, nous traitons aujourd'hui, nous avons du mond' à dîner... Ah! quelle scie!... je n'ai pas eu une minute de repos de-puis que je suis levée, et ce sera comme ça jusqu'à ce que je me couche...

— Il donne souvent à dîner votre médecin?

— Ne m'en parlez pas!... quelle idée de faire comme ça manger son bien par une foule de grugeurs... j'aime à le voir que ces jours-là!... Il appelle ça des amis!... merci, des amis pour dîner! on en ramasse à la pelle, on en trouve partout! Je lui dis quelquefois : Monsieur, soyez donc un mois sans donner à dîner, vous verrez si ces gens-là viendront seulement savoir de vos nouvelles...

— Qu'est-ce qu'il répond?

— Bah! il se met à rire et il me tape sur les joues en disant : Il faut prendre le monde comme il est!...

— Ah! votre maître vous tape sur les joues, à vous?...

— Tiens! il se gêne... ah! histoire de rire, voilà tout!

— Oui, oui, compris!... Vous avez une bonne place, mam'selle Maria, les maisons où il n'y a pas de femme, on y est toujours bien. Vous faites ce que vous voulez... je suis bien sûre que votre bourgeois ne trouve jamais que vous achetez trop cher.

— Ah! il ne manquerait plus que ça... je voudrais voir qu'il s'en avisât!... Mais vous, mam'selle Zéphirine, vous devez être aussi très-bien chez mademoiselle Cypriane... il paraît qu'elle est généreuse... je vous vois souvent habillée avec des robes que j'ai vu porter à votre maîtresse...

— Oui, elle est assez bonne enfant ! elle me donne de ses robes... mais elle ne me donne jamais d'argent... Ah! ma chère, depuis trois mois que je suis chez elle, pas moyen d'accrocher un sou de mes gages...

— Tiens! c'est drôle!... on a l'air si riche, chez vous... j'ai cru qu'on nageait dans les lingots d'or!

— On nage dans les créanciers et on tâche de les faire aller au fond... Madame est dépensière que ça fait frémir... Je l'ai vue sou-vent recevoir le matin des lettres dans lesquelles il y avait des billets de banque... Vous croyez peut-être qu'elle paie alors quelques-uns de ses fournisseurs?... Ah! bien oui, elle se met à danser dans sa chambre, et puis elle sort, court les boutiques, les magasins, achète des chapeaux, des bonnets, des châles, des bijoux et quelquefois en rentrant n'a pas gardé de quoi payer sa voiture... il faut que je lui prête pour renvoyer le cocher.

— Comment faites-vous puisqu'elle ne vous donne jamais d'argent?

— Tiens! c'te malice! ces trois quarts des robes, des chapeaux, des parures qu'elle me donne et que je ne mets pas souvent que deux fois et me donne ensuite je les revends moi!... ce sont mes profits!

— Ah! mam'selle Zéphirine quand vous aurez par hasard un petit

crêpe de Chine... gardez-le-moi, je vous le prendrai, il y a longtemps
que j'en veux un...

— Suffit... madame en a un petit pistache, je lui dirai qu'il ne lui
va pas bien... et il sera bien vite au rebut !...

En ce moment, Gaston, qui remontait, passe devant les deux jeunes
bonnes qui l'examinent comme un recruteur toiserait un conscrit.
Le jeune homme tenait dans sa main droite un petit bouquet de vio
lettes qu'il tâche de dissimuler aux regards curieux des deux bonne ,
en le faisant rentrer dans sa manche.

A peine Gaston est-il au troisième que les jeunes bonnes se regardent en riant.

— Ah! ah! est-il farce celui-là... avec son bouquet qu'il ne veut
pas laisser voir...

— C'est un des jeunes gens du quatrième...

— Oui, il est gentil... c'est celui qui me plairait le plus des trois.

— Moi, je préfère le plus grand... celui qu'on appelle Alexandre...
a-t-il l'air mauvais sujet... il me dit tou urs des bêtises quand il
passe auprès de moi...

— Et vous aimez ça, les bêtises?

— Tiens! la vie serait trop triste si on n'en disait pas... mais depuis quelque temps on m'en dit moins... on est toujours en vedettes
sur l'escalier... le grand et les deux autres... je vois ça en montant
à ma chambre... Vous ne couchez pas en haut, ous?...

— Non; monsieur a voulu m'avoir toujours sous sa main, en cas
d'indisposition.

— Ah! oui... moi je trouve que c'est bien plus commode d'avoir
sa chambre...

— C'est vrai que ça me gêne souve t... quand il me vient un
cousin... Et qu'est-ce que les jeunes sens du quatrième guettent
donc sur l'escalier...

— Comment, vous ne le savez pas? c'est la nouvelle de la maison !...

— Est-ce que je peux savoir quelque chose, moi? Dès que monsieur rentre, il prend son violon et il m'abasourdit les oreilles, que
j'en suis toute ahurie...

— Ça c'est vrai qu'il est terrible avec son violon... nous l'entendons de chez nous... il nous embête bien aussi !

— Il embête tout le monde... enfin, la nouvelle?

— Eh bien ! les trois jeunes gens du quatrième sont amoureux de
cette jeune fille qui loge sur le même carré que moi... qu'on nomme
mademoiselle Félicie... une bruno qui fait sa tête... qui se donne des
airs de mijaurée, qu' ne nous parle pas à nous autres ses voisines,
et qui est logée en garni... les meubles sont à Amanda, la nièce de
la portière...

— Ah! oui je l'ai aperçue, cette bégueule... Qu'est-ce que c'est
que cette fille-là? que fait-il?... d'où sort-elle?...

— Voilà justement ce que je voulais aussi savoir, et j'étais entrée
pour ça l'autre jour chez madame Ador, la concierge... Madame
Mont nlair, l'ancienne artiste du quatrième, y était déjà pour le même
m tif. Cette jeune fille fait tant de manières, que chacun dans la
maison serait bien aise de savoir si c'est la fille d'un prince ou d'un
marchand de pommes de terre frites...

— Eh bien! que vous a dit l concierge ?

— Pas grand'chose... sortez cette femme-là de son écuelle, et elle
n'est bonne à rien. Mademoiselle Félicie, suivant elle, est une jeune
personne très-bien élevée, qui a eu de l'éducation... son père était
employé dans un ministère...

— Garçon de bureau, peut-être...

— J'en ai le trac!...

— Et comment s'appelait-il ?... car, enfin, Félicie, c'est un
nom de famille ça !...

— C'est ce que nous avons dit à la portière qui a répondu : Je
ne la connais que sous ce nom-là... » Elle ne m'en a pas dit d'autre.

— Quelle buse!... Mais on demande l'autre... on ne se contente
pas d'un nom de baptême... c'est louche de ne donner qu'un petit
nom... et quelqu'un qui n'est pas dans ses meubles...

— Il paraît qu'elle a payé le mois d'avance à la concierge... à
laquelle elle a été recommandée par une personne très comme il faut...

— Par l'épicier peut-être... Enfin, que fait-elle, cette noble jeunesse, quel est son état?

— Elle ne fait rien.

— Elle a donc des rentes?

— Dame! faut croire...

— Quand on a des rentes on ne se loge pas en garni.

— C'est aussi mon opinion.

— Reçoit-elle du monde, vient-on la voir ?...

— Personne ! dit d'abord la concierge ; puis elle a repris : Ex-
cepté un monsieur, pas jeune, assez laid, très-bien mis, qui est venu
trois ou quatre fois.

— C'est le protecteur.

— Pardi !... c'est pas malin à deviner... quelque homme marié,
qui ne vient que rarement de peur de se compromettre...

— Et sort-elle souvent, la demoiselle?

— Mais oui, assez

— Elle d ne ses rendez-vous dehors. Et ces trois jeunes gens en
tiennent pour cette pimbêche?

— Je crois bien ; puisque je vous dis qu'ils sont sans cesse sur
l'escalier où ils attendent qu'elle passe. Mais le plus drôle, c'est
qu'ils se cachent les uns des autres ; quand l'un ouvre sa porte,
l'autre se sauve et referme la sienne... ils jouent à cache-cache dans
l'escalier.

— Et quel est celui que la demoiselle écoute?

— Je ne sais pas encore... je crois qu'elle les fait aller tous les
trois...

— Ou qu'elle les écoutera tous les trois peut-être... ça s'est vu...

— Mais je saurai le fin mot. Ma chambre est à côté de celle de
cette Félicie, vous pensez bien que je ne me gêne pas non plus pour
guetter et pour écouter...

— Et que vous faites bien... Ah! que je regrette de plus en plus
d'être sous la même clé que mon satané joueur de violon !.. V'là
quelqu'un qui monte; je parie que c'est pour monsieur.

Une femme d'une cinquantaine d'années, d'une mise modeste,
coiffée d'un bonnet dont on ne devine plus la couleur et le nez bar-
bouillé de tabac, arrive sur le carré et salue mademoiselle Maria avec
humilité, en lui disant :

— M. le docteur Urtuby est-il chez lui, à c' t'heure?

— Non, madame ; il n'est pas rentré.

— Ah! mon Dieu !... est-ce qu'il n'est pas rentré depuis à ce matin,
que je suis déjà venue, et que je vous avais priée de nous l'envoyer
tout de suite...

— Non, madame, il n'est pas rentré.

— Mais comment donc que nous allons faire ?... J'ai mon mari qui
a une inflammation du père Antoine, à ce qu'il prétend, et que
même il est dans une position bien critique... que je lui ai déjà in
fusé quatre lavements depuis hier d'au soir, et qu'il n'en a pas encore rendu la queue d'un...

— Madame, que voulez-vous que j'y fasse, moi ?...

— Rentrera-t-il bientôt, votre bourgeois ?...

— Je ne peux pas vous dire...

— Ordinairement les médecins ont des heures... c'est réglé comme
un papier à musique. Vous avez l'adresse de mon mari... M. Chantepoulle, rue des Martyrs.

— Oui, madame, je la donnerai à monsieur dès qu'il rentrera.

— Qu'est-ce que je vas donc faire à mon pauvre homme en attendant?... Me conseillez-vous de lui incruster un cinquième lavement ?

— Certainement, ça ne peut pas nuire.

— Ah ! vous pensez que ça ne peut pas nuire... vous devez vous y
connaître, la bonne d'un médecin... c'est presque une médecine !

— Oh! certainement, il y a des maladies que je soignerais aussi
bien que monsieur... j'entends si souvent ses ordonnances !...

— Alors, je peux risquer le cinquième... c'est que Chantepoulle a
déjà le ventre gros comme un tonneau.

— Raison de plus. A quoi faites-vous vos remèdes ?

— A la graine de lin, tout purement.

— Ajoutez-y deux sous de mélasse, et vous verrez.

— De la mélasse ! tiens !... mais j'aime assez ça moi; ça sent le
caramel... ça remplace les confitures... ça me va !

— Je ne vous dis pas d'en manger, vous; je vous dis d'en mettre
dans vos remèdes...

— Ah! bon, bon! je me suis laissé dire q e du tabac c'était aussi
fièrement purgatoire dans un lavement... Si j'en essayais sur mon
époux ?

— Ne vous en avisez pas... c'est fort dangereux...

— Voyez-vous... moi je me disais : Ça ne pourra pas le faire
éternuer à l'envers... Je vais acheter de la mélasse, alors, merci,
mam'selle; c'est égal, envoyez-nous 1 docteur sitôt qu'il rentrera...

— Oui, madame.

— Compte dessus! dit mademoi elle Maria lorsque la dame au
bonnet est descendue. Monsieur est revenu ce matin et je lui ai remis l'adresse de ce malade... il ne a pas seulement regardée; il a pris
son violon et il est allé étudier un morceau qu'il doit jouer ce soir
avec ses amis, car ils doivent faire de la musique après dîner... nou
aurons un tintamarre infernal. Mon Dieu ! mais dans tout cela, je ne
pense pas à mon rôti qui devrait être à la broche.

— Attendez donc... voilà un autre amoureux qui monte.

C'est le grand Alexandre qui grimpe l'escalier quatre à quatre, tenant dans sa main gauche un bouquet trop gros pour se dissimuler
dans une manche. En voyant l s deux jeunes bonnes, il sourit et veut
continuer sa montée; mais ma emoiselle Zéphirine lui barre le passage en lui disant :

— Comme vous montez vite, monsieur Alexandre... vous aller
perdre la respiration.

— Pas plus que vous ne perdrez... votre cœur, jolie Zéphirine.

— Mon cœur !... Pourquoi pensez-v us que je ne le perdrai pas ?.

— Parce qu'il doit être donné depuis longtemps...

— Non, monsieur, je l'ai toujours...

— Je parie que non !

— Que voulez-vous parier?

— Deux baisers !

— Voyez-vous... monsieur veut jouer à qui perd gagne...

— Laissez-moi passer, belle camériste.

— Vous êtes donc bien pressé... Ah! c'est sans doute à cause de ce bouquet?...

— C'est possible.

— Il est très-joli ce bouquet-là... Voulez-vous me le donner?

— Impossible... il est promis...

— Ah! oui... je devine à qui.

— Il est promis à madame Montenlair...

— Oh! la bonne blague!... à madame Montenlair... Que dis-tu de ça, Maria?

Mademoiselle Maria se contente de sourire en faisant de l'œil au grand Alexandre qui lui prend la taille en s'écriant :

— Elle est très-gentille, mademoiselle Maria; si elle veut entrer chez moi, je la prends pour tout faire!

— Elle a déjà une place comme cela chez le docteur!... dit Zéphirine en riant; mais mademoiselle Maria devient rouge comme une cerise et murmure d'un air courroucé :

— Mademoiselle, je ne sais pas ce que vous voulez dire par là! vous devriez bien faire attention à vos paroles; monsieur va penser des choses qui ne sont pas... moi, je ne me mêle pas de vos affaires... Ça m'est bien égal que vous receviez tous les jours des pays, des cousins, des pompiers, et que vous en fassiez monter le soir dans votre chambre.

— Ah! par exemple... quelle horreur! je fais monter, le soir, des hommes dans ma chambre... c'est pas vrai!... Ah! une seule fois, un pompier, parce que j'avais un commencement d'incendie... il est venu l'éteindre...

— Je vous répète que ça m'est égal; mais ne vous mêlez pas de ce qui se passe chez nous.

— Avec cela que personne n'en parle dans le quartier!... non, on se gêne!...

— Je m'embarrasse bien de ce que disent les mauvaises langues... Je ne vais pas bavarder chez les fruitières, moi!...

— Vous m'ennuyez... laissez-moi tranquille... Ah! mon Dieu! voilà madame...

— Ah! j'entends monsieur, et mon rôti n'est pas à la broche.

Les deux bonnes rentrent vivement et referment leur porte. Quant au grand Alexandre, pendant leur dispute, il avait déjà atteint son quatrième.

IX. — LES TROIS NEZ.

Mademoiselle Félicie, touchée par la conduite que les trois jeunes gens avaient tenue avec le petit pensionnaire de M. Loupard, avait bien consenti à recevoir leurs présents; mais pour cela ces messieurs n'en étaient pas beaucoup plus avancés.

Le lendemain de la journée aux cadeaux, le petit clerc d'huissier, qui était fort matinal, était monté au cinquième étage avant de se rendre chez son patron, et il avait tout doucement heurté à la porte de mademoiselle Félicie qui, sans ouvrir, avait demandé : « Qui est là? »

Le jeune homme avait répondu d'une voix mielleuse :

— C'est moi, mademoiselle... Collinet... votre voisin d'au-dessous; je venais vous demander... si vous aviez bien dormi, et en même temps... savoir si mes allumettes sont bonnes, parce que si elles ne prenaient pas bien, je vous les changerais.

— Je vous remercie, monsieur, j'ai très-bien dormi et vos allumettes sont très-bonnes.

— Est-ce que vous n'êtes pas encore levée, mademoiselle?

— Non, monsieur; je ne suis pas si matinale. Bonjour, monsieur.

Collinet n'avait osé prolonger la conversation : il était parti en se disant :

— J'y suis monté trop tôt... nous verrons ce soir.

Une demi-heure après on avait encore frappé, mais plus vivement cette fois, à la porte de la jeune fille qui avait encore dit : « Qui est là? »

Et le grand Alexandre avait répondu :

— C'est moi, Alexandre, ma charmante voisine. Est-ce qu'on ne peut pas vous dire un petit bonjour... vous êtes levée, je vous entends marcher dans votre chambre.

Mais mademoiselle Félicie répondue sans ouvrir :

— Je ne suis pas habillée, monsieur; je suis bien fâchée, mais je ne puis pas vous ouvrir...

— Bah!... si vous vouliez, cependant, une robe c'est si vite passé... d'ailleurs, vous devez être à croquer, en camisole... J'ai tant de choses à vous dire... Je ne resterai que cinq minutes... qu'un instant, si vous l'exigez... mais laissez-moi entrer un peu.

— Non, monsieur, je suis fâchée de vous refuser... mais cela ne se peut pas... je ne reçois pas de visites...

— Je ne suis pas une visite, moi, je suis un voisin...

— Non, c'est impossible!...

— Diable! elle fait bigrement sa sucrée, s'était dit Alexandre en redescendant chez lui. Mais cela ne me décourage pas... avec les femmes, c'est une histoire de temps... et voilà tout... j'ai du temps de reste, donc, j'en viendrai à mes fins.

Une heure plus tard, c'était Gaston qui, chassant sa timidité ha-

bituelle, était monté frapper aussi chez la jolie voisine. Tout en balbutiant d'une voix tremblante :

— Mademoiselle, je vous demande pardon... si je prends la liberté... c'est que... il me semble que hier je vous ai donné une carafe sans bouchon... et s'il n'y en avait pas... l'irais bien vite le chercher...

Pour Gaston, la porte s'était entre-bâillée; Félicie avait paru sur le seuil et lui avait répondu en souriant :

— Je vous remercie, monsieur, mais il y a un bouchon à la carafe...

— Ah! il y en a un... et vous vous portez bien ce matin, mademoiselle?...

— Oui, monsieur...

— Et... voulez-vous me permettre d'entrer un moment... si cela ne vous dérange pas...

— Monsieur Gaston, je suis bien fâchée de vous refuser, mais... cela ne se peut pas...

— Ah! pourquoi donc cela ne se peut-il pas aujourd'hui, puisque cela se pouvait hier?...

— Hier... vous aviez un motif... j'avais cru que vraiment vous n'aviez pas d'eau... et puis je n'avais pas réfléchi que j'avais tort de recevoir un jeune homme chez moi... maintenant je sens bien que j'ai commis une imprudence... Vos amis aussi, demandent à venir me voir, et, si je vous recevais, quelle raison aurais-je pour refuser leurs visites... Je vous en fais juge, monsieur Gaston.

— Ah! mes amis sont venus vous voir?

— Ils sont venus frapper à ma porte, mais je ne leur ai pas ouvert... S'ils savent que je vous ai ouvert, à vous, ils seront fâchés... Je vous en prie, allez vous-en bien vite...

— Mais, mademoiselle, cela m'est bien égal après tout que mes amis soient fâchés... Croyez-vous qu'à cause d'eux je cesserai de vous aimer... Hier, vous aviez l'air de m'écouter sans colère... Vous ne m'aviez pas défendu de revenir vous voir... Qu'ai-je donc fait depuis hier pour que vous me traitiez avec tant de rigueur?...

— Monsieur Gaston, je vous ai assez en colère... mais je vous répète que hier j'ai été trop étourdie. Vous me parlez d'amour... ce serait une raison pour que je ne vous reçoive pas, car je ne veux pas qu'on me parle d'amour...

— Vous ne le voulez pas... Est-ce que c'est possible, cela... Quand on vous voit, quand on est près de vous... est-ce que l'on peut penser à autre chose qu'à vous aimer... Et pourquoi donc ne voulez-vous pas que l'on vous parle d'amour... Est-ce que... votre cœur est déjà engagé?...

— Oh! non... mon cœur est bien libre...

— Alors... si vous me défendez cela... c'est donc parce que je vous déplais... c'est donc parce que vous sentez que vous ne m'aimerez jamais...

— Mais non... mais non... ce n'est pas cela.

La jeune fille vient de dire ces mots avec une vivacité qui rend l'espoir à Gaston; il s'empare de sa main, en lui disant bien tendrement :

— Lors même que je ne vous parlerais pas de mon amour, vous le liriez toujours dans mes yeux... car il ne cessera jamais...

— Oh! monsieur... je vous en prie... oubliez-moi... si en effet vous m'aimiez...

— Vous oublier... impossible à présent...

— Vos deux amis se sont mis en tête de me faire aussi la cour, et cela ne m'amuse pas du tout... Que pensera-t-on de moi dans la maison... Ah! mon Dieu! on ferme une porte au-dessous...

La jolie fille avait vivement refermé sa porte, et Gaston après être resté quelques instants immobile sur le carré, avait doucement avancé la tête, et s'étant assuré que c'était madame Montenlair qui avait secoué des tapis dehors, s'était décidé à descendre et à rentrer chez lui.

Depuis ce jour, les trois amoureux n'avaient pas été refrapper à la porte de la jeune fille du cinquième, mais chacun d'eux était sans cesse aux aguets pour tâcher de la rencontrer dans l'escalier. Cependant, soit que Félicie épiât, pour sortir, l'instant où elle n'apercevait personne, soit qu'elle fût plus matinale que ceux qu'elle mit plus rarement le pied dehors, les amoureux en étaient pour leurs bouquets, ou, si la jolie voisine passait au moment où ils ouvraient leur porte, elle montait l'escalier si lestement qu'elle était arrivée à son cinquième étage avant que les trois amoureux n'eussent eu le temps de lui offrir leurs bouquets, et rentrée chez elle lorsqu'ils se disposaient à lui offrir leurs bouquets.

Alors c'était madame Montenlair qui ouvrait sa porte et se mettait à rire, en disant à celui qu'elle surprenait :

— Il paraît que nous en sommes encore pour nos frais!... Pauvre voisin!... Ah! Dieu! ça me rappelle Bordeaux!... Je ne voyais que fleurs sur mon passage... mais je les acceptais, moi, je n'étais pas si fière... d'ailleurs, recevoir un bouquet, ça n'engage à rien... Croyez-moi, jeune homme, ne vous passionnez pas trop pour cette demoiselle Félicie... Elle est fort gentille... Oh! quant à cela, je suis la première à lui rendre justice... mais je ne sais pas ce qu'elle fait... La concierge ne la connaît pas plus que nous... Elle a payé un mois d'avance pour sa chambre... qu'est-ce que cela prouve?... Elle a été recommandée par des personnes bien comme il faut... toujours à se que dit madame Ador, eh bien alors pourquoi ces personnes bien comme il faut ne viennent-elles pas la voir... et puis ce nom : Félicie tout court!... C'est bien mystérieux tout cela... et le mystère, cela ne promet jamais rien de bon!

Les discours de l'ex-actrice avaient glissé sa... s faire impression sur l'esprit des jeunes gens. Les beaux yeux de Félicie, sa taille svelte, son pied mignon, les rendaient sourds aux propos que l'on tenait sur le compte de la jeune fille; d'ailleurs, le mystère qui semblait envelopper sa vie, n'était pas fait pour étein re leur amour, bien au contraire; tout ce qui a un aspect romanesque séduit l'imagination d'un amoureux; il arrange un roman à sa fantaisie, et quand il en aime l'héroïne, il y trouve toujours un heureux dénouement.

Pendant que les deux bonnes du second étage rentraient vivement pour ne pas être prises à bavarder, Alexandre était arrivé chez lui avec son bouquet, et il avait laissé sa porte toute contre, en se disant :

— La jolie Félicie est sortie, la c ncierge vient de me le dire, il faut bien qu'elle rentre, et je l'entendrai monter. Cette fois elle ne m'échappera point au passage, je la saisirai par sa robe, dussé-je la déchirer, ce serait même un moye pour faire plus ample connaissance... et il faudra bien qu'elle m'écoute.

Gaston s'en était à peu près dit autant, lorsqu'il était rentré avec son petit bouquet de violette. Chacun de ces messieurs s'était assis contre la porte entre-bâillée, montrant de temps à autre le bout de son nez, et le retirant vivement quand il apercevait celui de son voisin.

Sur les quatre heures et demie le jeune clerc d'huissier était arrivé aussi; au lieu d'un bouquet, celui-là tenait un morceau de galette enveloppé soigneusement dans du papier. Rentré chez lui, il avait pris la même position que ses deux amis, avançant et retirant le bout de son nez, suivant le bruit qu'il entendait sur l'escalier.

Or, comme il faisait froid et que le carré n'était pas chauffé, les trois nez que l'on voyait poindre de temps à autre, commencèrent à devenir très-rouges.

Bientôt on monte l'escalier, c est un pas de femme, mais qui n'a pas la légèreté de celui de mademoiselle Félicie. Les trois nez se montrent cependant. C'est la cuisière du fabricant de plaqué du premier qui monte à sa chambre; celle- à est une grosse fille, bien lourde, bien massive, pourvue d'appas énormes, et que l'on nomme Adélaïde; elle se met à rire en apercevant ces échantillons de visages qui se montrent derrière des portes, et s'écrie :

— Ah! ces nez!... ah! ces trois nez!... ils ont l'air gelé!

Puis mademoiselle Adélaïde continue de monter en chantant :

Ah! que l'amour est agréable!
Mais ce n est pas quand il fait froid !

minutes ne se sont pas écoulées depuis le passage de la grosse cuisinière, lorsque des pas se font entendre de nouveau. Alexandre, dont la porte se trouve la première en arrivant sur le carré, se dit :

— Ce doit être elle, cette fois, on monte très-doucement... mais c'est pour me donner le change... Elle ne m'échappera pas!... je la saisis par sa robe...

Et bientôt, en effet, le grand jeune homme avance le bras et saisit quelque chose, mais alors on pousse un juron très-prononcé, et ce n'est pas une voix de femme. Alexandre, devinant qu'il a fait une méprise, lâche l'étoffe qu'il tenait et veut refermer sa porte, mais on l'en empêche, en criant :

— Qu'est-ce que cela veut dire... si c'est une plaisanterie, elle ne me convient pas du tout... Vous m'avez déchiré mon paletot, monsieur... vous ne refermerez pas votre porte... nom d'un chien!... nous allons nous expliquer un peu...

Aux accents d'une voix qui lui est bien connue, madame Montenlair ouvre vivement sa porte en disant :

— Comment... c'est vous, Philosèle qu'est-ce qu'il y a donc... que us est-il arrivé... à qui en avez-vous?

M. Philosèle est un petit homme de soixante ans, fort mal coné, et portant une perruque blonde d'une dimension fabuleuse, qui mble vouloir rappeler celles qui se voyaient sous Louis XIV. Il a ujours les pommettes colorées, le teint très-rouge; enfin il est ce rageur omme presque tous les petits hommes; enfin il est d'un tempérament sanguin et par conséquent colérique. Aussi, retient-il de ses deux mains, et avec force, la porte que le grand Alexandre essayait de refermer sur lui.

— Ce qu'il y a, Rosinette! s'écrie le petit monsieur a u grande perruque, sans lâcher la porte d'Alexandre, il y a qu'au moment où je passais tranquillement le carré pour me rendre chez vous, on a brusquement ouvert cette porte, puis une main s'est allongée et m'a retenu par mon paletot... qu'on m'a déchiré du bas en haut... Oh! mais bigre ! je saurai qui... je verrai la personne qui s'est permis...

En ce moment, le grand Alexandre ennuyé de tirer inutilement sa porte, la lâche tout à coup, et M. Philosèle, qui la retenait de toute sa force, tombe à la renverse sur le carré, dès qu'il n'éprouve plus de résistance.

Madame Montenlair court essayer de ramasser son ami, qui jure comme un charretier, parce que, dans sa chute sa perruque s'est retournée, et que le derrière lui masque le visage.

Cependant Alexandre est sorti de chez lui, il s'empresse de remettre sur pieds M. Philosèle en lui adressant des excuses.

— Monsieur, je suis bien désolé de ce qui est arrivé... croyez bien que tout cela ne vous regardait pas... c'est une méprise... je vous ai pris pour un de mes voisins d'à côté à qui je voulais faire une farce.

— Monsieur, cela ne se passera pas ainsi... Rosinette, retournez donc ma perruque... vous voyez bien que je mange des cheveux... Elles sont jolies, vos farces, monsieur; vous jeter sur quelqu'un comme un loup furieux... lui déchirer son paletot...

— Je vous répète, monsieur, que c'est une méprise... que je vous fais mille excuses...

— Allons, Philosèle, allons, calmez-vous, dit madame Montenlair, après avoir remis la perruque en place. Certainement, mon voisin, M. Alexandre ne se doutait pas que c'était vous qui passiez en ce moment.

— Oh! non, monsieur... acceptez donc mes regrets.

Mais plus on faisait d'excuses au petit homme et plus il montrait de colère; il tape du pied, en criant comme un sourd :

— Je n'entends pas que cela se passe ainsi... bigre !... on me jette par terre, on me déchire, et on croit en être quitte pour des excuses... non pas, je ne suis point de cette pâte-là... cristi!...

— Ah! mais! ah mais! savez-vous que vous commencez aussi à m'ennuyer, vous, vieille pomme cuite, s'écrie à son tour Alexandre en changeant de ton. Concevez-vous, ce vieux Louis XIV, parce que je lâche ma porte et que sa perruque se retourne en tombant... qui ne veut pas comprendre une plaisanterie... vous voulez vous battre... eh bien tout de suite... tenez, j'ai justement des pistolets chez moi... nous allons descendre dans la cour et nous nous ajusterons dans le jardin de la pension... allons mon petit vieux... en avant, marchons, ce ne sera pas long...

Alors c'est madame Montenlair qui se jette au-devant d'Alexandre et se pend à son cou en s'écriant :

— Jamais! jamais!... un duel... se battre!... vous voulez donc me voir expirer sous vos yeux.

— Moi, voisine, je ne veux rien du tout! c'est monsieur qui a envie de me faire connaître sa pâte, et je suis trop poli pour le refuser.

Mais ainsi que cela se voit ordinairement, lorsque le petit rageur s'aperçoit qu'il a affaire à un gaillard auquel il ne fait pas peur; il devient beaucoup plus calme, et se met à arranger sa perruque en disant :

— Mais aussi... vous comprenez bien... quand i vous arrive comme cela de ces choses qu'on n'attend pas... et mon paletot qui est déchiré...

— Je vous le raccommerai, Philosèle, je vous y ferai une reprise perdue... on n'y verra rien. Allons, qu'il ne soit plus question de tout ceci... deux hommes de cœur ne doivent point avoir une affaire pour une telle bagatelle... et je connais M. Alexandre, il est incapable d'avoir eu l'intention de vous offenser.

— Mais non, puisque j'ai dit à monsieur que c'était une méprise.

— Alors on pardonne; qu'il en soit ainsi... cela n'ira pas plus loin... entrons chez vous, Rosinette.

— Passez, Philosèle, passez.

Le petit monsieur fait un salut assez peu gracieux au grand jeune homme, parce qu'il se souvient que celui-ci l'a appelé vieille pomme cuite. Puis il entre chez madame Montenlair qui est restée en arrière pour dire tout bas à Alexandre :

— Il a une mauvaise tête... c'est un ancien marchand de moutarde de Bordeaux.

— Et il paraît qu'il lui en est resté dans le nez, répond Alexandre en riant. Mais elle n'est pas très-forte, je ne la crois pas de Dijon... Allez, Pétronillette, allez recoudre Philosèle!... ah! dites-moi donc, pourquoi a-t-il une si énorme perruque?

— Parce que cela lui garantit des torticolis.

— C'est différent, ceci est une raison.

Lorsque la voisine est rentrée chez elle, Alexandre entend rire aux éclats chez ses deux amis.

Ces messieurs se décident à ouvrir leur porte et Alexandre se place au milieu du carré en leur disant :

— Vous êtes contents, hein?... j'espère que je viens de procurer de l'agrément; le fait est que la scène devait être drôle, vue de vos stalles; il est ravissant ce petit M. Philosèle... il est à mettre dans un bocal... surtout quand il gigottait à terre avec sa perruque retournée.

— Et Rosinette qui a manqué s'évanouir dans tra bras...

— C'oût été le plus beau cela... enfin c'est pourtant mademoiselle Félicie qui est cause de tout cela...

— Tu voulais donc lui déchirer sa robe... puisque tu as déchiré le paletot du moutardier.

— Je ne voulais rien déchirer, je désirais seulement l'arrêter au moment au passage, et il me semble que vous ne vous étiez pas collés derrière vos portes, dans d'autres intentions, vous, mes gaillards... que diable Collinet tient-il donc dans du papier... serait-ce encore des chimiques?

— Non, c'est autre chose.

— Vais donc voir...

— C'est inutile, je ne vous demande pas à voir vos bouquets, moi.

— Nos bouquets on les sent, mais ceci, c'est une autre odeur : ça sent la graisse. Est-ce une saucisse dont tu veux faire don à la jolie voisine ?

— Je ne veux pas dire ce que c'est.

— Tu auras beau faire, nous ne croirons jamais que c'est un bijou. Avec tout cela, messieurs, elle nous fait diablement poser la demoiselle d'en haut.

— Non, car elle ne nous donne ni espérances, ni rendez-vous, et si nous cherchons à la voir, elle ne cherche qu'à nous éviter !...

— Tu crois cela, toi, troubadour !... tu es bien de ton village... elle est enchantée de nous avoir tourné la tête, cela l'amuse... elle doit être coquette, toutes les femmes le sont.

— Elle n'est pas coquette, puisqu'elle ne veut pas qu'on lui arle d'amour...

— Elle t'a dit cela ?

— Mais... oui.

— Cela prouve que tu ne lui plais pas, et voilà tout. Ah ! on monte l'escalier... c'est une femme...

Les trois jeunes gens quittent leur poste et vont se pencher sur la rampe de l'escalier pour regarder en bas. Une dame d'une trentaine d'années, mise avec goût, monte et s'arrête au troisième étage ; là, elle fouille dans sa poche.

— C'est madame Patineaux, dit Alexandre.

— Tu crois ?

— J'en suis sûr...

— Jolie tournure... est-elle bien de figure ?

— Attends, je vais lui faire relever la tête...

Et Alexandre se met à pousser un cri aigu. Madame Patineaux relève en effet la tête, rougit en apercevant les trois jeunes gens qui la regardent et répond par une inclination de tête aux saluts de ces messieurs.

— Mille pardons, madame, je vous ai peut-être fait peur, dit Alexandre, mon Dieu, ce n'est pas ma faute, mais c'est une crampe qui vient de me prendre dans le mollet... et quand cela me prend... cela fait si mal... aïe... ça me tient encore.

— Monsieur, vous devriez alors descendre chez le docteur Urtuby qui demeure au second, il vous dirait sans doute ce qu'il faut faire pour vous soulager...

— Ah ! vous avez raison, madame, oui, je descendrai chez le docteur... quand je pourrai poser mon pied à terre... mais en ce moment je ne pourrais pas descendre, cela me serait impossible. Je n'en suis pas moins reconnaissant de votre bon conseil, madame.

— Il n'y a pas de quoi, monsieur.

Madame Patineaux qui a trouvé sa clef, ouvre sa porte et rentre chez elle en faisant encore un gracieux salut aux jeunes gens du quatrième.

— Elle est bien cette femme-là ! s'écrie Alexandre.

— Oh ! fort bien !... dit Gaston, figure très-ordinaire... ni bien ni mal...

— Tu trouves ça, c'est qu'elle ne t'a pas regardé comme moi.

— Elle a l'air bien tendre... dit Collinet. Je ne serais pas étonné que son mari... eh ! eh !...

— Qui est-ce qui te fait supposer cela ?

— Mademoiselle Amanda, qui a rencontré plusieurs fois cette dame bras d'un jeune homme à moustaches, lequel la quitte toujours coin de la rue Cadet...

— En tous cas j'ajouterais volontiers un fleuron au blason de M. Patineaux...

— Si cette dame te plaît tant, fais-lui la cour et ne t'occupe plus de mademoiselle Félicie.

— Non pas!... la dame est bien, mais la jeune fille est cent fois mieux... D'ailleurs ça n'empêche pas, je cours très-bien après deux lièvres un même temps, moi, abondance de gibier ne nuit jamais. C'est grâce à moi que vous avez vu cette dame, sans ma crampe, elle ne relevait pas la tête...

— Voilà encore quelqu'un qui monte, dit le petit clerc. Mais cette ois c'est un homme.

— Tiens, c'est M. Loupard... que diable nous veut-il ?

C'était en effet le maître d'école qui enjambait les marches et s'arrête au quatrième, étonné de trouver encore les trois jeunes gens sur carré.

— Bonjour, monsieur Loupard... est-ce l'un de nous que vous cherchez ? dit Alexandre.

— Oui, monsieur, en effet je me rendais chez vous pour...

— Eh bien ça va tous cet égal ; nous vous recevrons ici... comme nous n'avons pas de feu chez nous, nous aimons autant recevoir nos visites sur le carré, on y voit plus clair...

— Oui, dit Collinet, et puis cela ne salit pas nos chambres qui sont très-frottées.

— Oh ! messieurs... ne vous gênez pas pour moi... je suis bien partout.

— Asseyez-vous donc monsieur, Loupard, dit A andre en indiquant au maître d'école les premières marches du cinquième étage. Mais le professeur s'incline en répondant : « Ne faites pas attention,

messieurs, j'aime autant rester debout. Je voulais vous consulter sur un point qui me tracasse. D'abord, je dois vous dire que je me suis rendu aujourd'hui rue Galande à l'adresse que vous m'aviez donnée de M. Bodinet...

— Eh bien ?

— Hélas il n'y est plus, messieurs, il était déménagé de la veille... sans payer, m'a-t-on dit; il a effectué son déménagement incognito...

— Oh ! cela n'était pas difficile, dit Collinet, il n'avait rien chez lui !

— Enfin, messieurs, cet homme peu délicat ayant encore disparu...

— Chut !... attendez, monsieur Loupard ! on ouvre une porte au troisième... et c'est peut-être pour moi !

Alexandre se penche de nouveau sur la rampe pour voir au-dessous, croyant que c'est madame Patineaux qui ressort; Gaston et Collinet se hâtent d'en faire autant, le maître d'école effrayé de la façon dont les jeunes gens jettent la moitié de leur corps en dehors de la rampe, s'écrie :

— Messieurs, prenez garde! je vous en prie... ne vous penchez pas ainsi, vous allez tomber !...

En même temps madame Joly, qui vient de sortir de chez elle avec une terrine qu'elle va vider sans plomb, murmure de manière à être entendue d'en haut :

— Il paraît que dans cette maison on ne pourra plus faire la moindre chose... se livrer aux fonctions les plus journalières, sans être guettée... espionnée par les voisins... c'est vraiment dégoûtant des gens qui passent leur vie sur les escaliers... j'irai me plaindre à M. Mouton le propriétaire... et au besoin au commissaire de police !

Le gros Allemand, M. Beugle ouvre alors sa porte en disant :

— Qu'est-ce que fous affez montâme... est-ce que le feu il y être chez fous!

— Laissez-moi tranquille... je ne vous parle pas à vous... au lieu de venir voir ce qui se passe, tâchez donc d'empêcher votre chat de courir, de sortir et de faire des immondices sur mon paillasson... si je l'y prends, je lui casse les reins.

— Mon geat il est brope comme un zou! d'ailleurs il court bas, bisque il est goupé... c'est un *gastra*...

— Ah ! fi, monsieur, taisez-vous, je vous en prie... n'avez-vous pas honte ! est-ce qu'on parle à une femme de ces choses-là... quelle maison!... pouah! quelle maison !...

Madame Joly rentre chez elle en refermant sa porte avec violence. M. Beugle en fait autant, en disant :

— Elle m'ennuie peaucoup cette tame!

Les trois jeunes gens laissent à se tordre de la colère de madame Joly.

— Messieurs, dit M. Loupard, lorsque les jeunes gens ont repris une position verticale, ce M. Bodinet qui ne pense pas à donner le moindre argent pour la pension de son fils, avait laissé en dépôt, ou plutôt en nantissement chez moi, des tabatières... c'est vraiment vingt, par conséquent j'en ai encore dix-neuf. Aujourd'hui quelqu'un à qui je les ai montrées consent à me les prendre toutes à raison de deux francs la pièce.

— Donnez-les, monsieur Loupard, dit Alexandre, donnez-les, c'est à peu près ce qu'elles valent, profitez de l'occasion.

— Mais monsieur... pensez-vous que j'aie le droit de vendre les susdites tabatières que ce M. Bodinet m'a laissées en garantie...

— Si vous en avez le droit!... parbleu je le crois bien... N'est-ce pas, Collinet que monsieur a le droit de les vendre?

— Combien y a-t-il de temps que vous les avez? demande le petit clerc.

— Treize mois, monsieur, treize mois passés, et je n'ai reçu que treize francs cinquante centimes pour la pension d'Aristide Bodinet, fixée à cent écus, d'accord avec son père.

— Vous pouvez vendre les tabatières... faites-vous donner une facture en règle... de la dite vente. Les trente-huit francs que vous aurez touchés en à compte sur ce qu'on vous doit.

— Merci, messieurs, infiniment obligé puisque vous trouvez que j'ai droit, je vais effectuer la vente, car le temps est durs... voilà l'hiver, et il faut que j'achète du bois pour chauffer mes jeunes élèves.

M. Loupard salue les jeunes gens et redescend l'escalier.

— Brave homme! dit Alexandre, qui n'osait pas disposer de la misérable garantie que lui a laissée son débiteur... Avec tout cela, voilà la nuit. Il est l'heure d'aller dîner... L'amour ne doit pas faire négliger l'estomac... Est-ce que vous ne dînez pas, vous autres ?... vous voyez bien que la petite dîne en ville tandis que nous attendons sur l'escalier... nous sommes par trop jobards... Allons... un pique-nique à trente-deux sous... Gaston régalera du café et moi du petit verre. Ça doit t'aller, cela, Collinet ?

Les jeunes gens acceptent et sortent tous trois ensemble, chacun d'eux étant bien aise de ne point laisser ses rivaux dans la maison.

X. — LE DOCTEUR URTUBY.

A cinq heures moins un quart le docteur Urtuby est rentré chez lui, s'essuyant le front, en nage, quoiqu'il fit déjà froid, et paraissant très-fatigué, ce qui ne l'empêche pas de courir sur-le-champ sortir son violon de sa boîte et de se mettre à l'accorder.

Le docteur a une figure agréable et spirituelle; il est déjà presque chauve, mais sa tournure est encore jeune et son regard vif.

— Quel métier! quel affreux métier!... s'écrie le docteur tout en accordant son violon; pas une minute à soi... si on croyait les malades, on ne les quitterait pas un instant...je n'aurai jamais le temps d'étudier ma partie dans notre quatuor de *Mozart*... et Mozart n'est pas facile... fichtre!... Est-il venu du monde, Maria?

— Oui, monsieur... d'abord de chez madame Lépinel, qui croit bien qu'elle accouchera aujourd'hui...

— Elle ne me jouera pas le tour d'accoucher quand j'ai du monde à dîner... elle en a encore pour trois ou quatre jours... Je le demande s'il est venu de ces messieurs... de nos messieurs...

— Ah ben oui, ils viendront au moment de se mettre à table, ceux-là...

— Toujours méchante, mademoiselle Maria!... Ah! bon, voilà ma chanterelle cassée... pourvu que j'en aie une autre...

— Ensuite il est venu cette dame qui a bien soixante-cinq ans, madame Toquet, qui veut encore se faire vacciner...

— Je l'ai vaccinée au printemps dernier!...

— Elle prétend qu'elle n'est pas sûre que cela ait pris... elle dit qu'on parle beaucoup de petites véroles maintenant, et qu'elle en a très-peur...

— Vieille folle... elle se fait vacciner tous les ans... et de quoi diable a-t-elle peur? La petite vérole ne pourrait pas l'enlaidir! Ah! voilà une chanterelle, c'est heureux.

— Après cela, il est venu cette jeune dame nouvellement mariée... qui veut consulter monsieur parce que son mari... dame... je ne sais pas, moi... il paraît qu'elle ne se trouve pas bien mariée...

— Ah! je sais ce que c'est... le cas est grave... pauvre petite femme! autrefois on aurait ordonné le *congrès*... mais la justice ne se rend plus comme jadis... c'est dommage, c'était drôle!...

— Qu'est-ce que c'est qu'un congrès, monsieur?

— Mademoiselle Maria, je vous expliquerai cela un soir pendant que vous ferez ma couverture... Montera-t-elle... j'ai peur qu'elle ne casse encore...

— Ensuite on est revenu... la femme de ce monsieur qui a une demi-douzaine de lavements dans le ventre et qui ne peut pas les rendre.

— Eh bien! qu'il les garde et qu'il me laisse en repos... Oui, elle montera...

— Je lui ai conseillé d'en faire prendre encore un à son mari...

— Tu as bien fait... Suis-je d'accord? ces diables de cordes neuves, ça redescend toujours...

— On vous attend chez eux...

— Qu'on m'attende, Maria, je vais dans mon cabinet étudier ma partie de violon... s'il vient des clients, je n'y suis pas, tu entends... renvoie tout le monde; on est venu me chercher, je suis parti pour la campagne, je ne reviendrai pas demain.

— Ça suffit, monsieur...

— Soigne ton dîner, Maria, tu sais que j'ai des connaisseurs!

— Oh pardi! pour les plats recherchés, vous n'en manquez pas, de connaisseurs... et vous-même, vous vous y connaissez... en bons morceaux...

— C'est pour cela que je te garde, Maria.

Et le docteur, après avoir donné une petite tape sur le bas de la taille de mademoiselle Maria, court s'enfermer dans son cabinet où il se met à s'escrimer sur son violon.

Bientôt la sonnette se fait entendre. Un vieux monsieur se présente, il est jaune comme un coing et se tient très-courbé.

— Le docteur Urtuby... c'est ici?

— Oui, mais il n'y est pas, répond mademoiselle Maria en tenant toujours la porte pour la refermer.

— Comment, il n'y est pas, la concierge m'a dit qu'il venait de rentrer.

— C'est possible, mais il est reparti, apparemment.

— Quel malheur! c'est qu'il faut absolument qu'il me fasse une ordonnance. Mon pharmacien s'est trompé, j'en suis sûr; je lui avais demandé du baume tranquille pour me frotter les reins où j'ai mal... je ne sais pas ce qu'il m'a fichu, mais depuis que ma femme m'a frotté, je ne peux plus me redresser; j'ai comme un lumbago.

— Votre femme vous aura frotté trop fort.

— Je vais attendre que le docteur revienne.

— Ce n'est pas la peine, il est parti pour la campagne, il ne reviendra que demain.

— Quel contre-temps: voilà toujours mon adresse: M. Hurlé, rue de Provence.

En ce moment le docteur donne de si bons coups d'archet, que le son du violon arrive aux oreilles du vieux monsieur qui, ne pouvant redresser son dos, redresse ses oreilles, en disant:

— Tiens... on joue d'un instrument chez vous...

— Oui, c'est le neveu du docteur qui étudie son violon pendant que son oncle n'y est pas, il profite de ce moment-là, parce que quand monsieur y est, il ne veut pas entendre le violon.

— Ah! je comprends cela... un savant... Aïe, les reins...

— Bonjour, monsieur...

— Mais mademoiselle, qu'est-ce que je pourrai donc faire pour me redresser, on m'a conseillé des bains...

— Oui, oui, baignez-vous...

— De Barèges...

— Oui, oui, avec de la moutarde... bonjour, monsieur.

La bonne referme sa porte et s'en retourne à sa cuisine tout en criant à son maître:

— Ne jouez donc pas si fort, les malades vous entendent...

— Écoute ce trait-là, Maria, sur la quatrième corde, comme *Paganini*...

— Ah! ouiche... et mon macaroni qui brûlera... on vous attend chez M. Hurlé, rue de Provence, pour un lumbago...

— Très-bien...

— Le monsieur ne peut plus se redresser.

— Très-bien, j'irai demain... Écoute ceci... ce sont des *arpèges*...

— Des asperges? il n'y en a plus, monsieur, mais je les ai remplacées avantageusement par des salsifis.

À six heures moins quelques minutes les convives du docteur sont arrivés, ils sont au nombre de sept: trois médecins, deux pharmaciens, un étudiant en médecine et un apprenti dentiste. Parmi ces messieurs, l'un joue du violon, un autre de l'alto, et enfin un troisième fait la partie de violoncelle. Les autres se contentent de jouer d'abord fort bien de la fourchette puis ensuite aux cartes.

— Bonjour, virtuose!

— Bonjour, grand artiste!

— Bonjour, célèbre violoniste! disent les invités à leur amphitryon. Puis on échange des poignées de main et quelques conversations s'engagent.

— *Quid novi*, docteur Dumousseaux?

— Ma foi, rien... on dit que Lambelle a inventé une nouvelle pâte pour guérir les maladies de poitrine...

— Pourquoi donc a-t-il laissé mourir sa femme, alors?

— Parce que, sans doute, il n'avait pas encore achevé sa pâte...

— Vous savez que Dupuivers a trouvé un remède infaillible contre le choléra?

— Quelle plaisanterie! c'est-à-dire qu'il a inventé un choléra pour son remède; quand ses clients sont malades, il leur fait croire qu'ils ont le choléra, leur fait prendre son remède et les guérit!

— C'est assez ingénieux, cela!

— On dit que la fluxion de poitrine règne beaucoup en ce moment, messieurs, est-ce vrai?

— Oui.

— Est-elle dangereuse?

— Quand elle n'est pas prise à temps, oui.

— Ah! ah! ah! c'est très-fort ce qu'il vient de répondre là.

Le docteur Urtuby vient interrompre les causeurs en s'écriant:

— Eh! messieurs!... est-ce que nous allons parler maladies, malades, faire un cours de thérapeutique... il me semble que nous nous sommes réunis pour rire un peu... à demain les affaires sérieuses!...

— Urtuby a raison... c'est ce diable de Courtillard, depuis qu'il a acheté une pharmacie, il ne pense qu'à vendre ses drogues et voudrait que tout le monde fût malade!...

— Taisez-vous, étudiant; quand vous serez reçu docteur, nous verrons à quoi vous penserez, vous.

— Courtillard ferait bien mieux d'apprendre à jouer du piston... il ferait sa partie avec nous.

— Et puis le piston est un instrument dont tous les apothicaires devraient savoir jouer.

— Ah! est-ce que vous allez commencer vos vieilles plaisanteries sur les pharmaciens... c'est trop usé! on n'en veut plus, même dans les vaudevilles.

— C'est dommage, cela prête cependant beaucoup: Courtillard, est-ce vrai, m'a dit que vous alliez vous loger rue des Sept-Voies, afin d'y avoir un courant plus soutenu?

— Encore!... ah! jeune étudiant, vous me revaudrez cela.

— Messieurs, les Bouffes ont ouvert, qui est-ce d'entre vous qui s'y est rendu?

— Moi, j'y étais avant-hier.

— Avez-vous été content?

— On nous donne toujours la même chose.

— Quand cette même chose est ravissante, on ne s'en lasse point.

— Pardonnez-moi, on s'en lasse! rappelez-vous le *pâté d'anguille*... Lafontaine a toujours raison.

Maria paraît à l'entrée du salon en criant:

— Monsieur est servi.

— Ah! bravo!

— Excellente nouvelle!

— Il a toujours sa petite bonne...

— Elle est gentille...

— Un petit air matin!.. eh! eh! Urtuby l'a depuis quelque temps déjà!...

— Messieurs, elle fait très-bien la cuisine... voilà pourquoi j'y 'ans..

Et le coup de pied qu'on lui destinait va se perdre dans le fond de culotte de M. Beugle. (Page 18.)

— Nous sommes incapables de penser autre chose.

— A table, messieurs.

On se rend dans la salle à manger. On se place et on fonctionne. En général, les médecins et les pharmaciens sont connaisseurs, gourmets, et savent manger; ce qui n'est pas donné à tout le monde, car pour savoir manger, il ne suffit pas de manger beaucoup.

Pendant le premier service, la conversation est très-décousue :

— Décidément, votre cuisinière est excellente...

— Cette matelote est délicieuse.

— Je vote un *toast* à mademoiselle Maria !...

— Attendez, messieurs, attendez... nous ne sommes pas au bout !

— Je l'espère bien... je commence seulement à me mettre en train !...

— Quelle capacité à table; voyez Courtillard, il savoure ce qu'il mange, il ne va pas trop vite, il boit en temps opportun.

— Oui, il sait manger.

— A table, il excite toujours mon admiration ! Quelle mâchoire !..

— Je préférerais la vôtre, monsieur, si j'avais des *Philistins* à tuer.

— Ah ! très-joli, le mot ! tâchez d'en faire beaucoup comme cela, armacien, on mettra sur votre boutique : *Courtillard guérit les ânes et en fait.*

— Oh ! oh ! je serais bien fâché d'avoir fait celui-là.

La sonnette se fait entendre. Le docteur Urtuby dit à ses convives :

— Parlons bas, messieurs !... Maria a la consigne : Je n'y suis as !...

Mademoiselle Maria vient au bout de quelques instants dire à son maître :

— C'est encore de chez madame Lépinel, qui n'attend que monsieur ur accoucher....

— C'est bien, qu'elle attende alors...

— J'ai dit que monsieur n'était pas rentré.

— Puisque c'est convenu, Maria; ces messieurs vous ont voté des compliments pour votre matelote...

— Oui ! oui !...

— C'est l'œuvre d'un cordon-bleu !...

— Honneur au talent !...

— Merci, messieurs !...

— Donne-nous du pomard et du volnay.

— Ce diable d'Urtuby a toujours des vins excellents...

— Et il les aime chez lui, ce qui n'est pas comme beaucoup de gens qui n'aiment le bon vin que chez les autres.

— Oui, messieurs, j'aime à offrir de bons vins à mes convives; lorsqu'ils les apprécient, toutefois; car ne me parlez pas de ces gens à qui l'on verse un vin généreux, un vin d'un cru renommé et qui boivent cela, comme s'ils buvaient du vin ordinaire, sans y faire aucune attention, et en continuant de parler de la pluie, du beau temps, de leur opinion politique. Quand on a affaire à de tels ignorants, à des palais si peu délicats, il n'y a qu'une chose à se promettre pour l'avenir : c'est de ne jamais leur faire boire que de son vin le plus ordinaire.

— Urtuby a raison; donner d'un vin excellent à des personnes qui n'en apprécient pas la qualité, c'est jeter des perles devant des pourceaux...

La sonnette se fait entendre de nouveau; les convives font silence. Bientôt la bonne revient :

— C'est de chez madame de Roussilly; elle a sa névralgie...

— C'est bien. Ces choses-là durent longtemps, elle l'aura encore demain.

— Ensuite madame Tibouté prie monsieur de passer chez elle, parce qu'elle a la langue blanche.

— Quand les femmes ont une mauvaise langue, il n'y a pas de remède. Maria, donne-nous du champagne. Vous le voyez, messieurs, si l'on ne se disait pas absent, on ne vous laisserait même pas dîner. Que diable ! pour guérir les autres, il faut commencer par vivre soi-même.

— A propos, docteur, j'ai rencontré le peintre Duflon, il est entièrement guéri, et c'est à vous qu'il le doit... Savez-vous que c'est une superbe cure que vous avez faite là, car ce pauvre Duflon était bien bas !

— Oui, j'ai assez bien réussi... par un nouveau traitement... Mais vous m'entendrez ce soir dans l'andante du second quatuor... Il y a une variation un peu épineuse... on s'en tirera, messieurs !... Ah ! la musique !... y a-t-il rien au-dessus de cela !...

— Ma foi ! dans ce moment, il y a ce rôti qui est parfait..

— *Emollit mores nec sinit esse feros !...*

— Encore la sonnette !...

— Ah ! il faut que celui-là soit bien malade, car il sonne à tout briser !...

Quelques instants s'écoulent et la bonne ne paraît pas; mais on entend parler très-haut dans l'antichambre.

— Qui donc fait ce bruit-là ?

— Il paraît qu'il y met de l'entêtement.

— J'en suis bien fâché, mais je ne me dérange pas...

Ne jouez donc pas si fort, les malades vous entendent. (Page 23.)

Enfin Maria arrive l'air effaré, en disant :

— Monsieur, il ne veut pas s'en aller, celui-là... il jure, il crie... c'est un étranger... il a un baragouin, on n'y connait goutte... il se tient la joue avec un mouchoir... je crois qu'il a mal aux dents.

— Je ne suis pas dentiste!

— C'est ce que je lui ai dit; mais il ne cesse de crier comme un âne : Le guérisseur!.. je voulais le guérisseur!

— Mon petit Armand, allez donc voir ce que veut cet animal-là? dit le docteur Urtuby au jeune apprenti dentiste, qui quitte la table en disant :

— Volontiers... j'y vais... je ne demande qu'à m'exercer, moi.

— Voilà un homme qui va en voir de cruelles! dit le pharmacien Courtillard en continuant de manger. Ce n'est pas moi qui confierai ma bouche à ce jeune homme.

— Pourquoi donc cela?

— Parce que dernièrement, en voulant arracher une dent à ma domestique, il lui a emporté un morceau de l'oreille.

— De l'oreille! voilà qui est fort...

— Oui, messieurs, c'est cependant exact. En passant ses pinces d'une main dans l'autre, il n'a pas fait attention que sa main était sur l'épaule de ma domestique et il lui a pris l'oreille avec son instrument...

— C'est gentil... Ah! bigre!... avez-vous entendu ce cri?

— Oui; il travaille sur ce monsieur...

— Il va peut-être lui arracher le nez à celui-là!...

— On crie encore...

— Il paraît qu'il y a du tirage.

Enfin le jeune homme reparaît l'air triomphant en s'écriant :

— L'affaire est faite, messieurs! Ah! comme on a raison d'avoir toujours ses instruments sur soi!

— Vous avez extrait la dent de ce monsieur?

— Je crois bien, je lui en ai même arraché trois!

— Il avait mal à trois dents?

— Non, à une seule... mais il me l'avait mal indiquée... la première je me suis trompé... la seconde... mon instrument s'est fourvoyé; mais pour la troisième, c'était bien cela!... j'ai parfaitement réussi.

— Je vous fais mon compliment, voilà un homme qui doit être bien content!...

— Il est parti enchanté!... par exemple, il n'a voulu payer qu'une dent!... Ma foi, je lui ai fait cadeau des deux autres.

— Vous avez raison, c'est comme ça qu'on se fait une clientèle.

XI. — NOUVELLE MANIÈRE DE TRAITER LES MALADES.

Le dîner se termine fort gaiement. Le jeune étudiant n'épargne pas les plaisanteries à l'apprenti dentiste, pour la manière large dont il opère ses clients, leur faisant toujours la bonne mesure, mais le jeune artiste fait don à Maria de ce qu'il a reçu pour son opération, et cette générosité met fin aux quolibets des convives.

A peine le café est-il pris, que M. Urtuby saisit son violon, en invitant les trois amateurs à prendre leur instrument.

— Quant à nous qui ne faisons pas de musique, dit le docteur Dumousseaux, nous allons faire le nouveau whist, le whist français.

— Qu'est-ce que c'est que le whist français, confrère : je ne connais pas cela... c'est donc un nouveau jeu?...

— C'est le *whist sans partenaire*, et je crois que c'est une invention fort heureuse, car ce qui est insupportable au whist, c'est d'entendre toujours les partenaires se disputer, et cela ne manque jamais pendant une partie... au moins, en jouant chacun pour soi, on n'a pas le droit de gronder.

— Et où avez-vous appris ce jeu-là?

— Pardieu! avec la règle que j'ai vue affichée et que j'ai achetée chez un libraire, sur le boulevard Saint-Martin, près du théâtre.

Les musiciens se placent devant leurs pupitres, les joueurs devant une table. Les deux parties s'engagent, mais les musiciens ne veulent pas qu'on fasse de bruit et les joueurs poussent parfois des exclamations.

— Silence! donc là-bas!... crie le docteur Urtuby. Vous aviez dit qu'à ce nouveau whist on ne disait rien, et vous faites plus de bruit que nous...

— Nous vous applaudissons.

— N'est-ce pas que ce motif est joli?

— Charmant.

— J'aime mieux son vin que sa musique, dit tout bas un des joueurs de whist.

— Ce pauvre Urtuby, c'est une maladie que sa passion pour le violon!...

— Il devrait bien se soigner.

— Il est incurable.

— Sapristi! si ces messieurs ne jouent pas bien, ils jouent du moins bien fort... il a les oreilles abimées... ça me grise... je ne vois plus mes cartes...

— Décidément, je ne reviendrai plus chez Urtuby quand on y fera de la musique.

Les musiciens achevaient leur second quatuor, les joueurs leur cinquième partie, lorsque l'on entend encore le bruit de la sonnette et, au bout de quelque temps, la jeune bonne vient dire à son maître-

— Monsieur, c'est encore la vieille de ce matin... dont le mari farci de lavements...

— Je t'ai dit de renvoyer... je n'y suis pas... laisse-nous tranquilles...

— Monsieur, elle ne veut pas absolument s'en aller cette vieille-là elle dit qu'elle est sûre que vous y êtes... la portière le lui a dit; elle veut une consultation, elle restera plutôt là toute la nuit... ça ne m'amuse pas, moi qui suis en train de faire mon punch...

— Donne lui en un verre et qu'elle s'en aille...

— Oh! elle en boirait bien, mais elle ne s'en ira pas... venez une minute, monsieur, parlez-lui et elle s'en ira... vous lui ordonnerez n'importe quoi, elle sera contente...

— Allons, puisqu'il le faut... messieurs, je suis à vous.

Le docteur passe dans son antichambre où il trouve madame Chantepoule reniflant avec délices, parce que l'odeur du punch vient jusqu'à elle.

— Eh bien! madame, voyons... pourquoi me forcer à quitter... mes malades... ce que votre mari a n'est pas bien dangereux. Tous les jours on prend des lavements et on les garde...

— Ah! mon cher monsieur le docteur, je vous en supplie et re-supplie... venez voir mon homme... je vous assure qu'il va crever si vous ne le secourez pas... dans ce moment c'est un tonneau, un vrai ballon... si on le jetait par terre, je suis sûre qu'il rebondirait comme une balle élastique.

— Maria, donne-moi une plume et du papier... je vais vous écrire une ordonnance, madame.

— Comment, docteur, vous n'allez pas venir avec moi voir Chantepoulle...

— Impossible, madame, j'ai là quelqu'un que je ne peux pas quitter...

— Mais Chantepoulle veut que vous le vissiez... son ventre est tout rayé... il tient à vous le montrer...

— Impossible, vous dis-je... vous ferez faire cette ordonnance...

— C'est que mon époux n'a guère le temps d'être malade... un musicien... faut que ça sorte pour gagner sa vie...

— Ah! votre mari est musicien...

— Oui, monsieur, dans les bals, les orchestres dansants et autres...

— Et de quel instrument joue-t-il?

— Du violon, sauf votre respect... et je dis qu'il en joue que c'est à faire dresser les cheveux sur la tête, tant il est fort...

— Ah! il joue du violon...

— Dame oui, il paraît qu'il a un instrument avec lequel ça va tout seul... un violon de prix... on lui en a offert beaucoup d'argent... et moi je lui disais : Vends-le donc ton charivarius... t'en achèteras un autre moins cher.

— Comment! votre mari possède un stradivarius...

— Oui, monsieur, c'est ça, un charivarius... Ah! dame! on dit que c'est très-rare ces violons-là... c'est pourtant pas plus beau qu'un autre...

— Et il l'a chez lui?

— Je crois bien, son violon!... il faut toujours qu'il soit sous ses yeux...

— Ah! parbleu, il faut que je m'assure... Maria, allo me chercher mon chapeau, vivement... vous direz à ces messieurs que je reviens bientôt...

— Comment! monsieur sort?

— Oui, je vais voir M. Chantepoulle.

— Ah! ce cher docteur, il n'a pas pu me résister, c'est-il aimable ça...

— Et le punch, monsieur.

— Vous en servirez au salon... attendez, nous allons le goûter d'abord... Tenez, madame, prenez-en un verre, cela ne vous fera pas de mal, ça réchauffe...

— Ah! monsieur le docteur, je suis incapable de vous refuser... c'est un vrai nectar...

— Et à présent, en route.

Le docteur a suivi madame Chantepoulle, qui, pendant tout le chemin, ne tarit pas en éloges sur la bonté du punch et sur le talent de son mari. On arrive rue des Martyrs, on entre dans une belle maison, on monte cinq étages et l'on est chez le musicien qui occupe un petit logement modeste, mais meublé convenablement.

Le malade est couché; dès qu'il entend arriver du monde il s'écrie:

— Est-ce toi, Diane?

— Oui, cher ami, c'est moi, ne t'impatiente pas... j'amène le docteur Urtuby.

— Ah! c'est bien heureux...

Le docteur trouve un petit homme, très-rouge, très-replet, très-impatient, très-colérique, et qui s'écrie dès qu'il le voit :

— Monsieur le médecin! j'en ai sept dans le ventre! et ils ne veulent pas s'en aller... ça ne peut pas durer comme cela... faites-les sortir, e vous en conjure...

— Bien, monsieur, c'est bien, nous allons voir; vous jouez du violon?

— Eh! monsieur, je ne serais pas en état de jouer de la guimbarde en ce moment...

— Calmez-vous... l'impatience augmente les maux... Est-il vrai que vous possédez un stradivarius?

— Je possède sept lavements dans mon corps... voilà pourquoi je vous ai fait demander, docteur...

— Je le sais bien... je le sais bien... nous y arriverons... Est-ce bien un véritable stradivarius que vous avez?

— Oui!... oui!... cent fois oui!... mais j'aimerais mieux avoir la colique en ce moment!...

— Ah! j'aperçois une boîte à violon sur cette table... il est dedans sans doute?

— Mais il n'est pas question de violon, docteur, tâtez le ventre, je vous en prie.

— Oh! permettez, il faut d'abord que je sache si c'en est bien un!...

Et le docteur se dirige vers la boîte à violon qu'il se met en devoir d'ouvrir, le petit homme s'agite sur son lit en criant :

— Qu'est-ce que vous faites donc, docteur?... pourquoi allez-vous par là? je vous attends, moi! que cherchez-vous là-bas?

— Je veux examiner un peu votre stradivarius.

— Eh! encore une fois, c'est mon ventre qu'il faut examiner... et non pas mon violon, il n'est pas malade, lui... d'ailleurs, je ne veux pas qu'on y touche... il n'y a que moi qui touche à mon violon.

— Oh! ne craignez rien, ça me connaît...

— Comment, ça vous connaît... je ne veux pas qu'on y touche...

Sans s'inquiéter de la défense du malade, le docteur Urtuby sort le violon de sa boîte et l'examine sur toutes ses faces, ce qui fait que M. Chantepoulle se démène encore plus sur son lit.

— Oui... en effet... c'est bien la couleur... l'aspect d'un stradivarius...

— Ah! vous y touchez... sapristi!... et mon pauvre ventre. Laissez cela... vous allez me le briser... Ce n'est donc pas un médecin qu'on m'a amené?... Voulez-vous bien remettre mon violon dans sa boîte... fichtre!

Au lieu de remettre le violon, le docteur prend l'archet et commence à s'assurer s'il est d'accord, en murmurant :

— Jolis sons! beaux sons... c'est plein... c'est sonore et doux...

— Ah! il en joue... c'est par trop hardi! qui est-ce qui m'a fichu un médecin comme ça... voulez-vous bien finir, monsieur, je n'en puis plus!

Bien loin de finir, le docteur se met à attaquer à tour de bras la Polacca d'un morceau de Viotti. Alors M. Chantepoulle fait un bond sur son lit en criant :

— Quelle horreur... finissez!... c'est faux!... c'est... c'est...

Mais tout à coup les cris du malade cessent, au lieu de faire des bonds sur son lit, il ne bouge plus, sa figure s'épanouit et sa femme, qui s'approchait de lui pour le calmer, lui dit :

— Eh bien, Chantepoulle! quoique t'as donc, cher ami?

— Ah! quel bonheur!... les voilà qui s'en vont! ils partent enfin.

— Ah bah! il serait possible!... ah! quel savant médecin... Docteur! docteur! vous avez guéri mon mari en jouant du violon... c'est superbe ça... Chantepoulle est soulagé.

— Ah! fichtre! je m'en aperçois, s'écrie le docteur en posant vivement le violon sur la table et en reprenant son chapeau. Je me sauve alors...

— Ah! monsieur le docteur, je suis bien reconnaissant... excusez-moi si je vous ai dit des choses... mais je ne pouvais pas deviner que c'était votre manière de soigner vos malades...

— C'est bien... c'est bon... Adieu, bonsoir.

Et sans écouter davantage les remerciements du malade et ceux de sa femme qui le suit dans l'escalier, le docteur se hâte de descendre et revient promptement chez lui, où il dit à ses amis :

— Messieurs, vous aurez quelque peine à croire ce que je vais vous dire, et cependant c'est l'exacte vérité. Je viens de guérir radicalement un malade en jouant du violon près de son lit.

Tous ces messieurs se mettent à rire, et le docteur Dumousseaux répond :

— Mais de quoi l'avez-vous guéri? est-ce de l'amour de la musique? il faudrait nous dire quelle était la maladie du sujet.

— Ah! ceci est mon secret... tout ce que je puis vous dire, c'est qu'à dater de demain, je vais essayer de ce nouveau moyen curatif sur d'autres malades.

— Je leur souhaite beaucoup de plaisir, et tout bas le pharmacien Courtillard, mais je répon s bien qu'il ne guérira pas les maux d'oreilles.

Il est fou! dit le docteur Dumousseaux, voyez-vous un médecin arriver chez ses malades avec un violon sous le bras!...

— Eh! messieurs, laissez-le faire, dit l'étudiant; nous sommes dans le siècle du progrès... on ne sait pas... on ne connaît pas encore toute la vertu d'une chanterelle, elle est peut-être appelée à jouer quelque jour un très-grand rôle en médecine.

XII. — ENCORE SUR L'ESCALIER.

Lorsque la jolie Félicie rentre chez elle le soir, la concierge l'arrête en lui criant :

— Attendez donc, mam'selle, j'ai quelque chose pour vous.

— Pour moi, madame? répond la jeune fille avec un air d'effroi, qui donc a pu venir pour moi?... Quel nom vous a-t-on demandé?

— Comment, quel nom... mais le vôtre apparemment... est-ce vous en avez plusieurs? en tous cas, moi, je ne connais que celui vous m'avez dit... mam'selle Félicie et v'là tout.

— Ah! c'est juste... pardon, madame...

— Il n'y a pas de mal, mon enfant; mais vous avez l'air tout effarouché... il n'y a pas de quoi, car enfin ce que j'ai à vous remettre d'abord, c'est ce beau bouquet que M. Alexandre Grandmoulin m'a donné pour vous en me disant : Je l'aurais bien attaché à sa porte... mais il y a sur ce carré-là des petites bonnes qui seraient très-capables de se l'approprier... tenez, mam'selle.

Félicie repousse le bouquet que la concierge lui présente.

— Merci, madame, gardez ce bouquet... vous le rendrez à celui qui vous l'a donné. Quant à moi, je ne le prendrai pas. Ce jeune homme est très-poli, très-aimable, mais je ne vois pas pourquoi il m'envoie des bouquets... Je n'ai aucune raison pour en accepter, pas plus de lui que de tout autre.

— Ah bien! si on me l'offrait à moi, je l'accepterais bien, dit la nièce de la portière qui est assise au fond de la loge. Un bouquet comme ça en hiver... c'est cher...

— Oh! oui, dit la tante, je suis sûre qu'on aurait un fameux pâté pour ce qu'il a coûté, et ça serait bien plus profitable. Décidément mam'selle Félicie, vous ne le prenez pas? on le rendra au bel Alexandre.

— Non, madame, je ne le prends pas.

— Comme vous voudrez... ça vous regarde. A présent, voilà une lettre qui est venue pour vous... elle n'est pas affranchie... c'est trois sous.

Félicie devient tremblante et balbutie :

— Un lettre pour moi... mais ce n'est pas possible!

— Dame! mam'selle, je sais lire que je présume... tenez, regardez : « A mademoiselle Félicie... » et l'adresse est très-bien mise... Est-ce que vous n'êtes plus mam'selle Félicie, à c't heure?

— Ah! oui... c'est vrai... c'est bien pour moi.

La jeune fille donne trois sous à madame Ador, prend la lettre et se hâte de monter l'escalier, tandis que mademoiselle Amanda s'empare du bouquet et se le fourre sous le nez en disant :

— En fait-elle des manières, la demoiselle du cinquième... elle refuse les bouquets, mais elle reçoit des lettres... tout en ayant l'air étonné d'en recevoir. Avez-vous vu! elle porte un voile sur son chapeau à présent.

— Elle a raison, ça regarde les bonnes?

— Ma tante, ça n'est pas clair... On dirait que cette jeune fille-là a pour d'être reconnue... qu'elle se cache...

— Parce qu'elle porte un voile?

— Vous n'avez donc pas remarqué, quand vous lui avez dit qu'il était venu quelque chose pour elle... elle a pâli... et puis rougi... et puis elle était toute verte.

— Pourquoi pas bleue pendant que tu y es.

— C'est égal, ma tante, c'est louche. Les bonnes de la maison n'ont pas si tort...

— Qu'est-ce que disent les bonnes?...

— Elles disent qu'une jeune fille qui n'a qu'un nom de baptême... dont on ne connaît pas l'état... qui ne fait rien... c'est-à-dire qu'on ne sait pas ce qu'elle fait... ça n'annonce rien de bon...

— Elles disent cela parce que mam'selle Félicie est très-jolie, et qu'elles enragent de voir tous les jeunes gens en être amoureux...

— Oh! que non, elles disent que vous avez eu tort de louer en arni...

— De quoi se mêlent-elles?

— Que cela attire des personnes compromettantes.

— Mam'selle Félicie ne reçoit personne... un vieux monsieur quelquefois, pas souvent, et qui a l'air très-honnête... d'ailleurs, elle ne fait pas de bruit, elle paie bien... qu'a-t-on à lui reprocher?...

— Si c'était une grande criminelle!...

— Ah! que t'es bête, Amanda, et elle m'a été recommandée par madame Lambertin, une dame si respectable...

— Qui ne la connaît peut-être pas plus que nous!... souvent on commande les gens pour les avoir vus une fois par hasard et qu'ils us ont câlinés... D'ailleurs, cette madame Lambertin qui logeait autrefois dans le quartier, elle n'y demeure plus... Vous ne savez pas ulement où elle loge peut-être

— Amanda, tu m'ennuies avec tes bavardages, va m'acheter du fromage de Gruyère pour mon souper, ça vaudra mieux que tout ça.

Pendant que cette conversation avait lieu chez la concierge, la jolie fille du cinquième montait l'escalier, tout en regardant cette lettre qui semblait lui brûler les doigts; elle s'arrête au troisième, s'approche du quinquet et examine l'écriture de l'adresse, puis elle semble soulagée et murmure :

— Ce n'est pas de lui... non... ce n'est pas son écriture. Oh! n'importe! sachons tout de suite...

Elle brise le cachet, et ses yeux se portent vite au bas de la lettre où elle lit : « Collinet, votre voisin du quatrième, premier second clerc d'huissier. »

La jeune fille sourit et fourre la lettre dans sa poche, en se disant :

— Ah! c'est M. Collinet qui m'écrit... ce n'est pas bien intéressant. Allons, je m'effrayais à tort... quel malheur de toujours trembler! mon Dieu! et ce sera toujours ainsi!... moi qui devrais être si heureuse... moi qui suis naturellement gaie... Quand cette pensée... quand ce souvenir me revient, ma gaieté s'envole... et je me trouve bien malheureuse!... Ah! c'est affreux, cela!

Félicie a continué de monter. Arrivée devant sa porte où il ne fait pas clair, en tâtonnant pour trouver sa serrure, sa main rencontre un petit bouquet de violettes qu'on a placé là. Elle le prend en soupirant :

— A la bonne heure... il n'a pas mis son bouquet chez la portière, celui-là... Oh! je suis sûre que cela vient de M. Gaston!

Rentrée chez elle, la jeune fille se hâte de se procurer de la lumière, puis elle examine le bouquet de violettes; elle le respire avec plaisir, elle semble heureuse de le contempler. Tout à coup elle se dit :

— J'ai refusé l'autre bouquet, je ne devrais peut-être pas accepter celui-ci... mais qui saura que je l'ai pris... après tout... je le trouve là... je ne sais pas qui l'y a mis... si ce n'était pas M. Gaston... mais si, ce doit être lui; M. Alexandre m'envoyait l'autre... M. Collinet m'a écrit... Ah! voyons donc ce qu'il m'écrit, ce monsieur!... Si la lettre n'était pas venue par la poste, certainement je ne l'aurais pas reçue... mais je ne pouvais pas deviner que c'était de ce jeune homme... Ah! quelle vilaine petite écriture serrée... tâchons de déchiffrer :

« Mademoiselle, las de vous attendre en vain sur l'escalier sans parler à votre personne, et n'ayant pas le droit de vous envoyer un *commandement* de vous y rendre, j'ose vous écrire quelques mots sur papier mort, pour vous dire que votre image est incarcérée dans mon cœur. Je voudrais assigner le vôtre à bref délai, mais autorisez-vous le référé? Je vous proteste que vous devez quelque chose devant le tribunal de l'amour; acquittez-vous, sinon je vous poursuivrai sans relâche, dussé-je aller jusqu'à la contrainte par corps. Un mot sous ma porte, et sans frais; de grâce, cédez à ma première instance, un mot au soussigné : Collinet,

« COLLINET,
« Premier second clerc. »

— Quel galimatias! se dit Félicie en froissant le billet dans ses mains et le jetant à terre : Si ce M. Collinet croit que je lui répondrai, il se trompe bien... mettons mon petit bouquet de violettes dans l'eau... si M. Gaston savait que j'en ai soin, il serait content... mais il ne le saura pas, pauvre jeune homme; il est bien gentil, lui... et il a l'air si doux... si bon. S'il m'était permis d'aimer quelqu'un... je crois bien que c'est lui que je préférerais à tout autre... et dire que cela ne m'est pas permis... qu'il faut que je n'aime personne... et que je passerai ma vie comme cela... Ah! quand je pense à cela... je suis si en colère... il me prend des envies de tout briser...

La jeune fille trépigne des pieds dans sa chambre. Bientôt elle entend cogner au-dessous d'elle, puis elle distingue la voix de madame Montenlair, qui lui crie :

— Qu'est-ce que vous voulez, ma petite voisine, est-ce que vous êtes indisposée... voulez-vous que je monte?

Félicie, honteuse de ce qu'elle vient de faire, se baisse et colle sa bouche contre le carreau, en répondant :

— Merci, madame, excusez si j'ai fait du bruit... c'est que je m'apprenais la polka.

— Oh! c'est différent! dansez, mon enfant, dansez, ne vous gênez pas! j'aurais bien voulu, moi, apprendre la polka à Philosèle... mais il n'y a pas moyen, il est trop lourd.

— Je ne suis pas raisonnable, se dit la jeune fille en retournant sentir son bouquet. Je m'étais cependant promis de ne plus songer à tout cela... mais il y a des moments où c'est plus fort que moi!

Félicie s'est jetée sur une chaise, elle a pris dans sa main les violettes qu'elle regarde tristement, et elle semble plongée dans ses réflexions. Sans doute elle est bien préoccupée, car minuit a sonné depuis longtemps, et elle y est encore à la même place, ne songeant pas à se coucher.

Elle est tirée de sa rêverie par un bruit sourd qui vient du côté de l'escalier. C'est quelqu'un qui le monte avec précaution et légèrement; les pas s'arrêtent devant la porte, et bientôt on y frappe bien doucement de petits coups.

— Qui est là?... qui trappe donc chez moi si tard? demande la jeune fille avec crainte. Mais cette frayeur se dissipe bien vite lorsqu'elle reconnaît la voix d'Alexandre qui lui répond :

— Ma voisine, c'est moi... votre voisin Alexandre... Ah! pardonnez-moi de vous réveiller... mais si vous saviez comme je souffre...

— Vous souffrez... que vous est-il donc arrivé?

— Voilà ce que c'est : Figurez-vous qu'en rentrant chez moi, tout à l'heure, je ne voyais par clair, alors mon pied a tourné, je suis tombé, je me suis donné une entorse ou tout au moins une foulure... Aye... sapristi!... ça fait bien mal, et en me relevant je me suis cogné le visage... juste à l'œil... ah! mon pauvre œil... il me fait bien souffrir aussi... alors si vous vouliez... vous qui êtes si bonne, mademoiselle... on dit qu'en mettant une compresse sur le pied... je ne sais pas de quoi... mais vous en avez peut-être chez vous... Ah! j'ai bien de la peine à m'e tenir debout... Par grâce... prêtez-moi une chaise...

Félicie, qui se rappelle avoir entendu monter légèrement l'escalier, n'ajoute pas beaucoup foi au récit que vient de lui faire le grand Alexandre. Elle lui répond :

— Mais, monsieur, puisque vous souffrez tant de votre pied, au lieu de monter ici, vous auriez bien mieux fait de frapper chez vos amis du carré ou chez madame Montenlair.

— Ah! mademoiselle, d'abord quand mes amis dorment, le canon ne les réveillerait pas !... ensuite, ils ne sont pas rentrés, je les crois au bal; quant à la voisine Montenlair, j'ai vu entrer chez elle, ce soir, son respectable adorateur, M. Philosèle, et j'ai pensé que ce serait indiscret à moi de les déranger... Aye... je me soutiens à peine... je crois que je vais m'évanouir sur votre paillasson, si vous ne m'ouvrez pas.

— Monsieur Alexandre... il est possible que vous ayez besoin d'aide, en effet, mais seule, je ne vous serais pas d'un grand secours...

— Pardonnez-moi... mon Dieu... pour mettre une compresse... il ne faut pas être plusieurs.

— Mais puisque vous avez tant de peine à vous soutenir, il faut un bras solide pour vous ramener chez vous...

— Une fois que j'aurai quelque chose sur mon pied, je suis sûr que cela ira mieux.... Ouvrez-moi toujours...

— Attendez, avant de vous ouvrir, je vais appeler madame Montenlair... je suis persuadée qu'elle viendra tout de suite; tout à l'heure elle m'avait déjà offert de monter, croyant que j'étais malade, vous voyez bien que cela ne la dérangera pas... et à nous deux nous vous soutiendrons...

— Non! non! voisine, non, je vous en prie... n'appelez pas madame Montenlair... c'est inutile... c'est plus bien avec elle depuis que j'ai déchiré le paletot à son vieux Philémon Philosèle... elle me mettrait de vilaines choses sur le pied...

— Ah! monsieur! pouvez-vous croire cela... je vais appeler.

— Non, non, je ne veux pas de la Montenlair... d'ailleurs mon pied va mieux... il n'y a plus que mon œil qui me fait beaucoup souffrir... je crois qu'il est entré quelque chose dedans... quelque ordure... la moindre chose... il ne faudrait peut-être que me souffler dedans, mais je ne peux pas m'y souffler moi-même... j'ai essayé, je ne peux pas. Voyons, ma jolie petite voisine, vous ne pouvez pas refuser de me rendre ce service-là.

— Tenez, monsieur Alexandre, je vais être franche, moi, je vous avoue que je ne crois pas plus à votre œil malade qu'à votre entorse... vous voudriez venir chez moi; d'abord l'heure n'est guère convenable, ensuite je vous ai dit que je ne pouvais pas recevoir vos visites; soyez aussi assez aimable pour ne plus mettre de bouquets pour moi chez la concierge. C'est très-galant de votre part, mais ces galanteries-là peuvent me faire dans la maison une singulière réputation, et je ne recevrai jamais vos bouquets...

Alexandre tape du pied avec colère, en s'écriant :

— Ah! de par tous les diables, vous êtes bien sévère pour moi !

Félicie part d'un éclat de rire, en disant :

— Il me paraît que le pied va bien mieux; vous êtes plus solide, maintenant.

— Eh bien, oui, voisine, le pied va mieux... mais on ne peut pas refuser à qu'un que je lui souffler dans l'œil... cela se ferait dans la rue à un étranger qui vous en prierait...

— Tenez, monsieur Alexandre, j'entends justement quelqu'un qui monte l'escalier... vous prierez cette personne-là de vous souffler dans l'œil. Bonsoi.

C'est mademoiselle Zéphirine qui regagnait sa chambre fort tard, parce que sa maîtresse, la brillante danseuse de l'Opéra, avait eu du monde à souper, et que le soupe s'était prolongé assez avant dans la nuit. La jeune femme de chambre, qui avait entendu parler sur un carré, avait ralenti le pas pour écouter, et avait saisi les derniers mots adressés au grand Alexandre. En arrivant près du jeune mme, elle approche sa bougie de son visage, et part d'un éclat de rire en apercevant deux gros cercles noirs tracés avec du charbon t dont il a entouré son œil gauche.

— Qu'est-ce que vous avez à rire en me regardant, vous? dit Alexandre avec humeur.

— Ah! ah! ah!... on ne veut donc pas vous souffler dans l'œil... c'est dommage, on l'a pourtant joliment encadré votre œil... vous y avez usé au moins deux morceaux de charbon! ah! ah!...

— Voulez-vous vous taire... qui est-ce qui vous prie de dire cela !

— Ah! ça vous fait comme un masque!... essuyez-vous donc la figure, vous voyez bien que vous en êtes pour votre charbon! pauvre jeune homme!

Et la petite blonde, tout en disant cela, ouvre sa porte et entre dans sa chambre, en continuant de rire; mais, soit distraction, soit intention, elle laisse sa porte entr'ouverte.

Le grand jeune homme est resté pendant quelque temps sans bouger, très-vexé de ce que sa ruse n'a pas réussi, car il comptait beaucoup sur l'histoire de sa foulure et de son œil blessé pour s'introduire chez sa jolie voisine, et, dépité d'avoir été vu là par la jeune femme de chambre dont il entend le rire moqueur, il va enfin se décider à redescendre chez lui, lorsqu'en regardant dans le corridor, il s'aperçoit que mademoiselle Zéphirine a laissé sa porte entr'ouverte. Il avance alors tout doucement vers cette porte, qu'on ne lui ferme pas, il regarde dans la chambre, et voit la petite femme de chambre qui a déjà ôté sa robe, passé une camisole, et est en train de se coiffer de nuit avec un foulard.

Cette vue change l'humeur d'Alexandre et donne un autre tour à ses idées; la petite femme de chambre est fort agaçante avec sa camisole et son simple jupon qu'arrondissaient des formes qui n'avaient pas besoin de crinoline. Elle avait une manière de se coiffer qui se rapprochait de la créole, et augmentait le piquant de sa physionomie. Alexandre entre dans la chambre et va se placer derrière la jeune fille, qui ne l'entend pas ou plutôt fait semblant de ne point l'entendre et continue de se faire des petites mines dans la glace, en chiffonnant son foulard sur sa tête.

Tout à coup Zéphirine pousse un cri, mais un petit cri bien léger, parce que le bel Alexandre vient de saisir sa taille dans ses deux mains.

— Ah! mon Dieu!... comment c'est vous, monsieur... je n'avais donc pas fermé ma porte...

— Mais... à moins que je ne sois entré par le trou de la serrure...

— Je pensais à votre tentative près de mademoiselle Félicie... elle vous fait aller, la petite voisine...

— Mais pas du tout... c'est moi qui voulais me moquer d'elle.

— Ah! ouiche!...

— Vous êtes à croquer, avec ce foulard sur votre tête.

— Oh! je n'approche pas de mademoiselle Félicie.

— C'est un autre genre, elle est brune et vous êtes blonde.

— Lesquelles préférez-vous?

— Toutes les deux.

— Mauvais sujet... il faut vous en aller.

— Il n'est pas tard...

— C'est-à-dire qu'il est très-tard au contraire... il fera jour bientôt... Allez donc vous faire souffler dans l'œil par la voisine...

— Vous croyez rire, mais je vous certifie que j'y ai quelque chose; une paille peut-être, cela me fait très-mal... regardez-y...

— Je suis trop bonne de vous écouter... je n'y vois rien...

— Regardez de plus près.

— J'ai beau regarder...

— Vous n'êtes pas assez près...

Mademoiselle Zéphirine a beau vouloir s'en défendre, le jeune homme y met tant de persévérance, qu'elle consent enfin à lui souffler dans l'œil.

XIII. — RENCONTRE INATTENDUE.

Le grand Alexandre descendait tout doucement l'escalier du cinquième étage pour regagner sa chambre; il commençait à faire jour, notre jeune homme espérait bien ne rencontrer personne dans le court trajet qu'il avait à parcourir, car dans la maison, aucun locataire n'avait l'habitude d'être aussi matinal.

Mais au moment où il entre la clé dans sa serrure, une porte s'ouvre vivement sur le carré, et presque aussitôt Gaston est près de lui. Le jeune poète est pâle, tremblant, c'est à peine s'il a la force de parler, de murmurer d'une voix altérée :

— Tu rentres... tu descends de là-haut... d'où viens-tu donc?

Alexandre est demeuré tout saisi en voyant quelqu'un arriver sur lui avec la promptitude de l'éclair; mais en reconnaissant son ami, en remarquant son émotion, sa pâleur, l'anxiété qui est peinte dans tous ses traits, le grand jeune homme sourit et frappe sur l'épaule de Gaston, en lui disant :

— Ah çà, mon pauvre garçon, tu ne dormais donc pas, toi, tu étais déjà de faction sur le carré, tu y passes apparemment les nuits, à présent?

— Il n'est pas question de mo... Alexandre, réponds, je t'en supplie... d'où viens-tu?... ah! tu vois que je souffre... que je ne ris pas...

— Allons, calme-toi, Othello! si j'étais méchant, si je faisais comme tant de nos soi-disant Joconde qui se vantent bien souvent de ce qu'ils n'ont pas fait, je te dirais que j'ai passé mon temps chez la charmante Félicie... que je suis son heureux vainqueur... ce serait même un moyen assez adroit pour te faire abandonner la partie... Mais non, je ne ferai pas cela... je ne mentirai pas pour le plaisir de te désoler... et je te dirai jamais avoir été t'amuser d'une femme qui ne m'aura pas cédé... je trouve cela plat, petit et méchant. Ainsi, rassure-toi, je ne viens pas de chez mademoiselle Félicie... mais j'ai causé... un peu longtemps chez la blonde Zéphirine, la camériste de la brillante danseuse du second.

— Ah! mon cher Alexandre... tu me rends la vie!... Ah! merci... merci!...

Et Gaston, qui s'est jeté au cou de son ami, l'embrasse de façon à l'étouffer. Alexandre a de la peine à se dégager, il y parvient enfin et s'écrie :

— Sapristi! à la manière dont tu me serres, il faut que tu sois diablement amoureux de la jolie voisine... Tu me remercierais peut-être avec moins de chaleur si tu savais que ce n'est pas ma faute si je n'ai pas été plus heureux... car, lorsque je suis monté hier au soir au cinquième, ce n'est pas chez la fringante femme de chambre que j'ai frappé, c'est bien chez notre ravissante voisine... c'est chez mademoiselle Félicie que je me flattais de pénétrer...

— Comment! tu voulais... tu espérais...

— Certainement que je voulais!... pourquoi donc ne te dirais-je pas aussi bien mes projets que ma défaite?... je joue cartes sur table, moi! oui, j'avais imaginé plusieurs ruses que je croyais immanquables... j'ai fait semblant de boiter, d'être presque borgne; j'ai chanté à la petite, presque sur tous les tons : *Ouvrez-moi la porte, pour l'amour de Dieu!*.. rien n'y a fait... on m'a très-bien entendu, on m'a répondu même, mais on ne m'a pas ouvert... Oh! cette jeune fille ne se laisse pas facilement surprendre!... elle est sur ses gardes, comme quelqu'un qui connaîtrait parfaitement le danger... Enfin, elle n'a pas donné dans tous mes accidents... je crois même qu'elle en a ri, et dans mon désespoir!... je suis entré chez la blonde Zéphirine... qui ne m'a pas refusé l'entrée de sa chambre, parce qu'elle croit aux entorses et aux maux d'yeux, et avec qui j'ai tenu une conversation assez suivie; parce qu'enfin, mon cher ami, faute de brioche, on mange du pain de munition.

— Ah! mon cher Alexandre! je respire!... si tu savais combien j'étais malheureux... malgré moi et quoique je ne veuille pas écouter... je ne saurais comment cela se fait, mais j'entends le moindre bruit qui se fait dans l'escalier. Hier au soir il m'avait semblé t'entendre monter; cependant je n'en étais pas sûr... mais dans le doute, il m'a été impossible de m'endormir... dès que j'ai vu venir le jour je me suis levé... je serais allé trapper chez toi pour voir si tu y étais, lorsque j'ai entendu descendre... Ah! quel tourment! que d'incertitude... que la jalousie... pardonne-moi, Alexandre, pardonne-moi, tu ne connais pas cela, toi!...

— Ah çà, mais, sais-tu bien Gaston, que tu me fais l'effet d'être pincé pour tout de bon!... Tu es donc bien sérieusement épris de cette jeune fille...

— Si je l'aime!... ah! mon ami, c'est plus que de la passion! c'est du délire... ce qui n'était d'abord qu'un simple hommage rendu à ses charmes est devenu un sentiment profond qui ne me laisse plus de repos... l'image de cette fille charmante est sans cesse là... devant mes yeux... elle me suit partout... je ne puis plus me livrer au travail; le théâtre, cette pièce que je faisais... je néglige tout... je ne fais plus que penser à elle... et si je ne puis m'en faire aimer... ah! je ne sais pas ce que je deviendrai!...

— Diable! diable!... mais ceci est beaucoup trop sérieux... et ce n'est pas comme cela qu'il faut mener une intrigue... Voyez cependant ce que c'est que nous autres gens sages et raisonnables qui ne se sont jamais dérangés!... Ceux-là sont exposés à faire de bien plus graves sottises que nous autres qu'on traite de mauvais sujets!... nous ne prenons, nous, de l'amour que ce qu'il a d'agréable; mais les soupirs, la jalousie, le désespoir!... merci! nous n'en consommons pas!... nous laissons cela aux débutants ou aux têtes exaltées qui font encore l'amour comme au temps d'*Amadis* ou de *Roland-le-Furieux*!...

Enfin, toi, Gaston, avec ton cœur tout neuf et tes idées romanesques, au lieu de mener gaiement cette petite amourette, tu en fais une grande affaire!... Cette jolie Félicie, si cela était un caprice, ferait de toi ce qu'il te voudrait!... Je parie que tu serais capable de l'épouser si elle t'imposait cette condition pour répondre à ton amour.

— L'épouser!... l'épouser!... mais ce serait le plus cher de mes vœux!... ce serait pour moi le paradis sur la terre... savoir qu'elle est ma femme!... que seul j'ai le droit de posséder son amour!... ah! cette idée seule me transporte!... me ravit!...

— Ta, ta, ta ta!... le voilà parti!... décidément cet amour lui a mis un hanneton dans le cerveau. Voyons, Gaston, réfléchis donc un peu... connais-tu seulement cette jeune fille... dont tu voudrais faire ta femme... tu ignores quelle est sa famille, tu ne sais pas même son nom... car Félicie, ce n'est pas son nom, cela... d'où vient-elle? que fait-elle? quels sont ses moyens d'existence? tu ignores tout cela... elle s'enveloppe d'un mystère qui n'est pas naturel... elle élude les questions qu'on lui adresse à ce sujet... Elle nous a fait une histoire d'une tante qui habitait dans le Dauphiné... chez laquelle elle a passé près de six ans... et d'où elle est revenue à Paris toute seule.

— Puisque sa tante était morte...

— Oui, sa tante était morte, je le sais bien... mais eue a dû hériter de cette tante, car celle-ci devait avoir de quoi vivre, puisqu'elle avait une jolie maison de campagne et une bonne pour la servir...

— Dans ce pays-là, tout cela n'exige pas de la fortune...

— Elle n'a pas même dit le nom de cette tante, pas plus que celui de son père... Elle ne s'explique sur rien, et pas davantage sur sa position ni sur ce qu'elle sait faire! encore une fois, mon cher Gaston,

on s'inquiète fort peu de tout cela quand il s'agit d'une maîtresse... d'une connaissance éphémère!... mais sa femme!... sa femme!... oh! ceci est très-sérieux. On ne doit pas donner légèrement son nom et confier son honneur, son repos, son avenir à une personne qui a le moindre secret pour nous!... ce serait agir comme un niais ou un fou, et tu ne seras ni l'un ni l'autre!... l'ai dit, et je me flatte que Caton n'aurait pas mieux parlé.

— Mon Dieu! mon cher Alexandre, il me semble qu'il n'est nullement question de mon mariage avec mademoiselle Félicie, avant tout il faudrait m'en faire aimer d'abord...

— Écoute, Gaston, puisque tu as vraiment de l'amour pour cette jeune fille, je commence par te dire que dès ce moment le ne suis plus ton rival, que je cesse de lui faire la cour...

— Quoi!... vraiment! il se pourrait. Ah! mon ami...

— Ah! si tu vas encore m'étouffer dans tes bras, je me rétracte... eh! mon Dieu! ne me sache pas tant de gré de ce que je fais... je n'ai pas grand mérite, car je commence à croire que je n'ai pas donné dans l'œil à la petite, et qu'auprès d'elle je ne ferais pas mes frais. Je vais te dire mieux... car je m'y connais, moi, j'ai une telle expérience... Eh bien, je crois que c'est toi qui as plu à cette jolie brune...

— Moi!... tu crois que c'est moi qu'elle aime! quel bonheur... Ah! Alexandre... que je suis heureux...

— Ah! sapristi! lâche-moi!... il a le diable au corps, celui-là... on ne peut rien lui dire... tout le transporte...

— Je serai calme, Alexandre, mais continue, je t'en prie... Tu as donc remarqué... tu as donc vu quelque chose qui annonçait que notre voisine avait de la préférence pour moi?... Oh! dis-moi tout cela... cela me fait tant de plaisir à entendre.

— Tu te tiendras tranquille... tu ne me sauteras plus au cou?...

— Je ne bouge plus...

— Eh bien oui, j'ai vu... de ces riens... mais de ces riens qui disent tout à un homme qui a étudié les femmes... Un regard... un mot... la manière dont on vous adresse la parole... la préférence d'une femme se montre dans tout cela... En général les femmes qui savent cacher tant de choses, dissimulent fort mal le secret de leur cœur... elles se croient fort rusées... elles se trahissent toujours de ce côté-là... soit en montrant trop de feu, soit en affectant une froideur ou une aversion que rien ne justifie... La petite voisine t'a regardé deux ou trois fois, comme les femmes regardent quand on leur plaît...

— Ah! quelle ivresse! quelle...

— Tu as promis de te tenir tranquille. Tu as donc beaucoup de chances pour réussir près d'elle... Je te le répète, je cesse de la courtiser, et quant à Collinet, c'est un gaillard qui ne dépassera jamais deux sous de galette qu'un paquet de chimiques... Ceci, joint à son physique, ne doit nullement t'alarmer. Mais si je renonce à la conquête de cette jeune fille, qui est cependant bien séduisante, j'en conviens, c'est pour que tu me regardes comme ton ami, et comme tel, pour avoir le droit de te donner de bons conseils, et avec l'espérance que tu les écouteras... Tu ne les suivras peut-être pas, mais moi tu les écouteras.

— Oui, mon cher Alexandre, oh! je t'écouterai, je suivrai tes conseils... Tiens, par exemple, aujourd'hui si...

— Ah! mon ami, en ce moment toute l'amitié que j'ai pour toi ne saurait résister à l'envie de dormir qui me tient et que je combats depuis que nous causons!... je ne suis pas de fer et je vais me coucher.

Alexandre est rentré chez lui. Gaston après avoir hésité un moment, se décide à rentrer aussi pour en faire autant que son ami, car, tourmenté toute la nuit par l'inquiétude et la jalousie, il n'avait pas non plus fermé l'œil et avait aussi besoin de sommeil; maintenant qu'il ne redoute plus de voir Alexandre renouveler ses tentatives près de Félicie, il va goûter un doux repos, et ses songes seront couleur de roses, parce qu'on vient de lui dire qu'il n'était pas indifférent à sa charmante voisine, et qu'il ne demande pas mieux que de le croire.

Il est neuf heures du matin. Une jeune personne, coiffée d'un joli petit bonnet qui est posé sur sa tête d'une façon fort décente, et n'a pas l'air d'être là seulement pour tomber sur son cou, ce qui n'empêche pas qu'elle soit très-bien coiffée, monte légèrement l'escalier après avoir fait avec sa tête un petit salut à la concierge, madame Ador, qui, en ce moment faisait le simulacre de balayer sous sa porte cochère, et avance curieusement sa tête pour tâcher de voir quelles sont les provisions que la demoiselle du cinquième porte dans son cabas. Probablement ces provisions ne sont pas vulgaires, car madame Ador a fait un mouvement d'admiration tout en marronnant entre ses dents :

— Bigre! elle se nourrit bien, ma jolie locataire, Dieu me pardonne, c'est un perdreau superbe que j'ai vu dans son panier... et du raisin de choix... du pur Fontainebleau... Il faut qu'elle gagne plus de quinze sous par jour pour se nourrir comme ça!

C'était en effet mademoiselle Félicie qui revenait déjà de faire ses petites emplettes et se hâtait de monter l'escalier, se flattant de ne rencontrer personne sur son chemin, mais arrivée au second étage au moment où elle va passer devant la porte du docteur, cette porte s'ouvre et M. Urtuby sort de chez lui, avec cet air affairé d'un médecin qui a des malades par-dessus.... tête.

Le docteur et Félicie se trouvent alors face à face; la jeune fille pâlit, baisse les yeux et cherche à passer; mais celui qu'elle semble vouloir fuir l'a reconnue, car il pousse un cri en disant:

— Je ne me trompe pas!... c'est bien mademoiselle Ernestine Danglade que j'ai l'avantage de saluer... Oh! que vous êtes devenue grande et forte depuis que je ne vous ai vue... C'est égal, vos jolis traits sont toujours les mêmes, et je vous ai reconnue tout de suite!

Pendant que le docteur lui parle, Félicie a plusieurs fois changé de couleur, elle semble sur les épines et regarde de tous côtés pour s'assurer si personne n'a pu entendre ce que vient de dire M. Urtuby, auquel elle répond enfin avec embarras:

— Oui, monsieur... oui... c'est moi... mais je ne voudrais pas...

— Ah! vous tenez un panier de provisions... est-ce que vous demeurez dans cette maison par hasard? est-ce que, sans le savoir, j'avais le bonheur d'être votre voisin?

— Monsieur... en effet... je demeure dans cette maison... mais... monsieur le docteur, vous étiez un ami de mon père, eh bien! en son nom, vous ne refuserez pas une grâce que je vais vous demander...

— Une grâce... mais tout ce que vous voudrez, ma chère enfant... trop heureux de pouvoir vous être agréable en quelque chose... Ce bon Danglade! certainement j'étais son ami... et s'il avait voulu suivre le régime que je lui avais prescrit... mais il ne voulait pas se soigner! Ah! voilà! les médecins donnent pourtant de bons conseils quelquefois... Après sa mort, ou m'a dit que vous étiez allée du côté de Grenoble, demeurer chez une tante qui était seule et désirait remplacer votre père... c'était le meilleur parti que vous aviez à prendre, car vous étiez si jeune, vous n'aviez pas encore seize ans... et on ne peut pas demeurer seule à cet âge... mais à présent...

— Monsieur Urtuby, voici la prière que j'ai à vous adresser: c'est de vouloir bien ne parler de moi à personne... ne pas prononcer mon nom, ni faire connaître à qui que ce soit que je demeure dans cette maison... j'ai des raisons, des raisons bien fortes, veuillez le croire, pour désirer... vivre dans la retraite... enfin pour qu'on ne sache pas... si je suis à Paris.

La figure du docteur est devenue sérieuse, il considère quelques instants la jeune fille et lui répond enfin d'un ton grave:

— Mademoiselle, je ferai ce que vous désirez... Quels que soient les motifs qui vous portent à vouloir vous cacher à vos amis... et vous en avez... je ne chercherai point à les connaître, je les respecterai... car, de vous, mademoiselle, je ne puis rien supposer qui puisse être blâmable, mais si le sort voulait que quelque jour vous ayez besoin de moi, comme médecin ou comme conseil, veuillez alors vous rappeler encore que j'étais l'ami de votre père et que je m'estimerais heureux si vous me regardiez aussi comme le vôtre. Adieu, mademoiselle.

Et le docteur, saluant profondément la jeune fille, se hâte de descendre l'escalier.

Quant à Félicie, elle continue de monter en se disant:

— Le docteur Urtuby loge maintenant dans cette maison... Ah! je me rappelle en effet... lorsque je vins louer, la concierge me dit: «Il y a au second un médecin... qui a un si drôle de nom... je ne puis jamais le dire!» et moi je ne lui en ai pas demandé davantage, n'allant pas supposer que c'était justement le docteur qui connaissait mon père qui demeurait ici... mais M. Urtuby est un homme d'honneur; les médecins sont, dit-on, comme les confesseurs. Celui-ci gardera mon secret. Mon Dieu! pourquoi faut-il que j'en aie un que je tremble de divulguer... quelle existence... être obligée de cacher mon nom... celui de mon père... Ah! c'est affreux cela... et cependant je ne vois pas moyen de faire autrement pour éviter un malheur cent fois plus horrible encore!...

Félicie est arrivée chez elle sans faire d'autres rencontres, et elle s'enferme dans sa chambre, où elle se laisse aller sur un siége et reste absorbée dans ses pensées.

Mais à peine la jeune fille avait-elle refermé sa porte, que celle du docteur Urtuby se rouvrait vivement, puis la petite bonne Maria avançait la tête, regardait en l'air et ne voyant personne, descendait quatre à quatre pour se rendre chez la concierge, où elle entrait tout essoufflée en disant:

— Ah! je sais du nouveau, moi!... j'ai découvert le pot aux roses! me doutais bien qu'il y avait quelque chose... qu'elle n'était pas ce qu'elle voulait paraître... la vieille y trompe jamais, moi... je devine tout!... Oh! que ça va être amusant!

Pendant que la petite bonne parle, madame Ador, mademoiselle Amanda et mademoiselle Adélaïde, la grosse cuisinière du fabricant de plaqué, qui se trouvait alors chez la portière, ouvrant de grands yeux pour tâcher de comprendre quelque chose dans ce flux de paroles que mademoiselle Amanda débite sans reprendre haleine. Saisissant enfin un moment où la domestique du docteur est obligée de s'arrêter pour retrouver sa respiration, mademoiselle Amanda s'écrie:

— Savez-vous que nous ne comprenons rien du tout à ce que vous nous contez... De qui parlez-vous d'abord?

— Comment, je ne vous l'ai pas dit?

— Mais non...

— Et vous n'avez pas deviné que c'est de mademoiselle Félicie, la beauté du cinquième!

— Ah! c'est d'elle...

— Mais oui...

— Oh! parlez alors, dites tout ce que vous savez...

— D'abord, mon maître, M. le docteur connaît cette pimbêche.

— Ah bah! qui vous a dit cela?

— Il ne me l'a pas dit; mais tout à l'heure j'ai entendu qu'on parlait contre la porte du carré. Monsieur venait de sortir. Je me suis dit: Est-ce que c'est lui qui cause là en dehors... et naturellement j'ai collé mon oreille contre la serrure et j'ai écouté...

— Et vous avez bien fait!

— Malheureusement, il paraît qu'il y avait déjà quelque temps qu'ils parlaient, alors je n'ai pu saisir grand'chose... seulement mon maître disait à cette Chicorée...

— Ah! vous appelez ma petite locataire Chicorée?

— Oui, toutes les personnes qui me déplaisent, je les appelle comme ça, parce que je déteste la chicorée...

— Mais achevez donc, mam'selle Maria... Voyez donc ma tante qui interrompt au moment le plus intéressant...

— Je ne veux pas qu'on appelle ma locataire Chicorée, moi, je trouve cela incivil!... Et si j'appelais votre maître Betterave, est-ce que vous trouveriez cela poli, dites?

— Mon Dieu! voilà bien des raisons pour un mot... On l'appellera Princesse, vot'locataire, ne vous fâchez pas!... Enfin, mon maître lui disait: «Mademoiselle, je ferai ce que vous désirez... quoique ça me paraisse fort blâmable... mais enfin ça n'y fait rien, vu que j'ai été fort lié avec votre pauvre bonhomme de père, et vous serez bien heureuse un jour de me trouver, parce que vous finirez par avoir besoin de moi... et ceci, et cela, et je vous souhaite bien le bonjour.» Et là-dessus monsieur lui a tiré sa révérence, et alors la... la princesse est montée et j'ai entendu qu'elle poussait de gros soupirs, et je crois même qu'elle pleurait en se disant: «Ah! que je suis malheureuse d'être criminelle.»

— Bah! vraiment! elle a dit cela?

— Ce n'était peut-être pas juste ce mot-là; mais c'était quelque chose qui revenait au même.

— Et voilà tout ce que vous savez... c'est pas grand'chose!...

— Vous aviez l'air d'en savoir tant!...

— Comment! vous trouvez que ce n'est rien! cette jeune fille, si honnête soi-disant, et qui fait des choses blâmables et qui prie M. le docteur de ne pas la dire... au reste avant peu j'en saurai davantage; vous comprenez qu'à présent que je sais que monsieur la connaît de longue date, vot'demoiselle, je vais le questionner là-dessus, et il faudra bien qu'il me réponde...

— Vous croyez que vot'maître vous confiera ce qu'il sait sur mam'selle Félicie?

— J'en suis sûre; il n'a rien de caché pour moi!

— Ah! c'est différent!

— De quoi donc parle-t-on ici? dit la jeune Zéphirine en passant sa tête par la porte de la loge de la concierge.

— Entrez donc, la blonde, vous n'êtes pas de trop, dit la grosse Adélaïde, tandis que la petite Maria se pince la bouche parce qu'elle est encore en froid avec son ancienne amie.

— On cause au sujet de la demoiselle du cinquième. Le maître de Maria, le docteur Urtuby, la connaît très-intimement, à ce qu'il paraît, et il lui a dit qu'elle faisait des choses criminelles, et que s'il n'avait pas été jadis l'ami de son infortuné père, il pourrait bien la perdre et la faire connaître pour ce qu'elle est! mais que c'est par ce motif qu'il ne disait rien.

— Ah! mon Dieu! vous-vous que nous avions bien raison de dire que la conduite de cette jeune fille était louche... elle fait de la fausse monnaie peut-être!...

— Oh! je n'ai pas dit cela, s'écrie Maria, mon maître ne serait pas l'ami d'une fausse monnaie... faut pas défigurer mes paroles...

— Enfin vous avez dit qu'elle faisait des choses blâmables et qu'elle s'accusait d'être criminelle...

— Moi, dit la concierge, je n'accuse pas ma petite locataire... je ne la crois pas honnête, parce qu'elle fait de vilaines choses... mais je suis forcé de convenir que, pour une personne qui demeure au cinquième, elle se nourrit comme un premier étage... un jour c'était ce matin sans son panier un superbe perdreau et du raisin!... que le renard avait inondé tous les grains... l'eau en venait à la bouche.

— Un perdreau! juste Dieu! mais ils sont hors de prix... madame m'avait dit de lui en avoir pour son dîner, mais quatre francs, ma chère!... il en fallait au moins deux, je me suis dit ce sera un plat de dix francs sans l'assaisonnement, bernique, j'ai pris un poulet!

— Et le raisin!... douze sous la livre...

— Ah! ouiche! quinze sous la Fontainebleau, et encore c'est pas du plus beau!

— Et cette demoiselle se donne de tout cela, excusez!... c'est pas avec son travail toujours, car on dit qu'elle ne fait rien.

— Et d'ailleurs, est-ce que le travail d'une femme rapporte de quoi manger des perdreaux... le plus souvent, des navets!... et encore...

— Enfin nous en saurons plus, puisque le docteur Urtuby connaît foncièrement la demoiselle. Maria a dit qu'elle tirerait les vers du nez à son maître...

— Je ne me suis pas servic de pareilles expressions. Cette Adélaïde lâche des mots dignes d'une écaillère.

— Ne faut-il pas prendre des mitaines... pour son docteur crin-crin!... il m'abasourdit avec son violon, votre bourgeois... drôle de médecin qui donne du son à ses malades...

— Tiens! Adélaïde fait des calembours!

— C'est égal, moi, je voudrais que les jeunes hommes du qua-ième *sussent* de quoi il retourne sur leur voisine, ça calmerait leurs ux.

— Je crois que leurs feux sont déjà calmés, dit mademoiselle Zé-phirine en minaudant, et je parierais bien que M. Alexandre ne songe plus à cette petite maintenant.

— Ah! vous croyez... c'est qu'il songe à une autre alors... Mon Dieu! mam'selle Zéphirine, comme vous avez les yeux battus ce ma-tin, dit mademoiselle Amanda. On croirait que vous n'avez pas dormi de la nuit, tant vous avez l'air fatiguée.

— Moi... vous trouvez?... c'est bien étonnant, car je n'ai fait qu'un somme.

— Je ne sais pas ce qui s'est passé sur mon carré, dit la grosse cuisinière, mais on a fait dans le vacarme... On frappait aux portes, on causait; est-ce que vous n'avez pas entendu, la belle blonde?

— Je n'ai rien entendu du tout... Mais ma maîtresse doit être éveillée, il faut que je pense à son déjeuner.

— Ah! tenez, mam'selle Zéphirine, remettez-lui donc cela en même temps, à votre maîtresse...

— Qu'est-ce que c'est que ces paperasses?

— Pardi!... encore du papier timbré, comme à l'ordinaire... Elle doit savoir ce que c'est, mam'selle Cypriane, elle en reçoit assez... Cette fois, l'huissier qui a apporté cela a dit que c'était un comman-dement de payer dans les vingt-quatre heures, ou que sinon on sai-sirait tout chez votre maîtresse...

— Ah! ils nous embêtent! ils n'ont pas le droit de saisir, puisque le loyer est au nom de madame de Patinosky...

— *Je leur z'y ai dit;* ils m'ont répondu : « Connu cette chanson-là!... » Dame! moi, je vous rapporte leurs paroles; que votre maî-tresse s'arrange...

— Ma maîtresse!... savez-vous ce qu'elle va me dire quand je lui présenterai ces papiers : « Jette-moi bien vite tout cela au feu! » et moi, vous connaissez bien que je fais ce qu'elle me dit... parce qu'après tout ça ne me regarde pas... Dix heures et demie bientôt. Ah! je me sauve; bonjour, mesdames.

— Je me sauve aussi, moi... je n'ai rien fini là-haut.

— Et moi, je n'ai encore rien commencé.

Les bonnes sortent toutes de chez la portière, qui, restée seule avec sa nièce, lui dit alors :

— Ce qui me chiffonne, c'est que le loyer de la danseuse n'est pas du tout au nom de madame Pati... Patousky, M. Mouton a toujours mis sur les quittances le nom de mam'selle Cypriane que je lui avais dit quand elle a loué.

— Elle a dû voir cela sur ses quittances de loyer alors.

— Bah! elle aura fait de ces papiers-là ce qu'elle fait de ceux qu'elle reçoit de son huissier...

— Après ça, ma tante, elle ne sait peut-être pas lire cette artiste... ça s'est vu chez des actrices... ça serait moins étonnant chez une danseuse.

XII. — LES TROQUEURS.

Mademoiselle Cypriane n'avait pas manqué de faire du commande-ment qu'elle venait de recevoir ce que sa camériste avait annoncé à madame Ador. Habituée à ne s'occuper que d'intrigues amoureuses ou de ballets-pantomimes, la brillante danseuse ne concevait pas qu'une femme pût avoir des affaires sérieuses, y mettre de l'ordre; penser à l'avenir, au lendemain même, eût été pour elle un ennui insupportable; gagnant beaucoup d'argent, comblée de présents par ses nombreux adorateurs, elle trouvait moyen de n'avoir jamais le sou, d'être criblée de dettes, et d'envoyer toujours une partie de ses bijoux au mont-de-piété.

Les Cypriane sont très-communes au théâtre.

Cependant le dernier délai accordé par la loi était expiré. Made-moiselle Cypriane entend un matin carillonner à sa porte. Tirée fort brusquement d'un songe dans lequel elle voyait à ses genoux tout l'orchestre payant de l'Opéra, elle sonne Zéphirine; mais Zéphirine n'est pas encore descendue, car il n'est que neuf heures du matin, et peut-être la jeune femme de chambre a-t-elle encore été souffler dans l'œil d'un voisin. On carillonne toujours; la belle Cypriane passe à la hâte un peignoir et va, tout en maugréant, savoir qui se permet de venir chez elle à une heure si matinale avant le porteur d'eau.

L'artiste est fort surprise de voir la petite nièce de la portière, ma-demoiselle Amanda, se précipiter chez elle tout émue, et refermer la porte avec soin en disant :

— Madame... les voilà!... c'est fini cette fois... oh! ce sont eux!...

— Eux... les voilà... qui... quoi? Expliquez-vous, Amanda.

— Madame, ce sont les huissiers qui viennent saisir tout votre mobilier... Ah! quel dommage... c'est si joli ici...

— Mon mobilier! jamais!... mais vous vous alarmez à tort, petite, puisque le loyer est au nom de madame Patinosky... Je ne suis pas chez moi ici, on ne peut rien saisir.

— Eh! mon Dieu! madame, voilà ce qui vous trompe; ma tante n'a pas bien expliqué tout cela à M. Mouton, le propriétaire; les quittances ont été faites en votre nom... voyez-les plutôt...

— Ah! fichtre! qu'est-ce que vous me dites là... mais c'est affreux cela... mais c'est donc une cruche que votre tante!...

— Je suis montée vous avertir; il y en a deux d'arrivés qui sont sous la porte cochère où il paraît qu'ils attendent un autre de. leurs... le chef sans doute; il paraît qu'il faut qu'ils soient trois pour saisir...

— Attendez... attendez, Amanda, ces gens-là ne savent pas à quel étage je loge...

— Non, madame; ils ont toujours remis leurs papiers timbrés chez ma tante en disant : Pour remettre à mademoiselle Cypriane; mais ils n'ont pas demandé à quel étage... ils vont le demander tout à l'heure pour monter...

— Très-bien... il ne s'agit plus que de me trouver un autre loge-ment dans la maison...

— Quoi! madame... vous voulez...

— Certainement que je veux... il faut sauver mes meubles... Ah! ma chère amie, rien ne donne de l'esprit comme les embarras impré-vus... Attendez que je jette un châle sur mes épaules, car je suis presque nue... Là... maintenant sortons vite et grimpons...

— Où voulez-vous aller, madame?

— Je ne sais pas... mais je veux trouver un logement... Ah! j'y suis... chez Zéphirine... dans sa chambre... c'est cela, je dirai que c'est la mienne... que c'est mon appartement...

— Ah! madame, ils ne vous croiront pas.

— Ah! madame, ils ne vous croiront pas.

— Eh! mon bien égal... je leur dirai : je suis chez moi, il faudra bien qu'ils se contentent de ce logement-là.

On monte lestement au cinquième, on frappe plusieurs fois à la porte de mademoiselle Zéphirine, mais inutilement, personne ne répond.

— Ah! voilà du guignon... je ne puis cependant pas loger sur le carré... Comment, ma femme de chambre est déjà sortie!

— Je suis pourtant bien sûre de ne pas l'avoir vue passer.

— Alors elle est allée jaser quelque part dans la maison... mais songeons à moi... Voyons... qui est-ce qui loge en face de moi, au second?

— Le docteur Urtuby. Il y a écrit : Médecin, sur la porte.

— Au troisième?

— Un ménage : deux dames veuves, la mère et la fille, un monsieur allemand qui comprend à peine le français...

— Tout cela ne vaut rien. Et au quatrième?

— Une dame seule, sur le retour, et trois jeunes gens bien aima-bles; chacun a son chez lui.

— Trois jeunes gens!... voilà mon affaire... que ne disiez-vous cela plus tôt... A coup sûr, il y en aura au moins un des trois qui voudra bien changer de logement avec moi... Descendons vite... dépêchons.

Mademoiselle Cypriane saute les marches comme si elle les dan-sait, c'est à peine si Amanda peut la suivre. On arrive au quatrième au moment où Alcibiade Collinet sortait de chez lui plus tard que de coutume; mais il avait plusieurs courses à faire pour son étude, et il comptait bien mettre sur leur compte le temps qu'il avait donné à la paresse.

En apercevant la belle danseuse, le jeune clerc demeure saisi et reste comme en admiration. Mademoiselle Cypriane était bien capable de pro-duire cet effet : grande, bien faite, pourvue de hanches très-accusées, elle possédait en outre une jambe parfaitement tournée et terminée par un pied fluet adorable, bien attaché; joignez à cela des cheveux blonds cendrés très-abondants, très-parfumés, une figure grecque, un nez irréprochable, une grande bouche, mais de belles dents; des yeux vifs, hardis, spirituels et une peau de satin; puis figurez-vous tout cela à peine enveloppé dans un peignoir garni de dentelle et un cachemire jeté à la hâte sur une épaule, les pieds dans des petites mules de soie et les bras presque nus, et vous concevrez sans peine qu'un homme de vingt-six ans puisse rester en contemplation devant tout cela; nous en connaissons de plus âgés auxquels cela produit toujours autant d'effet.

— Quel est celui-là? demanda Cypriane en désignant Collinet à la nièce de la concierge.

— M. Collinet, un jeune clerc d'huissier.

— Un clerc d'huissier!... ah! tant mieux; ce sera bien plus drôle Et l'artiste court se placer devant le jeune homme auquel elle saisit les deux mains qu'elle presse avec force dans les siennes en lui disant :

— Mon petit voisin... car je suis votre voisine, je demeure au se-cond... mademoiselle Cypriane, artiste de la danse, attachée au théâtre de l'Opéra...

— Je sais, mademoiselle... madame... j'ai eu le plaisir de vous rencontrer deux ou trois fois dans l'escalier...

— Alors vous me connaissez... Tant mieux, vous ne refuserez pas de me rendre un service, bien vite, tout de suite... c'est pressé.

Voulez-vous bien finir monsieur ? je n'en puis plus. (Page 26.)

Prêtez-moi votre logement et je vais m'y installer, je dirai que c'est le mien ; de votre côté, vous pouvez prendre le mien... au second ; tenez, voilà ma clé... Si vous n'avez pas déjeuné, mangez tout ce que vous trouverez dans le buffet... C'est convenu, n'est-ce pas?

— Comment! vous voulez que nous changions de logement! pourquoi cela?...

— Parce que les huissiers vont venir saisir chez moi... J'ai un mobilier de douze mille francs au moins, je ne veux pas qu'on le saisisse... comprenez-vous?... Amanda, descendez vite, vous direz que je loge au quatrième, la seconde porte à gauche.

— Mais mademoiselle... ou madame...

— Comme vous voudrez, ça ne fait rien, les deux se disent.

— Si vous vous installez dans mes pénates... alors on va saisir ex moi...

— Eh bien! qu'est-ce que cela vous fait?...

Et mademoiselle Cypriane, repoussant Collinet de côté, entre chez le jeune clerc et part d'un éclat de rire en s'écriant :

— Ah! il a peur qu'on ne saisisse chez lui... ah! le farceur... elle sera jolie .a saisie : une table en bois blanc toute salie d'encre... six chaises... une commode en noyer... un miroir... un vieux coffre.

— Un bahut, mademoiselle, un bahut Louis XIII !

— Soit, avec la couchette, je gage que tout cela ne vaut pas cent francs.

— Et le tire-bott. que vous n'avez pas compté.

— C'est arrangé... allez-vous-en... je suis chez moi...

— Mais, mademoiselle... une telle substitution... si l'on apprenait... Avez-vous bien que je m'expose... que je puis être puni...

— Ah! mon petit huissier... on ne saura rien... au premier jour je paierai... et d'ailleurs est-ce qu'il ne faut pas faire quelque chose pour les femmes, pour sa voisine... Voyons, cher ami, soyons gentil...

En disant cela de sa voix la plus douce, mademoiselle Cypriane laissait par mégarde son châle s'entr'ouvrir, puis elle prenait de ces poses gracieuses que l'on invente exprès pour le corps du ballet. Collinet, qui admirait sa figure et ses grâces, fait tout d'un coup un bond sur lui-même en s'écriant :

— Tout ce que vous voudrez...

— Les voilà qui montent!... partez bien vite...

— Ah! mademoiselle... il n'y a pas moyen de vous résister.

La danseuse pousse le petit clerc hors de chez lui et referme la porte. Collinet tâche de reprendre un air grave, lorsqu'il aperçoit Gaston qui a entr'ouvert chez lui pour savoir ce qui se passe. Le petit clerc se hâte de lui dire :

— Si on demande mademoiselle Cypriane de l'Opéra... c'est là qu'elle demeure... Tu comprends?...

— Parfaitement.

— Il faut dire cela à Alexandre pour qu'il ne fasse pas de bêtises?

— On le lui dira.

Collinet descend un étage; il se rencontre alors avec les trois messieurs dans lesquels il devine bien vite des confrères; mais il baisse le nez et va passer, lorsque l'un des trois lui dit :

— Pardon, monsieur, vous paraissez être de la maison...

— Oui... j'en suis... de sa suite... Je veux dire que j'en suis.

— Où demeure mademoiselle Cypriane, danseuse de l'Opéra, s'il vous plaît?

— Ici dessus, messieurs, au quatrième, seconde porte à gauche.

— Ah!... merci, monsieur.

— Vous voyez patron, qu'on nous avait bien indiqué...

— Oui; mais cela m'étonne... j'avais entendu dire qu'elle logeai au second. Enfin, montons.

Les huissiers montent, s'arrêtent devant la porte indiquée et sonnent.

— Qui est là ? demande une voix féminine.

— Mademoiselle Cypriane?

— C'est ici.

— Alors, veuillez ouvrir, s'il vous plaît?

— Qui êtes-vous... Que demandez-vous, je ne reçois pas si matin!

— Nous n'avons pas besoin que vous nous receviez, mais seulement que vous nous ouvriez; nous venons au nom de la loi; vous avez reçu un commandement pour payer une dette de cinq mille cinq cents francs, plus les intérêts et les frais, au profit du sieur Dupont, tapissier-miroitier. Vous n'avez pas payé; si vous refusez d'ouvrir, nous avons le droit de faire chercher le commissaire afin que l'on enfonce légalement la porte.

— C'est bien, messieurs, c'est bien, je vais ouvrir... Laissez-moi passer au moins un vêtement décent.

— Passez, madame, nous attendrons.

Au bout de deux minutes, Cypriane, qui a gardé son châle ainsi que son peignoir, se décide à ouvrir la porte à l'huissier et à ses subordonnés, puis court se rejeter sur la couchette de Collinet, où elle fait en se retournant, une horrible grimace en se disant :

— Il n'est pas possible... il faut que ce jeune homme couche sur des noyaux de cerises. J'y attraperai des bleus!

En entrant dans le logement de Collinet, l'huissier fait une singulière figure, il regarde de tous côtés, va ouvrir un petit cabinet noir,

Comment mademoiselle, vous portez aussi des chaussettes au lieu de bas? (Page 33.)

où il ne trouve qu'un pot de grès pour mettre de l'eau; puis il regarde son monde qui, comme lui, semble stupéfait... pendant cette inspection, la belle danseuse fait tout son possible pour ne point rire.

— C'est ici que vous logez, mademoiselle? dit enfin l'huissier d'un ton légèrement ironique.

— Vous le voyez bien, monsieur, puisque j'y suis...

— Pardon... mais ce ne serait pas une raison...

— Pas une raison... Quand vous me trouvez couchée ici!... vous m'insultez, monsieur...

— Ce n'est pas mon intention, mademoiselle, mais en vérité, il est si singulier de voir une artiste en renom... une personne du talent de mademoiselle, habiter un aussi modeste réduit.

— On a des hauts et des bas, monsieur... la fortune est inconstante!... Aujourd'hui j'ai un logement exigu... et simple... dans quelques jours, je puis en avoir un magnifique!...

— Mais, mademoiselle, M. Dupont le tapissier vous a cependant fourni d'autres meubles que ceux-ci... à coup sûr, ce n'est pas pour ce qu'il y a dans cette chambre que vous lui devez cinq mille cinq cents francs... pas même de rideaux ni au lit, ni aux croisées!

— Eh mon Dieu, monsieur, il y a longtemps que les meubles de M. Dupont sont loin... Au reste, il me semble que je n'ai pas de compte à vous rendre... vous m'en demandez beaucoup trop, monsieur l'huissier... Je vous ai ouvert, vous êtes chez moi, à présent, si vous n'êtes pas content, allez-vous-en, je ne vous retiens pas...

— Allons, messieurs, faisons notre besogne! dit l'huissier en cherchant une chaise pour s'asseoir. Monsieur Tripon, asseyez-vous devant cette table et écrivez, je vais vous dicter.

— M'y voici, monsieur.

— Un petit miroir, cadre en bois jaune... six chaises de paille en noyer, dont trois boiteuses... une table en bois blanc avec un cuir dessus... une commode en noyer... Picard, ouvrez le tiroir et voyez ce qu'il y a dedans.

L'individu nommé Picard tire un des tiroirs de la commode et inventorie avec beaucoup de gravité :

— Premier tiroir : un gilet blanc, un gilet noir... un vieil habit noir troué aux coudes... un pantalon également noir.

— Mais ce sont des vêtements d'homme, tout cela, mademoiselle.

— C'est possible, monsieur, je m'habille en homme très-souvent, cela m'est plus commode pour aller à mes répétitions.

— Continuez, Picard, et vous M. Tripon, écrivez toujours.

— Dans le second tiroir : trois chemises... faut-il les déployer pour voir si elles sont d'homme ou de femme?

— C'est inutile. Continuez.

— Trois paires de chaussettes...

— Comment, mademoiselle, vous portez aussi des chaussettes au lieu de bas?

— Puisque je m'habille en homme, monsieur... qu'est-ce qu'il y a là d'étonnant.

— Quatre faux-cols... six mouchoirs en coton, un caleçon de bain, un gilet de flanelle, un corset...

— Un corset!... ah! vous voyez monsieur l'huissier qu'il n'y a pas ici que des vêtements d'homme...

L'huissier secoue la tête en murmurant :

— Mais vous ne vous habillez pas en femme rien qu'avec un corset, et jusqu'à présent je n'ai trouvé que cela de votre sexe... Passez au troisième tiroir, Picard.

Pendant que le sieur Picard ouvre le dernier tiroir, mademoiselle Cypriane se retourne pour rire en disant :

— Qu'est-ce que ce polisson de Collinet peut faire de ce corset... il appartient probablement à sa maîtresse... si elle pouvait avoir laissé ici d'autres vêtements!...

— Troisième tiroir : une pipe... deux pipes... trois pipes... du tabac à fumer.

— Mademoiselle fume la pipe?

— Quelquefois, monsieur... Pour me donner tout à fait un genre masculin...

— Une tabatière dite queue de rat... un couteau dit Eustache, plusieurs bâtons de sucre d'orge... une brosse à dents, une brosse pour habits, une brosse à souliers, une brosse à ongles, deux rasoirs avec leur cuir...

— Est-ce que mademoiselle a aussi besoin de se faire la barbe quand elle se met en homme?

— Pas précisément la barbe, monsieur, mais il me pousse quelquefois des poils sur les joues, alors je trouve plus commode de les raser que de les arracher.

L'huissier frappe avec impatience de son poing la table sur laquelle écrit le clerc Tripon. Ce mouvement fait sauter en l'air le petit encrier portatif dont se sert l'écrivain, qui reçoit une partie de l'encre au visage et se contente de s'essuyer avec le revers de sa manche en disant :

— Cela redonnera du lustre à mon paletot.

L'inventaire de la commode étant terminé, l'huissier fait signe au sieur Picard de passer au bahut; le vieux coffre est ouvert, on y trouve trois paires de vieux souliers, qui ne sont même plus bons à faire

3

des savattes, un pistolet sans chien, un pot ébréché, des allumettes chimiques et un sac rempli de farine de graine de lin.

L'huissier se lève pour aller examiner les vieux souliers qu'il rejette dans le coffre en disant :

— Vous n'avez jamais pu mettre ces souliers-là, mademoiselle. vous danseriez dedans.

— C'est justement pour cela que je les mets, monsieur, puisque la se est ma profession.

— Très-bien, mademoiselle, vous avez réponse à tout... mais j'espere cependant que vous ne pensez pas que je sois votre dupe?

— Je ne sais pas ce que vous voulez dire.

— Allons, Tripon, je crois que vous pouvez clore l'inventaire...

— C'est fait, monsieur.

— Mademoiselle, nous allons vous souhaiter le bonjour...

— Je ne vous retiens pas, messieurs.

— Mais vous, monsieur Picard, vous allez reste comme gardien du mobilier...

— Qu'est-ce que vous avez dit, monsieur, s'écrie Cypriane en se mettant vivement sur son séant, non sans faire plusieurs grimaces : « Vous allez laisser ici quelqu'un? »

— Oui, je vais laisser un gardien des objets saisis, la loi m'y autorise... c'est afin qu'on ne détourne rien de ce qui est sur la saisie.

En disant ces mots, l'huissier ne peut s'empêcher de sourire, mais la belle Cypriane qui ne s'attendait pas à cela, s'écrie avec colère :

— Ceci est une mauvaise plaisanterie... Vous ne pouvez pas avoir peur que l'on emporte aucune des pauvretés qui garnissent cette chambre... qu'en aurait-on, grand Dieu!

— Ah! mademoiselle, vous traitez bien mal votre mobilier!...

— Eh! monsieur... je ne vous ai jamais dit qu'il eût aucune valeur; vous ne laisserez pas de gardien, n'est-ce pas?

— Pardonnez-moi, mademoiselle, j'use de mon droit... Monsieur Picard, vous m'avez entendu, je vous constitue gardien ici.

M. Picard est un monsieur de cinquante à cinquante-cinq ans, parfaitement laid et complètement sale; il est surtout pourvu d'un nez qui tient tout à la fois du marron et de l'aquilin; cet énorme nez, dont le bout va en tortillant se perdre sur sa lèvre supérieure, est d'un rouge lie de vin, enjolivé de boutons et de verrues plus foncés encore, et pour achever de l'embellir, il est toujours bourré jusqu'à la gueule d'un tabac qui n'est pas celui que l'on prise ordinairement, mais qui se compose de bouts de cigares hachés plus ou moins menus, mais parmi lesquels on en aperçoit encore qui se dessinent fièrement en angle ou en pointes.

Ce tabac économique était le seul que prisât M. Picard; il prétendait qu'il avait sur l'autre un grand avantage, parce qu'une seule prise pouvait se conserver dans le nez une journée entière sans se détériorer; une paire de lunettes à verres ronds et immenses, comme on les portait jadis, était flanquée sur le nez de M. Picard; mais soit qu'il ne le fût là que comme un ornement, ou ne lui fût utile que pour voir de loin; il arrivait fréquemment que ce monsieur le relevait de façon à voir par-dessous.

Cypriane, qui a frémi en considérant M. Picard et son nez, s'écrie de nouveau :

— Quoi! monsieur va rester ici avec moi?

— Oui, mademoiselle.

— Mais si je veux m'habiller, changer de chemise...

— M. Picard passera dans le cabinet à côté.

— Par exemple! il est vitré et n'a point de rideaux.

— Alors, mademoiselle, le gardien sortira sur le carré et ne rentrera que quand vous lui crierez : c'est fait.

— Voilà qui est très-joli!... et chaque fois que j'aurai envie... de n'importe quoi?...

— Il passera sur le carré, mademoiselle.

— Et s'il me vient du monde?

— Il a toujours le droit de rester là.

— Et la nuit?

— Et la nuit aussi.

— Ah! c'est par trop fort!... c'est odieux...

— Mais, mademoiselle sait bien qu'elle a le droit de sortir, de ne point rester chez elle...

— Oh! soyez tranquille, j'en userai!

— Mademoiselle, j'ai bien l'honneur de vous saluer.

L'huissier est parti avec son clerc. Cypriane reste seule avec M. Picard; celui-ci, après avoir examiné plusieurs chaises pour s'assurer de celle sur laquelle il peut s'asseoir sans risquer de tomber, vient enfin de faire son choix; il se place donc sur un siège, ayant soin, par discrétion, de tourner le dos au lit; puis il étale ses jambes, relève ses lunettes, se met à son aise comme quelqu'un qui s'attend à rester longtemps où il s'est mis; tous ces préparatifs terminés, ce monsieur sort de sa poche un petit paquet enveloppé dans du papier à chandelle, il défait avec précaution le papier, et trouve enfin dedans un petit restant de tabac à fumer, dont il prend une partie qu'il roule dans le creux de sa main jusqu'à ce qu'il en ait formé un tampon, alors il fourre cette chique dans sa bouche avec l'air heureux d'un enfant qui va sucer une dragée, et se renverse doucement sur la chaise pour mieux savourer son bonheur.

Cypriane avait vu tout cela, elle suivait des yeux tous les mouvements de M. Picard, en se disant :

— Ah! on se fait une chique... ah! on s'étale sur la chaise comme si on voulait s'y installer pour longtemps... Attends, je vais te faire danser moi.

Et elle s'écrie bientôt :

— Monsieur... monsieur le gardien...

M. Picard tourne doucement la tête, tâche de prendre un air aimable et répond :

— Madame m'interpelle?

— Oui, monsieur... je désire me lever... m'habiller... vous com prenez...

— Parfaitement, madame... ne craignez rien, je vous tourne le dos, je vous promets de ne pas me retourner...

— Oh! monsieur, je ne me fie point à de telles promesses... d'autant plus que vous m'avez l'air d'un gaillard qui a fait bien des folies pour les femmes!...

Ici, M. Picard veut sourire agréablement, mais il manque d'avaler sa chique, fait plusieurs efforts pour la retenir, et tout cela se termine par une expectoration très-prolongée.

— Ainsi donc, mon cher monsieur Picard, car j'ai retenu votre nom, vous allez me faire le plaisir de passer un peu sur le carré, n'est-ce pas?

— Si madame y tient absolument?

— Oh! absolument, monsieur Picard. Il me serait impossible de mettre ma jarretière en votre présence... j'aurais trop d'émotion!

Le gardien s'est levé et, sans se retourner il gagne la porte, l'ouvre et va se promener sur le carré.

XV. — UNE SCÈNE DES FUNAMBULES.

Depuis la confidence qu'il avait reçue de Collinet, Gaston, après avoir vu les huissiers entrer chez le petit clerc, s'était hâté d'aller frapper chez Alexandre auquel il avait fait part de ce qui se passait près d'eux. Alexandre, curieux aussi de voir quelle serait la suite de cette aventure, s'était vivement levé et posé en sentinelle contre sa porte entr'ouverte, tandis que Gaston en faisait autant de son côté.

Les jeunes gens avaient vu redescendre l'huissier et son clerc; mais ils se demandaient ce que le troisième personnage pouvait faire encore avec la belle danseuse. C'est alors qu'ils voient M. Picard sortir de chez Collinet et se promener de long en large sur le carré Ces allées et venues paraissant devoir se prolonger indéfiniment, les deux voisins commencent à deviner la vérité et chacun d'eux cherche dans sa tête comment il pourra dégoûter ce monsieur de la promenade du carré

M. Picard, tout entier aux jouissances de la chique et renfonçant de temps à autre un bout de cigare qui désirait sortir de son nez, n'avait pas remarqué les deux portes entr'ouvertes et les figures qui se montraient derrière; mais tout à coup ces deux portes s'ouvrent, Gaston et Alexandre paraissent tenant chacun un balai à la main et expulsant les ordures et la poussière de leur chambre avec une ardeur et une activité qui auraient fait honneur à des frotteurs; alors le carré se couvre d'un nuage de poussière; elle arrive sur M. Picard par les deux côtés du palier, et, comme il se tient alors au centre, c'est sur lui que chaque balayeur pousse ce que ramasse son balai. Au bout d'un moment, le gardien avait presque disparu dans une atmosphère de poussière.

Les deux jeunes gens se flattaient que ce monsieur abandonnerait la place; mais ils se trompaient. M. Picard, dans son triste métier de gardien, en avait vu bien d'autres; ses vêtements ne redoutaient rien, on ne pouvait pas les salir; et quant à lui, avec son nez bourré de hachures de cigares, il défiait à la moindre parcelle de poussière de pénétrer dans ses narines; restait donc ses yeux, mais en baissant ses lunettes il les garantissait aussi un peu. M. Picard voit donc sans s'émouvoir ce nouveau sémoun qui semble vouloir l'engloutir; il se contente de s'appuyer sur la rampe et de tousser un peu en disant d'un air aimable:

— Ah! c'est l'heure où l'on fait son ménage... et il paraît que ces appartements là veaient besoin d'être balayés... je connais ça... moi aussi, je ne fais pas mon ménage tous les jours.

Alexandre et Gaston se regardent en s'appuyant sur leur balai; ils ne s'attendaient pas à rencontrer un homme si bien cuirassé contre la poussière. Tous deux se pincent les lèvres et rentrent vivement chez eux pour en ressortir, l'un tenant un pot à l'eau, l'autre une immense cuvette, et ils se mettent à arroser sur le carré absolument comme si personne ne s'y trouvait, envoyant de grandes flaques d'eau dans les jambes de M. Picard; mais celui-ci reçoit cela avec la même bienveillance que la poussière, et il s'écrie même:

— Ah! oui... de l'eau fera du bien pour abattre ce nuage élevé par les balais. Ne craignez pas de jeter de l'eau... cela ne peut que laver... le carré en a besoin!

— Ah! le gredin! murmure Alexandre, qui a usé inutilement toute son eau, il n'y aura donc pas moyen de lui faire quitter la place... il est invulnérable, cet homme... je mettrai bien le feu sur le carré...

mais cela pourrait le mettre à la maison... Ce serait trop cher... sapristi... il faudra qu'il déloge, cependant...

Gaston ne disait rien, mais il regardait son ami d'un air désespéré.
Tout à coup Alexandre rentre chez lui. Gaston attend ce qu'il va faire.
Le grand jeune homme reparaît bientôt : il est en manche de chemise, mais il tient sur son bras son paletot et à sa main une de ces
baguettes avec lesquelles on bat les habits. Il place son vêtement sur
un de ces portants en bois disposés sur les carrés pour servir à cet
usage. Il y en avait également un près de la porte de Gaston; ce dernier, sur un signe que lui fait Alexandre, rentre chez lui prendre
un habit et une baguette, et revient sur le carré faire comme son
voisin.

Voilà les deux jeunes gens qui se mettent à battre leur vêtement à
tours de bras. La poussière reparaît accompagnée cette fois d'un
bruit continuel. Mais M. Picard balance sa tête agréablement, et a l'air
de chanter entre ses dents au son des baguettes.

Alexandre se frappe le front, puis s'écrie en s'adressant à Gaston
d'un air impertinent :

— Ah çà, monsieur, j'ai remarqué que toutes fois que je viens sur
le carré battre mon habit, vous venez aussitôt y battre le vôtre...
Qu'est-ce que cela signifie, monsieur?... Tout à l'heure je balayais,
vous avez balayé aussi, je me suis mis à arroser, vous avez aussitôt
jeté de l'eau... j'en prends monsieur à témoin... N'est-il pas vrai,
monsieur, que monsieur s'applique à singer, à imiter tout ce que je
fais?... Ce n'est pas naturel... dans quel but... pourquoi cela... serait-
ce pour se moquer de moi, par hasard?... Troun de l'air... si je le savais... cela ne se passerait pas ainsi.

Avant que M. Picard ait eu le temps de répondre un mot, Gaston,
qui a compris l'intention d'Alexandre, s'écrie sur le même ton que
son ami :

— Qu'est-ce que c'est?... comment... qu'est-ce qu'il y a... ah! ma
foi, la chose est très-amusante!... monsieur qui trouve singulier que
je balaye mon logement, que j'arrose... que je batte mon habit... en
vérité voilà qui est très-joli !... comme si on n'était pas maître chez
soi... comme si cela regardait monsieur... ne faudrait-il pas lui laisser ce carré pour lui seul, et ne point se permettre d'y passer quand
il y est... Mais un portier ne ferait pas le méchant mieux que cela...
J'en prends à témoin cet honorable individu qui nous entend et qui est
en sentinelle sur ce palier...

— Messieurs! messieurs!...

Alexandre coupe la parole à M. Picard, en s'écriant :

— Vous ne répondez pas à ce que je vous ai dit, monsieur, vous
cherchez des faux-fuyants... ce n'est pas cela... pourquoi singez
vous toutes mes actions? voilà ce que trouve mauvais... voilà ce qui
m'ennuie...

— Ah! fichez-moi la paix !... et laissez-moi tranquille!... si je voulais imiter quelqu'un, à coup sûr ce ne serait pas vous... vous êtes
trop ridicule pour cela...

— Ridicule... je suis ridicule?... Vous m'insultez, monsieur...

— Et vous, vous m'embêtez parfaitement...

— Messieurs! messieurs! du calme...

— Je vous apprendrai à qui vous avez affaire, jeune voisin!...

— Vous ne m'apprendrez rien, grand voisin... C'est moi qui vous
corrigerai si vous faites l'insolent...

— Ah! c'en est trop... je vais châtier ce drôle...

— Je vais punir ce polisson...

Aussitôt Alexandre s'élance vers Gaston, sa houssine à la main,
mais au moment où il lâche son coup, Gaston s'est placé derrière
M. Picard qui reçoit sa houssine en plein sur l'épaule; c'est alors au
tour de Gaston de vouloir taper sur Alexandre; mais ce dernier se
fait aussi un rempart du gardien qui cette fois reçoit de la houssine
sur le dos. M. Picard cherche en vain à se soustraire aux fatales baguettes, en criant :

— Messieurs, prenez donc garde... de grâce... ah! mais... faites
donc attention !...

— Non, monsieur, laissez-moi frapper ce cuistre, ce drôle... il
n'échappera pas à ma colère, dit Alexandre en tournant autour de
M. Picard en fait autant en s'écriant :

— Ne m'arrêtez pas, monsieur... tiens, attrape cela, gredin...
maroufle!... Ah! tu te caches... tu auras beau faire, je t'atteindrai...

— Eh! mille noms d'un chien! c'est moi que vous atteignez, messieurs... Ah! bigre! cela va-t-il finir... je vais appeler main forte...

— Oui, monsieur, allez chercher la garde, vous ferez bien...

— Eh! sacrebleu! si je pouvais m'en aller, il y a longtemps que
je ne serais plus là... mais je ne peux pas m'éloigner... puisque je
garde le mobilier de votre voisine.

Les jeunes gens continuaient leur manœuvre, et en feignant de
vouloir se battre faisaient pleuvoir les coups de houssine sur M. Picard, qui faisait son possible pour en pas rester au milieu d'eux.
Cependant le bruit de cette bataille attire l'attention des voisins; les
portes s'ouvrent au troisième, puis au cinquième, puis enfin sur le
carré même; celle de madame Montenlair, qui, par extraordinaire,
était demeurée close jusque-là, s'ouvre aussi, et le monsieur à l'é-
norme perruque, l'ami du cœur de cette dame, M. Philosèle enfin,
se montre à cette porte pour savoir ce qui se passe; en ce moment,

Alexandre, en feignant de poursuivre Gaston, cherchait à frapper
encore avec sa houssine sur M. Picard, mais cette fois celui-ci ne
voulant plus toujours servir de bouclier aux combattants, se baisse
tout à coup, et la baguette, vivement appliquée, va cingler la joue de
M. Philosèle, qui faisait alors son entrée sur le carré.

Le fidèle ami de madame Montenlair pousse un cri perçant et se
met à jurer comme un charretier en portant sa main à sa joue et
s'écriant qu'on l'assassine.

Cet événement met fin au combat simulé des deux jeunes gens
D'ailleurs mademoiselle Cypriane vient d'ouvrir sa porte pour dire
à M. Picard qu'il a le droit de rentrer, parce qu'elle s'en va. La
belle artiste n'a toujours pour robe que son peignoir, mais cette fois,
afin d'avoir l'air d'être habillée, elle s'est entortillée dans son cachemire, après s'en être enveloppé à la manière des femmes arabes. En
apercevant ses deux nouveaux voisins, elle leur sourit avec grâce,
mais ses yeux s'arrêtent surtout sur Gaston, et elle se dit :

— Ah! c'est dommage que ce ne soit pas avec celui-là que j'ai tro-
qué... il est bien plus gentil que l'autre.

Cependant en reconnaissant M. Philosèle, en voyant que c'est sur
le monsieur dont il a déjà déchiré le paletot, qu'il vient, sans le vouloir, de faire tomber sa houssine, Alexandre est pris d'une envie de
rire à laquelle il lui est impossible de résister, et qu'augmentent encore
les contorsions et la colère dont ce monsieur est possédé. Gaston ne
peut s'empêcher de faire comme son ami ; la belle Cypriane partage
bientôt l'hilarité des jeunes gens, et lorsque madame Montenlair
vient à son tour sur le carré pour savoir ce qui se passe, elle trouve
son doux ami violet et ne pouvant plus parler, tant il est outré de
voir tout le monde rire parce qu'il a reçu la houssine à travers le
visage.

— Qu'est-ce qu'il y a donc... mon Dieu! Philosèle, qu'avez-vous?
vous êtes violet... on croirait que vous avez un coup de soleil...

— J'ai... j'ai... j'ai... c'est un cou... coup... la joue joue...

M. Philosèle était comme les enfants que la colère empêche d'arti-
culer; il bégayait, il ne trouvait plus ses mots. Gaston se hâte de
prendre la parole :

— Mon Dieu! une chère madame Montenlair, vous nous voyez désolés... mais véritablement il n'y a pas de notre faute... j'avais une
dispute un peu vive avec Alexandre... nous voulions nous battre...
avec ces baguettes... vous voyez que ce n'était pas bien dangereux...
et en me poursuivant, Alexandre a attrapé monsieur qui sortait de
chez vous inopinément...

— Est-ce la vérité, monsieur Alexandre, demande Rosinette en se
donnant un air affligé; mais au lieu de répondre, Alexandre se met
à rire de plus belle, parce que M. Philosèle trépigne des pieds comme
les enfants.

— Ah! bigre, j'en ai reçu bien d'autres, moi, dit à son tour M. Picard, en faisant passer sa chique de gauche à droite. Demandez à ce,
messieurs s'ils ne m'ont pas attrapé souvent avec leurs baguettes...
mais bah! qu'est-ce que c'est que cela, quand on a reçu le baptême
du tropique!...

— Je me fiche pas mal que vous ayez reçu le tropique!... s'écrie
M. Philosèle qui a enfin retrouvé la faculté de s'exprimer. Je sais,
moi, que j'ai reçu de monsieur un horrible coup de cravache sur la
joue...

— Ce n'est pas une cravache, Philosèle, c'est une badine.

— C'est la même chose... et je prétends que c'est le moment, monsieur ne pouvait pas viser sur son ami, qui était de l'autre côté du
carré, il y a donc méchanceté pure... et d'ailleurs ce n'est pas la
première fois que monsieur s'en prend à moi, il m'a déjà déchiré mon
paletot sur ce même carré, et il n'y a pas longtemps... il y a prémé-
ditation de sa part... c'est à moi qu'il en veut... cela m'amuse de me
faire de ces choses-là... ça le fait beaucoup rire... et ses connais-
sances aussi... mais cette fois cela ne se terminera pas par des excuses... vous entendez, monsieur...

— Philosèle !... Philosèle !...

— Laissez-moi, madame... j'ai droit à une réparation...

— C'est juste, dit Alexandre, en tâchant de ne plus rire, moi
n'ai rien à vous refuser... la dernière fois je vous ai proposé le pistolet... aujourd'hui je vous offre le fleuret déboutonné, si cela vous
va, Gaston va vous le prêter, il va nous les prêter, et nous nous battrons
sur le carré même, témoin de vos malheurs.

— Par exemple... je vous trouve encore charmant, monsieur, après
m'avoir balafré le visage, vous essayeriez de me percer le ventre...
pour qui me prenez-vous... pour un jobard apparemment...

— Jamais, M. Philosèle, jamais je n'eus de vous cette pensée.
Demandez plutôt à Gaston...

— Ah! il paraît que vous n'êtes plus en querelle avec votre ami...
avec lequel vous faisiez semblant de vous battre, pour battre les
autres... C'est un passe-temps de ces messieurs!... il est joli... il est
coquet ce passe-temps... mais c'est là ce que je prétends dénoncer à
l'autorité... Ces messieurs s'embusquent sur leur carré pour tendre
des guet-apens aux personnes qui viennent dans la maison... voilà
sur quoi je vais porter ma plainte, en demandant quinze cents francs
de dommages et intérêts pour la balafre que j'ai sur la joue...

— Philosèle... mon ami...

— Laissez-moi tranquille, Rosinette; je veux aller chez le commissaire, moi.

A cette déclaration de M. Philosèle, les jeunes gens se mettent à rire, ainsi que l'artiste de l'Opéra; quant à M. Picard, il rentre dans le domicile de Collinet en s'écriant :

— Voilà bien du bruit pour peu de chose... on voit bien que ce monsieur n'a point passé sous le tropique.

— Allez, mon cher monsieur, allez chez le commissaire, dit Alexandre en endossant son paletot, et croyez-moi, ce n'est pas quinze cents francs, c'est mille écus qu'il faut demander... votre joue vaut bien cela... elle a un sillon magnifique.

— C'est bien, monsieur... nous verrons si vous rirez toujours.

— Tant que je vous verrai, monsieur, il me sera difficile de faire autrement...

— Philosèle, mon ami, venez, rentrez que je vous bassine...

— Non, madame, je veux présenter ma joue saignante au commissaire...

— Philosèle, vous êtes fou... vous n'avez pas le sens commun... si vous vous obstinez à aller chez le commissaire, ma porte et mon cœur vous sont à jamais fermés!...

Madame Montenlair a dit ces derniers mots d'un ton presque tragique qui produit une vive impression sur le monsieur orné d'une perruque à la Louis XIV ; il hésite, il balance, il souffle... Rosinette saisit ce moment, et pour assurer son triomphe, elle l'enlace dans ses bras en le faisant rentrer chez elle à reculons; bientôt la porte se referme sur cette nouvelle espèce de polka, et Cypriane s'écrie :

— Il n'ira pas chez le commissaire, une femme doit toujours s'arranger de façon à ce que son amant fasse sa volonté.

— Est-ce que fous fous pattez plis là-haut? demande du troisième le gros Allemand, qui était aussi sorti de chez lui pour savoir ce qui se passait, tandis que les dames Mirolin, qui avaient aussi ouvert leur porte, la referment avec fracas, en criant bien haut :

— Quelle pétaudière que cette maison!... ce,a devient intolérable ; mais j'irai me plaindre à M. Mouton...

— Tu feras bien, maman, car si cela continue, nous n'oserons plus ni rentrer ni sortir de chez nous... on serait capable de nous battre aussi!...

— Non, monsieur Beugle, nous ne nous battrons plus, dit Alexandre en se penchant sur la rampe pour voir son voisin du troisième. Et il paraît que nous faisons bien, car les dames Mirolin paraissent très-irritées de notre conduite... En voilà qui nous feront aller un de ces jours chez le commissaire...

— Oh! foui! foui! elles zont touchours en colère beaucoup fort.

— Et pourtant notre combat n'avait rien n'effrayant! reprend Alexandre en s'adressant à la danseuse, et c'est dans le but de vous débarrasser de ce vilain monsieur qui faisait sentinelle devant la porte de Collinet, que nous avons imaginé ce petit divertissement à l'instar des pantomimes des funambules!

— Vraiment, messieurs, vous êtes bien aimables, mais je sais tout ce que je vous dois, car derrière cette porte, j'écoutais et je m'amusais beaucoup des niches que vous jouiez à ce malheureux gardien.

— Pour vous rendre service, madame, dit Gaston, il n'est rien que nous ne soyons capables d'entreprendre.

— Et nous enviions le sort de Collinet qui a pu vous prêter son logement !...

— Oh! il ne me l'a pas offert, c'est moi qui lui ai demandé... il a même fait quelques difficultés pour me le céder... et maintenant... je regrette que le hasard ne m'ait pas fait vous rencontrer, plutôt que lui...

Ces derniers mots s'adressent évidemment à Gaston, que mademoiselle Cypriane regarde alors de cette façon qui signifie fort clairement pour les gens qui connaissent ces dames : « Vous me plaisez, je vous aime, est-ce que vous n'allez pas m'aimer aussi? »

Gaston rougit comme une jeune fille et se sent ému; car cette artiste chorégraphique est très-séduisante, et puis elle a une grâce, un abandon, une volupté toute particulière dans tous ses mouvements; joignez à cela l'originalité du costume, le feu qui brille dans ses yeux, et vous comprendrez très-bien que, malgré sa pensée pour Félicie, le jeune amoureux sente son cœur battre très-fort devant la danseuse : une femme a beau occuper le cœur d'un homme, elle ne le remplira jamais assez parfaitement pour qu'il n'y reste pas toujours une petite place pour le désir que fera naître un autre joli minois. La nature est faite ainsi, la chercher autrement c'est avoir une trop bonne opinion de soi-même.

— Et que comptez-vous faire maintenant, belle dame, dit Alexandre, en échangeant un cigare avec M. Beugle qui est monté jusqu'à lui?

— D'abord m'en aller bien vite de chez M. Collinet et n'y plus retourner... car c'est affreux chez lui...

— Très-bien; mais où irez-vous?...

— Je retournerai chez moi, au second.

— Mais le second n'est plus à vous, puisque vous avez changé avec Collinet.

— J'aime à croire qu'il daignera m'y donner l'hospitalité... et je commencerai par mettre aussi ce jeune homme à la porte... vous concevez que je ne puis pas le garder avec moi... d'abord, cela m'ennuierait beaucoup... Je n'en veux pas de ce monsieur... son logement, bon... mais lui... oh! non!

Et tout cela est dit en regardant toujours Gaston, de manière à ce qu'il comprenne que cela signifie : « Si vous étiez à la place de M. Collinet, je ne vous renverrais pas, vous... »

— Compris! compris!... dit Alexandre, qui voit très-bien ce que désire mademoiselle Cypriane. Mais il n'est peut-être pas très-prudent de rentrer tout de suite chez vous... l'huissier n'aura pas donné dans la pièce que vous lui avez jouée...

— Mais monsieur, il faut pourtant bien que je m'habille, moi... je suis à peine vêtue... je ne puis pas rester comme cela...

— Je vous assure que vous êtes très-bien... balbutie Gaston en se permettant de lui rendre un centuple.

— Oh! vous êtes indulgent; mais en vérité je ne suis pas présentable, et je vais... Mais n'est-ce pas la nièce de la portière qui monte... que vient-elle encore nous annoncer?...

Mademoiselle Amanda montait en effet avec cet air effaré que prennent tout de suite les gens du commun quand ils croient vous apprendre quelque chose de fâcheux; elle s'adresse à la danseuse :

— Mademoiselle, savez-vous que ça devient bien inquiétant, et que ma tante Ador dit même qu'elle est bien fâchée d'avoir consenti à dire comme vous vouliez aux huissiers, parce que ça peut la compromettre et la fourrer dans une vilaine affaire, et que même l'huissier... le maître le lui a bien fait comprendre en s'en allant...

— Qu'est-ce qu'il y a d'inquiétant, Amanda, voyons, expliquez-vous et ne prenez pas un air tragique comme si vous alliez jouer Chimène!...

— Il y a, mademoiselle, que quand l'huissier est redescendu, il s'est arrêté au second, ces gens-là sont malins comme des singes!... il a sonné chez le docteur Urtuby, en demandant : « Mademoiselle Cypriane, danseuse? » et cette sotte de Maria, la bonne du docteur, lui a désigné votre porte en lui disant : « C'est en face, monsieur.»

— Qu'est-ce que cela fait, je puis être déménagée. Après?

— Après, il paraît que l'huissier a été sonner chez vous, il a même sonné plusieurs fois très-fort, mais on ne lui a pas ouvert...

— On a bien fait... d'ailleurs M. Collinet est probablement à son étude et pas chez moi.

— Oh! pardonnez-noi, madame, nous l'y avons vu entrer, et il n'en est pas sorti!...

— Comment! à onze heures passées, Collinet n'est point chez son huissier, dit Alexandre, voilà qui me semble bien extraordinaire. Que diable peut-il faire chez madame!...

— Il aura trouvé le logement à son goût et il en prend possession, dit Gaston.

— Il faudra cependant bien qu'il ait la complaisance de me le rendre! dit Cypriane en souriant.

— Mais alors je vois ce pauvre Collinet sans logement, puisqu'il ne peut plus rentrer chez lui...

— Eh! mon Dieu, il trouvera bien pour quelque temps quelqu'un qui l'hébergera... n'est-ce pas, messieurs?...

— Oh! foui! foui!... dit M. Beugle, moi che veux pien locher, si le cheune homme il bouvait plis rentrer chez lui.

— Merci, mon brave Allemand... en attendant je vais aller sonner chez moi... est-ce que vous ne me donnez pas votre bras, monsieur Gaston?...

En disant ces mots, madame Cypriane avait déjà pris le bras du jeune homme, après lequel il se pendait avec cet abandon qui annonce une grande intimité. Gaston cède à la douce pression de ce bras dont le contact lui fait éprouver une sensation très-agréable; mais en ce moment levant par hasard les yeux en l'air, il aperçoit Félicie qui était un peu penchée sur la rampe de son palier, et qui le regardait avec une expression si tendre et si triste, que ce regard lui arrive jusqu'au cœur. Gaston demeure tout saisi, il ne sait plus ce qu'il doit faire; il va pour quitter le bras de Cypriane, mais celle-ci l'entraîne vivement en lui disant :

— Eh bien... qu'avez-vous donc... qu'est-ce qui vous prend... vous ne bougez plus... Allons, venez donc chercher votre ami, monsieur le distrait... on dirait qu'il faut l'enlever de force!...

Gaston se laisse entraîner, et cependant en ce moment quelque chose de froid venait de tomber sur son front... c'était une larme qui s'échappait des yeux de Félicie.

XVI. — UN TROP BON DÉJEUNER.

Nous avons quitté Alcibiade Collinet au moment où, ébloui par les charmes de la belle danseuse, il s'était laissé mettre à la porte de chez lui et avait reçu en échange de son logement la clef de celui de mademoiselle Cypriane. Collinet avait descendu l'escalier, s'était incliné devant ses confrères qu'il avait rencontrés au troisième, et après s'être assuré que ceux-ci montaient toujours, il s'était arrêté au second, avait introduit la clef dans la serrure, et était entré dans le domicile qu'on venait de l'autoriser à regarder comme le sien.

En pénétrant dans l'antichambre, le jeune homme pousse un cri de surprise, il en pousse deux dans la salle à manger, trois dans le salon ; enfin dans la chambre à coucher, véritable sanctuaire de la volupté, où tout était glace, velours et soie, où l'élégance, le bon goût, la coquetterie avaient présidé aux moindres détails de l'ameublement, Collinet demeure stupéfait, ébahi ; jamais il n'avait rien vu qui approchât de ce séjour enchanté ; il ne s'en était pas même fait une idée et ne trouve pas de meilleur moyen de témoigner son admiration que de se jeter par terre et de se rouler sur le tapis, qui à la vérité était aussi doux, aussi moelleux qu'un édredon.

Après s'être roulé quelque temps comme un jeune chat au soleil, Collinet se lève et va se jeter sur le lit qui était défait et encore découvert ; quelle différence avec sa couchette qui semble faite avec des cailloux ! l'air embaumé qu'on respire dans cette chambre, le corset de cette demoiselle qui est là sur un meuble près de lui, tout sourit à son imagination, et Collinet ôtant brusquement ses souliers, se fourre dans le lit tout habillé, et se met la couverture par-dessus la tête en s'écriant :

— Ah ! ma foi tant pis !... je suis dans son lit... m'y voilà, ça embaume ! quelle différence d'avec le mien, je n'en bouge plus... d'ailleurs je lui ai cédé mon logement... elle me donne celui-ci en échange, donc tout ce qui est ici m'appartient.

Tout fier de cet exploit, le petit clerc reste près d'un quart d'heure blotti sous la couverture. Au bout de ce temps, il sort sa tête parce qu'il a trop chaud et se dit :

— Cependant je ne veux pas rester là toute la journée... ah ! mais... je me souviens !... elle m'a dit que je pourrais déjeuner... que je n'avais qu'à fouiller dans le buffet... fichtre ! s'il est aussi joliment orné que la chambre à coucher, quel festin !... imbécile !... et moi qui restais là...

En un saut, Collinet est hors du lit, il remet ses souliers, et court dans la salle à manger en traversant un ravissant boudoir dans lequel il ne s'arrête pas parce qu'il a trop faim.

Le buffet est ouvert : le petit clerc a encore envie de se rouler, tant il est émerveillé de ce qu'il voit ; mais cette fois il ne se roule pas parce que le parquet n'est recouvert que de nattes de jonc ; une belle table à manger, en bois de citron, est toute dressée au milieu de la chambre.

Collinet place dessus la moitié d'une volaille truffée, une terrine de Nérac à peine endommagée, des sardines, des olives farcies, différentes espèces de saucissons, du pâté de Chartres, des débris de gelées, de crème, de baba, des biscuits, du fromage, des fruits confits, des confitures, et le jeune huissier en herbe fait des sauts, des cabrioles à chaque chose qu'il porte sur la table ; vient ensuite le tour des bouteilles ; il prend toutes celles qu'il aperçoit, pleines ou entamées, peu lui importe ; enfin il s'arrête, il a bien tout pris ; il se met à table, et pendant un moment, se borne à tout dévorer des yeux, ne sachant par où commencer.

Mais cette incertitude dure peu, Collinet s'adresse à la volaille truffée, il ne mange pas, il escamote les bouchées comme quelqu'un qui craint de n'avoir jamais le temps de manger tout ce qu'il voit ; il s'adresse ensuite à la première bouteille qui lui tombe sous la main : c'est tout simplement du Volnay ; il ne le connaissait pas encore, et le savoure avec délices. En quittant la volaille pour le pâté, il juge naturel de changer aussi de vin, et s'emparant d'une bouteille longue et mince, se verse d'un bordeaux Léoville de premier choix.

— C'est du bordeaux... je le reconnais à son goût de violette, dit Collinet en remplissant de nouveau son verre. J'en avais bu quelquefois de bon avec Alexandre... quand c'était lui qui payait, mais jamais qui approchât de celui-ci... ne le ménageons pas... quel régal... Ah ! mademoiselle Cypriane, votre logement est un bijou... c'est le paradis de Mahomet... c'est la maison Chevet... c'est le palais de Lucullus... Goûtons de ces olives... elles sont farcies... quel raffinement... mais comme c'est bien imaginé !... mangeons du saucisson, cela fait boire... C'est de cette autre bouteille... faisons aussi sa connaissance, on n'en fait que de bonnes ici... c'est un petit goulot... du vin jaune comme de l'or... jolie couleur... ça promet...

C'est du madère que Collinet vient de se verser ; il n'avait de jusque-là que celui que l'on fabrique à Cette et que souvent on travaille encore à Paris ; en dégustant le madère de mademoiselle Cypriane, il saute de joie sur sa chaise.

— Quel vin !... quel nectar... c'est du vrai madère ceci... quelle différence avec les drogues que l'on nous vend sous ce nom-là... sapristi ! que c'est chaud... Passons à la terrine de Nérac. Je commence à avoir moins faim... quel malheur !... mais tant pis... en buvant je ferai de la place... on ne se trouve pas tous les jours à pareille fête !... il faut que je mange de tout... il faut que je vide toutes les bouteilles... au diable l'étude... je trouverai une histoire... une bourde pour le patron ! oh ! la terrine de Nérac... c'est succulent... c'est un peu étouffant... mais en arrosant beaucoup... diable ! mais voilà encore deux bouteilles auxquelles je n'ai pas touché... ce serait me faire une malhonnêteté à moi-même que de ne rien leur dire... voyons...

Collinet verse d'une autre bouteille entamée, mais il commence à ne plus savoir ce qu'il boit.

— J'ai idée que ceci est du chambertin, balbutie le jeune clerc, dont la langue devient épaisse. Oui... ce doit être du chambertin...

J'en veux goûter encor
Pour en être certain.

Je ne sais pas s'il a dix ans... mais il est exquis... quel dommage que l'appétit se passe en mangeant ! il faut cependant que je mange des gâteaux... des biscuits... buvons pour faire couler...

A force de boire pour manger, et de manger pour boire, Collinet arrive à ne plus pouvoir se tenir devant son assiette, il est complètement gris et se laisse rouler sur le parquet ; mais cette fois, au lieu de s'y livrer à mille folies, il reste lourdement à la place où il est tombé, et s'y endort d'un sommeil profond.

Mademoiselle Cypriane était descendue au second étage, se pendant toujours au bras de Gaston, tournant à chaque instant la tête pour le regarder, et quelquefois de si près, que ses lèvres effleuraient le visage du jeune homme qui, par timidité dans les premiers moments, avait commencé par se reculer, mais qui ensuite ne se reculait plus, parce qu'un garçon n'est pas une demoiselle et que, lorsqu'une occasion d'être heureux se présente sous la forme d'une femme jeune, jolie et agaçante, on a bien rarement assez de sagesse pour lui résister.

Gaston avait donc oublié le regard attristé de Félicie, il avait essuyé son front mouillé par une larme, en se persuadant que c'était quelqu'un qui avait éternué, et il s'était laissé emmener et ensorceler par la belle danseuse. Oh ! les hommes ! les hommes !... ce sont de bien mauvais sujets, allez-vous dire ? eh ! mon Dieu ! il y a bien longtemps que l'on dit cela !... et ce qui me désole, c'est qu'ils n'ont pas beaucoup l'air de s'amender.

On est arrivé au second, et on s'arrête devant la porte de Cypriane, la nièce de la portière est aussi avec la société.

— Zéphirine a une seconde clef de chez moi, mais je ne sais pas ce que ma femme de chambre est devenue aujourd'hui... elle a disparu.

— Nous ne l'avons cependant pas vue sortir non plus, dit Amanda.

— En attendant, je vais sonner.

Cypriane sonne, une fois, deux fois, puis encore et de façon à casser la sonnette, peine inutile. Collinet dormait du sommeil de l'ivresse ; on aurait tiré le canon à côté de lui, qu'il ne se serait pas réveillé.

— Qu'est-ce que cela signifie ! dit Cypriane, certainement ce jeune homme n'est pas chez moi ; il ouvrirait...

— Ma tante, M. Collinet est-il sorti ? crie mademoiselle Amanda en se penchant sur la rampe de l'escalier, et la voix de madame Ador répond bientôt :

— Non, il n'est pas sorti, j'en suis moralement sûre, je n'ai pas quitté le dessous de ma porte, puisque je suis occupée à griller du moka... que c'est un parfum que j'en pleure.

— Mais alors que lui est-il donc arrivé à ce jeune clerc... voyons, monsieur Gaston, dites-moi ce que je dois faire... il faut que je m'habille, moi, je suis dans un désordre à faire peur... d'ailleurs je veux absolument rentrer chez moi.

— Mais ce n'est plus chez vous, là, dit mademoiselle Amanda, puisque vous avez dit aux huissiers que vous logiez au quatrième.

— Ah ! que vous êtes niaise, ma chère amie, je demeure au quatrième pour les huissiers, voilà tout ; mais pour moi et mes amis, mon logement est toujours ici... voyons, mon petit Gaston, conseillez-moi...

— Ma foi, je ne vois qu'un moyen, c'est d'envoyer chercher un serrurier, et de lui faire ouvrir votre porte...

— Au fait, vous avez raison, c'est le plus court... Amanda, ma petite, courez nous chercher un serrurier.

Mademoiselle Amanda prend encore un air effarouché en répondant :

— Mais, madame, vous n'y pensez pas... et si les huissiers reviennent... si le gardien qui est là-haut descend... et qu'on vous voie vous faire ouvrir cette porte par un serrurier... on saura que c'est votre logement, cela prouvera que nous avons menti, et nous voilà compromises...

— Ah ! que vous m'embêtez avec vos réflexions et vos frayeurs ma petite, est-ce que les huissiers sont dans l'escalier à guetter qu'on fait ? Quant au gardien, il n'y a qu'à l'empêcher de sortir petit taudis là-haut... ce sera bien facile... votre grand ami se chargera, n'est-ce pas, monsieur Gaston ?

— Certainement ; je vais aller le lui dire.

Mais au moment où Gaston se dispose à monter, on voit descendre mademoiselle Zéphirine, les joues tout rouges, et les yeux baissés et qui tâche de prendre un air étonné en voyant sa maîtresse sur carré...

— Ah ! vous voilà, mademoiselle ! s'écrie Cypriane, pourrais-je savoir d'où vous venez ?

— Mais, madame... mais je descends de ma chambre...

— De votre chambre... et j'ai été y frapper et carillonner, et vous ne m'avez pas répondu...

— Madame... c'est que j'étais sans doute alors chez mademoiselle

Adélaïde... ta bonne du premier... parce que j'ai été malade cette nuit, et elle m'a prodigué des soins... et du thé...

— Quel conte me faites-vous là... et est-ce une heure pour descendre près de moi?...

— Puisque j'étais malade...

— Assez, mademoiselle, nous éclaircirons tout cela plus tard... vous avez une clef de mon logement?

— Oui, madame...

— Ouvrez bien vite... et sachons ce qui est arrivé à M. Collinet, j'espère bien qu'il ne s'est pas asphyxié chez moi... il n'aurait pas eu le temps, d'ailleurs...

Zéphirine ouvre. Cyprane entre avec Gaston. Mademoiselle Amanda reste à la porte pour écouter; on ne trouve personne dans l'antichambre.

— Cherchons dans la salle à manger, dit la danseuse, je l'avais engagé à venir déjeuner.

— Oh! mademoiselle!... je devine tout alors, dit Gaston, vous ne savez pas ce dont Collinet est capable devant une table bien servie.

On entre dans la salle à manger, et là, sous les débris du festin, on aperçoit Collinet étendu sur le parquet et soufflant comme une contre-basse.

— Ah! mon Dieu!... il est endormi sous la table! allons, il n'y a pas grand mal; mais il faut le réveiller pour qu'il s'en aille...

— S'il n'était qu'endormi ce serait peu de chose... mais j'ai bien peur qu'il ne se soit grisé...

— Vous croyez... tant pis... mais d'abord je ne veux pas qu'il reste chez moi, cela me gênerait beaucoup.

— Voyons... nous allons essayer de le réveiller.

Gaston se penche vers Collinet; il lui secoue le bras, lui parle bien haut. Le jeune clerc se borne à faire entendre un grognement sourd, puis il murmure :

— Laissez-moi dormir... ah! qu'on est bien dans ce lit parfumé!

— Il se croit dans mon lit, dit Cyprane, il est sans façon, ce monsieur... Réveillez-le donc...

— C'est très-difficile... c'est bien comme je l'avais pensé, il est gris à ne pas se tenir...

— Ah! quelle horreur!... je lui dis de déjeuner, de prendre de tout ce qu'il voudra... mais je ne lui avais pas dit de se griser, moi.

— Il a pris cela sur lui.

— Mais, gris ou non, je ne veux pas le garder ici... et surtout s'il est gris... Fi!... un jeune homme se mettre dans cet état... Voyons, mon petit Gaston, roulez-le dehors, ce monsieur...

— Ah! on ne peut cependant pas le traiter comme un ballot...

— Enfin, débarrassez-moi de lui, je vous en prie... cela m'agace les nerfs de le voir là...

— Je ne pourrai jamais l'emmener tout seul... je vais appeler Alexandre.

— Appelez M. Alexandre... et ôtez-moi cet ivrogne... il serait capable de salir mes paillassons.

Gaston se rend sur le carré et appelle Alexandre qui causait encore sur l'escalier avec M. Beugle. Le grand jeune homme se hâte de descendre et échange un sourire en passant devant mademoiselle Zéphirine.

Alexandre pénètre dans la salle à manger. En voyant le petit clerc ivre-mort sur le parquet, il rit aux éclats et s'écrie :

— Voilà un gaillard qui a bien inauguré son nouveau domicile... il a voulu tout de suite pendre la crémaillère... et sans inviter ses amis... Ah! je le reconnais là...

— Voyons, Alexandre, il faut que nous débarrassions madame de Collinet.

— Ce n'est pas là la difficulté... nous allons le prendre chacun sous un bras... il n'est pas bien gros, il ne peut pas être très-lourd. Mais une fois hors d'ici, qu'en ferons-nous? voilà la question. Pas moyen de le réintégrer dans ses larmes... le gardien ne le recevrait pas. D'abord je ne veux pas de lui chez moi... mon lit est trop étroit et n'aime pas coucher deux...

— Moi je ne me soucie pas non plus de l'installer chez moi... il est très-curieux, il fouillerait dans mes manuscrits, il dérangerait mes papiers, je ne m'y reconnaîtrais plus...

— Ah! que nous sommes simples... nous avons son affaire... ce brave Allemand... M. Beugle... il a offert tout à l'heure de le loger... nous allons porter Collinet chez lui... Justement ce gros Helvétique dit toujours qu'il s'ennuie... ça lui procurera de la distraction. Allons, enlève-le par le côté gauche, moi je vais prendre le droit... un peu de courage... une, deux... et his!... Sapristi, il est plus lourd que je ne croyais, cet animal-là... et puis il ne s'aide pas du tout!...

Les deux amis parviennent enfin à relever Collinet, mais ils sont obligés de le soutenir, de le porter, car il est hors d'état de marcher et ne peut que balbutier :

— J'ai bien mal à la tête... je veux dormir... pourquoi me réveille-t-on?... ah! que j'ai mal à la tête!

Alexandre et Gaston sont heureusement assez forts pour pouvoir porter Collinet qui ne serait pas en état de monter l'escalier. M. Beugle était encore sur sa porte. Il ouvre de grands yeux en voyant l'état du petit clerc.

— Monsieur Beugle, dit Alexandre, nous vous amenons le jeune homme auquel vous avez bien voulu offrir l'hospitalité... comme si vous étiez Écossais.

— Qu'est-ce qu'il a tonc, fotre chûne homme?

— Oh! ce n'est rien; il est pris en ce moment d'un profond sommeil léthargique dont il serait imprudent de chercher à le tirer, mais dans trois ou quatre heures il n'y pensera plus. Où pouvons-nous déposer ce colis?

— Fenez... fenez dans mon chambre...

Les jeunes gens suivent l'Allemand, dont le logement est fort élégant et fort bien tenu. Il y a dans son salon un divan très-large. C'est là dessus que Gaston et Alexandre déposent leur fardeau. Collinet y est à peine qu'il ronfle de nouveau.

— Je préviendrai mon ponne qui est au marché, dit M. Beugle, elle zattend bas la retour d'un monsié de plus ici.

— Bonjour, monsieur Beugle, infiniment obligé... d'ailleurs Collinet est un garçon discret et convenable, qui n'abusera pas de vos bontés.

Les jeunes gens sortent de chez l'Allemand.

— J'aime mieux qu'il ait Collinet que si je l'avais, moi, dit Alexandre; j'ai idée que le réveil du jeune clerc sera très-désagréable... mais il ne fallait pas dire à ce vertueux Suisse l'état de ce petit clerc, cela aurait pu le dégoûter de pratiquer l'hospitalité. Eh bien, Gaston... tu descends?... tu ne rentres donc pas chez toi?

— Non... je vais... chez...

— Allons, achève donc; parbleu, tu vas chez la belle danseuse... est-ce que tu crois que je n'ai pas remarqué que tu as fait sa conquête... sapristi, il aurait fallu être myope... Tant mieux, ça te formera... une danseuse! une dame de l'Opéra! tu ne pouvais pas mieux tomber... Décidément tu as de la chance depuis quelque temps...

— Oh! dit Gaston... ne va pas croire que je sois amoureux de mademoiselle Cyprane...

— Mais non... non... on n'est pas amoureux de ces dames-là... on en est fou pendant quinze jours, et puis c'est fini, on n'y pense plus... C'est comme le vin de Champagne qui vous étourdit, mais dont l'ivresse se dissipe promptement...

— Mademoiselle Cyprane m'a engagé à aller déjeuner avec elle, elle vient de me dire tout bas qu'elle m'attendait... Il me semble que ce serait impoli de la laisser déjeuner.

— Va donc... va donc, ne fais donc pas comme si tu n'étais pas enchanté de cette occasion pour être en tête à tête avec une femme charmante... Dans la vie, mon cher Gaston, celui qui ne sait pas saisir une occasion de bonheur est un niais!... Vous croyez qu'elle se représentera le lendemain... Pauvre sot! est-ce qu'on est jamais sûr d'un lendemain? et d'ailleurs est-ce qu'il s'écoule toujours comme nous l'avions arrangé d'avance!...

— Ah! c'est que je ne veux pas que tu puisses croire que j'ai oublié Félicie... et si je pensais qu'elle saura que j'ai été chez mademoiselle Cyprane... je n'irais pas...

— Et tu aurais tort... cela ne peut au contraire qu'avancer tes affaires près de la jolie voisine... Les femmes ne nous aiment jamais tant que lorsqu'elles nous croient aimés par d'autres... Mais un homme qu'aucune femme ne regarde, à aucune ne fait pas attention... qui ne fait jamais de conquêtes... fi donc!... on en a bien vite assez... Va déjeuner, mon ami; je suis sûr d'avance que tu ne te mettras pas dans l'état de Collinet.

XVII. — COLLINET SANS DOMICILE.

M. Beugle était allé faire sa promenade habituelle, mais il avait attendu pour sortir le retour de sa domestique, et lui avait dit :

— Chai chez moi un chûne homme qui se loche en attendant qu'il buisse rentrer chez lui... fous le laisserez tormir... il est pien chentil.

La bonne de M. Beugle est de ces filles de trente-six ans qui ont été jolies, qui ont encore quelques beaux restes, qui sont par mille petits moyens adroits se mettre bien avec leur maître, et, tout en ayant l'air d'être soumises à ses moindres ordres, trouvent moyen de ne faire que leur volonté. Ajoutons à cela qu'elle était Allemande comme son maître, ce qui était fort agréable à celui-ci, qui se régalait souvent dans son intérieur de ne parler que la langue de son pays.

Mademoiselle Kretlly a donc reçu sans souffler mot la confidence de son maître, mais en elle-même elle se dit :

— Que signifie cette idée de donner l'hospitalité à un étranger? est-ce que monsieur veut faire une auberge de sa maison... est-ce qu'il croit que je n'ai pas assez d'ouvrage ici... que je veux servir une personne de plus?... Oh! je l'aurai bientôt fait renvoyer, celui-là... Voyons, cependant, s'il était très-gentil.

Les Allemandes ont généralement de la prédilection pour les jolis garçons. Mademoiselle Kretlly se rend dans le salon où Collinet dort toujours étendu sur le divan.

Mais le petit clerc n'était pas beau, surtout en dormant, et l'ivresse en gonflant ses traits, en enflammant ses joues, ne l'embellissait pas.

Enfin, il avait les cheveux rouges, et mademoiselle Krettly ne pouvait pas souffrir les hommes de cette couleur; elle prétendait qu'ils étaient alors aussi méchants que les ânes.

La domestique de M. Beugle fait la moue en examinant Collinet et s'écrie :

— Ah! fi!... je le reconnais... c'est un des mauvais sujets du quatrième! mais les autres sont jolis garçons, tandis que celui-ci est laid et rouge... Voilà une idée de loger ce monsieur... est-il fait, est-il débraillé?... Ah! quelle horreur! il a ses pieds sur le divan avec ses souliers crottés... c'est trop fort, cela... je me donnerai bien de la peine pour brosser, écrousseter... et un gargousin comme cela viendra mettre ses pieds sur mes meubles... Attends... attends...

Aussitôt mademoiselle Krettly prend Collinet par les pieds et le jette brusquement à terre; elle se flatte que cela réveillera le dormeur, mais le petit clerc se laisse faire et n'en ronfle que plus bruyamment.

— Quelle jolie musique! quel talent! dit la bonne en s'éloignant avec humeur, il ne se réveille pas... c'est donc une marmotte que ce monsieur... quelle est cette idée de venir dormir ici... il a donc perdu la clef de chez lui... on se fait ouvrir par un serrurier... Oh! il ne restera pas longtemps, j'espère... Mettre ses pieds sur nos meubles, quelle infamie!

Les Allemandes sont fort propres, et mademoiselle Krettly poussait cette qualité jusqu'à la tyrannie. Elle aurait grondé son maître si, avant d'entrer chez lui, il n'avait pas pendant longtemps essuyé ses pieds au paillasson. Elle frottait et cirait l'appartement de façon que l'on avait de la peine à y marcher sans tomber; on se serait miré dans tous les meubles, tant ils étaient brillants; il est donc facile de comprendre sa colère en trouvant dans le salon quelqu'un étendu sur un beau divan avec des souliers qui semblaient n'avoir pas été nettoyés depuis leur naissance, et l'on sait quelles jeunes clercs ont l'habitude de se crotter.

Mademoiselle Krettly a préparé son dîner comme à l'ordinaire, faisant une cuisine allemande pour être agréable à son maître; mais elle a presque regret de soigner sa choucroute, ses saucisses aux pommes et son filet de bœuf à la gelée de groseille, en songeant que probablement M. Beugle invitera le dormeur à partager son dîner. Lorsque l'heure approche où son maître doit rentrer, la domestique se dit :

— Allons voir si cet animal qui est venu dormir ici a remis ses pieds crottés sur le divan...S'il a eu ce malheur, je vais chercher une marmite pleine d'eau et je la lui verse sur la tête afin de le réveiller.

Et mademoiselle Krettly se dirige doucement vers le salon; elle entre et s'approche du divan sur lequel Collinet dormait toujours, mais alors elle pousse un cri d'horreur, elle demeure comme pétrifiée.

On comprendra aisément ce qui a fait pousser ce cri à la bonne Allemande, en sachant que pendant son sommeil le jeune clerc, qui avait aussi bien mangé que trop bu, avait éprouvé une de ces révolutions intérieures qui amènent toujours un résultat; enfin, pour trancher le mot, M. Collinet avait fait d'énormes renards sur le meuble qui lui servait de lit, et n'en dormait pas moins.

Il serait difficile de peindre la colère ou plutôt la fureur de Krettly en voyant le beau divan et le tapis du salon indignement salis par les inconvenances de M. Collinet; un moment elle grince des dents, serre les poings, et semble prête à saisir le dormeur et à l'accabler de coups. Tout à coup une réflexion l'arrête, elle se modère en se disant :

— Non... laissons-là ce vilain sagouin... n'y touchons pas, ne nettoyons rien... Attendons monsieur... si je lui disais ce que j'ai vu il ne me croirait pas... il vaut mieux qu'il le voie par ses yeux, j'espère que ça le dégoûtera de prêter son appartement pour qu'on y dorme... Allons-nous-en, car je ne pourrais pas y tenir, je resserais ce monsieur.

La bonne quitte le salon, elle retourne à sa cuisine, regarde l'heure, compte les minutes, car elle brûle d'impatience de voir revenir son maître; mais justement, ce jour-là, M. Beugle rentre plus tard qu'à l'ordinaire, la nuit arrive déjà, car elle vient vite à la fin de novembre, mademoiselle Krettly va ouvrir la porte du carré, et elle se poste à pour voir plus vite revenir son maître...

Elle voit bientôt monter madame Mirolin qui tient à la main un bouquet de persil, et dans un panier des œufs et du beurre; cette dame, en passant devant la porte de M. Beugle, ne manque pas de dire à demi-voix :

— Ah! bon, voilà la bonne de ce gros bœuf d'Allemand qui espionne à présent... il ne manquait plus que ça... elle veut savoir ce que nous mangeons pour notre dîner... Ah! quelle maison! quelle peste de maison!...

Avant que madame Mirolin rentre chez elle, madame Joly, sa fille, ouvre la porte en criant :

— Ah! maman!... je suis bien fâchée... j'ai oublié de te dire d'acheter du lard... nous n'avons pas de lard pour nos mauviettes... tu sais bien que tu ne les as pas achetées toutes bardées....

— C'est bon!... tais-toi!... tais-toi donc!... tu n'as pas besoin de dire ce que nous avons pour notre dîner... tu ne vois donc pas qu'on écoute aux portes ici... qu'on moucharde partout!...

— Dites donc, madame, est-ce que je ne suis pas libre de venir sur le carré? s'écrie mademoiselle Krettly, qui n'est pas fille à se laisser dire quelque chose sans répondre. Je me fiche pas mal de ce que vous mangez pour votre dîner... ne dirait-on pas que c'est bien intéressant à savoir...

— Je ne vous parle pas, cuisinière... je vous défends de m'apostropher...

— Pourquoi m'appelez-vous moucharde?... c'est bien plutôt vous et votre fille qui l'êtes... Est-ce que vous croyez que je ne vous vois pas... le matin... revenir trente-six fois au plomb, et vous coller contre la porte de madame Patineaux... et ouvrir la vôtre toutes les fois qu'on sonne chez elle, pour voir qui est-ce qui va chez eux...

— Ah! quelles infamies!... quels mensonges... taisez votre bec, cuisinière... ou vous allez voir...

— Qu'est-ce que je verrai?...

— Maman... je t'en prie, ne te compromets pas avec cette fille... viens... rentre... j'irai chercher du lard...

— Cette fille n'a pas peur de vous, entendez-vous, mesdames...

— Oh! c'est odieux! c'est scandaleux... dès demain je donnerai congé à M. Mouton...

— Ah! tant mieux, la maison sera bien débarrassée!

— Taisez-vous, vipère...

— Maman... reste donc... nous les mangerons sans lard..

— Oui, je rentre... mais ça ne se terminera pas ainsi... il y a des lois... il y a des juges de paix.

— Allez donc chercher votre lard, madame, vos mauviettes seront bien sèches sans ça...

— Taisez-vous, torchon!...

— Ah! ah! ah!... mes torchons sont beaux et neufs à moi... ça vaut mieux que vos lavettes...

— Lavette!... elle m'a appelée lavette, à la garde!...

— Maman, tu te feras du mal... je veux que tu rentres.

Et madame Joly, tirant sa mère par sa robe, parvient enfin à la faire rentrer, et referme brusquement la porte sur elle.

— Tiens!... ça m'a amusée, moi, se dit mademoiselle Krettly quand les voisines sont rentrées, mais j'aimerais encore mieux voir revenir monsieur...

Au bout d'un moment, c'est Gaston qui sort de chez mademoiselle Cypriane et remonte chez lui bien vivement, regardant souvent en l'air, et comme quelqu'un qui craint d'être aperçu; il vient de déjeuner avec la danseuse, et le déjeuner a été long puisque la nuit commence à venir.

— C'est pas encore monsieur, se dit mademoiselle Krettly en regardant monter Gaston. C'est un des jeunes hommes d'ici dessus... Comme il montait avec précaution, on aurait dit qu'il avait peur d'être entendu... il fait ses coups en dessous, celui-là... Ah! cette fois, j'espère que v'là monsieur... mais non... il y a deux voix... c'est pas encore lui!...

Les deux personnes qui montaient alors causaient entre elles une légère altercation qui aurait pu passer pour une querelle, si elles n'avaient pas toujours conservé, en se parlant, un ton parfaitement calme et un son de voix qui ne sortait pas du diapason ordinaire de la conversation.

C'était M. Patineaux, qui, en revenant comme de coutume de son bureau, à cinq heures et quelques minutes, venait de rencontrer dans l'escalier sa femme qui rentrait aussi; ce jour-là, madame avait sans doute trop causé chez la personne qu'elle était allée voir, car elle y avait oublié l'heure; elle qui s'arrangeait toujours de façon à être rentrée avant son mari, et disait à celui-ci qu'elle ne sortait jamais.

En reconnaissant sa moitié qui monte l'escalier devant lui, qui est mise avec beaucoup de coquetterie, l'employé du trésor éprouve un sentiment de surprise dans lequel se mêle certaine inquiétude; le mari de la malheureuse composition a quelquefois des moments où il se rappelle que sa femme lui a juré fidélité.

— Comment, c'est toi, Anna! dit M. Patineaux en saisissant par la robe sa femme qui aurait voulu s'envoler.

Madame dissimule son émotion en répondant :

— Eh bien oui, c'est moi... tu le vois bien que c'est moi. Qu'est-ce qu'il y a donc d'extraordinaire à cela?...

— Dame! tu qui prétends que tu ne sors jamais... d'où viens-tu donc en si grande tenue... tu as ta robe à volants... ton chapeau neuf...

— Mon Dieu, que les hommes sont étonnants! est-ce que les choses ne sont pas faites pour être portées?... Un chapeau jaunit dans l'armoire quand on ne le met pas... il se fane plus vite; les robes c'est la même chose.

— C'est très-bien, mais alors, pourquoi dimanche dernier, quand nous avons été promener ensemble, et que je trouvais que tu avais bien peu de toilette, m'as-tu répondu : « Je n'ai pas envie de mettre mon chapeau neuf pour une simple promenade... je le garde pour une bell'e occasion. » Tu as donc eu une belle occasion aujourd'hui?

Madame Patineaux réprime une envie de rire, que son époux ne peut heureusement pas voir, parce qu'elle est devant lui

— Mon Dieu, monsieur... j'ai dit cela dimanche... parce que probablement je n'avais pas envie de faire de la toilette ce jour-là...

Le gardien avait presque disparu dans une atmosphère de poussière. (Page 34.)

N'allez-vous pas vous occuper de ces bêtises-là à présent.... Est-ce que cela regarde un homme ?

— Ma chère amie, c'est que j'ai fait une remarque : toutes les fois que nous sortons ensemble, tu mets ce que tu as de plus vieux et de moins à la mode... Il paraît que je ne suis pas une belle occasion, moi !

— Ah ! que vous êtes ridicule aujourd'hui !

— Ridicule, c'est possible... pourvu que je ne sois que cela...

— Qu'est-ce à dire, monsieur ?

— Enfin, Anna, d'où viens-tu si tard... notre couvert devrait être mis...

— Eh bien !... je viens de chez... madame Choquet... vous savez bien que c'est une de mes anciennes amies... il y avait très-long-temps qu'elle m'avait fait promettre d'aller la voir... je ne pouvais pas m'y décider, moi qui n'aime pas à sortir... Aujourd'hui, cependant, je me suis dit : Allons voir cette bonne Lucienne, qui m'attend toujours, et j'y suis allée... là, êtes-vous content ?

Tout ceci a été dit par madame Patineaux avec une volubilité qui prouve combien elle est enchantée d'avoir trouvé cette réponse ; M. Patineaux se gratte le menton et murmure :

— Ah ! tu viens de chez ton amie, madame Choquet ?...

— Puisque je vous le dis...

— Et tu l'as trouvée, madame Choquet ?...

— Sans doute, nous avons bavardé fort longtemps... c'est ce qui m'a retenue, mais elle avait tant de choses à me conter, cette chère Lucienne... nous avons causé du temps où nous étions en pension ensemble... où nous faisions la dînette à part nous deux... c'est si gentil les souvenirs d'enfance... voilà pourquoi j'ai oublié l'heure, mon ami.

M. Patineaux ne se gratte plus le menton, il se gratte le front cette fois, et dit enfin d'une voix plus grave :

— Eh bien ! moi, madame, tout à l'heure, en revenant de mon bureau, je viens de rencontrer Choquet... le mari de votre amie Lucienne...

— Ah ! vous avez rencontré M. Choquet... c'est possible... je ne vois rien de surprenant à cela, moi !

— Oui, et comme naturellement je demandais à Choquet des nou-velles de la santé de sa femme, il m'a répondu : « J'espère qu'elle va bien ; mais elle est partie hier pour Fontainebleau, où elle doit passer huit jours. »

Madame Patineaux ne rit pas cette fois, elle devient même fort pâle, car elle sent qu'elle vient de s'enferrer elle-même, et qu'elle

aura bien de la peine à se tirer d'affaire ; elle fait alors ce que font toutes les femmes dans ce cas-là, elle prend le parti de se fâcher la première en disant :

— Eh bien ! monsieur, qu'est-ce que cela veut dire tout cela et quelle conclusion prétendez-vous en tirer ?

— Pour le coup, voilà qui est fort ! quelle conclusion ! il me semble qu'elle est bien simple : puisque votre chère amie Lucienne a quitté Paris depuis hier, ce n'est pas de chez elle que vous venez à pré-sent, et vos histoires de pension sont autant de mensonges... Vous avez peut-être fait la dînette, mais ce n'est pas avec madame Cho-quet.

— Eh ! mon Dieu ! monsieur, voilà bien des raisons !... si je n'ai pas été chez madame Choquet, c'est que j'ai été ailleurs, voilà tout.

— Où avez-vous été alors, madame ?

— Si vous aviez pris un autre ton avec moi, j'aurais pu vous le dire... mais vous vous permettez de me soupçonner... vous voulez me tenir comme une esclave, je ne vous dirai rien.

— Madame, je vous répète que je veux savoir d'où vous venez...

— Et moi je vous répète que je ne veux le dire pas.

— Anna, prenez garde... ma patience se lassera à la fin... D'où venez-vous ?...

— Je ne veux pas vous le dire.

— Parce que vous ne le pouvez pas... vous avez peur que je ne vous prenne encore en mensonge comme tout à l'heure !... Anna, d'où venez-vous ?...

Ici les époux sont arrivés chez eux, leur porte se referme, et Krettly n'en entend pas davantage.

— Voyez-vous ! se dit-elle, cette madame Patineaux aussi qui a des allures... qui fait des mensonges, qui s'entortille dedans... avec son petit air de n'y pas toucher... Pauvre employé du trésor !... si tu as cru que ta femme en était un, tu t'es fièrement blousé... Ah ! cette fois, voilà monsieur, je reconnais sa tousserie.

M. Beugle montait de son pas pesant et mesuré, la domestique ne lui donne pas le temps d'entrer chez lui, elle s'élance à sa rencontre en s'écriant :

— Ah ! monsieur ! vous voilà enfin... c'est bien heureux... j'en ai de belles à vous apprendre !

— Comment ! il y a des pelles chez moi qui attendent ?...

— Il y a que vous avez donné l'hospitalité à un saligaud, à un po-lisson, qui sans doute n'a jamais couché que dans des taudis... aussi venez voir comme il a arrangé votre salon, votre divan, votre tapis... ah ! c'est du joli !... venez voir... j'espère bien que vous allez le chas-

Ah! mon Dieu! il est endormi sous la table. (Page 38.)

ser tout de suite, car pour moi, monsieur, je vous avertis qu'il me serait impossible de rentrer chez vous si vous y gardiez ce petit porc-là!...

— Mais gomment... mais qu'est-ce qu'il y a?... che gomprends bas...

— Venez... venez voir...

Le bon Allemand se laisse entraîner dans son salon; à la grande surprise de Krettly le jeune clerc n'y était plus, mais les preuves de son inconduite existaient toujours, et elle les fait voir à son maître qui secoue la tête en disant:

— Ah! c'est lui qui a fait zela?...

— Et qui donc?

— Ah! c'est bas peau...

— Je crois bien, que ce n'est pas beau!... c'est indigne...

— C'est qu'il était malade, abbaremment?...

— Quand on se sent malade on demande où sont les anglaises, on ne reste pas dans un salon...

— Enfin il est barti! c'est fini!...

— Parti! mais je n'y comprends rien, je l'avais laissé dans ce salon, je ne l'ai pas vu s'en aller... Ah! mon Dieu! s'il était allé dans votre chambre à coucher...

— Bourquoi faire?...

— Allons voir, monsieur, allons voir...

Les craintes de Krettly étaient fondées : en se retournant sur le divan, Collinet s'était jeté par terre, alors il s'était à moitié éveillé. Se sentant toujours mal à son aise, et ne se trouvant pas bien couché sur le divan, il s'était dit, dans son état de somnolence, qu'il devait y avoir une chambre avec un lit, et qu'il y serait beaucoup plus à son aise pour dormir. Alors, marchant tout en trébuchant, et en s'accrochant aux meubles, il avait ouvert une porte, c'était celle de la chambre à coucher de M. Beugle, qui était cirée, frottée et tenue avec autant de soin que le salon.

M. Collinet s'était sur-le-champ dirigé vers le lit; en voulant monter dessus il avait renversé le vase de nuit qui, en tombant, avait brisé ce qu'elle contenait; mais sans se préoccuper de cela, le petit clerc était parvenu à grimper sur le lit qui était très-haut, et là, prenant le bas pour le haut, il avait posé ses pieds ornés de ses souliers crottés sur le bel oreiller qui était recouvert d'une taie bien blanche, garnie de dentelle, puis il s'était remis à ronfler.

En apercevant la table de nuit renversée, le vase de nuit brisé, le devant du lit inondé, Krettly pousse un cri de fureur. M. Beugle lui-même sort de son sang-froid ordinaire, en voyant les désastres cau-

sés par la personne qu'il a reçue; mais ce qui achève de l'irriter, c'est lorsqu'il voit les pieds de Collinet sur son oreiller et une partie de la garniture de dentelle emportée par les clous qui abondent sous les semelles des souliers de ce monsieur.

— Ah! bar exemple! c'est trop vort de café! dit l'Allemand en colère...

— Eh bien! monsieur, qu'est-ce que je vous disais... vous ne vouliez pas me croire, il a pris votre appartement pour une écurie... Ah! quel petit goret!... faut bien vite le mettre dehors, monsieur...

— Ah! foui... foui!... il faut le jasser... che veux plis le garder tavantage...

— Je crois bien... il briserait tout ici... Attends, attends... je vais te faire descendre du lit de mon maître... un lit si propre, si bien fait!... un lit où on ne fait que des choses... convenables... c'est révoltant...

Pour en finir plus vite, la bonne passe dans la ruelle du lit, et là, soulevant le premier matelas, elle fait tomber tout ce qui est dessus. Le jeune clerc s'éveille un peu brusquement en criant:

— Eh bien!... qu'est-ce qu'il y a? j'ai encore mal à la tête... c'est égal... quel déjeuner!... où êtes-vous, femme ravissante... où donc suis-je, ici... je ne me reconnais pas... c'était plus beau que ça, tantôt...

— Mossié! dit M. Beugle en aidant Collinet à se relever, fous êtes chez quelqu'un qui foulait bien carder chez lui un chûne homme brope... mais bas un garçon qui est mal élevé... Allez-fous-en bien vite, fous affez tout apimé chez moi...

— Comment, chez vous?... je suis chez la belle danseuse... je suis chez vous... comme chez moi... je ne veux pas m'en aller... je veux me remettre à table...

— Ah! tu veux te remettre à table, petit brise-tout... nous allons voir cela...

En disant cela mademoiselle Krettly, qui est allée s'armer de son balai, repousse fortement Collinet, en le lui appuyant sur les reins; M. Beugle seconde sa bonne en se servant de sa pelle à feu. Le jeune clerc n'est pas assez solide sur ses jambes pour résister, et bientôt il se trouve sur le carré du troisième, et les portes sont refermées sur lui.

L'ivresse poussée au point où Collinet en était venu, et enjolivée d'une indigestion, abrutit celui qui est tombé dans cet état; alors il agit comme une machine, plutôt par la force de l'habitude que par sa volonté.

Ainsi, après s'être trouvé quelque temps sur le carré sans pouvoir se dire pourquoi il y est, Collinet monte l'escalier en se tenant à la rampe, et va cogner à sa porte, parce qu'il la reconnaît.

M. Picard venait de rentrer au logis dont on l'avait constitué le gardien. Obligé de descendre un moment pour s'acheter de quoi dîner, parce qu'enfin un gardien n'est pas obligé de se laisser mourir de faim, M. Picard avait vivement acheté du fromage, du pain, un demi-setier de vin. et, pourvu de ces provisions, qui n'annonçaient pas l'intention de faire un festin, il était revenu dans le domicile où mademoiselle Cypriane s'était promis de ne plus remettre les pieds...

M. Picard entend frapper, il se hâte d'ouvrir, tenant son pain dans sa main gauche, et dans l'autre un morceau de gruyère qui ressemblait beaucoup à une pierre à fusil. Une chandelle des huit entée dans le goulot d'une bouteille, faute de chandelier, éclairait à peu près la chambre du clerc d'huissier.

En apercevant un jeune homme tout débrauté, la démarche avinée, l'air à moitié endormi, qui se précipite dans la chambre sans rien dire, M. Picard va se mettre devant Collinet en lui disant :

— Eh bien ! monsieur ! qu'est ce que c'est... que demandez-vous d'abord ?... mademoiselle Cypriane est sortie, je vous en préviens.

Collinet cligne des yeux, regarde Picard d'un air hébété et balbutie en ayant l'air de mâcher sa langue :

— Qu'est-ce que vous dites, vous ?... je ne vous connais pas, vous !... qu'est-ce que vous faites ici ?... je veux me coucher...

— Vous coucher... oh ! non, monsieur ; je suis ici par la force de la loi, et je dois y rester...

— Qu'est ce que vous me chantez, avec votre loi !... je vous dis de vous en aller, je veux me coucher...

— Vous coucher... oh ! non, monsieur, diable ! je ne puis pas vous permettre cela... Si mademoiselle Cypriane était ici, et qu'elle y consentît à vous y recevoir... pour la nuit... vous comprenez qu'alors je n'aurais pas le droit de m'y opposer... mais en son absence... je ne puis pas prendre sur moi...

— Qu'est-ce que vous me rabâchez... je n'ai pas le droit de me coucher chez moi, à présent ?...

— Chez vous ?... oh ! pardon, monsieur, mais vous faites erreur, vous n'êtes pas ici chez vous, vous vous serez trompé de porte... cela arrive... quand on a bien dîné. Vous êtes ici chez mademoiselle Cypriane...

— C'est pas vrai. tout ça c'est des bêtises... je veux mon logement... je suis ici chez moi... je veux m'y coucher...

— Non, monsieur... on a saisi aujourd'hui les meubles de ce local, comme étant à mademoiselle Cypriane... Vous êtes ici chez elle...

— Puisque je vous dis que c'est pour y rire... c'est une frime. Est-il borné, celui-là ! il ne veut pas comprendre...

— La saisie n'est point une frime, monsieur... je vous garantis qu'elle a été faite dans les formes voulues, et elle est bonne et valable.

— Comment... est-il possible !... on aurait saisi mes meubles... mes effets... je suis volé alors... je veux mon pantalon noir... je veux un mouchoir...

Et Collinet se précipite vers la commode ; mais M. Picard l'arrête en lui disant :

— Ne touchez point à cela, monsieur... c'est saisi !...

— Mais ce sont mes effets...

— C'est à mademoiselle Cypriane.

— C'est pas vrai... elle a menti... je veux mes effets...

— Vous ne toucherez à rien, monsieur, ou par là, mille pipes, vous nez affaire à moi...

— Mais, monsieur.. je veux changer de pantalon.

— Ça ne me regarde pas.

— J'ai besoin de me moucher...

— Ce ne sont pas mes affaires !...

— Ah ! vous m'ennuyez, à la fin... je veux mes effets...

Collinet court de nouveau vers la commode, mais M. Picard était encore un gaillard solide !... D'ailleurs il n'était pas nécessaire d'employer beaucoup de force pour triompher d'un qui n'était pas solide sur ses jambes ; en un instant le gardien a pris le jeune clerc par le milieu du corps, il l'enlève, il le porte sur le carré, et lui referme sur le nez la porte de chez lui.

Le malheureux Collinet est furieux ; il cogne contre sa porte, il donne dedans des coups de pied et des coups de poing, mais on ne ui ouvre pas. Il va alors frapper chez Alexand e en criant :

— Ouvre-moi, je t'en prie, Alexandre, ce butor d'Allemand m'a mis à la porte... je ne sais pas pourquoi... je ne peux pas rentrer chez moi... je suis sans chez moi, et j'ai mal bien à la tête.

Mais Alexandre lui répond assez ouvrir :

— Mon cher ami, j'en suis bien fâché, mais je suis indisposé, j'ai la migraine. Pourquoi es-tu fait renvoyer ce chez M. Beugle, tu auras été trop libre avec sa cuisinière. Bonsoir... va chez Gaston.

Collinet va frapper chez Gaston ; mais celui-ci n'avait fait qu'un très-court séjour chez lui, seulement le temps de faire un peu de toilette, parce que la belle Cypriane lui avait dit :

— Cher ami, vous me mènerez tantôt dîner à la Maison-Dorée, et ensuite nous irons au spectacle... aux Français ou aux Funambules... nous choisirons ; mais quel in prendre pour Pierrot.

Et le sensible Gaston avait promis, car un homme ne peut pas refuser quelque chose à une femme qui vient de lui tout accorder.

Par conséquent Collinet cogne et sonne inutilement à la porte de Gaston, qui ne s'ouvre pas pour le recevoir.

— Sapristi ! il n'y a donc personne !... où donc coucherai-je, moi... qui aurais tant besoin de dormir... Décidément je commence à croire que mademoiselle Cypriane m'a fourré dedans... oui... les idées me reviennent un peu... elle m'offre de prendre son logement, et puis elle me met dehors de chez elle.. elle est bonne, celle-là... Ah ! si j'allais frapper à la porte de madame Montenlair... oui... c'est ma dernière ressource...

Collinet va donc sonner chez Rosinette. On est quelque temps sans répondre ; enfin on ouvre, et madame Montenlair paraît entortillée dans une robe de chambre.

— C'est vous, monsieur Collinet : qu'y a-t-il pour votre service ? demande l'ex-actrice de Bordeaux, qui n'ent sa porte seulement entr'ouverte.

— Il y a, ma chère voisine... voilà ce que c'est... figurez-vous... mais non, ce serait trop long à vous expliquer... enfin, je ne peux pas rentrer chez moi... je ne sais où percher. Si vous étiez assez bonne pour me permettre de dormir un peu chez vous... dans un coin... je ferai en sorte de ne pas ronfler...

— Oh ! impossible, monsieur Collinet, impossible ! je suis fâchée de vous refuser, mais M. Philosèle est chez moi, et il a eu tant de désagréments avec vos amis, qu'il ne peut plus voir quelqu'un du carré sans loucher... vous concevez que je ne veux pas me brouiller avec un ancien ami... Bonsoir, monsieur Collinet, bonsoir...

Madame Montenlair a aussi refermé sa porte ; alors l'infortuné clerc se décide à s'asseoir sur les marches de l'escalier. Il a envie de pleurer, mais comme il n'a pas de mouchoir, il tâche de retenir ses larmes.

Il appuie sa tête contre la muraille en se disant :

— En voilà une situation... obligé de coucher à la porte de chez moi... privé de mes effets... sans un mouchoir pour me moucher... tout est saisi, et mes meubles aussi !... Ah ! voilà ce que c'est que de se laisser entortiller par les femmes... J'ai cependant joliment déjeuné... c'est vrai... mais à présent... à présent...

Et Collinet s'endort sur l'escalier.

XVIII. — DEUX AMOURS.

Le lendemain de cette journée mémorable, qui a vu Collinet coucher sur l'escalier, le petit clerc dégrisé va, sur les sept heures du matin, sonner au second chez mademoiselle Cypriane. On ne lui ouvre pas. Le jeune homme comprend qu'une dame de théâtre ne se lève pas si matin ; il se décide à se rendre à son étude, se promettant de revenir dans la journée chez la danseuse en faisant une course. Déjà il cherchait dans sa tête ce qu'il pourrait dire chez son huissier pour excuser son absence de la veille, lorsque madame Ador, la concierge, l'arrête au passage et lui remet une lettre en lui disant :

— Mam'selle Cypriane m'a dit de vous donner ça quand je vous verrai... Cette artisse-là m'a donné bien du tintoin... j'ai rêvé d'huissier toute la nuit, monsieur... chaque personne qui se présente au carreau de ma loge. je crois qu'on vient me saisir et je suis toute saisie !...

Collinet ne répond pas à la concierge ; il a pris la lettre, elle lui semble plus lourde qu'une lettre ordinaire ; en la tâtant, il sent qu'il y a en effet quelque chose dedans ; il se hâte de l'ouvrir. La lettre contient trois pièces de vingt francs et ces mots :

« Monsieur, je suis bien fâchée d'avoir été obligée de vous renvoyer un peu brusquement de chez moi ; aussi vous vous étiez mis dans un état bien peu intéressant. Comme je ne veux pas retourner chez vous si c'est trop laid, et que je ne puis pas vous garder chez moi, je crains que vous ne vous trouviez un peu embarrassé en ce moment, car vous ne pouvez plus rentrer chez vous. C'est pourquoi je me permets de vous envoyer cette petite somme afin que vous puissiez payer votre logement quelque part jusqu'à ce que mes affaires soient arrangées. Recevez de nouveau mes remerciements.

« CYPRIANE. »

— Comment ! elle m'envoie soixante francs pour me dédommager de mes effets... de ma garde-robe ! de mes meubles qui sont saisis... quelle dérision !... mais j'ai un pantalon noir que je n'ai encore mis que depuis six mois, et qui seul m'a coûté trente-cinq francs... Elle est gentille cette dame... j'en ferai des affaires avec elle... c'est égal, gardons toujours ces soixante francs et cherchons un moyen pour rentrer bien vite dans ma propriété... oh ! j'en trouverai un... et ne me griserai plus maintenant.

Pendant que le jeune clerc s'éloigne en fourrant les pièces d'or dans son gilet, Gaston montait à son quatrième étage ; arrivé sur son carré, il veut ouvrir sa porte, il se fouille, il ne trouve pas sa clef dans sa poche ; c'est en vain qu'il cherche de tous côtés, il aura laissé sa clef chez mademoiselle Cypriane ; ce contre-temps le désole, car il craint de rencontrer Félicie.

Le pauvre garçon ne sait à quel parti s'arrêter, lorsqu'on descend bien légèrement l'escalier au-dessus de lui, et bientôt Félicie, enveloppée dans une pelisse bien chaude et la tête couverte d'un chapeau sur lequel on a jeté un demi-voile noir, se trouve devant Gaston.

La jolie fille du cinquième était plus pâle que d'ordinaire ; une expression de tristesse répandue sur tous ses traits donnait à son visage quelque chose d'intéressant. La mélancolie est souvent un attrait de plus pour la beauté, et les yeux baissés de Félicie avaient en ce moment un charme plus puissant encore que lorsqu'ils se levaient sur vous avec sérénité.

Gaston ne peut s'empêcher de trembler en se trouvant devant cette jeune fille à laquelle il a fait des serments d'amour ; il lui semble qu'elle va deviner qu'il a déjà manqué à ses promesses, et pourtant il sent au fond de son cœur qu'il adore toujours Félicie, mais en ce moment, il est tout honteux, il craint qu'on ne lise sur son visage ce qu'il a fait, et pour la première fois il est fâché d'avoir rencontré la jolie demoiselle du cinquième.

Cependant il ne peut la laisser s'éloigner sans lui parler... elle va passer, pourtant, après l'avoir salué, sans porter ses yeux sur lui ; mais elle s'arrête à sa voix :

— C'est vous, mademoiselle... vous sortez de bien bon matin...

— En effet, monsieur... mais vous aussi, à ce que je vois...

— Moi... je ne sortais... ah ! oui... oui... je sortais pour un rendez-vous... avec un auteur... et je sais qu'il sort de bonne heure, voilà pourquoi... Il fait très-froid, ce matin, n'est-ce pas ?

— Mais pas plus qu'hier, ce me semble...

— Ah ! vous trouvez ?

— Vous êtes pressé, monsieur, et je ne veux pas vous retenir...

Félicie fait un mouvement pour continuer de descendre, Gaston la retient par le bras, cette fois.

— Non, je ne suis plus pressé, puisque je vous ai rencontrée... puisque je puis vous parler... ces occasions sont si rares... on vous aperçoit si rarement... vous ne voulez pas me permettre d'aller vous voir...

— Non, monsieur, oh ! je ne reçois pas de visites, moi... je vous ai dit que j'avais eu tort en vous laissant une fois pénétrer dans ma chambre... il me semble, d'ailleurs, que vous n'avez aucun motif pour tenir autant à venir chez moi... et je m'étonne que vous y mettiez tant de persistance... Chez moi, monsieur, vous ne trouveriez aucun plaisir, aucune distraction... quel attrait aurait pour vous la conversation d'une personne qui ne va pas dans le monde... qui ne voit rien, ne sait rien de ce qui s'y passe, qui ne peut vous parler ni bal, ni spectacle, ni concert, qui ignore jusqu'aux choses à la mode, dont la toilette modeste n'attire pas les regards... dont l'humeur plutôt triste que gaie n'a rien qui captive, qui retient, qui attire... Oh ! non, monsieur, ce n'est pas de ces connaissances-là que vous devez cultiver.. mais vous en trouverez facilement qui vous offriront plus de charmes... et celles-là, j'en suis persuadée, seront enchantées de vous recevoir.

Il y avait dans ces paroles quelque chose qui pouvait faire penser que mademoiselle Félicie connaissait la nouvelle liaison de Gaston avec la danseuse, et le ton avec lequel elles ont été dites suffirait pour le faire comprendre à un homme plus habitué aux intrigues d'amour que Gaston. Mais, lui, ne veut pas croire que l'on sait déjà tout ce qu'il a fait. Il est persuadé que Félicie, qui ne se montre presque jamais dans les escaliers, ignore ce qui se passe dans la maison. Elle a pu le voir, la veille, causer avec la belle Cypriane, mais alors ils n'étaient pas seuls ; Alexandre et la nièce de la portière les suivaient, et il y a loin de cela à une liaison intime, et c'est parce que cette intimité a été si prompte, s'est nouée si vite, que le jeune homme pense qu'on ne peut pas la soupçonner, car lui-même est encore tout étonné de se savoir l'amant heureux d'une femme à laquelle, la veille, à pareille heure, il ne pensait pas.

Cependant, l'air de tristesse avec lequel Félicie vient de lui parler lui serre le cœur, il lève les yeux sur sa jolie voisine, il est alors frappé de sa pâleur, puis il est abattu, de la rougeur de ses yeux qu'elle cherche à cacher en les baissant dès qu'on la regarde, et il s'écrie :

— Mon Dieu... comme vous êtes pâle, mademoiselle, seriez-vous malade ?...

— Non, monsieur, je n'ai rien.

Il y a de ces manières de dire je n'ai rien qui signifient positivement : « Oui, j'ai quelque chose, vous devez bien le voir. » Félicie avait répondu comme cela, aussi Gaston reprend-il.

— Sans être malade on peut avoir des inquiétudes chagrins... les peines de l'âme causent souvent plus de ravages que les maux du corps.

— Des chagrins... des tourments... hélas ! j'en ai toujours, moi ! murmure Félicie comme si elle parlait à elle-même : j'ai cru un moment pouvoir les oublier... mais je m'étais trompée...

— Vous avez des chagrins, mademoiselle, et vous ne voulez pas me les confier... je serais cependant trop heureux, si vous me permettiez d'en prendre la moitié.

— Vous, monsieur !... oh ! non, cela n'est pas possible... personne

ne peut partager mes chagrins... mon Dieu !... j'ai eu tort de dire cela.. on doit garder au fond de son cœur les peines qui ne peuvent être soulagées... à quoi bon se plaindre, lorsque la plainte ne remédie à rien ?

— A votre âge, mademoiselle, il n'est pas présumable qu'il n'y ait point de consolation à espérer... mais vous ne me jugez pas digne de votre confiance !...

— Il y a de ces secrets... que l'on doit renfermer au fond de son âme... je vous en prie, monsieur, oubliez ce que je viens de vous dire... je ne sais à quoi je pensais...

— Vous avez dit tout à l'heure que vous aviez un moment oublié vos peines... pourquoi ne s'effaceraient-elles pas entièrement de votre mémoire...

— Mon Dieu ! je vous le répète, monsieur Gaston, je ne sais pas que je vous ai dit tout à l'heure... excusez-moi de vous avoir retenu ici... en vous disant des choses qui ne peuvent vous intéresser...

— Que dites-vous là !... quoi, ce qui vous regarde ne m'intéresserait pas ?...

— J'avais bien raison de vous assurer que ma société ne vous convenait pas... Tenez, vous voilà maintenant presque aussi sérieux que moi... je vous le répète... ma compagnie n'est pas de celles qu'il vous faut...

— Et où donc pourrais-je en trouver une plus agréable...

— Où ?... mais bien loin, peut-être...

En disant cela, Félicie s'arrête et porte ses regards sur deux étages plus bas. Gaston rougit ; il commence à craindre que la jeune fille ne sache quelque chose de sa nouvelle liaison. Après un instant de silence il balbutie !

— Je suis allé chez cette... dame du second... parce que Collinet était chez elle... et comme il était un peu gris... et que mademoiselle Cypriane ne voulait pas qu'il restât dans son appartement... alors... elle m'avait prié de descendre... pour l'emmener... voilà pourquoi... je...

— Je ne vous demande pas tout cela, monsieur, dit Félicie en interrompant Gaston, vous ne me devez aucun compte de vos actions ! je dis seulement que cette... demoiselle de l'Opéra est fort bien... qu'elle a surtout l'air de se lier très-vite... que ses manières sont très-engageantes... et je comprends que l'on doit se plaire beaucoup chez elle...

— Oh ! les personnes de théâtre sont en général sans façon, surtout avec les auteurs...

— C'est juste, monsieur ; aussi je trouve fort naturel que vous vous soyez lié avec mademoiselle Cypriane, ce qui m'étonne, c'est que, demeurant dans la même maison, vous n'ayez pas cherché plus tôt à faire sa connaissance... mais maintenant que c'est fait, je ne doute pas que vous ne la cultiviez... oh ! vous aurez bien raison... c'est si agréable de voir des figures aimables, riantes, d'être avec des personnes qui ne songent qu'à s'amuser... dont la vie est un enchaînement continuel de plaisir... c'est bien cela vaut bien mieux que de causer avec quelqu'un qui est triste, maussade, qui souffre, qui n'a rien de gentil à vous dire... ces personnes-là, on leur parle un moment... par hasard, quand on ne sait que faire... mais on les oublie bien vite, car ce n'est pas près d'elles que l'on est heureux... Adieu, monsieur Gaston.

— Mademoiselle... vous me quittez ainsi... vous êtes fâchée avec moi parce que je suis allé chez cette personne du second...

— Mais non, monsieur, je ne suis pas fâchée... et pourquoi donc le serais-je... est-ce que j'ai le moindre droit sur vous... et si j'en avais, monsieur, je n'en userais que pour vous engager à cultiver la connaissance de cette danseuse... car c'est une société qui vous convient parfaitement... chez elle vous trouverez de la distraction, du plaisir... tout ce que les jeunes gens cherchent... vous auriez donc grand tort de ne plus vous priver de la voir.

Après avoir dit ces mots avec une émotion qu'elle tâche de déguiser par un sourire, Félicie a salué Gaston et elle a rapidement descendu l'escalier ; le jeune homme est resté immobile à sa place, tout surpris de la manière dont sa jolie voisine vient de lui parler, et ne comprenant pas qu'il a fait une grande faute en laissant voir à Félicie qu'il a quitté cette danseuse ; c'était lui dire : je suis certain que vous m'aimez. Les femmes ne pardonnent jamais à un homme de montrer cette certitude, et pour réussir près d'elles, il faut au contraire paraître toujours croire qu'elles ne nous aiment pas, et Gaston manquait encore d'habitude.

— Comme elle était émue... mais comme elle s'exprime bien ! se dit Gaston en poussant un gros soupir. Oh ! certainement cette jeune fille n'est point une ouvrière... tout en elle dénote qu'elle a reçu de l'éducation... qu'elle n'est point une simple grisette... quels sont donc ces chagrins dont le souvenir la poursuit sans cesse... ah ! elle ne me les confiera pas maintenant... elle m'a quitté bien brusquement... et quoiqu'elle m'ait dit le contraire, je suis bien sûre qu'elle est fâchée... parce qu'elle m'a vu hier matin ramener mademoiselle Cypriane chez elle... que serait-ce donc si elle savait... ah ! je sens bien que je donnerais vingt Cyprianes pour un sourire de Félicie... mais cependant on ne peut pas non plus... quand une jolie femme nous regarde avec des yeux remplis d'amour... se retourner... et s'enfuir...

comme *Joseph*... Ah! c'est bien difficile à arranger tout cela!... Je n'ai toujours pas ma clef.... je ne peux pas rester à ma porte... tant pis, il faut que j'aille chercher ma clef... je ne puis point passer ma journée sur le carré... Oh! mais c'est fini... une fois ma clef reprise, je dis adieu à la belle Cypriane, et je ne retourne plus chez elle... car je ne veux plus faire de peine à Félicie, et je ne veux plus qu'elle me parle comme tout à l'heure.

Gaston redescend au second, il frappe plusieurs petits coups pressés chez Cypriane, en regardant toujours avec inquiétude autour de lui; on vient bientôt lui ouvrir.

— Je viens chercher ma clef, dit Gaston, je l'ai oubliée ici... je ne pouvais rentrer chez moi...

— Tant mieux, ça fait que vous êtes revenu..

— Oh! mais, je vais m'en aller tout de suite... je vais chercher ma clef.

— S'en aller tout de suite, je voudrais bien voir cela... je sais où elle est votre clef, mais je l'ai serrée et je vous préviens que je ne vous la rendrai pas maintenant...

— Par exemple! mais il faut que je rentre... que je travaille... que je...

— Il faut que vous restiez, monsieur, que vous déjeuniez avec moi... ensuite j'ai déjà formé pour toute la journée les projets les plus gentils... les plus charmants!...

— C'est impossible... il faut...

— Taisez-vous, ne répliquez pas... vous n'avez rien à faire... les auteurs n'ont jamais rien à faire qu'à flâner... je connais cela, moi... d'ailleurs je veux qu'on fasse mes volontés.

Gaston veut répliquer, deux bras charmants l'enlacent, et il se laisse retenir.

Et pendant huit jours, cela se passe ainsi; beaux projets de sagesse de la part de Gaston, qui se changent en parties de plaisir avec la séduisante Cypriane.

XIX. — COLLINET POUSSÉ A BOUT.

Plusieurs jours s'écoulent encore pendant lesquels Gaston mène le même train de vie, faisant le matin le projet d'être sage, de ne plus passer son temps auprès de Cypriane, puis se laissant séduire par les jolies mines, les douces paroles de la séduisante danseuse qui connaissait à fond l'art de tourner la tête à un homme, et ceux qui, jusqu'à vingt-quatre ans, sont restés sans faire de folies, sont comme ces avares qui deviennent prodigues lorsqu'une fois ils se mettent en train.

Pendant ces jours de folies, Gaston n'a plus aperçu Félice, qui n'a point paru sur son passage, et il n'a point cherché à la voir, car il se sent coupable envers elle; il craint qu'elle ne connaisse sa conduite, et, comme il n'a pas encore l'habitude de mentir, il serait trop embarrassé si elle le questionnait.

Collinet s'était décidé à aller coucher dans un modeste hôtel garni, mais tous les matins, avant de se rendre à son étude, il ne manquait pas d'aller à son ancienne demeure; il commençait par sonner chez la demoiselle de l'Opéra, mais on ne lui ouvrait jamais. Alors il montait au quatrième, frappait à sa porte, et M. Picard lui ouvrait la porte en lui disant:

— Ah! monsieur vient toujours pour voir mademoiselle Cypriane... et monsieur n'a pas de chance, il ne rencontre jamais cette dame... il est vrai qu'elle est toujours dehors... Depuis le premier jour que je suis ici, elle est sortie et n'est pas rentrée... je la suppose à la campagne.

— Eh non, monsieur, non, répondait Collinet en haussant les épaules et se promenant avec humeur dans sa chambre. Cette demoiselle s'est en allée parce qu'elle ne demeure pas ici... ce n'est pas chez elle ici, c'est chez moi, je sais très-bien qu'elle n'y remettra plus les pieds.

— Monsieur, vous me répétez toujours que c'est ici chez vous... Alors pourquoi y avons-nous trouvé cette dame... et je me le rappelle très-bien, quand nous vous avons rencontré avec ce patron sur l'escalier, il vous a demandé où demeurait mademoiselle Cypriane, et vous lui avez répondu: Au quatrième, la seconde porte à gauche... C'est bien ici.

— C'est vrai, respectable gardien, je ne chercherai pas à le nier... j'ai répondu cela... mais c'était tout simplement une plaisanterie... histoire de rire un moment.

— Monsieur, vous savez bien qu'on ne plaisante pas avec la justice...

— Cette danseuse est fort séduisante... que diable; on est homme ou on ne l'est pas... Est-ce que vous n'avez jamais fait de bêtises pour les femmes, vous?

— Je ne crois pas, monsieur, ah! si... car je me suis marié, et mon épouse a levé le pied, autrement dit, abandonné le domaine conjugal après six semaines de cohabitation, sous prétexte que l'odeur de mon nez l'incommodait.

— Alors, je vous en prie, laissez-moi prendre un mouchoir et des bas dans cette commode... ça me rendra service.

— Jamais, monsieur, jamais... ceci est sous le scellé, monsieur...

c'est sacré... vous voudriez une épingle dans cette commode que je vous dirais: Impossible!... vous m'offririez mille écus pour enlever quelque chose d'ici que je les refuserais...

— Oh! soyez tranquille, je ne vous les offrirai pas...

Ces conversations finissaient toujours par des accès de colère de Collinet, qui trépignait des pieds et voulait fouiller dans sa commode, mais l'incorruptible Picard, qui n'était nullement ému par les scènes que le petit clerc venait faire chaque matin, les terminait en enlevant Collinet par la taille, en allant le déposer sur le carré et en lui fermant la porte sur le nez.

Un matin, au moment d'entrer dans la maison du faubourg Montmartre, Collinet demeure tout saisi en apercevant une longue affiche collée sur la porte, et sur cette affiche il voit en grosses lettres: « *Vente par autorité de justice.* » il continue de lire et reconnaît l'inventaire de son mobilier que l'on doit vendre le lendemain à midi.

Le jeune clerc est furieux, il entre dans la maison, il se précipite dans la loge de madame Ador et s'écriant:

— Non, ça ne sera pas! je ne me laisserai pas mettre sur la paille... réduire à rien... comme un petit saint Jean... Oh! mon beau pantalon noir, tu y passerais aussi... ce sont mes effets que l'on a eu l'audace d'afficher... en annonçant la vente pour demain midi... mais je mets opposition, et je vous défends, concierge, de rien laisser sortir de ce qui est affiché, car vous savez bien que c'est à moi.

En disant cela, Collinet saisit le bras de la concierge, sans remarquer qu'elle était en train d'avaler une soupière de café au lait et il lui secoue le bras avec tant d'énergie, que le café que contenait la cuiller saute au visage de madame Ador, qui devient aussi furieuse que son locataire, et dégage son bras en disant:

— Qu'est-ce que c'est que ces manières-là, monsieur, vous m'envoyez mon café dans le visage... que même je me suis brûlée... vu qu'il est bouillant, et que j'en ai reçu dans l'œil...

— Avez-vous lu l'affiche et la vente annoncée, concierge?

— Ça ne se fait pas, ces choses-là, monsieur.

— C'est justement que je vous dis... je ne veux pas que cela se fasse...

— Pourquoi que vous le faites alors?

— Comment, je le fais... qu'est-ce que vous dites?... puisque je m'y oppose...

— Vous m'avez fait renverser mon café, monsieur... j'ai la figure brûlée que je suis susceptible... d'en être coupe rosée...

— Eh! laissez-moi donc tranquille avec votre café!... Vous m'avez entendu... ne laissez rien sortir... vous me répondez de la moindre chaussette qui serait vendue...

— Le plus souvent que je vais m'occuper de vos nippes!... vous me rembourserez les médicaments pour les brûlures, vous!...

Collinet n'écoute plus madame Ador, il monte quatre à quatre, il se jette sur le cordon de la sonnette de mademoiselle Cypriane, il le casse du premier coup; alors il cogne, il frappe avec ses poings, avec sa tête. Voyant qu'il se fait du mal inutilement, il monte au quatrième et donne un grand coup de pied dans sa porte.

M. Picard ouvre, toujours le sourire sur les lèvres et les narines bourrées de hachures de cigares; il savoure de plus en plus une énorme chique, qui donne à sa joue gauche l'aspect d'une fluxion.

— Gardien! c'est par trop se moquer du monde, cette fois, dit le petit clerc en se posant d'aplomb devant M. Picard. Vous comprenez bien que je ne veux pas souffrir cela... ce que je m'oppose...

— Bien le bonjour, monsieur, mademoiselle Cypriane est absente comme à l'ordinaire...

— Eh! je me fiche pas mal de cette chorégraphe!... c'est-à-dire non, je ne m'en fiche pas... car il faut que je la voie... il faut que j'aie une explication terrible avec elle!... elle m'a mis dedans, monsieur, en me mettant dehors de chez moi...

— J'ai déjà eu l'honneur de dire à monsieur que tout cela ne me regardait pas... qu'il s'explique avec cette dame...

— Mais elle ne veut pas m'ouvrir... toutes les fois que je sonne, c'est comme si je chantais; cette fois j'ai cassé son cordon, mais je ne m'en tiendrai pas là... Dites donc, on ne vendra pas... c'est pour la frime qu'on a affiché... n'est-ce pas?...

— Je vous demande bien pardon, monsieur, la vente aura lieu, telle que l'affiche l'annonce... pour demain midi... à moins que mademoiselle Cypriane ne paye avant ce temps-là...

— Comment! on aurait l'atrocité de vendre ce qui m'appartient pour payer les dettes de cette... acrobate?

— Je vous ai déjà dit, monsieur, que dans tout ceci, on ne vou connaissait pas...

— Ah! on me connaît pas... ah! c'est comme cela... Eh bien! je vais me faire connaître... je veux mon pantalon noir, je veux mes mouchoirs, je veux tous mes effets!...

Et Collinet se précipite avec tant de vivacité dans la chambre qu'il manque de renverser M. Picard, et, courant à sa commode, il se dispose à forcer les tiroirs, lorsque le gardien revenu de sa pirouette vient sur lui et veut comme de coutume l'enlever par la taille pour le mettre dehors. Mais cette fois Collinet se défend comme un lion, il roule avec M. Picard sur le carreau non frotté de l'appartement. Pendant quelques instants ces messieurs se livrent à une boxe trèsaccidentée, chacun se trouvant tour à tour dessus ou dessous son adversaire.

Mais M. Picard était le plus fort; il parvient, tout en boxant, à pousser Collinet sur le carré; là, il compte l'y abandonner; mais alors c'est le petit clerc qui ne veut plus lâcher M. Picard et se cramponne après lui en criant

— Donnez-moi au moins mon pantalon... sans quoi je déchire le vôtre!...

Au bruit de cette lutte, Alexandre ouvre sa porte. En apercevant Collinet qui se roule avec M. Picard, le grand jeune homme commence par rire, mais ensuite il va séparer les combattants. M. Picard, dès qu'il est dégagé, se hâte de rentrer dans le logis où il est gardien et d'en refermer la porte.

— Comment! Collinet, tu livres maintenant des combats sur le carré!... dit Alexandre en aidant le petit clerc à se relever. Je ne t'aurais pas cru si belliqueux!... Que t'a fait ce monsieur qui a un si beau nez pour que tu te battes avec lui?

— Tu as eu bien tort de me le faire lâcher, toi... je lui aurais déchiré son pantalon!...

— Je ne sais pas trop quel agrément cela t'aurait procuré!...

— On va vendre mes meubles et effets, tu ne sais donc pas cela?...

— Eh bien!... est-ce que c'est la faute de cet homme?... Je ne comprends pas comment, toi, apprenti huissier, tu peux rendre ce gardien responsable de tout cela...

— Ah! c'est que je suis exaspéré, désolé!...

— Adresse-toi à mademoiselle Cypriane... c'est elle qui t'a pris ta chambre...

— Je sonne chez elle tous les matins, on ne m'ouvre jamais...

— Tiens, mon pauvre Collinet, voilà quelqu'un qui est plus heureux que toi!... car franchement c'est toi qui aurais dû partager toutes les faveurs dont le comble... mais que veux-tu... sic vos non vobis!...

Gaston montait l'escalier; il était tout pensif; il se faisait à lui-même les plus vifs reproches sur sa conduite, et n'osait plus porter ses regards vers le cinquième étage. Il s'arrête, étonné de trouver ses deux amis sur le carré.

— Comment? s'écrie Collinet en s'adressant à Gaston, qu'il n'avait pas vu depuis quelques jours, est-ce que vraiment tu vas chez mademoiselle Cypriane, est-ce que tu es tellement en faveur... son sigisbé?

— Puisque je te le dis, reprend Alexandre; et d'ailleurs, regarde donc notre poëte... vois donc quel changement s'est opéré en lui... cet air triomphant...

— Triomphant!... lui! il marche les yeux baissés, il a l'air gai comme un croque-mort.

— C'est par modestie.

— Est-ce vrai, Gaston, tu m'as soufflé la demoiselle de l'Opéra?...

— Je ne t'ai rien soufflé... tu ne lui faisais pas la cour...

— Mais du moment que j'ai consenti à la laisser s'emparer de mon logement, c'était bien dans l'espoir qu'elle me récompenserait en me comblant de ses plus douces faveurs...

— Il fallait faire tes conditions d'avance...

— Ces choses-là... est-ce que cela n'est pas toujours sous-entendu... Mais au fait, c'est vrai, j'aurais dû lui faire signer un petit écrit sur papier timbré. Et c'est toi qui vas chez elle... je n'ai plus de domicile... et c'est toi qu'on reçoit... on va vendre mon mobilier, et c'est toi qui obtiens l'amour de cette dame... J'avoue que je trouve ça peu délicat de ta part!...

— Mon pauvre Collinet, je t'assure que je n'ai nullement cherché ce qui m'est arrivé... mais je ne vois pas pourquoi, à cause de toi, j'aurais refusé un bonheur qui venait me trouver.

— Cette danseuse est fausse comme un jeton! quand elle est venue me supplier de lui céder mon logement, de prendre le sien, de troquer avec elle... elle m'a fait aussi des mines à moi!... et des yeux... Enfin il semblait que je n'avais plus qu'à me déclarer.

— Mon cher ami, dit Alexandre, pourquoi aussi lorsque tu es chez une jolie femme, te grises-tu au point de rouler sous la table... Tu as une singulière façon de vouloir séduire... Nous te conduisons ensuite chez ce bon Allemand d'ici dessous, qui consentait à te donner l'hospitalité, et tu fais des horreurs chez lui... Ah! Collinet, mon ami, décidément tu n'êtes pas gentil en société... on vous couchera de bonne heure!...

— C'est bien!... vous vous dites mes amis, et vous me trahissez, et vous plaisantez quand je suis sur le point d'être dépouillé de tout ce que je possède... car enfin cette vente est affichée pour demain à midi...

— Collinet, rassure-toi... je rachèterai ton bahut... tu t'en feras une cabane pour t'abriter.

— C'est bien, vous dis-je, si l'on me pousse au désespoir... on verra ce dont je suis capable...

— Voyons, Collinet sans plaisanterie, combien estimes-tu ton mobilier? quatre-vingts francs, hein?...

— Quelle indigne dérision!...

— Mettons les 100 fr., quoique cela me semble beaucoup! Eh bien, quand tu verras la séduisante Cypriane, tu lui prendras quatre

baisers... le baiser d'une jolie femme... à vingt-cinq francs pièces, ce n'est pas cher; ordinairement ils coûtent plus que cela... et tu auras le prix de ton mobilier.

Le petit clerc ne répond pas, mais il enfonce avec colère son chapeau sur sa tête, lance des regards furieux sur ses deux voisins, leur montre même le poing, puis descend rapidement l'escalier en jurant comme un charretier dont le cheval est embourbé.

— Ce pauvre Collinet, dit Alexandre, le fait est qu'il doit t'en vouloir, à toi Gaston... Et comment vont les amours?

— Les amours... ah! je n'en ai jamais eu qu'un... mais celui-là, j'ai bien peur qu'il soit mal venu maintenant!

Et le jeune homme portait ses regards vers l'étage au-dessus du sien.

— Ah! tu regardes au cinquième à present... mais moi c'est du second que je te parlais...

— Oh! le second... c'est un moment d'égarement... une ivresse passagère...

— Un moment qui dure depuis quinze jours déjà...

— Oh! c'est fini... j'ai bien dans l'idée que c'est fini avec Cypriane...

— C'est pour cela que tu regardes au-dessus, maintenant...

— Oh! j'y ai toujours regardé... mais je ne l'aperçois plus...

— Sais-tu les bruits qui courent dans la maison sur mademoiselle Félicie?

— Je ne sais rien... Que dit-on?

— D'abord, je commence par t'avertir que ce sont des bruits de portières et de bonnes, tu vois d'après cela le cas que tu dois en faire.

— Fort bien, mais dis toujours...

— Il paraît que le docteur qui demeure au second, en face de ta conquête, a rencontré il y a quelque temps la jolie voisine sur l'escalier, alors il a poussé un cri de surprise, la jeune fille un cri d'effroi... Le docteur la connaît, il connaît sa famille... il sait beaucoup de choses concernant la jeune fille, puisque celle-ci l'a prié, supplié de ne point la trahir... de ne pas dire son vrai nom... car celui de Félicie n'est qu'un nom postiche, et d'après cela il est donc avéré que cette jeune personne est une grande criminelle, qui ne se cache que pour se dérober au châtiment qu'elle a mérité, se rendant coupable d'infanticide, de meurtre, ou d'incendie, ou de vol, ou de fabrication de fausse monnaie... Vois, mon cher ami, à quoi tu t'exposes en aimant une femme dont la connaissance ne pourrait que te compromettre!...

— Quel tissu de mensonges et d'absurdités... Pauvre Félicie... si vous étiez moins bon, on s'acharnerait moins après vous... Est-ce que tu crois ces bêtises-là, Alexandre?

— Pas plus que toi!... Certainement la petite voisine a quelque secret qu'elle ne veut pas dire... Ce n'est point une simple ouvrière, ce n'est point une grisette... Il est facile de voir à ses manières, à la façon dont elle s'exprime, qu'elle a été bien élevée, qu'elle a été dans le monde... Elle cache son nom... elle a probablement des raisons pour cela, ce n'est nullement la preuve qu'elle ait quelque chose à se reprocher. Mais voilà le défaut des classes populaires : pour elles, où il y a mystère, il y a crime; elles supposent le mal et jamais le bien... et malheureusement on se trompent pas toujours.

— Ah! je voudrais que Félicie eût une faute à se reprocher!... je serais trop heureux de la lui pardonner!...

— N'allons pas trop loin, il ne faut jamais souhaiter qu'une femme soit coupable... elle abuserait de la permission. Mais à propos, pourquoi disais-tu que tes amours avec la danseuse touchaient à leur fin... Est-ce que vous vous êtes mal quittés aujourd'hui?

— Pas précisément... Cependant j'ai trouvé Cypriane plus froide avec moi... Contre son ordinaire, elle ne m'a pas retenu pour toute la journée, et quand je lui ai demandé ce qu'elle comptait faire aujourd'hui, elle m'a répondu qu'elle voulait se livrer à des études de pirouettes et de pas brisés...

— Ah! mon pauvre Gaston!... si ta maîtresse a des études de pirouettes à faire, tu n'as plus qu'à prendre ton parti, c'est que tu es remplacé ou que tu ne tarderas pas à l'être... mais tu devais t'y attendre; avec ces dames, les nœuds se brisent aussi vite qu'ils se forment!... m'a répondu qu'elle voulait se livrer à des études de pirouettes... et tu me dis même être très-fier d'avoir possédé pendant quinze jours l'amour d'une danseuse... et surtout un amour désintéressé!

— Adieu, Alexandre, je vais travailler, tâcher de réparer le temps perdu... car je dois l'avouer à ma honte... depuis cette liaison, je n'ai pas écrit une demi-page!...

— On ne peut pas tout faire à la fois!...

Gaston rentre chez lui, après avoir jeté un triste regard sur l'étage supérieur, et tout en se disant :

— Le médecin du second connaît mademoiselle Félicie... il faudra que je sois malade pour faire connaissance avec ce médecin là.

Le lendemain sur les midi, au moment où les gens de loi arrivaient pour procéder à la vente du mobilier de Collinet, et tandis que celui-ci accourait d'un air désespéré, décidé à racheter son pantalon, mademoiselle Cypriane montait vivement au quatrième étage, et là, ordonnant de ne point faire la vente en payant comptant tout le montant de sa dette.

Aussitôt huissier, commissaire-priseur, gardien, tout cela disparaît comme par un coup de baguette, et cette foule de marchands, de revendeurs, d'acheteurs et de flâneurs que l'annonce d'une vente attire toujours, se disperse assez mécontente de s'être dérangée pour rien.

Alors la belle Cypriane s'approche de Collinet qui ne sait pas encore s'il doit en croire ses yeux, et lui dit :

— Vous pouvez reprendre possession de votre logement et de tout ce qui est dedans, mon cher ami; vous voyez bien que ce n'était pas à peine de faire tous les matins tant de bruit à ma porte et de casser ma sonnette.

— C'est vrai, madame, répond Collinet d'un air piqué, mais si vous m'aviez laissé pénétrer chez vous... comme j'en avais l'espoir, je n'aurais pas fait du tapage à votre porte...

— Ah! monsieur Collinet... vous voulez faire payer trop cher les services que vous rendez... Ah! mon Dieu, je bavarde, et le comte de Tamponiskoff qui m'attend chez moi!...

Le comte de Tamponiskoff était le successeur de Gaston, et il n'avait pas accepté la succession sous bénéfice d'inventaire.

XX. — M. BODINET.

Vers la fin du mois de décembre suivant, par un temps très-froid, la neige étant tombée avec abondance, et ornant d'un tapis blanc les boulevards et les rues de Paris, un monsieur de quarante-cinq à quarante-six ans, entre vers le milieu de la journée dans la maison du faubourg Montmartre, dont madame Ador est concierge, et passant devant celle-ci, sans qu'elle fasse aucune attention à lui, vu qu'elle était alors enfoncée dans la confection d'un civet, ce monsieur traverse sans s'arrêter la première cour de la maison et se dirige vers celle du fond, comme quelqu'un qui connaît parfaitement son chemin.

L'individu en question est d'une taille élevée, d'une forte carrure; son torse repose sur des membres solides, et le balancement qu'il lui imprime en marchant, semble annoncer l'homme qui se trouve bien bâti, et croit que l'on doit l'admirer. Cependant la tournure de ce monsieur est plutôt commune que distinguée; ses pieds sont longs et plats, ses mains grosses et rouges, et tous ses mouvements ont quelque chose de canaille.

La figure est parfaitement assortie au reste de la personne : ce monsieur a les cheveux blonds et assez bien plantés, mais son teint est toujours d'un rouge, qui par place se rapproche du violet; son nez long et sec a des narines beaucoup trop échancrées; sa bouche est grande, ses lèvres minces sont presque continuellement serrées, ses yeux petits, roux et couverts, roulent sans cesse à droite et à gauche avec une expression qui n'inspire pas positivement la confiance; quoique ce monsieur cherche souvent à prendre un air aimable en souriant d'une façon particulière, qui donne alors à sa physionomie beaucoup de ressemblance avec celle d'un chat qui vole un bon morceau; enfin, quoique n'ayant pas de moustaches, il porte toute sa barbe qui frise d'une manière luxuriante et comme si un coiffeur y avait poussé le fer.

Ce personnage est M. Bodinet, le père du petit Aristide; il portait alors un paletot brun très-court, en gros drap à long poil. Ce paletot, boutonné jusqu'au menton, ne laissait apercevoir ni gilet, ni chemise; une cravate de couleur montant très-haut, et qui pouvait presque passer pour un cache-nez, encadrait le bas du visage; un pantalon olive, huissé et taché en plusieurs endroits, se montrait avec peu de succès après le paletot, et ne descendait pas assez pour cacher des bottes éculées et fort sales; un chapeau rond à petits bords, qui de noir était devenu rouge et paraissait avoir reçu plusieurs renfoncements, couronnait cette toilette; ajoutons y une grosse canne imitant le rotin, que M. Bodinet faisait de temps à autre tourner avec l'adresse d'un tambour-major, et nous aurons un portrait exact de ce monsieur qui marchait la tête haute et le nez au vent.

M. Bodinet marche droit vers l'école tenue par M. Loupard; le petit jardin était désert, et avait d'ailleurs une couche de neige qui ne permettait plus guère de le distinguer.

Mais c'était l'heure de la classe; tous les élèves étaient sur leur banc, devant leur pupitre, et M. Loupard traçait sur l'ardoise des lettres de la plus belle dimension, au moment où M. Bodinet entre brusquement en s'écriant :

— Ah! bigre! ça pince!... voilà ce qui s'appelle du froid... mais heureusement il fait meilleur ici que dehors!... on a fait du feu au poêle... ce n'est pas du luxe... je vais m'y réchauffer...

La voix haute et criarde de ce monsieur attire l'attention générale, les petits garçons qui sont toujours enchantés quand il se présente une occasion de suspendre leur travail, tournent tous la tête du côté du nouveau venu, et M. Loupard a fait comme les enfants; mais presque aussitôt il se lève, va au-devant de la personne qui arrive, et la mine en lui disant :

— Je ne me trompe pas, c'est monsieur Bodinet que j'ai l'avantage de saluer.

— Oui, monsieur Loupard, c'est moi-même, répond M. Bodinet sans même porter la main à son chapeau qu'il garde sur sa tête. Ah !

vous ne m'attendiez pas, je gage; mais j'aime à surprendre mon monde, moi...

— Pardonnez-moi, monsieur, je vous attendais toujours, et depuis longtemps... j'étais même fort surpris de ne point vous voir revenir, ayant ici votre fils, et...

— Bon! bon! mon cher monsieur Loupard, vous devez avoir assez d'expérience pour savoir que dans ce monde on ne fait pas toujours tout ce que l'on veut... j'ai voyagé pour mes affaires... car j'en ai par-dessus la tête... mais sapristotte, mettez donc encore quelques bûches dans votre poêle... car c'est un feu de gueux, ça!...

— Monsieur, je présume que vous devez être impatient d'embrasser votre fils, c'est tout naturel!... Aristide... jeune Aristide... quittez votre banc... accourez dans les bras de l'auteur de vos jours... Vous en serez satisfait, monsieur, cet enfant-là a les plus belles dispositions... il est rempli de moyens... Aristide!...

— C'est bien, monsieur Loupard, c'est bien, laissez donc le mioche tranquille, pardieu j'ai bien le temps de le voir... il ne faut jamais déranger les enfants quand ils travaillent, car après cela c'est le diable pour qu'ils s'y remettent.

Mais nonobstant les injonctions peu paternelles de M. Bodinet, le maître d'école est allé quérir le petit Aristide, qui en ce moment cherchait, sous les bancs de la classe, des billes qu'il avait laissé tomber de sa poche. Ce n'est pas sans peine que M. Loupard parvient à saisir l'enfant et à le faire se remettre sur ses pieds; enfin M. Aristide est debout, et son maître lui dit :

— Venez, mon cher ami, venez vite... monsieur votre père est là; vous allez voir votre père...

— J'aimerais mieux mes billes... si les autres me les trouvent, ils me les chiperont... ils ne me les rendront pas...

— Voyons, Aristide, oubliez vos billes... ayez de la tenue... ne faites pas la moue, je vous dis que vous allez voir votre papa...

— Monsieur, j'en avais six, il m'en faut six...

— Aristide! vous ne suites de la peine... la voix de la nature ne parle donc pas à votre cœur, mon enfant?... mouchez-vous!

— J'ai pas de mouchoir.

— Vous en aviez un ce matin... qu'en avez-vous fait?

— Je ne sais pas... ah! si, je l'ai prêté à Bouchonnet pour mettre sur sa tête, parce qu'il n'a pas de casquette, et qu'il avait froid...

— Je vous excuse, parce que ceci prouve en faveur de votre bon cœur, mais M. Bouchonnet devrait bien tâcher de se faire acheter une casquette par ses parents... venez donc... votre papa vous attend.

— M'apporte-t-il quelque chose?

— Je n'en sais rien, c'est probable, mais je ne vous l'affirmerai pas.

On voit que le petit garçon n'était guère plus empressé de voir son père, que celui-ci d'embrasser son fils; on parle de la voix du sang, mais ce qu'il faut mettre avant tout, c'est la voix du cœur, et le cœur d'un enfant ne peut éprouver aucun amour pour une personne qui ne lui a jamais fait une caresse, jamais témoigné d'attachement; la tendresse d'un enfant est pour celui qui lui prodigue des soins, qui lui donne tout ce dont il a besoin, qui le protége, qui le nourrit, et le titre de père ne suffit pas pour être aimé, si l'on ne remplit pas tous les devoirs que ce titre impose.

M. Loupard a mouché le petit Aristide, puis lui prend la main et le conduit près de M. Bodinet, qui vient de s'asseoir devant le poêle après avoir ouvert la porte du four dont il est orné, et mis les deux bouts de ses pieds dans l'intérieur.

— Voici votre fils, monsieur, dit le maître d'école, qui en même temps pousse le petit garçon afin qu'il coure dans les bras de son père; mais au lieu de cela, le jeune Aristide se sentant libre, s'élance vers un élève de son âge qui se sauvait en riant, et s'accroche à lui en lui disant :

— Tu as mes billes... Finart... tu les as ramassées... rends-les-moi tout de suite...

— C'est pas vrai, c'est à moi ces billes-là... c'est pas les tiennes, veux-tu me lâcher...

— Je vas te calotter si tu ne me rends pas mes billes...

— Viens-y donc pour voir!

Chez les enfants, les effets suivent de près les menaces, car ils ne réfléchissent pas aux suites que pourront avoir les actions qu'ils commettent. Messieurs Aristide et Finart se roulaient déjà par terre, lorsque M. Bodinet détourne nonchalamment la tête en murmurant :

— Voyons donc ce moutard! est-il rempli de moyens!...

— Eh bien! eh bien! messieurs!... s'écrie M. Loupard très-mécontent de voir ses élèves se battre... au est-ce que cela signifie... qu'on se lâche bien vite.

Et le maître d'école se disposait à séparer les combattants, mais M. Bodinet le retient.

— Laissez-les donc, monsieur Loupard, laissez-les un peu se taper, il n'y a pas de mal à ce que des enfants essaient leurs forces et s'habituent de bonne heure au pugilat... je suis bien aise de voir que mon rejeton est brave... c'est du dessus en ce moment, je crois... Courage, Aristide!... ferme, mon garçon!...

— Et moi, monsieur, je ne dois pas sou ffrir de ces choses-là!

— Vous avez tort, c'est de la gymnastique, les Grecs ne laissaient que cela!

M. Loupard courant aux combattants, les sépare, en leur administrant à chacun une légère claque, et ramène vers son père le petit Aristide, encore tout ébouriffé, et ayant un coup d'ongle sur une joue.

— Ah! voilà mon fils! dit M. Bodinet en examinant Aristide qui était toujours des regards furibonds du côté de son adversaire. Oui, je le reconnais... un air décidé... très-bien, j'aime cela... ah! mon amie, tu porte sur la joue une blessure honorable... cela prouve que je regardais mon ennemi en face...

— Oh! Finart en a reçu bien plus que moi, lui!

— Tant mieux... j'aime à le croire... Diable, mais il n'a point pâti, ce gas-là, depuis qu'il est ici... il est gras comme une caille... tu es plus gras que ton père, polisson, je suis bien aise de t'avoir mis dans cette pension... tu y as profité, et lorsqu'on fait des sacrifices pour un enfant, c'est du moins un dédommagement quand on voit qu'ils n'ont pas été perdus.

Au mot de sacrifice, M. Loupard a dressé les oreilles, et déjà une douce espérance se glisse dans son cœur; il croit que M. Bodinet va lui payer tout l'arriéré qu'il doit pour la pension de son fils, il pousse derechef celui-ci vers son père, en lui disant :

— Embrassez donc monsieur votre papa!

Aristide se laisse pousser, tout en regardant toujours du côté de Finart, mais M. Bodinet éloigne l'enfant avec sa main en disant :

— C'est bien, nous verrons plus tard... quand il sera débarbouillé... le drôle a la figure sale comme un Savoyard.

— Parce qu'il vient de se rouler à terre; monsieur Aristide, allez vous débarbouiller à la fontaine... vous vous brosserez en même temps.

L'enfant ne demande pas mieux que de s'éloigner.

— Maintenant, monsieur Loupard, causons un peu de nos affaires, s'il vous plaît, dit M. Bodinet en continuant de fourrer ses pieds dans le four du poêle.

— Je ne demande pas mieux, monsieur, répond le maître d'école en s'asseyant en face de M. Bodinet, de l'autre côté du poêle, nous avons, en effet, des comptes à régler...

— Pardieu, je le sais bien, monsieur Loupard... est-ce que vous croyez, par hasard, que je l'avais oublié... Oh! je n'oublie rien, moi; d'ailleurs, je tiens mes livres avec tant d'exactitude, que je ne peux jamais être pris en défaut, ni faire d'erreur... il faut cela, monsieur, dans le commerce, si on n'avait pas d'ordre... où en serait-on?

— C'est parfaitement juste, monsieur; alors vous devez savoir que vous m'avez amené votre fils au mois de septembre de l'année dernière, le 6 septembre, monsieur; je sais la date exacte, je l'ai aussi inscrite sur le livre d'entrée et de sortie de mes élèves; or, comme nous approchons de la fin de décembre, cela fait donc une année et trois mois sonnés que l'enfant est chez moi. À raison de trois cents francs par an, prix convenu, sur lequel je n'ai encore reçu que treize francs cinquante centimes, cela fait donc...

— Assez, monsieur Loupard, assez, ceci est un compte facile à régler... nous nous en occuperons lorsqu'il en sera temps.

— Il me semble qu'il est bien temps, monsieur, après quinze mois! et sans compter que pour habiller l'enfant convenablement, il a fallu...

— Plus tard, monsieur Loupard, vous me compterez tout cela... oh! je vous certifie que nous n'aurons pas la moindre contestation ensemble... je ne suis pas de ces gens qui vérifient sou par sou le mémoire qu'on leur présente... fi donc!... il faut laisser cela au petit monde... moi, quand je paie, je ne vérifie jamais... j'ai confiance; je me dis : J'ai affaire à un honnête homme, par conséquent, je ne dois point me défier de lui... voilà comme je suis, monsieur Loupard, et j'aime à croire que vous êtes comme moi, et que je vous ai inspiré la même confiance...

Le pauvre maître d'école, étourdi par le flux de paroles que M. Bodinet lui lance dès qu'il veut répliquer, et presque intimidé par l'assurance, le ton protecteur dont elles sont dites, se contente de s'incliner sans répondre, impatient de savoir où ce monsieur veut en arriver. Après avoir poussé ses pieds plus avant dans le four du poêle sans s'inquiéter de quelque chose qui lui faisait résistance, M. Bodinet sort de sa poche un foulard rouge fort endommagé, mais qu'il a soin de ne pas déployer afin de ne point passer ses doigts au travers, puis ayant essayé de se moucher dans ce mystérieux foulard, il reprend :

— Mon cher monsieur Loupard, voici ce dont il s'agit maintenant : lorsque je vins vous confier mon mioche, n'ayant pas alors de fonds disponibles sur moi... ce qui peut arriver au plus riche négociant, je vous laissai des objets d'une valeur très-importante... vous devez vous le rappeler...

— Monsieur veut peut-être parler des tabatières...

— Précisément, monsieur, c'est ces tabatières dont je veux parler... magnifiques tabatières... objets du premier choix... fabriquées par le meilleur ouvrier en ce genre... il y en avait une vingtaine... ou deux douzaines, je crois...

— Il y en avait vingt, monsieur, et pas une de plus!

— Vingt, soit... c'est possible, je le veux bien, je ne contesterai pas ce nombre...

— Comment, vous ne contesterez pas, vous savez fort bien qu'il n'y en avait pas davantage, monsieur...

— Puisque je vous dis que j'admets ce nombre!... nous sommes d'accord!... Eh bien, monsieur Loupard, aujourd'hui je trouve à me défaire fort avantageusement de cette partie de tabatières... j'en trouve un prix très-rond... je viens donc vous prier de me les rendre... je les livrerai sur-le-champ à mon acquéreur, et ce soir, sur ces fonds, je reviens régler avec vous et vous payer tout ce que je puis vous devoir pour la pension de mon héritier, vous voyez que cela ira tout seul... remettez-moi donc les tabatières.

M. Loupard a d'abord rougi beaucoup en entendant parler des tabatières; mais bientôt l'impudence de M. Bodinet le fait sortir de son caractère; il n'est pas maître de sa colère et s'écrie d'une voix qui, cette fois, couvre celle de ce monsieur.

— Vos tabatières!... vos tabatières!... ah! vous venez me les redemander au bout de quinze mois que vous avez été sans donner de vos nouvelles, sans vous informer si votre fils était mort ou vivant!

— Le temps ne fait rien à l'affaire... je n'étais pas inquiet du petit, le sachant en si bonnes mains...

— Et c'est avec le prix de ces tabatières que vous comptez me payer, plus de quatre cents francs que vous me devez...

— Pourquoi pas, s'il vous plaît?

— Parce que vos magnifiques, vos superbes tabatières n'étaient que de la camelote, qu'elles ne valaient pas plus de deux francs pièce... ce qui faisait quarante francs pour le tout, que c'est à ce prix-là que je les ai vendues... Oh! j'ai là la facture... après avoir attendu treize mois passés sans avoir de vos nouvelles, monsieur, et sans avoir reçu de vous le moindre vêtement pour habiller votre fils qui était presque nu.

— Qu'est-ce que j'entends, triple courrade!... dit M. Bodinet en donnant un coup de poing sur le poêle et affectant un air désespéré : Comment, monsieur, vous auriez vendu mes tabatières... vous auriez disposé d'une valeur... de marchandises que je vous confie en dépôt... en dock!... fichtre, monsieur, mais savez-vous que le cas est grave et que vous vous êtes mis là dans une fort vilaine affaire... disposer de ce qui ne vous appartenait pas... fi, monsieur, il vous allez me devoir de terribles dommages et intérêts!...

— Ah! c'est moi qui vais vous devoir quelque chose... par exemple, ce serait plus fort!

— Oui, monsieur, vous me redevrez... Si vous avez vendu à vil prix, tant pis pour vous!... moi, monsieur je trouvais six cents francs de cette partie de tabatières... les avez-vous vendues cela?

— Six cents francs... mais ce n'est pas possible... on m'en a offert quarante sous pièce... je les ai fait voir à plusieurs marchands... j'ai consulté, on m'a assuré que cela ne valait pas plus... je les ai cédées à ce prix... d'ailleurs, monsieur, j'ai là la facture dans mon portefeuille, la voici.

M. Bodinet jette au vent la facture que le maître de pension lui présente et s'écrie :

— Je n'ai que faire de vos mémoires. D'abord, je vous le répète, vous n'aviez pas le droit de vendre des marchandises que je vous avais confiées en dépôt...

— Monsieur, vous me deviez treize mois de pension pour votre fils qui n'avait rien reçu de vous pour se vêtir... d'autres, à ma place, auraient envoyé l'enfant chez M. le commissaire, car on ne vous trouvait jamais nulle part, vous! mais j'ai eu pitié de votre fils, et en vendant ces malheureuses tabatières, ce n'est qu'un faible à-compte, bien faible, que j'ai touché sur ce que vous me devez.

— Faible à-compte... parce que vous donnez des objets de prix pour rien... est-ce ma faute à moi?... mais je suis bon enfant: Tenez, monsieur Loupard, je ne veux pas vous faire de peine... ni vous forcer de comparaître en justice... ce qui vous ferait beaucoup de tort, vu votre profession... il y a un moyen d'arranger la chose : je trouvais six cents francs de ma marchandise... vous assurez que je vous dois quatre cents francs pour le petit, c'est un peu cher; n'importe, j'y adhère; eh bien, vous allez me donner quittance de cette dette et ensuite me compter deux cents francs... parce que quatre et deux font six; de cette façon nous serons quittes et bons amis! hein? vous voyez que je suis gentil...

Le maître d'école lève les bras au ciel, il jurerait, s'il n'était pas en présence de ses élèves... il tape ses mains l'une dans l'autre en poussant un gémissement guttural.

— Deux cents francs... deux cents francs... je garderais des années pour rien... et il faudrait que je payasse deux cents francs aux parents... monsieur, ce n'est pas là de la probité, cela...

— Monsieur, il ne fallait pas vendre ma marchandise...

— J'en avais le droit.

— Non.

— Si.

— Non...

En ce moment une épaisse fumée sort du four du poêle, elle est accompagnée d'une forte odeur de graisse, de graillon.

M. Loupard se lève vivement, et voyant les pieds de M. Bodinet enfoncés dans le four, s'écrie :

— Ah! mon Dieu!... qu'avez-vous fait, avec vos pieds, monsieur...

C'est vous, mademoiselle... vous sortez de bien bon matin. (Page 43.)

vous aurez renversé mon déjeuner qui cuisait là-dedans... mais vous avez donc le diable au corps...

— Eh! sacrebleu! monsieur, pourquoi faites-vous votre cuisine là-dedans, il fallait me prévenir... voilà mes bottes dans un bel état.

Le maître d'école avait placé dans le four de son poêle un petit plat creux en terre, dans lequel mijotaient des haricots ornés de quelques saucisses, et à côté, dans un pommier, trois pommes qui cuisaient aussi tout doucement. En mettant les pieds dans le four, M. Bodinet avait d'abord, petit à petit, repoussé ce qu'il avait rencontré; mais lorsque les haricots et les pommes n'avaient pu reculer davantage, ce monsieur, en poussant toujours ses pieds en avant, venait de briser le plat et le pommier, et ce qu'ils contenaient formait, à même le four, une pâtée dans laquelle il patangeait.

En voyant ses haricots, ses pommes, attachés à la chaussure de M. Bodinet, le maître d'école devient furieux; il repousse avec colère celui qui vient de fouler aux pieds son dîner; il se met à genoux devant son poêle, regarde dans le four et s'écrie d'un ton lamentable:

— Tout est perdu!... mes pommes, mes saucisses, mes pauvres haricots!... je ne pourrai rien sauver!... O désolation!...

— Monsieur! monsieur!... laissez-nous-les manger, crient les enfants en quittant leurs places pour accourir près du poêle.

Le malheureux Loupard est tellement désolé de tout ce qui lui arrive, qu'il laisse ses élèves faire ce qu'ils veulent; il leur abandonne le poêle, se frappe le front et jette des regards farouches sur M. Bodinet qui, en ce moment, essuie sa chaussure avec un exemple d'écriture qu'il vient de prendre sur un pupitre, en disant:

— Heureusement, je n'avais pas mis mes bottes vernies... mais je me ferai cirer à l'anglaise en sortant d'ici.

XXI. — UNE VILLE EN L'AIR.

— Voyons, mon cher monsieur Loupard, reprend M. Bodinet, en goûtant un haricot qui était resté intact sur sa cheville, finissons-en, mon bon; si vous n'avez pas là deux cents francs chez vous... ce qui peut arriver à l'homme le mieux famé... donnez-moi un à-compte... soixante... quarante francs... et je reviendrai plus tard pour le reste... Je vous ai dit que j'étais bon enfant!... je tiens à vous le prouver.

— Vous donner de l'argent... quand c'est vous qui m'en devez, monsieur... Oh! ne l'espérez pas... je ne serai pas encore si dupe...

— Alors, vous voulez donc que je vous traîne devant les tribu-naux... que je vous fasse connaître pour un homme déloyal... disposant de ce qui ne lui appartient pas... Si vous ne financez pas, je le ferai!...

— Je ne vous crains pas, monsieur, grâce au ciel, j'ai des témoins... des personnes qui au besoin me défendront si vous m'accusez... On a vu vos tabatières... on sait ce qu'elles valaient... il y a même un jeune homme qui le sait mieux que d'autres, car c'est de ton oncle que vous les tenez; c'est à son oncle que vous les avez achetées... vous avez même fait un billet que vous n'avez pas payé, et sur lequel vous aviez mis que l'on pourrait se présenter chez moi pour le remboursement; car il paraît, monsieur, que vous vouliez me mettre tout sur le dos... Je vais aller chercher ce jeune homme... il se nomme Alexandre Grandmoulin... nous allons voir si vos tabatières valaient six cents francs... et si vous avez le droit de me menacer de la justice.

Depuis quelques instants M. Bodinet avait beaucoup perdu de son assurance, et en entendant prononcer le nom de famille d'Alexandre, il s'empresse d'arrêter le maître de pension qui se disposait à quitter sa classe; il le retint par le bras, et, prenant cette fois un air de bonhomie, s'écrie:

— Eh bien... mon cher monsieur Loupard... où diable courez-vous? comment, est-ce que nous nous fâchons pour tout de bon?...

— Vous m'accusez d'indélicatesse, vous voulez me traîner devant les tribunaux, et vous ne voulez pas que je me fâche...

— Mais je plaisantais, mon cher professeur!... moi, vous chercher chicane, avoir des procès avec un homme tel que vous... la probité! l'honneur même... allons donc, et vous avez pu croire cela... histoire de rire et pas autre chose!...

— Monsieur, voilà une manière de rire que je ne trouve pas drôle du tout... Est-ce qu'on doit rire sur ce qui touche à la réputation de quelqu'un...

— Eh mon Dieu! père Loupard, vous ne me connaissez pas, voilà tout!... Si vous me connaissiez mieux, vous sauriez que je suis un farceur... je ris sur tout, moi, j'aime à bambocher, c'est mon caractère, chacun a le sien... Saprisli! les gamins se régalent joliment avec vos haricots... ça sentait bon... je suis fâché de les avoir renversés, j'en aurais mangé avec vous.

— Mais enfin, monsieur, je ne vous comprends plus, moi !... où vouliez-vous en venir avec ce compte de vos tabatières?

— Je vous le répète, une pure plaisanterie... Je m'étais dit : Je vais faire peur à cet estimable M. Loupard; je lui dirai que mes ta-tières valaient six cents francs, pour voir un peu la mine qu'i

GAILDRAU

Tout est perdu! mes pommes, mes saucisses, mes pauvres haricots. (Page 48.)

fera!... et vous avez donné dedans comme frère Laurent... hein! elle est bonne, la farce!

— Alors, monsieur, vous ne trouvez plus mauvais que je les aie vendues deux francs pièce?

— Nullement... c'était à peu près ce qu'elles valaient... Quelquefois, quand on rencontre un bon jobard, on en trouve cent sous, mais c'est rare... Comme ces haricots sentaient bon... est-ce que vous n'avez pas autre chose pour votre déjeuner?

— Non, monsieur; mais cela m'est égal, je ne déjeunerai pas aujourd'hui... d'ailleurs, je n'ai plus faim... Vos plaisanteries m'ont ôté l'appétit!...

— Je n'en dirai pas autant que vous, moi, et quelqu'un qui m'offrirait à déjeuner serait le bienvenu... Ah! voilà monsieur mon fils, le gaillard mord aussi aux haricots...

— Maintenant, monsieur, que nous sommes d'accord sur l'article des tabatières, je pense que vous venez avec l'intention de me donner de l'argent pour la pension d'Aristide...

— Comme vous dites, monsieur Loupard, je viens avec l'intention... malheureusement je n'ai que l'intention dans ma poche... je comptais toucher des fonds ici près... dans la rue Rochechouard... dix mille francs chez le caissier de la nouvelle entreprise qui met en ce moment tout Paris en émoi..: Vous devez aussi en avoir du vent... On ne cause que de cela à la Bourse, au boulevard des Italiens... Quel succès!... quel succès nous aurons...

— Avec quoi donc, monsieur...

— Mais aussi il faut convenir que cela surpasse tout ce qu'on a imaginé jusqu'à présent... c'est une magnifique invention... une ville en l'air qu'on va construire...

— Une ville en l'air... je ne vous comprends pas, monsieur.

— Vous allez me comprendre tout de suite : vous savez ce que c'est qu'un ballon... dans lequel on gravite dans les airs?

— Sans doute, monsieur, j'en ai vu plus d'un.

— Très-bien. Vous savez que maintenant on en fait de la plus grande dimension... dont les nacelles sont comme de jolis bâtiments pouvant contenir dix à douze personnes... vous avez vu le fameux ballon *Godard*... c'était magnifique, c'était une maison volante...

— C'était fort gros, en effet, monsieur.

— Eh bien, mon papa Loupard, ce ballon monstre a donné l'idée à un homme de génie, déjà très-connu par ses aérostats, de faire construire une petite ville en l'air... Cet homme inventif s'est dit : à Paris et même dans la banlieue, les logements deviennent d'une cherté excessive... il y a même plus : on ne trouve à se loger qu'à des prix fabuleux .. et si cela continue, on ne pourra plus se loger du tout... il faut cependant trouver un remède à cela... Vous me direz : on bâtit beaucoup, mais les nouvelles maisons se louent encore plus cher que les vieilles. D'ailleurs, incessamment le terrain manquera, et à moins de mettre les maisons les unes sur les autres, il n'y aura plus moyen de bâtir encore dans Paris. Eh bien donc... c'est le terrain qu'il faut trouver pour avoir des logements à bon marché, il n'y a plus de place sur la terre, mais en l'air, il n'en manque pas... faisons une petite cité nouvelle en l'air avec des ballons ; nous en ferons de différentes dimensions. Grand ballon très-vaste pour un appartement complet ; la nacelle se divise en quatre compartiments : chambre à coucher, salon, salle à manger et cuisine. Ballon plus modeste pour un logement d'ouvriers : deux pièces, c'est suffisant ; enfin petit ballon pour les logements de garçon, une simple pièce qui sert à tout... Je n'ai pas besoin de vous dire que de tous ces logements on a une vue magnifique... eh bien mon père Loupard que dites-vous de cette idée? est-ce qu'elle ne vous semble pas admirable?

Le maître d'école écoutait M. Bodinet en ouvrant de grands yeux et prêtant toutes ses oreilles; mais il ne semblait pas parfaitement convaincu du mérite de cette nouvelle invention :

— Pardon, monsieur, mais... des appartements en ballon... Comment fera-t-on pour aller chez soi?

— Comment va-t-on en ballon, monsieur Loupard? il me semble que ce n'est pas plus difficile...

— Mais alors, quand on voudra sortir?

— Rien de plus facile! D'abord les ballons-appartements seront captifs, fixés au sol par de grandes cordes avec des ancres. Ceci était indispensable pour retenir toutes les maisons à la même place, sans quoi vous vous seriez endormi en France et réveillé en Italie ou en Turquie; alors plus de ville possible, ensuite des câbles relieront mes ballons les uns aux autres. Ceci est une excellente mesure de sûreté; car, admettons qu'un accident arrive à votre ballon... qu'il vienne à crever... vous ne pouvez pas tomber, les autres ballons vous retiennent, et comme tous les ballons ne peuvent pas crever à la fois, vous êtes donc aussi tranquille là-haut qu'ici. De plus, pour l'agrément de la société, des petits ponts légers en planches peuvent se jeter d'une nacelle sur la nacelle voisine, ce qui procure à tous les habitants de l'air, la faculté d'aller, quand ils veulent, les uns chez les autres. Ainsi, locataire d'un grand ballon, vous faites le cour à une simple grisette qui demeure près de vous... vous jetez votre grappin, autrement dit votre petit pont sur la nacelle où vous allez faire une partie de *bésigue* ou de tout autre jeu avec elle...

— Mais, monsieur, lorsqu'on aura besoin de pain, de viande... de provisions enfin.

— Est-ce que vous croyez qu'il n'y aura pas là-haut des boulangers; des bouchers, des marchands de vins... Oh! des marchands de vin en détail surtout, car les caves sont encore la seule chose qui manque à nos maisons en l'air; mais je suis persuadé qu'avec le progrès, on trouvera moyen d'en construire... il y aura tous les marchands possibles là-haut...

— Enfin, monsieur, si cependant un marchand n'avait pas ce qu'on désirerait ou voulait vendre trop cher, comment se le procurerait-on?

— Rien de plus aisé. Quand on voudra aller à terre, on se laissera couler après les cordes qui retiendront les ballons captifs... il y aura des cordes à nœuds pour la commodité des dames... on pourra même avoir des échelles de corde pour les personnes peureuses... ou bien des paniers dans lesquels on se fera descendre à terre, comme descendent les ouvriers dans les mines...

— C'est égal, et lorsque vous aurez besoin d'un quarteron de beurre, votre servante est obligée de se laisser couler à terre après une corde, ça retardera bien votre dîner...

— Mais vous vous figurez donc, monsieur Loupard, que nous allons nicher notre ville aérienne bien haut?... Pas du tout... afin de rendre les communications faciles, nous fixerons nos logements-ballons à dix mètres seulement du sommet des maisons terrestres... pas davantage; comme cela, les personnes qui demeureront un peu haut sur terre, pourront fort aisément de leur fenêtre faire la conversation avec les habitants de l'air.

— Ah! c'est différent... mais une ville en l'air... si près de nos toits... ça gênera bien les enfants pour enlever des cerfs-volants!... Enfin, monsieur, dans tout cela je ne vois pas le rapport avec l'argent que vous me devez.

Depuis quelques instants, tout en causant, M. Bodinet examinait très-attentivement son fils de la tête aux pieds et comme quelqu'un qui médite un projet... Cependant cette préoccupation ne l'empêche pas de répondre à M. Loupard.

— Eh! mon Dieu! mon cher professeur, le rapport est cependant bien simple... l'inventeur de la ville en l'air a formé sur-le-champ une société... anonyme, pour l'exploitation de son invention; vous concevez que pour construire tant de ballons, il fallait des fonds... beaucoup de fonds!... On a donc créé des actions... de dix francs... ce n'est pas cher... mais on a voulu se mettre à la portée de toutes les bourses... on a créé dix millions d'actions de dix francs.

— Dix millions!...

— Certainement, pour avoir cent millions... elles ont été enlevées en un tour de main... il n'y en a plus, et aujourd'hui à la Bourse... dans la coulisse, elles sont montées à douze cents francs... voyez, monsieur, quel beau bénéfice on peut réaliser... Douze cents francs pour dix francs... c'est magnifique cela... comme on peut faire fortune aisément dans ce siècle-ci... maintenant nous allons créer des obligations de quinze francs, remboursables à trois cents francs dans l'espace de cent cinquante ans... Voyez, monsieur, quel gain cela vous promet...

— Si faut attendre cent cinquante ans, monsieur, c'est bien éventuel!...

— Votre obligation a le droit de sortir avant...

— Mais moi, j'ai aussi le droit de mourir avant qu'elle sorte... Tenez, je ne comprends rien à tout cela, monsieur.

— Parce que vous n'entendez pas les affaires, mon cher monsieur Loupard! c'est cependant bien simple... Tenez, une comparaison: on m'a prêté cent mille francs, avec lesquels je fais des affaires superbes. J'ai des bénéfices auxquels je dois naturellement faire participer mes prêteurs; eh bien, monsieur, un beau matin à la fin de l'année, je les rassemble tous...

— Et vous leur donnez leur part de bénéfice...

— Non, vous n'y êtes pas du tout! Je leur dis: Messieurs, prêtez-moi encore cent mille francs, et je ne peux pas manquer de faire de plus belles affaires et d'avoir de bien pl. s gros bénéfices...Vous voyez d'ici comme ils sont contents!...

— Monsieur, je vous avoue que je m'embrouille dans vos opérations... aura la complaisance d'... er à ce qui vous regarde.

— Pardieu! c'est bien simple. Je suis membre du comité de surveillance de la société anonyme pour les logements en l'air; je fais aussi les réclames dans les journaux... et c'est là, mon cher monsieur, qu'il faut déployer du talent... La réclame!... mais c'est tout, monsieur!... c'est ce qui enlève une affaire, ce qui fait accourir l'actionnaire... Comme je n'ai pas mon pareil pour rédiger une réclame, naturellement je me fais payer fort cher... il faut que le talent soit récompensé.

— Vous allez me trouver bien ignorant, monsieur, mais je ne sais pas ce que c'est qu'une réclame.

— Eh bien, mon digne ami, écoutez celle que j'ai faite pour notre nouvelle invention... je la sais par cœur!...

— Je vous écoute, monsieur.

— *Depuis longtemps le besoin d'une ville en l'air se faisait gé valement sentir, la terre n'était plus assez grande pour con-*

tenir ses habitants. Ce phénomène va se réaliser. On construit en ce moment une ville qui se tiendra dans l'espace, soutenue par des ballons. Les logements y seront à bon marché. Si nous n'avions pas peur de faire un jeu de mots, nous dirions que les habitants y seront aux oiseaux! Venez donc vous loger en l'air, vous qui occupez des logements malsains ou des rues qui infectent; là-haut ce n'est pas l'air qui vous manquera, et vous jouirez de toutes les commodités. Hein! est-ce tapé, cela?

— Pardon, monsieur, mais votre dernière phrase me fait faire une réflexion.

— Quelle phrase?

— Relativement aux... commodités que vous promettez... il me semble au contraire que dans vos logements en l'air il sera bien difficile d'établir des... *anglaises*...

— Rien de plus simple au contraire; au fond de chaque nacelle on laissera un petit espace ouvert... sur lequel on pourra s'asseoir comme sur une lunette... le reste va tout seul...

— Ah! mon Dieu! mais les habitants de la terre courront bien des risques alors...

— Monsieur Loupard, dans les grandes opérations, dans les entreprises colossales, apprenez qu'on ne s'arrête pas à ces misères de détail!... Enfin, la compagnie me doit pour dix mille francs de réclames... le caissier était absent tout à l'heure, mais on m'a dit : revenez dans deux heures et vous serez payé comptant... J'y retournerai donc quand j'aurai déjeuné, car j'éprouve un vif besoin de cette réfection. Vous n'avez rien à m'offrir, par hasard?... J'aurais mangé cela sans façon sur le pouce.

— Hélas! monsieur, je n'ai plus rien depuis que tout a été perdu dans ce four...

— Alors je vais ailleurs... je déjeunerai dans le quartier... Ohé! petit... mon fils!... venez donc un peu ici, drôle, que l'on vous regarde...

Aristide se décide à quitter le poêle dans lequel il n'y avait plus rien, et s'approche de son père d'un air décidé.

— Le voilà donc, ce gaillard... qui sera un jour mon héritier... Belle prestance... il portera la tête haute c mme son père!... il doit avoir... oui... il aura cinq ans dans deux mois...

— Il est très-fort pour son âge, monsieur.

— Oui... oui... peste, mon drôle! mais savez-vous que vous avez une tenue... digne du fils d'un ambassadeur... jolie blouse... un pantalon bleu tout neuf... veste idem... de très-beau drap, ma foi... et encore un charmant gilet là-dessous... Vous avez fait des folies pour cet enfant, monsieur Loupard!

— Oh! monsieur! ce n'est pas moi; mes faibles moyens ne m'auraient pas permis ces dépenses!... mais ce sont des jeunes gens qui logent dans la maison... ils ont vu cet enfant... qui était si mal vêtu... si peu couvert... et il faisait déjà froid, ils en ont eu pitié, et lui ont donné une foule de choses avec lesquelles j'ai pu le faire entièrement habiller...

— Ces jeunes gens n'ont fait que leur devoir... Celui qui a du superflu peut faire des cadeaux à qui manque du nécessaire...

— Tout le monde n'agit pas ainsi, monsieur, et d'ailleurs je ne crois pas ces jeunes gens riches...

— N'importe... pardieu, il me vient une idée... pendant que j'ai le temps... il faut que je mène mon fils voir son parrain... il demeure justement dans ce quartier, et depuis longtemps il me témoignait le désir d'embrasser son filleul... le petit est gentil, je suis persuadé en le voyant il versera des larmes d'attendrissement, et lui fera un joli cadeau, d'autant plus que nous sommes presque au jour de l'an... au moins une pièce de quarante francs que tu pourras dépenser, mon drôle, et avec lesquels tu régaleras joliment tes camarades...Vous entendez, mon bon monsieur Loupard... il vaut emmener le petit... pour fort peu de temps... son parrain demeure rue Bleue... c'est à deux pas d'ici... j'irai toucher mes dix mille francs, et en vous ramenant l'enfant je vous solderai...

— Monsieur... si c'est pour peu de temps... mais vous ne laisserez pas l'enfant seul, n'est-ce pas, monsieur, car un malheur est sitôt arrivé... il y a tant de voitures dans les rues...

— Oh! soyez tranquille... ce petit m'est trop cher pour que je l'expose au moindre danger... Puisqu'il faut toujours que je revienne, je vous le ramènerai, c'est convenu... Allons, jeune Aristide, suivez-moi...

L'enfant fait un signe de tête négatif en disant :

— Non, je ne veux pas aller avec lui... il a l'air méchant.

— Qu'est-ce à dire, polisson, vous ne voulez pas venir avec votre père... pour voir votre excellent parrain qui va vous combler de présents... c'est un homme aussi riche que généreux... il va te donner tes étrennes.

L'enfant repoussait pas et faisait toujours le même mouvement de tête. Le maître d'école va alors à lui :

— Aristide... vous ne pouvez pas désobéir à ce monsieur... c'est votre papa...

— Je ne le connais pas, na!... j'aime mieux rester ici et faire des boules de neige avec mes camarades.

— Comment, mon gaillard, tu refuses de venir avec moi... qui veux d'abord remener prendre une bonne tasse de chocolat avec des flûtes... hein! ce n'est pas mauvais, ça ?

Dès qu'il entend parler de chocolat, le petit garçon se rapproche de son père en souriant. Les enfants se laissent toujours prendre par la gourmandise, et nous voyons des hommes qui font toute leur vie comme les enfants.

— Ah!... je savais bien que je trouverais la corde sensible! dit M. Bodinet en se levant. Allons, partons... mais d'abord mettez votre casquette, petit, car je suppose qu'il en a une... mettez votre plus belle...

— Il n'en a qu'une, monsieur...

— Alors choisissez celle-là... Est-ce qu'il n'a pas quelque autre vêtement ?... un paletot, un manteau à mettre par-dessus sa blouse? vous concevez que pour le présenter à son parrain je tiens à ce qu'il soit bien mis... cela flatte mon amour-propre.

— Il n'a pas autre chose, mais il a bien assez chaud ainsi et vous-même, monsieur, vous l'avez trouvé fort bien mis tout à l'heure..

— Sans doute sans doute... mais pour aller chez son parrain... as-tu un mouchoir dans ta poche?...

— Non... je n'en ai pas...

— De grâce, maître Loupard, donnez un mouchoir à cet enfant... je n'ai pas envie qu'il se mouche sur sa manche, comme la plupart des écoliers...

Le maître d'école a couru chercher un mouchoir qu'il met dans la poche d'Aristide; alors celui-ci prend la main de son père en disant :

— Vous me ferez prendre du chocolat?...

— C'est par là que nous allons commencer, mon drôle; allons, en route... au revoir et à bientôt, mon estimable monsieur Loupard.

Et M. Bodinet sort de la classe en tenant son fils par la main.

En sortant de la maison, M. Bodinet remonte vers le haut du faubourg; il marche d'un pas pressé, ce qui force le petit Aristide à sautiller pour rester auprès de monsieur son père; mais celui-ci lui tient la main de façon à ce qu'il serait impossible à l'enfant de se dégager.

Au bout de quelques moments de cette marche précipitée, le petit garçon s'écrie :

— Où donc qu'il est, le chocolat?

— Quand tu en mangeras c'est que tu y seras.

Cette réponse ne satisfait pas entièrement l'enfant, mais M. Bodinet avait répondu cela d'un ton qui n'invitait pas à la conversation. Aristide se tait et continue à trotter.

Tout à coup, M. Bodinet, comme frappé d'une idée subite, entre dans la boutique d'un épicier en disant :

— Donnez-moi plusieurs feuilles de papier gris fort, et très-épais, comme celui avec lequel on enveloppe la chandelle.

Pendant que l'on sert monsieur son père, Aristide s'écrie :

— Et le chocolat... c'est-y ici que nous mangeons du chocolat ? j'en veux tout de suite, moi...

M. Bodinet met fin aux réclamations de son fils en lui appliquant une très-forte chiquenaude sur le nez, accompagnée de ces mots :

— Je n'aime pas que les enfants se permettent des questions... soyons sage ou je claque.

On sort de chez l'épicier. M. Bodinet tient toujours son fils par la main, et il a sous le bras son rouleau de papier gris.

Ce monsieur est préoccupé; il regarde sans cesse de droite à gauche, examine les maisons qui n'ont qu'une allée pour entrer, et semble enfin chercher un endroit propre à l'accomplissement du projet qu'il a formé. On continue de monter le faubourg; le petit garçon commence à murmurer entre ses dents, mais il n'ose plus adresser une question à son père, parce que la physionomie de celui-ci devient de plus en plus rébarbative.

On approche de la barrière, lorsque M. Bodinet aperçoit une fort vilaine maison, privée de boutique, n'ayant pour voisinage que des murs de jardin, et pour entrée qu'une allée étroite et noire comme un four.

Un sourire de satisfaction se dessine sur la figure de ce monsieur; il marche vers cette maison et pousse vivement le petit garçon dans l'allée en lui disant :

— Entrons, mon drôle, c'est ici que tu auras du c ocolat...

— Tiens!... on ne voit pas clair, ici...

— Avance toujours... encore... Ah! nous touchons à un escalier... arrête, maintenant, et ôte vivement ta blouse...

— Tiens! pourquoi donc que vous voulez que j'ôte ma blouse ?...

— Parce qu'on ne mange jamais de chocolat avec une blouse... Allons, dépêchons-nous... Ote ta veste, à présent...

— Ma veste aussi ?

— Fais ce que je te dis, et vivement, ou de garde pas sa veste ou manger du chocolat, tu pourrais la tacher. . obéis... c'est bien... et maintenant le gilet... et le pantalon... dépêchons...

— Ah ben! je vas donc être tout nu, moi? j'aurai froid...

— Tais-toi, drôle, je vais te mettre un autre costume, celui avec lequel on mange du chocolat sans avoir peur de se salir...

— Mais... j'ai froid, moi!...

— Obéissons sans répliquer ou je claque! les enfants ne doivent jamais raisonner.

Le petit garçon étant déshabillé, M. Bodinet commence à lui envelopper les cuisses et les jambes avec de grandes feuilles de papier gris, qu'il attache avec des épingles; il en fait autant pour le corps, puis pour les bras; il lui enfonce ensuite sur la tête un cornet toujours en papier gris, et lorsque son fils est ainsi enveloppé, il le pousse vers l'entrée de l'allée, en lui disant :

— Maintenant que tu as le costume de rigueur, redescends le faubourg... cours devant, je te suis... mais je te défends de te retourner!...

— Je ne veux pas sortir comme ça, moi... s'écrie Aristide avec colère. C'est pas des habits, ça... on va me crier à la chie-en-lit!

— Comment, tu n'es pas content, lorsque je t'habille comme Cadet-Roussel... file vite!

— Non, je veux mes affaires, moi... et le chocolat... où est-il?

— Tiens, le voilà le chocolat!

En disant ces mots, ce monsieur applique un grand coup de pied dans le derrière de son fils. Cette fois, Aristide ne demande pas son reste; il se sauve en courant, tandis que M. Bodinet ayant fait un paquet des effets de l'enfant, le fourre sous son bras, et s'esquive par un autre côté.

XXII. — UN ENFANT QU'ON RÉCHAUFFE.

Depuis fort longtemps, Gaston n'avait pas aperçu Félicie, que maintenant il brûle du désir de rencontrer, car il a entièrement oublié la belle danseuse de l'Opéra, ou si parfois il s'en souvient encore, c'est pour se reprocher les folies qu'il a faites avec elle.

Et lorsque Alexandre se moque de son ami en lui disant :

— Comment, tu es fâché d'avoir été l'heureux amant d'une jeune et jolie femme... mais tu n'as pas le sens commun.

Gaston répond en soupirant :

— Et si cette liaison m'a fait perdre l'amour d'une personne que j'aime véritablement, d'une personne qui, je le sens, aurait fait le bonheur de ma vie... n'ai-je pas raison de me la reprocher ?...

— Cette liaison ne t'a rien fait perdre... une infidélité sans conséquence, ne nous fait jamais perdre le cœur d'une femme... ou bien la petite voisine du cinquième serait donc faite autrement que les autres.

— Tu vois bien que je ne puis plus la rencontrer... sans doute elle me fuit... elle se sauve dès qu'elle m'entend... parce qu'elle me déteste maintenant...

— Je te répète que tu n'as pas le sens commun!... je n'aperçois pas plus que toi la petite voisine, et elle n'a aucune raison pour me fuir, moi!... mais il parait qu'elle se cache de tout le monde maintenant... depuis qu'elle a rencontré dans la maison ce médecin qui la connaît... décidément il y a du mystère... la demoiselle du cinquième est une héroïne de roman! je commence à devenir aussi curieux que les bonnes de la maison, moi.

Les deux amis venaient encore de se rencontrer dans leur escalier, et Alexandre grondait de nouveau Gaston sur sa tristesse qui semblait augmenter chaque jour, lorsqu'un bruit soudain attire leur attention: ce sont des cris, c'est un brouhaha, parmi lequel on distingue cependant des éclats de rire, ce qui annonce qu'il ne s'agit pas d'un événement malheureux.

— Qu'est-ce que c'est que ce tintamarre ! dit Alexandre... entends-tu, Gaston?

— Oui... des cris de gamins... quelques chiens qui se battent.

— On ne rit jamais si fort pour des chiens... écoute donc... cela se prolonge... cela augmento... on dirait que les rieurs entrent dans la maison... descendons... allons savoir ce que c'est.

L'entrée de la maison était en effet encombrée par la foule; c'était le petit Aristide qui revenait avec son costume de papier gris; sur son chemin, il avait d'abord excité la gaieté de quelques passants, puis la surprise de gamins qui l'avaient suivi en criant : « A la chie-en-lit. » Le petit garçon courait toujours, car il avait froid et désirait vivement être de retour à son école; heureusement il se rappelait le chemin qu'il avait suivi; il ne s'agissait que de redescendre la rue, mais à chaque instant la foule devenait plus serrée autour de lui, et ce n'était pas sans peine que le pauvre enfant venait de retrouver sa demeure; il était temps qu'il arrivât, car une des feuilles composant sa culotte venait de perdre une épingle et menaçait de se détacher entièrement.

Alexandre perce la foule où l'on criait :

— C'est un masque... c'est déjà un déguisé.

— C'est un enfant en papier gris...

— En Cadet Roussel...

— Joli costume qu'on lui a mis là... il doit geler ce pauvre petit...

— Bah ! il doit être habillé en dessous...

— Mais non, il ne l'est pas, et la preuve c'est que le pantalon se détache, et on en voit trop...

Très-mécontente de voir le dessous de sa porte envahie par la foule, madame Ador, qui ne reconnaissait pas le petit garçon, voulait le chasser avec son balai, lorsque Alexandre se fait jour jusqu'à la concierge; aussitôt l'enfant court à lui, en s'écriant :

— Ah! tu ne me chasseras pas; toi, tu es mon ami, toi...

— Eh! mais c'est le petit Aristide... ah! mon pauvre garçon!... qui diable t'a fagoté ainsi?

— C'est papa... il m'avait dit que c'était le costume pour manger du chocolat!...

— Ton père!... ah! c'est trop fort!

— Vous connaissez donc cet enfant, monsieur?

— Sans doute... c'est un des élèves de M. Loupard... pourquoi donc voulez-vous le renvoyer... et avec un balai encore?

— Eh! monsieur! comment voulez-vous que je reconnaisse ce petit... habillé en paquet de chandelles... emmenez-le vite chez vous, monsieur, afin que toute cette foule nous laisse tranquille... moi qui me faisais une omelette... elle aura brûlé, bien sûr... Amanda ira prévenir M. Loupard.

Alexandre prend Aristide dans ses bras afin de le réchauffer un peu, et se hâte de monter l'escalier, suivi de Gaston, auquel il dit :

— As-tu du feu chez toi?

— Mon Dieu, non... ni de bois pour en faire.

— Diable, il paraît que les eaux sont basses...

— Oh! oui... plus que basses...

— Moi, je n'en ai jamais de feu!... Collinet n'y est pas; d'ailleurs il n'en aurait pas non plus... il faut cependant que nous réchauffions cet enfant qui grelotte... et qui court risque d'attraper quelque maladie...

— Pourquoi ne l'avoir pas tout de suite reporté à son école?

— Pourquoi?... pourquoi?... d'abord il aurait encore fallu traverser deux grandes cours... et puis si tu crois qu'il se réchaufferait beaucoup à son école... Fait-on toute la journée du feu à votre poêle, Aristide?

— On l'allu...me... le ma...tin... mais on n'y remet ja ja...mais... le bois.

L'enfant pouvait à peine parler, tant ses dents claquaient; cependant il souriait encore en regardant Alexandre; celui-ci l'embrasse en s'écriant :

— Mille noms d'un diable! et il dit que c'est son père qui l'a affublé ainsi!... ce n'est pas possible!

— Si... si... c'est lui... qui m'a forcé d'ôter mes habits... et mis du papier sur le corps en me disant : voilà le costume pour manger du cho... chocolat...

On est arrivé au quatrième, Alexandre s'écrie :

— Moi qui étais embarrassé... allons chez madame Montenlair qui a toujours un si beau feu... elle ne demandera pas mieux que de réchauffer ce petit.

Et il tire la sonnette de sa voisine... la porte ne s'ouvre pas.

— Est-ce qu'elle serait déjà sortie... ce n'est pas probable, on ne va pas se promener par le froid qu'il fait!

— Peut-être M. Philosèle est-il chez elle...

— Sonnons encore.

Cette fois la porte s'entr'ouvre, et madame Montenlair montre à peine son nez en disant :

— Que me veut-on?... ah! c'est vous, messieurs... qu'y a-t-il donc?...

— Madame Montenlair, nous savons que vous avez toujours un bon feu... permettez-nous d'entrer chez vous pour réchauffer ce pauvre petit qui meurt de froid... car il est presque nu.

— Ah! mes chers voisins... combien je suis désolée... mais Philosèle est chez moi... vous savez qu'il ne peut pas nous souffrir, j'ai déjà eu bien des scènes pour vous... il voulait me faire déménager.

— Eh! sapristi, ce n'est pas de nous qu'il s'agit, mais de cet enfant qui grelotte... nous n'entrerons pas, nous, soit! mais prenez ce petit et mettez-le devant votre feu...

— Messieurs, pardon, mais il faut que j'aille d'abord en demander la permission à Philosèle... attendez un peu...

Le profil de madame Montenlair disparaît, et la porte se referme.

— Cré coquin! dit Alexandre, comment, il faudra la permission de son vieux mannequin pour recevoir ce pauvre enfant qui meurt de froid... Oh! les femmes! et on dira qu'elles sont bonnes... oui, quand ça flatte leurs passions... si Philosèle refuse l'hospitalité au petit... qu'il prenne garde à sa perruque!

— Tu as bien froid, mon pauvre garçon, dit Gaston en essayant de réchauffer les mains d'Aristide dans les siennes.

— Oh! oui... mon monsieur... pas trop!...

— Voyez si on nous ouvrira!... s'écrie Alexandre. Tant pis, nous allons entrer chez moi, et je vais brûler mes chaises, ça fera toujours du feu...

— Messieurs! dit alors une douce voix qui part de l'étage supérieur, si vous voulez monter avec cet enfant... j'ai du feu chez moi.

Gaston a tressailli, car il a reconnu la voix de Félicie. Quant à Alexandre, il grimpe déjà le cinquième étage avec son fardeau, et il entre chez la jolie voisine, en s'écriant :

— Ah! bravo, mademoiselle, c'est gentil cela... vous ne voulez recevoir personne, on ne vous rencontre jamais! mais vous reparaissez, et votre porte s'ouvre quand il y a une bonne action à faire... à la bonne heure!... il est permis de se singulariser comme ça.

Il y avait un très-bon feu chez la jeune fille; on installe Aristide au fauteuil qu'on place devant la cheminée; l'enfant étend avec

délices ses jambes et ses mains devant la chaleur, tandis que Félicie s'écrie en le regardant :

— Mais pourquoi donc ce petit garçon est-il seulement couvert de papier gris?...

— Ceci est une facétie de monsieur son père, qui me fait l'effet d'être un bien vilain particulier... j'avais déjà plusieurs raisons pour suspecter sa délicatesse... ceci est le bouquet... mais on monte l'escalier, ce doit être M. Loupard qu'on était allé prévenir du retour de son élève, habillé comme Cadet-Roussel. Permettez-vous, mademoiselle, que ce brave maître d'école entre chez vous, nous aurons alors la clef de tout ceci...

— Sans doute, monsieur, puisque cet enfant est ici, il est tout naturel que son maître y vienne.

Alexandre court au-devant de M. Loupard. Quant à Gaston, heureux de se trouver chez Félicie, il se tenait immobile dans un coin de la chambre et semblait craindre de bouger de peur qu'on ne le revoyait, mais ses regards suivaient tous les mouvements de Félicie; en revanche, celle-ci ne le regardait pas, et ne s'occupait que de l'enfant; elle tâtait ses mains, ses joues, et le voyait avec joie cesser enfin de grelotter.

Le bon maître d'école pousse un gémissement plaintif en apercevant Aristide enveloppé de papier. Il court embrasser l'enfant, en s'écriant :

— Il est donc possible!... Je ne voulais pas croire ce que me disait la nièce de la portière : « On a mis un de vos élèves dans du papier comme une côtelette de veau!... Et cela est vrai... pauvre enfant!... Mais, qui t'a donc volé tes vêtements... qui donc a été assez barbare pour mettre un enfant dans la rue... enveloppé dans du papier, par un froid de dix degrés...

— C'est mon... c'est mon papa...

— Ton papa!... M. Bodinet... il aurait été capable!... ah! mon Dieu!... cela me suffoque... cela m'anéantit!...

— Calmez-vous, monsieur Loupard, dit Alexandre, et puisque notre aimable voisine veut bien nous donner un moment l'hospitalité et réchauffer ce pauvre Aristide, contez-nous un peu d'abord comment il se fait que votre élève avait quitté votre classe... Mademoiselle a la bonté de nous offrir des sièges; j'accepte, je m'assieds, on est mieux pour causer. Eh bien! Gaston, qu'est-ce que tu fais donc là-bas... dans ce coin... on croirait que tu es en pénitence... viens donc t'asseoir près de nous.

Gaston murmure d'une voix qu'on entend à peine :

— Je ne sais pas... si mademoiselle veut bien que... si cela ne la contrarie pas, que... je reste...

Félicie, qui a probablement bien entendu, présente une chaise à Gaston, mais en ayant soin de la mettre au coin de la cheminée, fort loin de la place qu'elle se destine. Le jeune homme s'assied en s'inclinant. M. Loupard et Alexandre se sont déjà mis à côté d'Aristide, et Félicie va se placer à l'autre coin de la cheminée.

Le maître d'école fait alors le récit de ce qui s'est passé le matin entre lui et M. Bodinet.

— M. Bodinet prétend que les tabatières valaient six cents francs? s'écrie Alexandre. Pardieu! j'écrirai cela à mon oncle. Mais je trouve ce moyen de chantage très-adroit... on met son fils en pension, on ne la paie pas, mais on laisse de méchantes valeurs en dépôt; ensuite on vient au bout de quinze mois réclamer les marchandises, qu'on espère bien ne plus retrouver, et on en demande quinze fois la valeur... Tout cela est fort joliment combiné... Et vous dites que c'est lorsque vous m'avez nommé, que ce monsieur a changé de ton... Pardieu! j'en devine la raison... il paraît que mon oncle Grandmoulin s'était encore laissé soutirer des marchandises par cet aimable industriel, car il m'a envoyé dernièrement deux lettres de change acceptées par ce M. Bodinet; mais, cette fois, ce n'est point une bagatelle, elles sont chacune de sept cents francs. Et, comme de raison, n'ayant pas été payées à l'échéance, elles ont été retournées à mon oncle qui vient donc de me les renvoyer en m'écrivant : Ne néglige rien, et tâche de faire arrêter ce M. Bodinet qui est un insigne fripon, qu'il s'est indignement joué de moi... Vous comprenez, maintenant, pourquoi le nom de Grandmoulin doit sonner d'une façon désagréable aux oreilles de ce monsieur.

— Et avez-vous commencé les poursuites contre M. Bodinet?

— Hélas! mon cher monsieur Loupard, mon oncle m'avait aussi envoyé de l'argent à cet effet; mais, me trouvant à sec, je dois vous avouer que je l'ai employé à autre chose... Ceci est bien délicat... Poursuivez votre récit.

Lorsqu'il entend parler de la ville en l'air, Alexandre rit aux éclats, en disant :

— Décidément, ce M. Bodinet a de l'imagination... Oh! rendons-lui justice... ce n'est point un imbécile, je lui crois, au contraire, un esprit très-fécond en ressources!... c'est dommage qu'il en fasse un si mauvais usage... n'est-ce pas, Gaston?... eh! là-bas, Gaston!... est-ce que tu es mort?... est-ce que tu n'oses plus parler parce que tu es chez notre charmante voisine?

— Moi... mais... j'écoute... j'attends...

M. Loupard achève son récit, en faisant observer qu'il ne pouvait pas refuser à un père d'emmener son fils voir son parrain.

Cette fois Aristide ne demande pas son reste, il se sauve en courant. (Page 51.)

— Et maintenant, mon cher enfant, poursuit-il en s'adressant à son élève, dis-nous ce que tu as fait avec ton papa... où il t'a conduit... par quelle fatalité tu es revenu sous ce costume inconvenant et insuffisant... conte-nous tout cela... n'omets aucune circonstance.

— Oh! c'est pas difficile, papa Loupard!... ce monsieur... qui dit qui est mon père m'a emmené. Il est entré acheter ce papier-là chez un épicier; puis, nous avons marché longtemps... toujours tout droit; puis, il m'a poussé dans une allée toute noire; puis, il m'a fait ôter mes habits, en me disant que je les tâcherais en mangeant du chocolat... puis, il m'a attaché ce papier sur moi, et il m'a poussé hors de l'allée, en me disant : « Redescends la rue en courant, je te suis. » Moi, je ne voulais pas sortir comme ça... mais il m'a fichu un grand coup de pied... Alors, je me suis mis à courir... puis, v'là qu'on criait après moi et qu'on me suivait, en me disant : « A la chie-en-lit... »Moi, je courais toujours; mais j'avais joliment froid, et puis, il y avait tant de monde autour de moi... v'là que je ne pouvais plus courir... heureusement, j'ai reconnu la maison... Je suis entré, et la portière qui voulait me renvoyer à coups de balai!... J'avais si froid... je ne pouvais plus lui dire : « C'est ma pension ici... » mais voilà mon grand ami qui est arrivé... et il m'a reconnu tout de suite, lui.

Le récit tout simple du petit garçon est suivi d'un long silence, car tout le monde se sent le cœur serré, on ne peut plus rire en songeant qu'un enfant a dû souffrir. A moins de leur préférer les chiens!... nous connaissons des personnes plus sensibles pour les animaux que pour les enfants; nous avons toujours regardé ces personnes-là comme des êtres mal conformés, il leur manque certainement quelque chose du côté du cœur.

Alexandre rompt le premier le silence, en disant :

— Que voulez-vous, monsieur Loupard, il faut encore remercier ce M. Bodinet d'avoir laissé à son fils sa chemise, ses bas et ses souliers.

— Ah! monsieur... pour déshabiller ainsi son enfant, il fallait que ce monsieur eût bien besoin d'argent?

— Brave homme!... voilà une réflexion digne de vous. Mais il ne s'agit pas de tout cela... notre jeune ami ne peut pas rester vêtu ainsi... ou pour mieux dire, sans être vêtu... car voilà un morceau de son pantalon qui le quitte... voyons, avez-vous d'autres vêtements à lui mettre?...

— Mon Dieu! messieurs... il n'a pas rien pour l'hiver... je n'avais pas prévu... Il a un pantalon et une veste... de petite étoffe d'été... ce ne serait pas chaud à présent... je lui mettrai deux chemises.

— Ce petit ne peut pas être en classe rien qu'avec deux chemises... Êtes-vous en argent... monsieur Loupard?

— Hélas! non, monsieur, tout le monde me doit.

— Moi, c'est différent, je dois à tout le monde... et je n'ai pas le sou; mais... toi, Gaston... qui as de l'ordre...

Gaston rougit beaucoup et balbutie :

— Mon Dieu! je suis désolé... mais en ce moment... je suis aussi sans argent.

— Ah! c'est juste! je comprends... je comprends...

Et Alexandre se penche vers M. Loupard pour lui dire à l'oreille :

— Je ne songeais plus qu'il a été quinze jours l'amant d'une danseuse!... et ces dames-là ont tant de fantaisies... Sapredié! comment faire!...

— Oh! j'ai bien chaud, à présent, moi, dit le petit garçon en se trémoussant sur le fauteuil, je n'ai plus l'onglée!...

— Oui, oui... tu as chaud ici... mais tu ne peux rester continuellement devant le feu...Voyons, ne remue pas tant... voilà ta cuirasse qui te quitte aussi, tout à l'heure tu seras tout à fait en amour... sauf le maillot... malheureusement, il te manque le maillot.

Pendant qu'Alexandre causait, Félicie venait de se lever et de mettre à la hâte son chapeau et un manteau.

— Nous vous gênons, mademoiselle, car vous allez sortir, dit Gaston en se levant.

— Non, monsieur, cela ne me gêne pas du tout... seulement je vous demande la permission d'aller faire une course... mais je ne serai pas longtemps... j'espère être bien vite revenue.

Et la jeune fille sort précipitamment de chez elle.

— Tiens, la voisine sort, dit Alexandre en relevant la tête.

— Oui, mais elle a dit qu'elle serait bientôt de retour.

— Eh bien! nous garderons sa chambre; c'est une preuve de confiance qu'elle nous donne en nous laissant chez elle... mais elle sait bien que nous ne sommes pas des Bodinet... C'est gentil ici, c'est bien meublé...

— C'est très-joli, dit le maître d'école en portant ses regards autour de lui.

— Oh! ce n'est pas la chambre d'une ouvrière! murmure Gaston en secouant la tête.

— Que cette jeune fille soit ce qu'elle voudra, dit Alexandre, ce qu'il y a de certain, c'est que pour réchauffer cet enfant elle a tout à fait dérogé à ses habitudes... elle qui vit comme une petite louve, qui fuit voisins et voisines, ne veut recevoir personne... la voilà qui nous ouvre sa porte, nous permet de nous installer chez elle, nous y aisse mettres d'y fureter partout, et tout cela parce qu'elle a vu ce pauvre petit grelotter; donc elle a bon cœur... elle est sensible... elle a de ça enfin... Qu'on vienne encore en dire du mal devant moi, et on sera drôlement reçu... Est-ce que ce n'est pas ton avis, Gaston... Ah! bon, le voilà qui est en contemplation devant le lit de la jeune fille... Tu veux donc que M. Loupard sache tout de suite que tu en es amoureux... eh bien! c'est fini, il n'en doute plus! Mais tout cela ne nous donne pas un pantalon et un paletot pour le moutard... Franchement, je ne connais plus de vêtements dont je puisse me défaire en sa faveur...

— Hélas! ni moi, monsieur, soupire le professeur. C'est-à-dire j'ai bien un habit... le vieil habit noir que vous avez eu la bonté de lui donner... et comme l'enfant avait assez, je le mettais, moi, dans les jours de cérémonies... mais je vais le couper pour lui en faire une veste... Ce sera dommage!... cet habit-là m'aurait encore servi au moins dix ans; mais n'importe, je ne dois pas balancer...

— Attendez donc, monsieur Loupard, attendez encore... quand vous aurez coupé cet habit, cela ne donnera pas un pantalon au petit...

— Peut-être, monsieur, trouvera-t-on de quoi en faire un dans les pans...

— Mais il faudra le temps d'arranger tout cela... on ne fait pas des v'tements à la vapeur... et cet enfant ne peut pas attendre...

— Je lui mettrai trois chemises, monsieur...

— Habillez-le tout de suite en fille, et que ça finisse!...

— Ah! je suis un misérable! dit Gaston en marchant à grands pas dans la chambre, j'ai dépensé tout ce que j'avais... j'ai même fait des dettes!...

— Ah bah! s'écrie Alexandre, comment, toi aussi, mon pauvre Gaston, tu as des dettes... mais j'avais toujours cru que tu avais de la fortune, du bien dans ton pays...

— Du bien!... il me reste encore une petite maisonnette à Orléans, où ma mère est née, et elle m'avait toujours prié de ne pas m'en défaire... il le faudra pourtant... Je suis venu à Paris avec dix ou six mille francs... à présent je n'ai plus rien...

— Je croyais que la belle Cypriane ne voulait rien recevoir de toi?...

— Non, je ne lui donnais rien à elle... mais chaque jour c'était une partie de plaisir nouvelle; il fallait louer une loge au théâtre, et toujours une loge d'avant-scène!... il fallait avoir une calèche à nos ordres, il fallait dîner et souvent souper chez le traiteur... chez les meilleurs traiteurs... Mademoiselle Cypriane faisait elle-même la carte... elle aime les primeurs... les truffes, les vins les plus rares...

— Ah! mon cher ami, tu m'en diras tant...

— Enfin, en dix-huit jours j'ai dépensé à peu près deux mille cinq cents francs...

— Parbleu! je le crois bien... on va vite sur cette route-là... elle est semée de fleurs, de caresses, de plaisirs... mais dix-huit jours de suite!... c'est trop pour un auteur qui commence, et qui n'est encore joué... que par sa maîtresse...

— Aussi je n'ai pas le sou, et le mois prochain j'aurai une lettre de change de douze cents francs à payer.

— Tu as fait une lettre de change?

— Il le fallait bien : un jour que nous devions souper avec plusieurs de ses amies, à la Maison-Dorée, il ne me restait plus que quarante sous chez moi!... j'ai trouvé un prêteur... à très-gros intérêts... mais il me fallait de l'argent, j'en ai passé par tout ce qu'il a voulu...

— Et tu ne m'as rien dit de cela!... à moi, ton ami?

— Est-ce que tu m'aurais prêté de l'argent?

— Non; mais je t'aurais trouvé un prêteur moins juif... eh bien! papa Loupard, vous entendez de belles, n'est-ce pas... vous qui menez une vie pure et frugale... que devez-vous penser d'un jeune homme qui a mangé deux mille cinq cents francs en dix-huit jours pour une femme qu'il n'entretenait pas!

— Monsieur, la jeunesse a toujours fait des folies, l'Enfant Prodigue en a fait bien d'autres.

— C'est juste... aussi a-t-il été réduit à garder les pourceaux... j'aime à croire que Gaston n'a pas été jusque-là.

— Ce qui me désole, Alexandre, c'est que devant mademoiselle Félicie, tu m'as obligé à avouer ma position... elle pensait déjà bien mal de moi... qu'est-ce que sera donc maintenant!...

— Laisse-nous donc tranquille avec tes soupirs, et trouve une culotte à ce petit.

— Le retour de Félicie met fin à cette conversation. La demoiselle du cinquième porte un paquet assez volumineux auquel un foulard sert d'enveloppe; elle le dépose sur les genoux du maître de pension, en lui disant :

— Tenez, monsieur, voulez-vous me permettre de vous offrir ceci pour votre élève; j'avais quelques économies que je destinais à l'achat de bagatelles fort peu nécessaires; j'en ai changé l'emploi, et je suis heureuse de pouvoir faire aujourd'hui ce que ces messieurs ont fait autrefois pour ce pauvre petit garçon.

M. Loupard s'incline humblement et ouvre le paquet qui contient un pantalon, un gilet, un paletot, le tout en bon drap tout neuf, et

chaudement doublé; enfin il y a jusqu'à une casquette pour remplacer le cornet de papier avec lequel M. Bodinet avait coiffé son fils.

Le bon maître d'école reste tout saisi; il ne peut que balbutier :

— Ah! mademoiselle!... c'est trop!... c'est trop... tant de générosité...

— Mais, monsieur, il n'y a là que le nécessaire.

— Sapristi! c'est gentil, ça! s'écrie Alexandre en regardant la jolie fille qui semble vouloir se dérober aux remercîments.

Et le grand jeune homme se lève en s'écriant :

— Tant pis... il faut que vous me permettiez de vous embrasser... et vous ne me refuserez pas, car ce n'est plus comme un soupirant que je vous demande cela... c'est de bonne amitié... comme un frère... comme un véritable ami.

Félicie sourit et tend sa joue à Alexandre, qui applique dessus un gros baiser. Pendant ce temps, Gaston ne dit rien, ne bouge pas de sa place; mais une larme est venue au bord de ses paupières et il détourne la tête pour l'essuyer.

— Aristide, remercie donc mademoiselle, vois tout ce qu'elle vient d'acheter pour toi!...

— C'est pour moi tout ça... Ah! comme je vais être beau... mets-moi tout de suite ces habits-là, car ce gros papier me gratte tout plein le derrière...

M. Loupard a bientôt habillé l'enfant dont la mine espiègle gagne beaucoup sous son nouveau costume. Lorsque sa toilette est entièrement terminée, on l'envoie vers Félicie pour la remercier.

Le petit garçon court hardiment à la jeune fille et s'arrête devant elle en lui disant :

— Merci, mademoiselle... veux-tu m'embrasser à présent que je suis beau?

Félicie regarde pendant quelques instants l'enfant qui lui tend les bras; au lieu de se pencher vers lui, elle semble hésiter et ressentir comme de la répugnance à recevoir son baiser; cependant, surmontant ce qu'elle éprouve, elle embrasse Aristide, mais comme on accomplit une politesse de jour de l'an.

— C'est drôle! dit tout bas Alexandre à Gaston, je gagerais qu'elle n'aime pas les enfants... alors ce qu'elle vient de faire pour celui-ci n'en a que plus de mérite.

— Mon ami Loupard, dit Aristide en s'admirant dans son nouveau costume, à présent que me voilà bien habillé, il ne faudra pas me laisser aller avec ce monsieur qui est mon père, s'il voulait encore m'emmener prendre du chocolat!...

— Mon Dieu, messieurs, si cela arrivait pourtant... si ce monsieur venait chez moi et voulait encore emmener son fils... comment ferais-je... aurais-je le droit de me refuser à sa demande... il est père de cet enfant?...

Et le pauvre maître d'école regardait les jeunes gens d'un air affligé.

— Rassurez-vous, mon cher monsieur Loupard, dit Aristide. Après la petite espièglerie qu'il vient de commettre, il n'est pas probable que ce monsieur vienne de longtemps vous rendre visite!... Cependant s'il l'osait, venez sur-le-champ me chercher, vous savez que j'ai des comptes nombreux à régler avec M. Bodinet, et puis je serais très-curieux de faire sa connaissance...

— Mais si vous étiez absent quand il viendra...

— On me trouverait toujours... mais au reste vous vous créez des terreurs inutiles; je vous répète qu'après ce qu'il a fait aujourd'hui, ce monsieur n'osera plus se montrer chez vous; et enfin, quand un père dépouille son enfant et le chasse tout nu dans la rue par le temps qu'il fait, ce n'est plus un père, c'est un voleur, et on va chercher le commissaire de police s'il vient recommencer; mais nous abusons de l'hospitalité et de la bonté de mademoiselle, il me semble qu'il est temps de la débarrasser de nous.

Tout le monde se lève; on remercie de nouveau Félicie, et on prend congé d'elle. Gaston sort le dernier, il voudrait obtenir un mot, un regard qui lui rendît un peu d'espérance; mais la jeune fille tient ses yeux baissés et referme la porte sans l'avoir regardé.

XXIII. — UN ÉVÉNEMENT TRÈS-COMMUN

Une semaine s'écoule, puis une une autre, et M. Bodinet ne revient pas voir son fils; le maître d'école commence à se rassurer, car il a peur de ce monsieur qui lui doit de l'argent; il craint qu'il ne veuille encore emmener son fils, et employer pour lui résister le secours du commissaire, serait un acte d'autorité dont monsieur Loupard ne se sent guère capable, et répugne à son caractère.

Un matin, Alexandre se trouve avec madame Montenlair sur son carré, et ne l'avait pas aperçue depuis le jour qu'il cherchait du feu pour réchauffer Aristide, car depuis quelque temps la voisine se montrait moins et semblait éviter la rencontre de ses voisins.

— Ah! voilà la charmante Rosinette Pétronillette! s'écrie Alexandre en saluant cette dame d'un air moqueur. Vous devenez rare, voisine, mais je suis heureux de la rencontre; j'avais à cœur de vous remercier pour nous avoir laissés l'autre jour à votre porte, avec un enfant presque nu et mourant de froid sur les bras... Ah!

madame Montenlair! vous que j'ai connue si obligeante!... *Quantum mutatus ab illo!* Ce qui, pour vous, veut dire : je ne vous trouve pas changée à votre avantage!

— Mon Dieu, mon cher monsieur Alexandre, il ne faut pas m'en vouloir... est-ce que c'est ma faute à moi? si j'avais été seule chez moi, croyez-vous donc que j'aurais hésité une minute à vous recevoir!... mais Philosèle devient un tyran...

— Et vous vous laissez tyranniser, vous, l'ex-perle de Bordeaux...

— Mon cher ami... je ne suis plus à Bordeaux, malheureusement, je ne joue plus dans *le Sourd* : autre temps... autres amours... Je is obligée de ménager Philosèle, pour plusieurs raisons... dont us devinez la meilleure!

— Mais il n'y a pas très-longtemps encore vous aviez l'air de ne aindre personne...

— Mais alors vous n'aviez pas eu ces deux malheureuses scènes avec Philosèle... c'est depuis ce temps qu'il vous a en horreur... et qu'il m'a dit très-positivement : Rosinette, si jamais je vous retrouve en conversation avec les jeunes gens que vous laissez entrer, je vous en laisse entrer un seul chez vous... lors même que ce ne serait que pour lui allumer son rat, tout est fini entre nous, et je cesse de mettre les pieds dans votre maison... D'après cela vous concevez bien que l'autre jour, lorsque je lui ai dit : On m'apporte un enfant pour que je le réchauffe devant mon feu, il s'est écrié aussitôt : Qui est-ce qui vous l'apporte? — La concierge, ai-je répondu. Il s'est levé en disant :— Je vais aller m'assurer si c'est vraiment la concierge... mais si cela vient d'un de vos voisins du carré... je mettrai l'enfant dans le plomb. Alors, mon cher ami... je n'ai pas insisté... et j'ai dit que j'avais refuse de réchauffer n'importe quoi.

— Ainsi, c'est votre vieux moutardier qui a trouvé qu'on devait laisser geler un enfant s'il venait de notre part... c'est bien, je le repincerai, ce monsieur!... il aura encore du divertissement avec moi.

— Ah! monsieur Alexandre, je vous en supplie... n'ayez plus de rencontre avec Philosèle... sinon, vous serez cause qu'il me fera déménager.

— Je serais désolé de perdre votre voisinage, madame Montenlair, mais je ne puis pas répondre des événements...

— Je vais être dans des transes continuelles quand j'attendrai Philosèle, de peur qu'il ne vous rencontre dans l'escalier.

— Dites à ce monsieur de venir vous voir par la fenêtre, je ne vois que ce moyen d'éviter un grand malheur!

— Ah! monsieur Alexandre... vous êtes bien méchant!

— Les méchants, voisine, sont ceux qui laissent les enfants geler sur un carré quand ils ont un bon feu chez eux.

Depuis qu'elle a habillé à neuf le petit Aristide, mademoiselle Félicie ne s'est plus montrée à ses voisins, elle vit plus retirée que jamais, et pour aller acheter ce qui lui est nécessaire, semble épier le moment où il ne passe personne sur l'escalier. Gaston se désole de ne pouvoir exprimer à Félicie son repentir et son amour; au moindre bruit qu'il entend, il quitte sa plume pour courir sur son carré; mais lorsque par hasard c'est sa jolie voisine qui passe, elle descend trop rapidement pour qu'il puisse l'atteindre, ou remonte si lestement qu'elle a refermé sa porte avant qu'il ait eu le temps de lui parler.

Au milieu de ces préoccupations avait totalement oublié sa lettre de change de douze cents francs, et il est fort surpris lorsqu'un matin un garçon de recette se présente chez lui pour toucher cet effet.

— Comment! l'échéance est déjà arrivée, s'écrie Gaston tout étonné. Je croyais qu'elle était encore fort éloignée.

— Non, monsieur, c'est payable aujourd'hui trente et un janvier... yez plutôt...

— Au trente et un janvier... c'est juste... et nous sommes déjà à jour-là... Comme le temps passe...

— Payez-vous, monsieur?...

— Je le voudrais bien, mais je n'ai pas d'argent. Cependant ne soyez pas inquiet... je termine un livre que j'espère vendre... ensuite, j'ai un vaudeville de reçu au théâtre du Palais Royal... et puis, à la rigueur, je vendrai ma petite maisonnette que je possède à Orléans; vous voyez qu'on aurait tort d'être inquiet!

Le garçon de recette se contente de sourire en répondant :

— Tout cela ne me regarde pas, monsieur; tenez, voici l'adresse du banquier. Je dois seulement vous prévenir que si vous ne payez point dans la journée, demain votre billet sera chez l'huissier.

— Qu'est-ce que vous voulez que j'y fasse.

Et Gaston essaie de se remettre à l'ouvrage, en se disant :

— Oh! mademoiselle Cyprienne... que m'avez coûté cher... relativement... car, qu'est-ce que deux mille cinq cents francs pour vous... une misère! Je suis bien certain que mon successeur, le comte de Tamponiskoff, en dépensera dix fois autant avec vous... et peut-être plus, que vous l'aimiez davantage! Ah! ce n'est pas l'argent que je regrette... l'argent peut se regagner... la fortune peut un jour me sourire... je puis obtenir des succès... mais l'amour de Félicie pourrai-je le reconquérir... après cela, sais-je seulement si elle m'aimait... non, je me flattais à tort... si elle m'avait aimé, Alexandre m'a dit qu'une infidélité ne nous faisait jamais perdre l'amour d'une femme... mais Alexandre peut se tromper... toutes les femmes n'ai-

ment pas de même, et celles qu'il a connues ne devaient pas ressembler à Félicie!

Deux jours plus tard, Collinet frappe à la porte de Gaston. Le petit clerc tient à la main un papier timbré qu'il présente à son ami d'un air narquois, en lui disant :

— Tiens, Gaston, voilà ce que je suis chargé de te remettre, parlant à ta personne.

— Qu'est-ce que c'est que ce papier? dit le jeune poëte; si tu as quelque chose à me dire, est-ce que tu ne peux pas me parler au lieu m'écrire...

— Moi, je n'ai rien à te dire du tout. C'est mon huissier qui te parle par le moyen de ce protêt qu'il m'a chargé de te remettre...

— Qu'est-ce que cela, un protêt?

— C'est un acte judiciaire par lequel on te prévient que si tu ne paies pas ton effet de douze cents francs, on t'y contraindra même par corps!...

— Ah! c'est pour cette malheureuse lettre de change de douze cents francs... mais je n'ai pas d'argent.

— Cela ne me regarde pas... voilà ton protêt, je vais à mon étude...

— Mais, écoute donc, Collinet ; tu peux bien dire à ton huissier de patienter un peu. J'ai aujourd'hui rendez-vous avec un libraire qui m'achètera peut-être mon roman...

— Les huissiers n'entrent pas dans ces détails-là... ils ne sont que les mandataires de leurs clients; on leur dit d'agir, ils agissent... Je te conseille de te mettre en mesure...

— Enfin, tu peux toujours prier ton huissier de me donner du temps...

— Compte là-dessus!

Et M. Collinet s'éloigne en se frottant les mains et en disant :

— Ah! tu me souffles les danseuses... Ah! on me prend mon logement et toi tu prends la femme!... Ah! je couche sur l'escalier, tandis que tu es chez elle!... A ton tour, mon gaillard, d'avoir les désagréments... mais je n'ai pas d'argent.

— Plus souvent que je te demanderai pour toi du temps à mon patron! Je vais lui dire que tu l'as appelé... cuistre!

Gaston a froissé dans ses mains, sans y avoir jeté les yeux, le papier que le jeune clerc lui a remis. Il en fait de même des autres papiers que M. remet plus tard la concierge, parce que Collinet juge plus adroit de ne point les donner lui-même à son voisin, et un matin le futur auteur est tout surpris lorsqu'on sonne chez lui et qu'un monsieur, très-poli, lui dit en le saluant gracieusement :

— C'est à monsieur Gaston Durandal que j'ai l'honneur de parler?

— Oui, monsieur.

— Alors je vous prierai de vouloir vous donner la peine de me suivre...

— Où donc cela, monsieur?

— A la prison pour dettes de la rue de Clichy... à moins que vous n'ayez de quoi payer votre lettre de change de douze cents francs, plus les frais, qui se montent à cent cinq francs, total treize cent cinq francs...

— Je ne puis pas payer... mais avant de mettre les gens en prison, on devrait au moins les prévenir.

— Vous avez été parfaitement prévenu, monsieur!... l'huissier vous a envoyé tous les actes ordinaires...

— Je ne les ai pas lus.

— Il fallait les lire, monsieur...

— Mais j'avais prié Collinet de demander pour moi du temps à son huissier.

— Qu'est-ce que c'est que Collinet?

— Un clerc de l'huissier qui a fait les poursuites...

— Ah!... un petit jeune homme un peu rouge... C'est lui qui m'a indiqué l'heure où je serais certain de vous trouver.

En ce moment la porte de M. Collinet qui était entr'ouverte depuis quelque temps, est refermée avec précipitation.

— Fort bien, monsieur, dit Gaston, ne croyez pas que je veuille chercher à vous échapper... à quoi cela m'avancerait-il... Permettez-moi de prendre mes cahiers, mes ouvrages en train... et je suis à vous...

— Faites, monsieur; il y a en bas une voiture qui nous attend.

Lorsque Gaston sort de chez lui avec le garde du commerce, il rencontre Alexandre qui sortait aussi. Il lui tend la main en lui disant d'un ton mélancolique :

— Adieu, Alexandre, je m'en vais...

— Tu me dis a dieu d'un air bien triste! Tu vas déjeuner avec moi, sœur, je pense?...

— Moi... je vais en prison.

— En prison... Ah! mon Dieu... et pourquoi?...

— Pour la lettre de change dont je t'ai parlé... douze cents francs... avec les frais treize cent cinq francs... Peux-tu me les prêter?... monsieur me laissera libre...

— Ah! mon pauvre garçon, si je les avais... est-ce que j'attendrais que tu me les demandes...

— Oh! non, je le sais bien ; je connais ton cœur à toi...

— Sapristi !... mais t'arrêter comme cela... Collinet ne t'a donc pas prévenu?

— Non... mais il a dit à monsieur l'heure laquelle on était certain de trouver...

— Gredin! Jeanfesse... et cela se disait un ami... Je lui donnerai danse à celui-là!

Alexandre regarde avec colère la porte de Collinet, mais elle est hermétiquement fermée.

— Que veux-tu, Alexandre, il faut payer ses folies; au reste, en prison, je travaillerai, je n'y perdrai pas mon temps... et si je ne vends pas le roman que je termine... eh bien, j'écrirai à Orléans pour qu'on vende la maisonnette que ma mère aimait tant... mais j'avoue que je ne ferai cela qu'à la dernière extrémité... Tu viendras me voir où je vais, n'est-ce pas?

— Oh! sois tranquille, est-ce que tu crois que je vais t'oublier parce que tu ne seras plus là?...

Puis prenant Alexandre à part, Gaston lui dit tout bas:

Ce qui me fait le plus de peine, c'est de m'éloigner d'elle... je ne la rencontrais que bien rarement... mais enfin, je savais qu'elle était là... au-dessus de moi... et c'était mon bonheur... Plus d'une fois, au milieu de la nuit, je me suis levé, je suis monté sans faire de bruit, et je me suis assis contre sa porte... j'étais plus près d'elle... je passais là des heures entières sans rien dire... sans frapper, car je savais bien qu'elle ne m'aurait pas ouvert!... mais il me semblait que je veillais sur elle... que je protégeais son sommeil, et je redescendais chez moi plus heureux. Ne lui dis pas cela, Alexandre, car elle ne le croirait pas... et d'ailleurs elle n'en serait pas touchée... Surtout ne lui dis pas que je suis en prison pour dettes... elle devinerait bien pourquoi je me suis endetté... Mais au surplus, tu n'auras rien à lui dire... elle ne s'informera pas de moi... de ce que je suis devenu... elle ne saura pas que je ne suis plus là... Adieu, Alexandre. Ah! si j'avais été raisonnable... je ne serais pas où j'en suis...

— Bah! il faut bien payer sa dette à la jeunesse. Je n'ai jamais payé que celles-là, moi...

— Adieu, Alexandre, adieu...

Gaston serre la main de son ami, jette encore un regard sur l'étage supérieur, puis descend rapidement l'escalier accompagné du garde du commerce.

Alexandre est demeuré sur le carré, consterné, désolé, furieux. Il passe sa main sur son front et frappe du pied en murmurant:

— Crédié!... on coffrera un gentil garçon ça, parce qu'il se trouve dans un moment de gêne... et l'on remettra ses protêts et assignations, qu'il n'aura pas d'argent! et moi je ne pourrai pas pincer cette canaille de Bodinet... un fripon... un escroc... qui ne cherche qu'à faire des dupes... et qui vole... jusqu'à son fils... car si j'avais l'argent des effets de Bodinet, je pourrais avec cela payer la dette de Gaston. Allons, sacredié, il n'y a pas à dire, il faut que je mette la main sur ce monsieur-là.

Lorsqu'on est bien certain qu'Alexandre n'est plus sur le carré, on entr'ouvre la porte de chez Collinet: le bout du nez se montre, puis un œil qui regarde de tous côtés; enfin le jeune clerc sort tout à fait, et dégringole l'escalier en murmurant:

— Imbécile de garde, qui va dire que c'est moi qui lui ai appris à quelle heure on trouverait Gaston... Alexandre est capable de me battre...

Et en passant devant la concierge, M. Collinet lui crie:

— Madame, je déménage, je donne congé de ma chambre, vous pouvez mettre écriteau, je veux m'en aller.

— Mais, monsieur, ce n'est pas l'époque des congés...

— Ça m'est égal... tâchez de louer tout de suite, je ne veux pas rester dans cette maison... j'en ai assez!... j'y ai eu trop d'agrément.

XXIV. — ENCORE LES BONNES.

A Paris il y a de ces événements qu'il est bien difficile de cacher à son portier. Par exemple, si vous avez des dettes, il le saura avant tout le monde, car c'est à lui que l'on remettra les protêts et assignations, et si l'on n'envoie pas de papier timbré, ce sera toujours chez lui que vos créanciers se plaindront, jureront, menaceront lorsqu'ils ne vous trouveront pas, et même lorsqu'en sortant de chez vous, ils n'auront pas reçu d'argent.

On a dit qu'il n'y avait point de héros pour son valet de chambre, moi j'ajoute qu'il n'y a point de blagueurs pour son portier, et si le mot blagueur choque quelques oreilles trop susceptibles, je ne le retirerai point, parce que je n'en trouve pas d'autre pour bien rendre ma pensée.

Or, quand un portier ou une concierge sait qu'il vous est arrivé quelque événement heureux ou fâcheux, c'est absolument comme si on l'avait tambouriné dans toute la maison.

Madame Ador et mademoiselle Amanda avaient reçu tous les papiers timbrés pour Gaston; puis on avait vu le garde du commerce arriver dès le matin avec un recors et une voiture; comme le recors était resté en bas, mademoiselle Amanda n'avait pas manqué d'aller lui demander ce qu'il faisait là, et celui-ci avait répondu tout crûment:

— Je guette, pour que le particulier que l'on vient arrêter ne s'enfuit pas.

Enfin on avait vu sortir Gaston, portant plusieurs rouleaux de papier sous son bras et accompagné de son garde qui avait crié au cocher, sans y mettre le moindre mystère:

— A la prison pour dettes, rue de Clichy.

Aussitôt, cette nouvelle, racontée aux bonnes de la maison, était montée d'étage en étage, se faufilant chez chaque locataire. Les dames Mirolin en avaient sauté de joie en s'écriant:

— Et d'un!... ah! quel bonheur, si on pouvait arrêter toute la maison.

Madame Montenlair avait gémi en disant:

— Pauvre garçon... si j'étais encore en fonds comme à Bordeaux! mais ce n'est pas Philoësie qui prêtera de l'argent pour payer sa dette!

Madame Patineaux, qui avait le cœur très-sensible, et ne rentrait jamais chez elle sans jeter un regard sur l'étage supérieur, surtout depuis qu'elle avait échangé quelques mots avec le grand Alexandre, et que son mari lui témoignait son mécontentement de ce qu'elle faisait de la toilette pour sortir sans lui, ce qui avait peut-être donné à cette dame le désir de former une liaison agréable, sans être obligée de quitter sa maison, madame Patineaux avait poussé un profond soupir en apprenant qu'on avait conduit en prison un de ses jeunes voisins, mais elle avait eu bien soin de s'informer si ce n'était pas le plus grand des trois.

La domestique de M. Beugle s'était écriée: « Quel dommage que ce ne soit pas le petit rouge qui a fait des horreurs chez nous! »

Celle du médecin, mademoiselle Maria, avait aussi raconté l'événement à son maître, qui avait pris son violon en répondant à sa bonne:

— Si ce jeune homme joue un peu de cet instrument, la prison lui permettra d'étudier sans être dérangé, et il fera des progrès.

— Mais s'il ne sait pas jouer du violon?...

— Eh bien! ce sera le cas de l'apprendre.

Mademoiselle Cyprienne, instruite de cet incident par sa femme de chambre Zéphirine, avait d'abord paru désolée et s'était écriée: « Ce pauvre Gaston!... il serait en prison... pour une misérable dette!... Oh! mais je ne l'y laisserai pas... je n'en veux pas qu'il soit en prison... Cette idée seule me fait un mal affreux... »

Mais l'instant d'après M. le comte de Tamponiskoff était venu chercher la belle danseuse pour essayer une nouvelle calèche, et Gaston avait été aussitôt oublié.

Cependant comme la jolie demoiselle du cinquième ne causait avec personne dans la maison, elle aurait pu ignorer ce qui était arrivé à son gentil voisin, si mademoiselle Zéphirine, qui s'était bien aperçue que Gaston venait soupirer devant la porte de Félicie, n'eût un jour guetté le moment où celle-ci remontait chez elle, pour crier dans l'escalier:

— Ce pauvre M. Gaston!... en prison... Ah! ça me fait bien de la peine!... et s'il compte sur ma maîtresse pour l'en tirer, je crois qu'il y restera longtemps!... et pourtant, Dieu merci! il en a mangé, de l'argent, avec elle!... ça n'a pas duré longtemps! mais ça allait bien!

Ces paroles sont arrivées jusqu'au cœur de Félicie; elle se hâte de rentrer chez elle pour qu'on ne remarque pas son trouble, son émotion, mais une fois seule elle ne cherche pas à retenir ses larmes et se dit:

— Voilà donc où l'a conduit son amour pour cette femme... il a sacrifié pour elle tout ce qu'il possédait. Il l'aimait donc bien, cette femme!... et pourtant il m'avait aussi juré qu'il m'aimait, moi... et il me le disait d'un air si sincère... que je le croyais... et moi qui, malgré moi je m'étais laissée aller à l'aimer... Ah! cela me semblait si doux d'aimer... j'oubliais ma cruelle position... je me disais qu'il doit être bien doux de pouvoir épancher son cœur dans celui d'une personne qui partagerait nos peines... nos souffrances... qui pourrait nous protéger lorsque quelque malheur venait à nous frapper... ou nous conseiller si nous nous trouvions dans une position embarrassante... car maintenant je n'ai plus personne dont je puisse implorer la protection... M. Brémont, ce vieil ami de mon père... ce vieil ami que j'avais tout dit... M. Brémont qui venait quelquefois me voir, qui me portait le plus tendre intérêt... et que j'aurais été certaine de trouver pour me défendre si on m'avait menacée... il vient de mourir; j'ai perdu ce vieil ami... et la pauvre Ernestine Danglade n'a plus personne non plus pour la protéger... car le docteur Urtubi est une connaissance mais non pas un ami... D'ailleurs il ne sait pas... je ne veux pas lui dire mon secret...

La jolie fille demeure pendant longtemps absorbée dans ses pensées, puis, tout à coup, essuyant ses yeux, elle court à sa commode, fouille dans un tiroir, y prend un petit portefeuille et le met dans sa poche en se disant:

— Parce qu'il m'a trompée... parce qu'il a aimé cette danseuse... ce n'est pas une raison pour que je le laisse en prison... lorsqu'il m'est si facile de l'en faire sortir... D'ailleurs, il ne la voit plus, cette femme, il ne va plus chez elle... et plus d'une fois... depuis quelque temps... je l'ai bien entendu pendant la nuit, monter tout doucement et s'arrêter devant ma porte... où il restait des heures entières... Je ne le voyais pas... mais que pouvais-je lui en vouloir de cela... Ah! je ne dormais pas, pendant tout le temps qu'il était là... mais je me serais bien gardée de faire le moindre bruit, de peur qu'il ne sût que j'étais éveillée... Il sera libre... mais je ne veux pas qu'il sache que c'est à

Veux-tu m'embrasser à présent que je suis beau? (Page 69.)

moi qu'il doit sa liberté... Comment donc faire... ce n'est pas moi qui puis me charger des démarches nécessaires pour amener sa sortie de prison... Je ne vois qu'un moyen... son ami Alexandre... Oh! c'est un bon garçon... il ne me fait plus la cour... et je puis me fier à lui... il faut que je le voie... Aller chez lui... ce serait me compromettre... si on me voyait entrer ou sortir de chez ce jeune homme... ils sont si méchants, dans cette maison. Toutes ces bonnes ont l'air de me guetter... on dirait que je suis la maîtresse de M. Alexandre... il faut pourtant que je le voie, pour que M. Gaston sorte de prison... je guetterai ce soir le moment où il rentre... oui, attendons ce soir, c'est le seul moment où je pourrai lui parler sans être vue.

Félicie s'étant arrêtée à ce dernier parti, attend la soirée avec impatience; mais comme il arrivait souvent à Alexandre de rentrer dans le milieu de la journée, elle laisse sa porte entr'ouverte, et, au moindre bruit qu'elle entend dans l'escalier, elle court sur son carré dans l'espoir qu'elle apercevra celui auquel elle veut parler.

Mademoiselle Zéphirine, dont la porte est près de celle de Félicie, et qui en allant et venant examine toujours tout ce qui se passe, a bientôt remarqué que sa jolie voisine laissait maintenant sa porte tout contre, au lieu de la fermer entièrement comme auparavant.

La jeune femme de chambre ne manque pas de faire là-dessus ses conjectures, et de dire à la bonne du docteur, avec laquelle elle est entièrement raccommodée :

— Dites donc, Maria, que je vous apprenne une chose...

— Quoi donc ?...

— Vous savez bien la belle pimpante de là-haut, que votre maître connaît ?...

— Mademoiselle Félicie, qui ne s'appelle pas Félicie, car monsieur lui a donné un autre nom... Dieu! quel malheur que je ne l'aie pas retenu... Eh bien! cette demoiselle ?...

— Ce matin j'ai eu soin, en parlant à Adélaïde, de dire bien haut, devant elle, que son amoureux Gaston était en prison, car c'était son amoureux, ma chère, j'en suis aussi sûre qu'il est vrai que vous êtes une honnête fille !... Je l'entendais monter la rue en tapinois, à pas de loup... puis les pas s'arrêtaient devant sa porte...

— Ah! que ça m'embête, de ne pas avoir de chambre à côté, moi !

— Enfin, on sait à présent que son amoureux est coffré...

— Tiens, toute la maison le sait !

— Toute la maison qui cause, mais cette belle mijourée qui ne parle à personne, pouvait ne pas le savoir, c'est pourquoi je le lui ai corné aux oreilles. Eh bien! depuis qu'elle sait ça, croiriez-vous

qu'elle ne ferme pas sa porte ? vous conviendrez que par le froid qu'il fait, ce n'est guère le temps de laisser les portes ouvertes... A quoi lui sert d'avoir du feu ?... et elle a un très-bon feu, mais elle a l'air d'être sans cesse aux écoutes...

— Elle a peut-être peur qu'on ne vienne l'arrêter aussi, elle !

— Certainement il y a quelque chose... mais j'aurai l'œil sur elle... je saurai ce qu'elle mitonne... Ah! si j'avais la confiance d'un homme, comme vous avez celle de votre maître, il y a longtemps que je lui aurais tiré les vers du nez au sujet de cette pimbêche !

— Vous croyez que ça se fait comme ça, vous, Zéphirine; mais avec son air de rire, monsieur est quelquefois très-revêche avec moi. Je lui ai dit un jour : Monsieur, qu'est-ce que c'est donc, que cette jeune fille, qui demeure au cinquième, dans la maison, et avec qui vous causiez l'autre jour sur le carré? il paraît que vous la connaissez de longue date... et que vous savez ce qu'elle est? Là-dessus il m'a regardée d'un air moqueur en me répondant : « Eh bien, après? qu'est-ce que cela vous fait, que je la connaisse?» Monsieur, repris-je, c'est que tous les locataires désirent savoir qui elle est, et si elle est digne de demeurer dans une maison honnête. Là-dessus il a pris son violon en me disant : « Envoie-moi tous ces locataires si curieux, ils ont besoin d'être purgés, » et il s'est mis à râcler !... à râcler!... Ma foi, depuis ce jour-là je n'ai pas osé lui faire de nouvelles questions à ce sujet.

— Eh bien! moi, je vous assure que je saurai pourquoi cette demoiselle ne ferme plus sa porte quand il gèle... Il faut qu'elle soit bien échauffée, cette demoiselle-là !

Il est minuit passé, Félicie écoute toujours, elle n'a pas encore entendu rentrer Alexandre; elle commence à craindre qu'il ne revienne pas coucher chez lui, et soupire en songeant que cela retardera la délivrance du pauvre prisonnier : enfin on referme encore la porte de la rue, puis des pas se font entendre dans l'escalier. Félicie sort doucement de sa chambre et va se pencher contre la rampe de son carré; elle reconnaît les enjambées du grand jeune homme qui montait toujours deux marches à la fois, et lorsqu'il est sur le point d'ouvrir sa porte, elle l'appelle à demi-voix :

— Hem! qu'y a-t-il... qu'est-ce qui m'appelle ? dit Alexandre en s'arrêtant

— C'est moi, monsieur Alexandre... votre voisine d'au-dessus...

— Comment, c'est vous, mademoiselle Félicie ?...

— Oui... je voudrais bien vous parler... c'est pour quelque chose d'important...

— Eh bien, voulez-vous que je monte chez vous... préférez-vous entrer un moment chez moi... mais je vous préviens que ça y empoisonne la pipe !...

— Mon Dieu !... je ne sais... mais il me semble qu'il vaut mieux que vous montiez... vous."

— Me voilà !...

Alexandre a lestement monté le cinquième étage, la porte de Félicie est ouverte, il s'arrête sur le seuil, en disant à la jeune fille :

— Me permettez-vous d'entrer à présent, ou désirez-vous que je reste là... dites? je ferai tout ce que vous voudrez...

— Entrez, monsieur Alexandre, je vous reçois avec confiance, car vous m'avez dit que vous étiez maintenant pour moi un frère, un véritable ami.

— Oui, mademoiselle, je vous le répète, et je mériterai la confiance que vous me témoignez.

En disant cela, Alexandre entre chez Félicie et referme la porte sur lui, car il faisait fort bien observé mademoiselle Zéphirine, ce n'était pas le moment de laisser ses portes ouvertes.

XXV. — UN MONSIEUR PEU DÉLICAT.

Félicie a présenté un siége à Alexandre qui se place devant le feu en disant à la jeune fille :

— Me voici prêt à vous entendre, ma petite voisine, si je puis vous être bon à quelque chose... disposez de moi, je suis entièrement à votre service...

— Oui, monsieur Alexandre, j'ai quelque chose à vous demander... mais auparavant, dites-moi, est-ce bien vrai que M. Gaston soit en prison... pour dettes?

Alexandre fait une légère grimace en s'écriant :

— Sapristi ! on vous a dit ça! et qui diable vous l'a dit ?... il m'avait bien recommandé de vous le cacher, lui... et, certes, je ne vous l'aurais pas appris...

— Ce sont les bonnes de la maison qui l'ont dit devant moi, pendant que je passais...

— Oh! quelle maison... c'est bien une vraie lanterne... on y sait tout ce qui se fait chez chaque locataire, et il y a aussi ce qui ne s'y fait pas. Mais après tout, je ne vois pas grand mal à ce que vous sachiez où est maintenant le pauvre Gaston... il se figure que vous allez lui faire un crime de cela... comme si un tel événement n'était pas ordinaire... cela peut arriver à tout le monde...

— Moi... faire un crime à M. Gaston de ce qu'il a des dettes... est-ce que cela me regarde... est-ce que j'ai le droit de surveiller sa conduite ?..

— Eh ! mon Dieu ! ma petite voisine, vous n'avez aucun droit... c'est juste !... Gaston est son maître, il n'y a pas le moindre doute !... mais enfin, je m'entends bien... et vous m'entendez aussi... s'il n'avait pas été pendant quinze jours avec la belle danseuse du second, il n'aurait pas fait de folies, par conséquent point de lettres de change... et puisqu'il vous aimait, il ne devait pas aller courir avec une autre... Voilà ce que vous avez le droit de dire... ou du moins de penser...

— Moi, monsieur, pourquoi supposez-vous cela ?...

— Parce que je sais très-bien que Gaston vous aime... parce qu'il m'ava semblé que vous n'étiez pas indifférente à son amour... je me suis peut-être trompé... mais ça m'étonnerait.

— Si cela était, monsieur, vous voyez que j'aurais eu bien tort de croire aux discours de votre ami!

— Non, ma voisine, vous n'auriez pas eu tort; Gaston vous aimait, il vous adore toujours... Parce qu'il vous a fait une petite infidélité, en courant, vous doutez de ses sentiments, vous figurez qu'il avait cessé de vous aimer... c'est une erreur! les hommes ne sont pas parfaits... ni les femmes non plus; du reste... un jeune homme rencontre, par hasard, une beauté qui lui fait de l'œil... il succombe à la tentation... le grand mal... c'est n'est pas son cœur, ce ont les sens qui l'ont entraîné... au bout d'une quinzaine il ne pense plus à celle qui l'a distrait de son véritable amour... et il revient à ses moutons... c'est la marche ordinaire!

— Moi, monsieur Alexandre, je ne crois pas à l'amour qui est volage... si j'aimais, je sens bien que je ne ferais pas la coquette avec d'autres... je veux être aimée de même...

— Je vois que vous êtes jalouse, ma petite voisine, vous pa ns... ar vous aurez bien de la peine à rencontrer un homme incapable d'une infidélité !...

— Je n'aimerai pas alors...

— Ne pas aimer... à votre âge... avec votre jolie figure... est-ce que c'est possible... et, d'ailleurs, est-ce que ce serait le moyen d'être heureuse; avez-vous lu Voltaire, ma voisine?

— Je ne connais que son théâtre.

— Ses poésies ont bien aussi leur mérite... L'histoire ne nous dit pas que Voltaire ait été un homme à bonnes fortunes, et cependant voilà ce qu'il pense sur l'amour:

Il faut aimer, c'est ce qui nous soutient;
Car sans aimer il est triste d'être homme
Il faut...

Mais excusez-moi, je suis persuadé que vous ne m'avez pas prié de monter pour m'entendre vous réciter des vers... Revenons à ce que vous voulez me dire...

— Eh bien, monsieur Alexandre, quoique je... ne croie pas à l'amour de M. Gaston... ce n'est pas une raison pour que je ne veuille pas lui rendre service... Pour quelle somme est-il en prison ?...

— Pour une lettre de change de douze cents francs d'abord... puis, avec les frais, cela va maintenant à plus de treize... Ah! si j'avais pu les trouver... Figurez-vous que c'est pour cela que je cours depuis ce matin...

— Eh bien, ne courez plus, monsieur Alexandre, vous les avez trouvés... Tenez, prenez ces quatorze cents francs, et allez demain délivrer votre ami.

En disant cela, Félicie a sorti le portefeuille de sa poche, elle a pris dedans un billet de banque de mille francs et deux de deux cents francs, et elle les présente à Alexandre. Celui-ci est devenu stupéfait, il regarde tour à tour les billets de banque et Félicie, et ne peut en croire ses yeux.

— Eh bien! reprend Félicie, est-ce que vous ne voulez pas que M. Gaston sorte de prison ?...

— Si, je le veux... ah ! oui... et cela me rend bien heureux, au contraire...

— Alors... prenez donc ces billets...

— Mais cette somme... je vous avoue que j'étais si loin de m'attendre... Pardonnez à ma question... mais... vous êtes donc riche, mademoiselle ?

— Sans être bien riche, monsieur Alexandre, je puis disposer de cette somme, sans que cela me gêne, et vous pouvez l'accepter sans crainte... comme je vous l'offre sans rougir... car la source de ma fortune est honorable, et je ne le droit de me le reprocher...

— Sapristi ! touchez là, ma petite voisine, et pardonnez-moi... ô je n'ai jamais eu de mauvaises pensées sur vous malgré la surprise, la joie... ça semble si drôle, une jeune femme qui vous offre de l'argent... Ordinairement ce sont elles qui en ont toujours besoin... Ah! donnez-moi vos billets... quel dommage qu'il soit trop tard... mais demain, de grand matin, je vous réponds que je serai à la prison... Pauvre Gaston ! il ne s'attend guère à en sortir si vite... et quand il saura...

— Écoutez-moi encore, monsieur Alexandre, il faut me promettre, me jurer même, que vous ne direz pas à M. Gaston que c'est grâce à moi qu'il est libre...

Ah ! voilà de ces choses qui m'ennuient... quand on fait une bonne action, je ne comprends pas qu'on veuille garder l'anonyme... Qu'on n'aille pas le crier sur les toits, très-bien, mais s'en cacher ! pourquoi?

— Parce que je ne veux pas que votre ami sache qu'il m'a cette obligation; il pourrait croire que je veux le forcer à avoir pour moi de la reconnaissance, peut-être, plus encore... voilà ce que je ne veux pas qu'il pense ..

— Quand on est jolie comme vous l'êtes, ma voisine, les gens vous aiment sans qu'on les y force... si vous étiez laide, je concevrais vos scrupules... mais enfin... si vous l'exigez absolument... je ferai comme vous le voulez... je dirai à Gaston que mon oncle m'a envoyé de l'argent... ça lui paraîtra extraordinaire... il faudra pourtant bien qu'il se contente de cette explication... Après tout, s'il savait que c'est à vous qu'il doit sa liberté, il se sentirait encore plus humilié, plus honteux près de vous... et il vaut donc mieux qu'il l'ignore, jusqu'à ce qu'il soit en état de s'acquitter, ce qui ne sera peut-être pas de sitôt... car ces auteurs, quand cela compte sur le produit d'une pièce pour payer des dettes, ça risque bien de faire banqueroute. Cependant, Gaston a des ressources, il possède à Orléans un jolie maison, qui lui vient de sa mère, et où il est né; sa mère l'avait bien prié de ne jamais s'en défaire; cependant, s'il le fallait...

— Ah! monsieur Alexandre, vous voyez bien qu'il faut lui cacher ce que je fais pour lui, car je suis persuadée que s'il s'acquittait avec moi, M. Gaston vendrait cette propriété... et j'en aurais d'éternels regrets... Donnez-moi donc votre parole d'honneur que vous ne le lui direz jamais...

— Jamais... c'est très-long...

— Jamais, ou je ne vous relève de votre serment?

— Vous le voulez... je vous en donne ma parole. Ah! parbleu !... j'ai mon mensonge... je sais maintenant ce que je lui dirai... je vais vous expliquer cela... Mais, pardon, vous avez peut-être envie de vous coucher, car il est tard...

— Non, je n'ai nulle envie de dormir maintenant que vous êtes ici, il n'y aura pas plus de mal à ce que vous y restiez un peu plus longtemps... parlez, je vous écoute.

— Voilà ce dont il s'agit : vous vous rappelez ce pauvre petit garçon qui est chez M. Loupard, dans la pauvre petite au fond de la cour, et que vous avez eu la générosité d'habiller entièrement à neuf...

— Il le fallait bien puisque son père lui avait pris les vêtements qu'il possédait...

— C'est un bien vilain monsieur que ce père-là... eh bien, voisine, ce M. Binodet... vous savez que le père d'Aristide se nomme Binodet...

— Oui, M. Loupard l'a nommé plusieurs fois devant moi.

— Ce M. Bodinet a eu, à ce qu'il paraît, l'adresse d'entortiller mon oncle qui est fabricant de tabatières, à Angoulême... j'avais reçu de lui, il y a quelques mois, une petite broche de cinquante francs, sur le susdit Bodinet, laquelle broche n'a pas été payée; mais il y a quinze jours, ce n'est pas cinquante francs, c'est quatorze cents francs que mon oncle m'a envoyés, en deux lettres de change de ce même Bodinet... lesquelles lettres dont déjà été protestées, tu qu'on n'en trouve pas le souscripteur... eh bien, je dirai à Gaston que je suis parvenu à me faire payer ces deux effets... Du reste, c'était ma seule espérance pour le tirer de prison... Figurez-vous, ma voisine... Vous n'avez pas envie de dormir?

— Non, non; continuez...

— Depuis quatre jours puisque ce pauvre Gaston est coffré, je m'étais dit : Pour le tirer de là, il faudrait que je pusse faire payer ce Bodinet, mais pour le faire payer, il faut d'abord que je le trouve... et trouver quelqu'un qu'on n'a jamais vu... car je ne l'ai jamais vu ce gredin-là... ce n'est pas chose facile... Cependant quand je me suis mis quelque chose dans la tête, j'y tiens... D'ailleurs, comme je vous l'ai dit, c'était ma seule espérance pour délivrer Gaston. Voici donc ce que je m'étais imaginé : d'après ce que je sais sur ce M. Bodinet, c'est un homme qui doit fréquenter les estaminets, les petits restaurants, les bastringues, les endroits où l'on joue à l'insu de la police, les tables d'hôtes de bas étage et une foule d'autres vilains endroits que je ne vous nommerai pas. Dès le lendemain de l'arrestation de notre ami, je me suis mis à parcourir les susdits endroits; dans les tables d'hôtes je demandais si, parmi les habitués, on connaissait un M. Bodinet; à cette demande on me répondait par la question d'usage : — Qu'est-ce qu'il fait? — Et moi je répondais sans hésiter : — Il fait des pouf partout où il va. Ce qui signifie, ma petite voisine, qu'on prend à crédit quelque part et que l'on disparaît lorsque le fournisseur demande de l'argent. On me répondait : — nous connaissons une infinité de gens qui se conduisent comme l'individu que vous cherchez, mais pas qui portent le nom que vous demandez... J'avais déjà visité des tas d'endroits qui ne sont pas positivement fréquentés par la bonne société, lorsque ce matin, dans un estaminet où il y a je ne sais combien de billards, en m'entendant demander M. Bodinet, un particulier d'assez mauvaise mine, mais qui avait une pipe longue comme celle d'un pacha, me dit : — Bodinet!... je connais ça, moi... est-ce Bodinet le courtier en tabatières? — Justement, dis-je; celui que je cherche pratique la tabatière sur une très grande échelle. — Alors, reprend le particulier à la longue pipe, si vous voulez le rencontrer, je vas vous dire où il va maintenant faire sa partie de cartes. Montez le faubourg du Temple, passez la barrière, prenez le boulevard extérieur à droite. Vous trouverez bientôt un petit café où on sert des ordinaires à six sous. C'est là que vous rencontrerez Bodinet.

— Je remercie le monsieur, et je me mis sur-le-champ en route. Je trouvai l'endroit que l'on m'avait indiqué. C'est un méchant café borgne, au-dessus duquel on a écrit : T autour, puis un petit cochon, moulé en plâtre et colorié, se détachait vigoureusement au-dessus de la porte et semblait servir d'enseigne; mais au-dessous de cette sculpture, on lit : Au repos des lilas. J'avoue que je ne comprenais pas trop quels rapports pouvaient exister entre un cochon et des lilas, mais sans m'arrêter à déchiffrer cette énigme, j'entrai chez ce soi-disant traiteur, ou je fus tout d'abord suffoqué par une odeur d'ail, d'ognon et de fumée capable de faire verser des larmes à l'homme le plus insensible.

Après m'être essuyé les yeux, j'allais commencer à regarder autour de moi pour chercher quelqu'un à questionner, lorsque mon attention fut aussitôt captivée par une querelle qui avait lieu entre trois hommes placés à une table tout contre l'entrée, et qui étaient en train de jouer aux cartes... ou maquigner les brèmes... comme on dit en argot. La querelle était si animée que l'un des joueurs avait déjà la main levée pour frapper son vis-à-vis, lorsque, par un mouvement naturel, je m'approchai et retins son bras.

— De qui vous mêlez-vous? me dit cet homme en jetant sur moi des regards remplis de colère. Et , je le regardais aussi. Jugez de ma surprise, lorsque dans cet homme, je reconnus... Mais, pour que vous puissiez comprendre ma surprise, il faudrait d'abord vous raconter une autre histoire qui m'est arrivée... il y a déjà longtemps... et je crains... vous devez avoir envie de dormir, ma voisine.

— Je vous assure que déjà à la moindre d'Alexandre je n'y songe pas. Racontez, cela m'amuse beaucoup de vous entendre.

— Alors, nous allons reprendre de plus haut. Il y a de cela six ans bien sonnés, oh! oui, j'avais vingt-et-un ans, et quand je n'avais pas fait une mauvaise journée. Celle-là me fit oublier toutes mes autres passions. Celle-là se nommait Herminie; bref, je fis ma cour et je ne fus pas rebuté. J'allais depuis quelque temps chez ma nouvelle conquête... j'étais toujours charmé de sa beauté; mais je l'étais moins de son caractère. Il me semblait qu'auprès de moi elle était contrainte, inquiète. Un jour, je lui en demandai la raison, et elle me répondit : — C'est que je crains le retour de mon mari.

— Diable! m'écriai-je, comment, vous avez un mari, et voilà la première fois que vous m'en parlez. Je vous croyais parfaitement libre. Et où donc est il ce mari?

— Il voyage... pour ses affaires...

— Est-ce que vous pensez qu'il reviendra bientôt?

— Oh! je ne pense pas.

— A vingt-et-un ans, près d'une jolie femme, on ne s'occupe pas longtemps d'un mari. J'avais déjà oublié celui-là, lorsqu'un matin je reçus un billet de ma blonde, que je n'avais pas vue depuis deux jours; elle m'engageait à venir le soir prendre le thé chez elle, me recommandant avec instance, de ne point oublier qu'elle m'attendait. Je ne manque pas de me rendre le soir à cette invitation. Je trouve Herminie seule, je lui tiens compagnie, la conversation se prolonge... enfin minuit venait de sonner lorsque tout à coup j'entends ouvrir une porte, puis un homme paraît devant nous, l'air furibond, le regard courroucé... A son aspect, Herminie cache sa figure dans ses mains. Bon, me dis-je, c'est le mari! En effet, ce monsieur commence l'entretien en s'écriant :

— Un homme seul avec ma femme... chez moi... la nuit!... ah sacrebleu, je vois qu'on ne m'attendait pas si tôt!... mais cela ne se passera pas sans que je venge mon honneur!...

« Et en disant cela, ce monsieur sort de ses poches une paire d'énormes pistolets; je vous avouerai, ma voisine, que dans le moment, je ne me sentis pas à mon aise, quoique je ne sois pas poltron, il s'en faut!... je comprenais qu'un mari me surprenant avec sa femme, dans une situation... passablement criminelle, ce monsieur avait parfaitement droit de me brûler la cervelle; mais, cependant, je ne me souciais pas, moi, de me laisser faire sans y mettre d'opposition. Et puis, cet homme qui venait de tomber comme une bombe au milieu de nous, n'avait en lui rien qui pût inspirer le respect ou la repentir : c'était un assez bel homme, d'une quarantaine d'années, mais sa physionomie, ses manières et... jusqu'au son de sa voix, avaient quelque chose de crapuleux. Sa colère n'était point celle d'un jaloux que la fureur égare, c'était de la forfanterie, de la jactance, c'était le bruit que fait quelqu'un qui veut vous effrayer.

Pendant que j'examinais ce monsieur, il se promenait dans la chambre, toujours avec ses énormes pistolets à la main. D'abord il avait couché sa femme en joue, puis s'était détourné d'elle en disant : Toi !... nous verrons plus tard, épouse perfide, tu ne perdras rien pour attendre. Ensuite il avait dirigé son arme vers moi, en murmurant :

— Et si je vous tuais, vous, qu'est-ce que vous diriez?

— Si c'est mon avis que vous me demandez, répondis-je, je dirais que vous auriez parfaitement tort, car je ne vous connaissais pas, et lorsque j'ai fait la connaissance de madame, j'ignorais complétement qu'elle fût en puissance de mari.

— Ta! ta! ta! balivernes!... vous n'en êtes pas moins coupable ! je vous surprends chez moi, avec mon épouse, j'ai le droit de tirer sur vous comme sur un voleur; je ne serai pas puni pour cela!

Et ce monsieur m'ajustait toujours, et, au lieu de trembler pour ma vie, je sentais ma frayeur se dissiper, car je me disais : cet homme-là n'a pas du tout envie de me tuer; s'il en avait eu l'envie, il y a longtemps que c'eût été fini. C'est autre chose qu'il veut... mais qu'est-ce qu'il veut... tenons-nous sur nos gardes.

Fatigué, sans doute, de tenir son pistolet braqué sur moi, ce monsieur laissa enfin retomber son bras, et reprit d'un air moins féroce :

— Après tout, quand je vous aurai tué, cela ne m'avancera pas beaucoup... je veux vous punir d'une manière qui me soit plus profitable... avez-vous beaucoup d'or sur vous?...

— J'ai vingt-neuf sous, dis-je, en tapant sur mon gousset.

— Alors nous allons nous contenter de votre signature. J'ai justement dans ma poche une lettre de change de mille francs... vous n'avez qu'à l'accepter, à signer et à mettre votre adresse... après cela, vous serez libre de vous en aller; vous voyez que je suis bon diable, moi... je vous fais grâce de la vie... mais si vous refusiez de me faire cette lettre de change... par la mordieu... par la cor : diables!... vous sauterez le pas.

Et le bras se relevait ainsi que le pistolet.

Je venais de voir à qui j'avais affaire. Cet homme était une canaille qui trafiquait de l'honneur de sa femme; ce be-ci devait être sa complice, car cette scène me faisait l'effet d'avoir été préparée d'avance. Depuis quelques instants mes yeux parcouraient la chambre, j'y cherchais quelque chose qui pût me servir d'arme; je n'avais rien, pas même une canne; enfin, en regardant dans tous les coins, j'aperçus un bâton servant à attacher des rideaux et qui n'était pas encore placé. C'était tout ce qu'il me fallait.

— Eh bien, reprit ce monsieur, à quoi vous décidez-vous, jeune homme, voulez-vous me devoir mille francs, ou faut-il que 'e vous tue?..

— Parbleu, dis-je, j'aime mieux signer.

— Et vous avez raison, c'est plus sage.

Mais pour me faire signer, il fallait une plume et de l'encre, c'est là où je l'attendais. Ce monsieur regarda autour de lui... Herminie tenait toujours sa tête dans ses mains et ne bougeait pas; elle semldait attendre avec patience que tout fut terminé. Il aperçoit enfin une écritoire sur un meuble; il court la prendre, mais si leste qu'il ait été, moi, j'avais déjà en main le bâton à rideaux quand il revint de mon côté. D'un coup de bâton vigoureusement appliqué, je fais voler en l'air un des pistolets, de l'autre l'encrier; mon homme est furieux, il veut se jeter sur moi, mais je l'attendais, je lui passe mon bâton dans les jambes, il tombe en jurant comme un forcené, et moi, courant à la porte, je me sauve sans demander mon reste.

Après cette aventure, je n'ai pas besoin de vous dire, ma petite voisine, que je n'étais pas retourné chez ma belle blonde. Je l'avais même tout à fait oubliée, lorsque, deux mois plus tard, je la rencontrai seule sur le boulevard; j'allais me détourner pour ne pas lui parler, lorsqu'elle-même vint à moi et me dit d'un air repentant :

— Alexandre, voulez-vous me pardonner?

— De quoi, lui répondis-je, d'avoir une canaille pour mari; ce n'est sans doute pas votre faute.

— Oh! ce n'est pas cela; mais je vous ai trompé en vous disant que cet homme était mon mari. Je ne suis pas sa femme, Dieu merci, mais il avait été mon amant avant que je vous connaisse... il est très-méchant, j'en avais peur; il venait encore me voir, et c'est lui qui m'a obligée de vous dire que j'étais mariée... et qui a préparé toute cette scène... en disant qu'il lui fallait absolument de l'argent... j'ai été assez faible pour lui obéir, mais le ciel m'a bien punie, car lorsque vous vous êtes sauvé, après l'avoir jeté par terre... Duforter a tourné sa colère sur moi et m'a accablée de coups...

— Mon Dieu! quel nom venez-vous de prononcer? balbutie Félicie en interrompant Alexandre.

— Celui de ce misérable qui s'était dit le mari d'Herminie; et aujourd'hui, dans ce bouge où je suis entré, cet homme qui allait en battre un autre et dont j'ai arrêté le bras, c'était lui, je l'ai reconnu, c'était Duforter... mais, mon Dieu!... qu'avez-vous donc, ma petite voisine, vous pâlissez... vous vous trouvez mal...

Félicie venait de laisser tomber sa tête en arrière et elle avait entièrement perdu connaissance. Alexandre la soutient, lui frappe dans la main, l'appelle, cherche à la ranimer; mais la jeune fille demeure immobile, sa pâleur est effrayante, ses yeux restent fermés.

Alexandre court dans la chambre, cherche de l'eau, du vinaigre, renverse tout, ne voit rien de ce qu'il voudrait. Enfin il a trouvé la carafe, il verse de l'eau sur un mouchoir et en humecte le front, les tempes de la jeune fille; mais celle-ci ne reprend pas ses sens. Désespéré, ne sachant plus que faire, il se décide à ouvrir la porte pour demander du secours, et se cogne le nez contre mademoiselle Zéphirine qui, probablement, écoutait contre la porte de sa voisine.

— Ah! je ne m'étais pas trompée .. vous étiez chez mademoiselle Félicie, mauvais sujet! dit mademoiselle Zéphirine, vous lui en contez aussi à celle-là !

— Zéphirine, je vous en prie, ne dites pas de bêtises et allez secourir cette pauvre jeune fille qui a perdu connaissance...

— Ah! mon Dieu! qu'est-ce qui est donc arrivé!... c'est vrai qu'elle est pâle comme une morte... Adélaïde! venez donc un peu avec nous... apportez du vinaigre, si vous en avez... moi je n'en ai jamais, je ne me sers que d'eau de Cologne.

La domestique du premier, qui a sa chambre à côté de celle de Zéphirine, arrive avec une bouteille de vinaigre. Zéphirine prend un flacon d'eau de Cologne, on asperge la figure de Félicie... on la délace, et Alexandre pense enfin au meilleur moyen; il ouvre la fenêtre. L'air qui vient frapper le visage de la malade, la bientôt ranimée. Elle rouvre les yeux et revient à elle.

— Si j'allais chercher le médecin du second, le docteur Urtuby, dit Zéphirine.

— Non, non! de grâce, n'y allez pas... c'est inutile, dit Félicie, c'est passé... je me sens bien à présent.

— Mais qu'avez-vous donc eu? dit Alexandre, je vous parlais, et tout à coup vous êtes devenue blême... puis, vous avez perdu connaissance.

— Je ne sais... une faiblesse, un étourdissement!

— On une fausse indigestion, dit la grosse Adélaïde.

— Ou un accès de jalousie, dit tout bas Zéphirine.

— Ma foi, ma voisine, je vous avoue que cela m'a fait peur... vous ne repreniez pas vos sens... j'ai appelé ces dames pour venir à mon aide.

— Je remercie ces dames... je suis bien fâchée de la peine que je leur ai causée...

— Pas du tout, mam'selle, pardi! entre voisines, c'est tout naturel.

— Mais maintenant, c'est fini... je n'ai plus besoin de repos.

— Alors, ma petite voisine, nous allons vous laisser; bonsoir et bonne nuit.

— Merci, monsieur Alexandre.

— Bonsoir mam'selle...

— Bonsoir, mesdames... je vous remercie de nouveau.

Alexandre descend chez lui. Zéphirine s'en va avec Adélaïde, en disant tout bas à celle-ci :

— Voyez-vous, M. Alexandre était chez elle... elle le reçoit la nuit, tandis que M. Gaston est en prison... en v'là une qui, avec ses airs pincés, est joliment rouée!... et quand j'ai parlé d'aller chercher M. Urtuby!...

— Oh! elle a fait un saut de carpe sur sa chaise !

— Parce qu'il la connaît!... et elle veut lui cacher sa conduite!

— C'est égal, nous en aurons pas mal de quoi bavarder demain

XXVI. — PÊCHE D'UN NOUVEAU GENRE.

Le lendemain, à deux heures de l'après-midi, toutes les formalités ayant été remplies, Gaston sort de la prison pour dettes.

Il donne le bras à Alexandre et ne cesse de lui répéter :

— C'est à toi que je dois ma liberté!... Oh! je savais bien que tu étais mon ami... mais comment as-tu fait pour te procurer de l'argent... car l'amitié ne suffit pas pour se faire rendre un détenu...

— Je vais te le dire à présent : j'ai l'argent des lettres de change que mon oncle m'a envoyées...

— Est-ce qu'elles n'étaient pas sur ce M. Bodinet?

— Si fait.

— Et tu es parvenu à faire payer cet homme?

— Apparemment!... j'ai eu de la peine, mais j'y suis parvenu.

— Tu as donc trouvé sa demeure?

— Parbleu! quand on y met de l'entêtement, on finit toujours par trouver les gens.

— Et tu lui as sans doute reproché sa conduite indigne avec son fils?

— Mon cher ami, j'ai commencé par lui demander mon argent, quand je l'ai eu, je ne me suis plus occupé qu'à te délivrer, il me semble que cela était plus pressé que tout le reste. Maintenant te voilà libre, est-ce que tu n'es pas content?

— Oh! si, bien content... ce cher Alexandre. Ah! je n'espérais pas être libre si vite. Maintenant, réponds-moi encore : as-tu rencontré celle à qui je pense sans cesse?

— Notre jolie voisine... oui, je l'ai rencontrée...

— Lui as-tu parlé?... sait-elle ce qui m'est arrivé?

— Elle ne se doute de rien. J'ai causé avec elle un moment; je lui ai dit que tu avais été obligé de faire un petit voyage dans ta patrie, à Orléans.

— Très-bien; alors elle n'a aucun soupçon de la vérité?

— Pour des soupçons, je te garantis qu'elle ne peut en avoir.

— Paraissait-elle mieux disposée pour moi... crois-tu qu'elle soit disposée à me pardonner?

— C'est-à-dire que j'en suis sûr; mais il faut lui parler, avouer franchement tes torts et lui en demander pardon, au lieu de passer ton temps à soupirer et à gémir en la regardant. Ah! à propos, voilà quatre-vingt-dix francs qui te reviennent...

— Comment! il me revient de l'argent à présent!

— Sans doute. J'ai touché quatorze cents francs que je t'avais destinés. J'en ai dépensé treize cent dix pour te faire sortir de prison, il t'en reste donc quatre-vingt-dix.

— Y penses-tu? cet argent est à toi.

— Pas du tout. Je le dois à mon oncle, eh bien, tu le devras à mon oncle pour moi, et j'aime mieux que tu doives la somme ronde. Quatorze cents francs... tu as compris... prends ces quatre-vingt-dix francs.

— Je le veux bien; mais en vérité, Alexandre, je trouve que tu as agi avec moi comme un millionnaire et cela me paraît extraordinaire...

— Sois tranquille, quand je n'aurai pas le sou et que tu seras en fonds, nous changerons de rôle.

Gaston est rentré dans son domicile, ce qui a fait pousser un cri de surprise à la concierge et à sa nièce. Le jeune auteur se sent heureux en se revoyant chez lui; mais pour que son bonheur soit complet, il voudrait apercevoir Félicie. De son côté, la jeune fille du cinquième, qui n'avait pas revu le grand Alexandre depuis la veille, désirait ardemment le rencontrer pour le questionner, pour connaître la fin de ce qu'il était en train de lui raconter lorsqu'elle avait perdu connaissance, car la présence des deux bonnes l'avait ensuite empêchée d'interroger son voisin sur une partie de son récit qui l'intéressait vivement.

Félicie se trouvait donc sur le carré au moment où les deux amis reviennent chez eux. Elle éprouve une douce sensation en revoyant Gaston, parce qu'elle sait que c'est grâce à elle qu'il jouit de sa liberté, mais ce même sentiment la retient et l'empêche de se montrer; car il semble que Gaston devinerait alors ce qu'elle a fait pour lui. Cependant, quoiqu'elle a entendu Gaston rentrer chez lui, elle descend doucement sur le carré de parler à Alexandre. Celui-ci était resté sur le carré occupé à regarder par une fenêtre si madame Patineaux était chez elle, ce qu'il devinait à l'arrangement des rideaux chez cette dame; alors il ouvrait la fenêtre du carré et tâchait d'entamer une conversation en jetant des boulettes de mie de pain dans les carreaux de sa voisine du troisième. Celle-ci ne manquait pas d'ouvrir sa croisée pour savoir d'où provenait le bruit qu'elle entendait contre ses carreaux, et Alexandre s'excusait en disant que c'étaient des pois de senteur qu'il voulait planter sur la fenêtre du carré; il faut que Félicie lui tape légèrement sur le bras pour le tirer

Félicie venait de laisser tomber à sa côte en arrière, et elle avait entièrement perdu connaissance. (Page 63.)

— Ah! c'est vous, petite voisine! eh bien Gaston est libre!.. il est revenu... il est chez lui...

— Je le sais, monsieur Alexandre; je vous ai vu rentrer tous les deux...

— Il grille d'envie de vous dire bonjour... est-ce que vous lui refuserez ce bonheur?

— Non... je veux bien le voir... mais auparavant de grâce, monsieur Alexandre, veuillez me répondre... hier vous me racontiez une rencontre que vous avez faite d'un nommé... Dufortier... c'est bien ce nom-là que vous avez dit, n'est-ce pas?

— Oui, vraiment, Dufortier, une canaille... un gredin fini... qui a voulu ce qu'on appelle me faire chanter en se disant le mari d'une femme dont j'étais l'amant. Mais au reste, hier je vous ai raconté l'histoire; est-ce que par hasard vous connaîtriez ce chenapan?

— Pas moi... mais une personne... qui me touche de près, a eu le malheur de connaître cet homme... c'est un grand... blond... très-coloré de visage... un homme qui doit avoir maintenant quarante-huit ans?

— C'est cela même, ma petite voisine, vous venez de faire son signalement... ajoutez-y des favoris qui se joignent à une barbe épaisse, une grande bouche, des lèvres minces et serrées, des cheveux roux et faux, un air insolent et casseur, et c'est bien l'homme, hein?

— Oh! oui, c'est bien lui. Et hier vous l'avez donc rencontré?

— Comme je vous le disais, dans un méchant estaminet en dehors de la barrière... j'étais entré là pour chercher mon Bodinet; mais voyant deux hommes prêts à se battre, je veux en retenir un... c'était Dufortier... je le reconnais, il me reconnaît aussi; alors me repoussant brusquement, il bouscule tout le monde et sort vivement du café. Je reste un moment indécis sur ce que je veux faire; mais le désir de retrouver ce Dufortier me fait oublier le but de mes recherches. Je sors du café, je regarde de tous côtés, je fais quelques pas sur le boulevard extérieur, je n'aperçois plus mon homme... il faut qu'il soit entré dans quelque taudis du voisinage. Ennuyé de regarder en vain, je retourne dans le bouge, je demande à une espèce de garçon s'il connait M. Bodinet, il me fixe d'une façon étrange, puis me répond enfin qu'il ne sait pas le nom des personnes qui viennent chez eux. C'est alors, ma voisine, que je suis revenu chez moi assez mécontent de n'en pas savoir davantage.

— Et ce Dufortier... vous ne l'avez pas revu?

— Non, puisque je vous dis qu'il a disparu comme par une trappe.

— Et... lorsque vous êtes revenu ici... vous pensez qu'il ne vous a pas suivi?

— Suivi!... lui, me suivre!... mais vous voyez bien au contraire qu'il a fichu le camp dès qu'il m'a reconnu... Oh! je vous certifie qu'il n'a pas la moindre envie de me suivre.

Félicie semble respirer plus librement; sa physionomie devient plus calme, plus riante et elle remercie encore Alexandre, mais en souriant cette fois, lorsque tout d'un coup la porte de Gaston s'ouvre, et celui-ci paraît devant eux. Il demeure tout saisi en voyant sa jolie voisine en conversation avec Alexandre; mais celui-ci s'écrie aussitôt:

— Parbleu, Gaston, tu arrives bien; je venais d'apprendre à notre bonne voisine que tu étais de retour de ton petit voyage... et elle me disait qu'elle serait charmée de te voir...

— Il se pourrait... quoi mademoiselle, vous avez eu la bonté de dire cela...

— M. Alexandre change un peu mes expressions... mais cependant monsieur... vous ne devez pas être surpris que j'aie quelquefois demandé de vos nouvelles...

— Ah! mademoiselle, que vous me faites de bien en me disant cela. Ces huit jours que j'ai passés loin d'ici m'ont paru des siècles... et je n'espérais pas... je ne croyais pas... sans Alexandre je n'aurais pas encore le bonheur de me trouver près de vous...

— Hum!... hum!... qu'est-ce que tu dis donc?... Ah! parce que je lui ai écrit... qu'on allait répéter sa pièce... mais nous nous tenons sur l'escalier, voisine, et il n'y fait pas chaud...

— Eh bien, messieurs, si vous voulez venir un moment vous chauffer chez moi... vous y serez mieux...

— Quoi, mademoiselle... vous permettez... vous voulez bien... Oh! certainement que nous acceptons.

Gaston ne se sent pas de joie; il lit dans les yeux de Félicie qu'elle lui a pardonné; dès lors l'avenir lui paraît tout en rose, il n'y a pas sur la terre d'homme plus heureux que lui. Déjà il est près de Félicie, dans sa chambre. Alexandre met moins d'empressement à monter, parce qu'il examine toujours la fenêtre de madame Patineaux, en disant qu'il veut s'assurer du temps qu'il fait.

Tout à coup, au moment d'entrer chez Félicie, Alexandre, qui regarde toujours dans l'escalier, pousse une exclamation de joie et se frotte les mains en s'écriant:

— Oh! c'est bien lui! le voilà!... Parbleu, il ne m'échappera pas, cette fois...

— Qu'est-ce donc, s'écrient en même temps Gaston et Félicie.

— C'est le vieux moutardier de madame Montenlair, M. Philoside, qui monte chez sa tendre amie... vous savez que c'est lui qu'il n'a pas voulu recevoir le petit Aristide le jour où ce pauvre enfant n'était vêtu qu'en papier gris et se mourait de froid... il avait menacé Rosinette de mettre l'enfant dans le plomb si elle le recevait...

— Ah! le vilain homme!...

— Et que veux-tu faire?

— Lui jouer un tour de ma façon... je veux qu'il ait froid aussi, ce monsieur... Je ... le mettrai pas tout nu, parce que ça serait trop laid et que ça pourrait faire peur aux voisines; mais j'ai mon idée... le voilà qui somme chez sa concubine... très-bien, laissons le entrer .. c'est à sa sortie que j'agirai... j'ai chez moi ce qu'il me faut... autrefois j'ai eu un moment de passion pour la pêche... il m'est resté des hameçons... des lignes... cela fera mon affaire...

— Est-ce que tu veux pêcher M. Philosèle?

— Non pas précisément... vous verrez... attendez .. je vais revenir, car c'est de cet étage que je compte agir.

Alexandre a laissé M. Philosèle entrer chez madame Montenlair, puis il descend vivement chez lui. Il prend des hameçons de diverses grandeurs; de la glu pour attraper les oiseaux, de la ficelle, une ligne, et muni de ces objets se dispose à remonter chez Félicie, lorsqu'il aperçoit madame Patineaux qui va rentrer chez elle : en une seconde il a dégringolé un étage et se trouve devant la jeune dame au troisième.

— Bonjour, madame... je n'ai pas encore eu le plaisir de vous apercevoir aujourd'hui... il me manquait quelque chose.

— Vraiment, monsieur... Oh! mais mon Dieu! que portez-vous donc là... une ligne... des ustensiles de pêche... est-ce que vous allez pêcher par le froid qu'il fait?

— Non, madame, pas du poisson du moins... c'est une vengeance que je prépare.

— Une vengeance?

— Ou si vous aimez mieux, une bonne espièglerie que je vais jouer à un monsieur dont j'ai à me plaindre et qui est en ce moment chez madame Montenlair.

— Ah! je voudrais bien voir cela... j'ai si peu d'occasions de m'amuser... mon mari ne veut plus que je sorte sans lui maintenant, il devient d'une jalousie... si cela continue je crois qu'il m'enfermera le matin pendant qu'il va à son bureau.

— Mais si l'on ne veut pas que vous sortiez, à ce qu'il me semble que ce serait le cas de recevoir quelques visites pour vous distraire; quand m'accorderez-vous la permission d'aller vous voir, ma charmante voisine?...

— Ah! je n'ose pas... si l'on vous voyait entrer chez moi... on est si méchant dans cette maison... on en dirait de belles... et cela arriverait bien vite aux oreilles de M. Patineaux!

— Ah! s'il y avait moyen d'entrer chez vous par la fenêtre...

— Oui, mais il n'y a pas moyen. Tenez, regardez, il n'y a pas longtemps que je cause avec vous... eh bien les dames Mirolin ont déjà deux fois entr-bâillé leur porte...

— Quelle peste que ces femmes-là! quand j'en aurai fini avec le vieux égisbé de la Montenlair, je m'occuperai d'elles.

— Au revoir, monsieur Alexandre, il faut que je rentre... on me laisse de l'ouvrage à faire à présent, et s'il n'était pas fait on me dirait : .us êtes sortie, vous avez été longtemps dehors...

— M. Patineaux tourne donc au tyran... au tigre?

— Et si vous saviez quelle besogne il me donne à faire... je vous défie bien de vous en douter... ah! les maris ont quelquefois de bien drôles d'idées!

— C'est vrai; mais ils en ont rarement de bonnes. Est-ce que je ne pourrais pas vous aider un peu dans ce travail qu'on exige de vous?

— Peut-être... je ne sais pas... je vous expliquerai cela plus tard... Tenez, voilà maintenant la bonne du docteur Urtuby qui est sur le carré et se penche pour voir avec qui je cause.

— Je me moque pas mal de tout ce que les bonnes peuvent dire!

— Oh! mais je ne m'en moque pas... Au revoir, mon voisin; je me mettrai tout à l'heure à la fenêtre de la cour pour voir votre pêche.

Madame Patineau est rentrée chez elle. Alexandre monte chez Félicie, où l'on ne s'apercevait guère de sa présence, car deux amoureux qui font la paix sont si heureux de se retrouver en tête à tête; ils ont tant de choses à se dire, et leurs yeux en disent quelquefois plus que leur bouche.

Depuis que Félicie savait que Gaston avait été en prison, elle ne se sentait plus la force de lui garder rancune. Son cœur lui disait qu'il avait été assez puni; en lui rendant service sans qu'il le sût, elle s'attachait encore davantage à lui, car le bienfait attache souvent plus celui qui le donne que celui qui le reçoit.

Quant à Gaston, tout surpris du changement qui s'est opéré dans l'humeur de sa jolie voisine, il est enchanté d'avoir été en prison, parce que c'est à huit jours d'absence qu'il doit être maintenant pardonné.

— Me voilà, dit Alexandre, j'ai trouvé ce qu'il me faut .. ou du moins à peu près... je crois que ma ficelle n'est pas assez longue e... en avez-vous un peu à me donner, voisine?

— Oui, tenez, en voilà.

— Fort bien... et un morceau de carton, par hasard... un vieil almanach de cabinet...

— J'en ai un de l'année dernière.

— L'année n'y fait rien... c'est mon affaire...

Alexandre perce la feuille de carton par le milieu, pour y attacher sa ficelle dont un bout est fixé à sa ligne. Ensuite, il enduit de glu la feuille de carton.

— Quel oiseau veux-tu donc attraper?

— Je veux attraper la perruque de l'ancien moutardier; mais avant d'avoir la perruque, il faut que j'aie le chapeau. Avec cette feuille de carton, couverte de glu, j'aurai le chapeau; ensuite, avec les hameçons j'aurai la perruque. Pourvu que Philosèle ne dîne pas chez Rosinette, cependant, car ça dérangerait mes plans. . mais ce n'est pas dans ses habitudes... Ordinairement, quand il vient la voir, sur les deux heures, il s'en va avant quatre, il en est trois... je vais aller me mettre en embuscade sur votre carré; causez toujours, je tousserai légèrement quand les acteurs entreront en scène.

En disant cela, Alexandre se rend sur le carré avec tous les objets dont il a besoin, puis se plaçant contre la rampe, de manière à se trouver juste au-dessus de la porte de madame Montenlair.

Un quart d'heure s'écoule, puis un autre, sans que personne sorte de chez l'ex-actrice de Bordeaux. Alexandre commence à trouver le temps long, tandis qu'il semble fort court à Gaston, qui est assis près de Félicie, et repose ses regards sur les siens, en lui jurant qu'il n'a jamais adoré qu'elle, et que, désormais, rien dans sa conduite, ne pourra lui mériter le plus léger reproche. Félicie écoute tout cela avec bonheur, car il lui en coûtait beaucoup de ne montrer depuis quelque temps à Gaston que de la froideur et de l'indifférence; une coquette peut se plaire à dissimuler son homme qu'elle a distingué; mais Félicie n'était pas coquette, et elle trouvait bien doux de ne point cacher son amour à celui qui lui avait fait connaître ce sentiment.

Tout à coup un t enfin! s'échappe de la bouche d'Alexandre! c'est la porte de madame Montenlair qui s'ouvre; puis M. Philosèle paraît, ayant naturellement son chapeau sur sa tête. Il s'arrête quelques instants sur le seuil de la porte, pour échanger encore quelques paroles avec son amie; c'était bien sur quoi comptait Alexandre, qui a tout le temps de faire descendre doucement son carton enduit de glu sur la forme du chapeau de ce monsieur, et attend, pour retirer sa ficelle, que la porte se soit refermée.

Enfin, on s'est dit adieu. Madame Montenlair est rentrée chez elle. M. Philosèle se dirige vers l'escalier, et, le grand jeune homme, tirant lestement sa ficelle, amène à lui le chapeau de ce monsieur.

Comme il portait une énorme perruque, M. Philosèle ne s'aperçoit pas sur-le-champ de la fuite de son chapeau. Cependant, lorsqu'il est arrivé au palier du troisième, il ressent du froid à la tête, il y porte la main, et, s'apercevant qu'il n'a point son feutre, remonte aussitôt l'escalier et se disant :

— Étourdi que je suis! j'ai laissé mon chapeau chez Rosinette. . et elle!... aussi folle que moi, qui n'a pas remarqué que je m'en allais en voisin!...

Et M. Philosèle sonne à la porte de madame Montenlair. Celle-ci ouvre, et s'écrie, en voyant revenir ce monsieur :

— Qu'est-ce donc, Philosèle?... vous aviez encor quelque chose à me dire?

— Ce n'est pas cela, Rosinette, vous ne voyez onc pas pourquoi je reviens?

— Non, en vérité... vous n'avez pas oublié v tre canne, car vous la tenez à votre main.

— Oui, j'ai ma canne; mais est-ce que j'ai mon chapeau... hein?

— Non, c'est vrai... il n'est pas sur votre tête... vous l'avez sans doute à votre main?

— Vous voyez bien que non... parbleu, je l'ai oublié chez vous, c'est tout simple.

— Oublié chez moi?... oh! non, je suis bien sûre que vous l'aviez sur votre tête tout à l'heure en sortant.

— Si je l'avais eu sur ma tête tout à l'heure, certainement il y serait encore, car je n'ai pas salué personne dans votre escalier; je vous dis que je l'ai oublié chez vous, voilà tout

— Et moi, je suis certaine que vous l'aviez en me quittant.

— En vérité, madame, vous y mettez un entêtement bien ridicule; suis sûr de ce que je dis... c'est chez vous... et je vais le trouver tout de suite...

Et M. Philosèle se précipite dans l'appartement, suivi de madame Montenlair, qui ne cesse de répéter :

— Votre chapeau n'est pas chez moi... je ne sais pas où vous l'avez perdu... mais je sais très-bien que vous l'aviez tout à l'heure sur votre tête... vous l'aviez même posé un peu en tapageur.

Alexandre étouffait ses éclats de rire en écoutant ce dialogue et préparait la ligne au bout de laquelle il avait attaché une demi-douzaine d'hameçons. Bientôt on ressort de chez madame Montenlair, et les voix se font entendre de nouveau.

Alexandre a soin de se tenir de façon à ne pouvoir être aperçu.

— Vous voyez bien qu'il n'est pas chez moi, ce chapeau, dit l'ancienne actrice. Vous avez voulu y chercher... je savais que vous ne l'y aviez pas laissé... je vous répète que vous l'aviez sur votre tête en me quittant.

— Mais alors, madame, qu'est-il devenu... un chapeau ne se perd pas comme une tabatière... je ne suis descendu que jusqu'au troisième...

— Il sera tombé de votre tête sans que vous vous en aperceviez... c'parie que je vais le trouver, moi...

Et Rosinette se met aussitôt à descendre un étage. M. Philosèle est resté sur le carré où il marronne encore entre ses dents :

— Il ne peut être que chez elle, c'est évident... elle n'a pas voulu regarder dans sa table de nuit... je sais bien que ce n'est pas sa place... mais quelquefois, par distraction, on prend une chose pour une autre.

Et, tout en disant cela, M. Philosèle se courbait un peu pour examiner dans tous les coins du carré, parce que le jour commençait à baisser ; Alexandre guettait l'instant favorable pour lui enlever sa perruque en lançant sur elle ses hameçons... il la manque deux fois, mais le vieux monsieur se penche tout à coup sur la rampe, pour regarder si son amie est plus heureuse que lui. Cette position est favorable aux hameçons, et la perruque est lestement enlevée. Aussitôt Alexandre rejette le chapeau sur le carré du quatrième.

— Ah! cré coquin! qu'est-ce qui m'arrive encore! s'écrie M. Philosèle, voilà que je perds ma perruque, à présent.

— Mon Dieu! mais vous perdez donc toutes vos affaires, ce soir! dit madame Montenlair en remontant; et presqu'au même instant ses regards tombent sur le chapeau qui est par terre sur le carré; elle le ramasse en s'écriant :

— Il faut convenir que vous cherchez bien mal, mon cher ami; comment! ce chapeau était à vos pieds, et vous ne l'avez pas vu...

— A mes pieds... mon chapeau...

— Puisque le voilà.

— Par exemple, c'est bien inconcevable! voilà une heure que je regarde de tous côtés...

— Enfin, vous voyez bien qu'il y était... Ah! mon Dieu! que vous êtes drôle, sans perruque... vous avez l'air d'un poupard... mettez donc votre chapeau sur votre tête, pour ne pas vous enrhumer...

— Mais, ma perruque, madame, sacrédié! fichtre! j'avais ma perruque, tout à l'heure... qu'est-ce que cela signifie?

— Vous ne direz pas que vous l'avez oubliée chez moi, j'espère.

— C'est donc le diable qui s'en mêle...

— Ne vous mettez pas en colère si vite, Philosèle, vous vous emportez tout de suite... votre perruque sera tombée de votre tête tout à l'heure, pendant que vous vous penchiez sur la rampe...

— Vous croyez, Rosinette?

— Il faut bien que cela soit ainsi... elle ne s'est pas envolée, probablement...

— Je n'ai cependant pas l'habitude de perdre ma perruque...

— On a des jours de malheur!... Allons, remette là, méchant, je vais descendre chercher votre perruque dans l'escalier... mais je vous en prie, restez-là et ne bougez pas, car ce soir vous seriez capable de perdre votre culotte!

Madame Montenlair descend; M. Philosèle reste sur le carré, où il continue de murmurer :

— Mon chapeau... c'est ma perruque... je perds tout. Ah! je encore ma montre?.. ah oui, je la sens... cette maison m'est fatale... il n'y arrive toujours des choses désagréables... Oh! je ferai déménager Rosinette!...

Madame Montenlair ne remontait pas, parce qu'elle ne trouvait rien; mais elle y mettait de la persistance, et comme le jour baissait de plus en plus, les recherches devenaient plus laborieuses.

M. Philosèle se penche de nouveau sur la rampe, en criant :

— Eh bien... la trouvez-vous?...

— Eh! mon Dieu non, je ne la trouve pas... je serais déjà remontée, si je l'avais...

— Avez-vous été jusqu'en bas...

— J'y suis, en bas... je vais même emprunter de la lumière à la portière... car il fait presque nuit...

— Pourquoi n'allume-t-elle pas son quinquet, votre portière?

— Elle prétend qu'il est trop tôt...

— Je vais aller chercher avec vous...

— Ce n'est pas la peine... tenez-vous tranquille... Ah! j'ai de la lumière, à présent... je vais certainement la trouver...

— Prenez garde de marcher dessus... vous l'abîmeriez.

Cependant Alexandre, après avoir, avec des ciseaux que lui a prêtés Félicie, fait subir une transformation à la perruque, la rejette sur le palier du quatrième.

M. Philosèle se tenait toujours penché sur la rampe, et criait à chaque instant :

— Vous ne la trouvez donc pas?

— Eh! non... vous voyez bien que je la cherche encore...

— Vous auriez dû dire à la concierge de ne laisser sortir personne... si vous ne la trouvez pas, c'est que quelqu'un l'a prise et emportée...

— Eh! monsieur, que voulez-vous qu'on en fasse?

— Comment! madame, ce que je veux qu'on en fasse... une perruque superbe... il faut que l'on fouille tous ceux qui sortiront... une perruque qui m'a coûté cent vingt francs, madame, ce que je veux...

nom d'un nom... il me la faut... je vais aller chez le commissaire... Ah! vous remontez... vous l'avez donc trouvée, enfin?

— Eh! mon Dieu, non...

En ce moment madame Montenlair arrivait avec sa lumière au quatrième étage. La première chose qui frappe ses regards c'est la perruque qui est à terre, derrière M. Philosèle; elle se baisse, et la ramasse, en s'écriant avec colère, cette fois :

— Savez-vous, monsieur, que vous êtes bien insupportable aussi!

— Qu'est-ce à dire, madame, et que signifie ce ton plein d'aigreur?...

— Tenez, monsieur... la voilà, votre perruque... elle était là... derrière vous, et vous me la faites chercher depuis une heure du haut en bas de la maison... et vous ne pouviez pas vous donner la peine de regarder autour de vous, sur ce carré! Vous pouvez bien perdre tout ce que vous voudrez, maintenant, mais je vous certifie que je ne prendrai plus tant de peine pour vous.

M. Philosèle demeure confu, il n'ose plus rien répondre, mais il prend la perruque que madame Montenlair lui présente et la place aussitôt sur sa tête; elle n'y est pas plutôt qu'il la tiraille de tous côtés, en s'écriant :

— Eh bien! qu'est-ce que cela veut dire... Ah! sacré nom... ce n'est pas ma perruque... ou bien on me l'a rognée...Voyez donc, madame, elle n'a presque plus de cheveux!... et elle descendait en boucles par-dessus mes oreilles.

La dame avance sa chandelle sur la perruque. La perruque Louis XIV était devenue une coiffure à la malcontent, et M. Philosèle avait une si drôle de tête avec ses cheveux coupés tout ras, que sa fidèle amie ne peut conserver son sang-froid et part d'un éclat de rire en s'écriant :

— Ah! mon Dieu! que vous êtes drôle comme cela!

La gaieté de Rosinette augmente la colère de M. Philosèle; mais bientôt cette colère devient de la fureur, quand d'autres éclats de rire partent du cinquième, puis de la croisée de madame Patineaux, puis, lorsque toutes les bonnes de la maison viennent voir ce qui se passe. Alors, le vieux monsieur enfonce son chapeau sur sa tête de façon à ce qu'on ne voie plus que ses yeux et descend l'escalier en disant :

— C'était un complot! j'en étais sûr! je l'avais deviné, tout cela avait été préparé d'avance... ce sont encore vos voisins qui se sont amusés à mes dépens... et qui ont rogné ma perruque... Adieu, madame, restez-y, avec vos voisins... Quant à moi, dès ce soir j'irai déposer ma plainte... j'irai porter ma perruque devant les tribunaux.

M. Philosèle est parti au milieu des rires, des huées, et d'un brouhaha général.

Madame Montenlair rentre chez elle en criant à Alexandre :

— Vous êtes cause que je l'ai perdu!...

— Soyez tranquille, répond celui-ci, je connais un homme qui fournit des remplaçants!

XXVII. — LE JEU DU CASSE-TÊTE CHINOIS.

Le calme semble revenu dans la maison du faubourg Montmartre. Gaston s'est remis au travail avec ardeur; une de ses pièces est entrée en répétition et il a vendu un de ses manuscrits. Il peut donc vivre sans être obligé de se défaire de sa petite maison d'Orléans, et pour l'avenir, il rêve du succès, de la gloire et de l'argent avec lequel il espère rembourser Alexandre qui, cependant, lui répète sans cesse :

— Ne t'occupe donc pas de cette dette, ce n'est pas à moi que tu dois, c'est à mon oncle, et il peut attendre.

Ce qui met le comble au bonheur du jeune auteur, c'est que la jolie demoiselle du cinquième lui a pardonné sa maison passagère avec la belle danseuse de l'Opéra, et que maintenant elle consent à ce qu'il vienne quelquefois, le soir, passer une heure ou deux près d'elle cependant, c'est toujours à condition qu'il sera accompagné de son ami Alexandre, à Félicie qui ne cache plus à Gaston qu'elle partage son amour, ne veut pas le recevoir seul, parce qu'elle se défie peut-être des dangers d'un tête à tête, et de sa faiblesse près de que qu'un qu'elle aime. Félicie agit en femme qui aurait de l'expérience et saurait qu'il ne faut jamais trop compter sur ses forces; en Félicie n'est plus une enfant, elle a vingt-deux ans et un secret fond du cœur.

La compagnie d'Alexandre n'est pas gênante pour les amoureux, car à peine a-t-il fait bonjour à sa voisine, qu'il court sur le carré regarder les fenêtres de madame Patineaux. Alors, Gaston goûte réellement tout le plaisir d'un tête à tête, mais on croit toujours que l'ami va revenir et cela suffit pour donner de la confiance à Félicie. D'ailleurs, satisfait d'être auprès de celle qu'il aime, Gaston se montre aussi respectueux que tendre; ce qu'il demande avec instance à son amie, c'est de lui dire pourquoi, au milieu de leurs plus doux entretiens, des soupirs profonds s'échappent de sa poitrine, pourquoi souvent ses yeux se remplissent de larmes, enfin pourquoi elle détourne tristement la tête, lorsqu'il la supplie de se lier à lui par un nœud éternel, de consentir à devenir sa femme.

Mais à tout cela Félicie ne veut pas répondre, elle se hâte de dire ger l'entretien, et Gaston n'ose pas insister, parce qu'il espère, à force d'amour, prouver à la jeune fille qu'il est digne de sa confiance.

Cependant, plus d'une fois, en passant dans l'escalier près des bonnes de la maison, Gaston a remarqué qu'elles riaient et chuchottaient en le regardant, mais il s'inquiète peu de ce qu'elles peuvent dire sur son compte, et se contente de passer très-vite lorsqu'il rencontre l'une de ces demoiselles.

Depuis la pêche à la perruque, M. Philoz le n'est pas revenu chez madame Montenlair, et la ci-devant soubrette de Bordeaux se promène souvent sur le carré en poussant de longs gémissements, et reste des quarts-d'heure entiers penchée sur la rampe pour regarder si son ancien adorateur reviendra ; car cette dame n'ayant que des fenêtres sur la cour, ce n'est pas par là qu'elle peut voir venir Phi-zèle.

Mais la sensible Rosinette joue en vain sur le carré le rôle de sœur Anne, l'ex-moutardier ne revient pas. Et chaque fois que le grand Alexandre passe et aperçoit sa voisine dans cette position, il ne manque pas de lui dire :

— Eh bien! sœur Anne... ma sœur Anne! ne vois-tu rien venir ?...

Et madame Montenlair rentre chez elle en fermant sa porte avec colère.

Il est deux heures de l'après-midi. Rosinette est allée se placer en vedette contre la rampe. Alexandre ouvre sa porte et lui dit comme à l'ordinaire :

— Sœur Anne, ma sœur Anne ne vois-tu rien venir ?

Cette fois, madame Montenlair lui répond avec dépit :

— Taisez-vous, monstre! c'est vous qui êtes cause qu'il m'a abandonnée... vous l'avez forcé à fuir cette maison... et je suis seule... je n'ai plus personne pour me promener !

— Ce n'est pas ma faute, ma chère madame Montenlair ; franchement je ne puis pas m'offrir pour tenir l'emploi de M. Philozèle... d'abord, vous ne voudriez pas de moi... je suis trop mauvais sujet...

— Peut-être... on ne sait pas... essayez !...

— Non... j'aime autant ne pas essayer... Mais comment n'avez-vous pas encore vu qu'il y a ici, dans la maison, un homme qui brûle d'amour, qui se dessèche pour vos appas ?

— Il y a un homme qui brûle d'amour pour moi, dans la maison... et où cela ?...

— Pas loin... ici dessous.

— Comment !... est-ce que ce serait par hasard ce gros Allemand... M. Beugle ?...

— Justement, c'est lui-même.

— Vous dites qu'il se dessèche pour moi ; il est gros comme un muid !

— Ça ne veut rien dire! tous les jours on est très-amoureux et très-gros ; on a même remarqué que lorsqu'ils sont amoureux, les hommes gras le sont bien plus que les maigres par la raison qu'ils sont moins coureurs.

— Vous vous moquez de moi, voisin.

— Pas du tout !... je dis cela parce que j'en suis sûr, parce que plusieurs fois, en vous voyant passer dans l'escalier, j'ai entendu cet Allemand murmurer en vous regardant : — Quelle est belle, cette femme !... et comme ce serait bien la compagne qu'il me faudrait pour descendre agréablement le fleuve de la vie !

— Il a dit cela... vous mentez.

— Et qu'y a-t-il donc d'étonnant, voisine, à ce qu'un homme... mûr soit épris de vous ?...

— Je ne dis pas que ce serait surprenant... mais jamais ce monsieur ne m'a dit un seul mot.

— Parce qu'il est très-timide, et que parlant difficilement notre langue, cela le rend plus timide encore... plus embarrassé pour s'exprimer... mais si vous l'encouragiez un peu, vous verriez !

— Et comment donc voulez-vous que je l'encourage, ce monsieur ?

— Oh! très-joli... avec cela que je vais vous apprendre comment on lance des œillades... comment on tourne la tête à un homme.

— Taisez-vous, serpent, je ne veut plus vous écouter !...

Et madame Montenlair rentre chez elle en minaudant, en arrangeant ses cheveux et en lançant un regard sur la porte de M. Beugle.

Alexandre ne s'en tient pas là, il guette le gros monsieur à l'heure où il rentre dîner ; il lui offre un superbe cigare, moyen infaillible de se faire bien venir d'un Allemand, il lui dit en affectant un sourire :

— Vous rentrez un peu trop tard, monsieur Beugle, elle n'est plus là.

— Qui est-ce qui n'est elle là ? demande le gros homme d'un air étonné.

— Eh! parbleu... vous le savez bien... feignez donc l'étonnement! séducteur!... Joconde!... homme à bonnes fortunes... Ah! vous en faites toujours de ces conquêtes... après cela, je n'y vois rien de mal... vous vous amusez, et vous avez bien raison...

— Che gombrends bas titout,... che m'amuse bas, bisque che m'en nuie touchours... gommend, che suis un séducteur... un Chogonde, moi un homme à bon fortunes ?...

— Dame! quand on tourne la tête à ses voisines, quand elles soupirent pour vous, au point de passer une partie de la journée en faction sur le carré afin de vous voir rentrer... de vous apercevoir

une minute, de se compromettre enfin aux yeux de toute une maison... il me semble que cela peut bien passer pour une conquête... pour une bonne fortune !

— Et qui est-ce qui fait tout ces pétises là bour moi?

— Qui ! il feint de l'ignorer... Voyons, entre nous, entre homm on n'a pas besoin de ces mystère de ces choses-là... d'autant plu que vous êtes entièrement libre... Ah! si vous étiez marié! ma moralité m'empêcherait de vous en faire compliment... mais un garçon... et puis, la personne étant libre aussi... ça peut aller tout seul...

— Mais, saberlotte... de quelle bersonne parlez-vous ?

— Eh! de qui donc, si ce n'est de madame Montenlair... cette belle dame... d'un âge... encore très-agréable... qui demeure ici dessus... et qui, depuis quelques jours, passe une partie de la journée en faction à regarder dans l'escalier... il est impossible que vous ne l'ayez pas vue...

— Ah! foui! foui!... c'est vrai !... chai vu blisieurs fois cette fâme benchée sur la rampe...

— Pour vous voir.

— Fous croyez que c'était bour me foir ?

— J'en suis sûr... elle est folle de vous... plus d'une fois, je me trouvais près d'elle quand vous montiez l'escalier et elle ne se cachait pas pour dire tout haut : — Ah! le bel homme... ah! quel superbe cavalier que ce M. Beugle... Dieu que je suis désolée de ne point savoir l'allemand... il aurait peut-être pu me comprendre!

— Certainement que si cette tame il me barlait allemand, che l'aurais gombris!

— Et tout à l'heure encore elle était là-haut... penchée pour vous apercevoir... elle y est restée plus d'une heure... mais vous ne veniez pas, elle est rentrée chez elle, l'air abattu, en disant : — Il ne vient pas, ou, peut-il être... sans doute il dîne en ville... Ah! je ne pourrai pas dîner, moi! je ne l'ai pas entrevu aujourd'hui!

— Ah! saberlotte... ce que fous me tites ça me fait un drôle d'effet... il me semble que che valse!... mais c'est égal, che vas tiner...

— Au revoir, voisin... croyez-moi, ne faites pas trop le cruel... la dame est encore jolie... et puis, c'est si doux d'être aimé... lancez-vous... écrivez... donnez un rendez-vous...

— Ch'oserai chamais.

— De l'audace !... rappelez-vous que la fortune sourit aux audacieux... et si je puis vous être bon à quelque chose... Ah! fichtre ! voilà madame Patineaux qui rentre chez elle... à votre tour, soyez gentil... rentrez chez vous...

— Ah pon! pon! che gomprends...

M. Beugle a refermé sa porte juste au moment où madame Patineaux met le pied sur son palier.

— Il paraît que madame sort encore quelquefois, dit Alexandre en saluant sa voisine.

— On y est parfois obligé; savez-vous, monsieur, d'où je viens en ce moment?

— Je ne me permettrai pas, madame, de vous le demander.

— Et moi, monsieur, je suis bien aise de vous le dire : je viens du bureau de mon mari.

— Oh! vous n'y êtes pas du tout, monsieur, je suis allée au bureau de mon mari, parce qu'il m'a envoyé un de ses garçons me prier de passer sur-le-champ lui parler. Ne sachant pas ce que cela voulait dire, j'ai couru sur-le-champ au trésor... car mon mari est au trésor.

— Je l'aurai deviné en vous voyant, madame.

— Et c'est mon frère qui me dit qu'il dînait en ville. Il me semble que sans me déranger par le mauvais temps qu'il fait... car il y a du vergias... on glisse en marchant...

— C'est vrai, monsieur votre mari vous exposait à faire un faux pas...

— Il me semble lui ai-je dit, que tu pouvait bien me faire dire cela par le garçon du bureau que tu m'as envoyé... Savez-vous ce qu'il m'a répondu : que c'était pour ne pas être longtemps sans me voir!

— C'est très-galant pour un mari.

— Oh! mais je ne suis pas sa dupe!... ce n'est pas pour cela qu'il m'en voyait chercher... c'était pour me donner ma tâche pour la soirée... il était certain que je ne sortirais pas...

— Votre tâche... comment, monsieur votre époux vous met à la tâche? ..

— Et je ne vous ai pas encore dit de quoi !...

— Non, vous m'aviez promis de me le dire, cependant...

— Figurez-vous que depuis quelque temps, M. Patineaux s'est subitement passionné pour un jeu qui a eu beaucoup de vogue autrefois, mais auquel on ne joue plus guère maintenant : c'est le casse-tête chinois; connaissez-vous cela, monsieur ?...

— Attendez donc, ma voisine; c'est un jeu auquel on joue tout seul; il faut faire des figures bizarres qui sont dessinées sur un tableau, il faut exécuter ces figures avec sept petits morceaux de bois taillés de diverses façons, et il faut dans la figure employer les sept pièces de bois, pas une de plus, pas une de moins.

Ah! sacré nom... ce n'est pas ma perruque. (Page 63.)

C'est cela même! Oh! mais je vois que vous connaissez parfaitement ce jeu-là!

— Si je le connais! je crois bien... j'y étais de première force... quand on a un peu étudié la géométrie, les mathématiques, cela aide beaucoup... J'étais fort jeune quand j'y jouais, mais je me souviens que j'exécutais avec la plus grande facilité toutes les figures que l'on me présentait.

— Ah! monsieur, que vous êtes heureux...

— Qu'y a-t-il donc de si heureux là-dedans, ma charmante voisine?

— Il y a que mon mari a acheté un casse-tête chinois, avec dix ou douze tableaux... sur lesquels sont dessinées les figures... Il y en a deux ou trois cents à choisir...

— Il y a de quoi s'amuser!

— S'amuser! dites donc, monsieur, qu'il y a de quoi devenir imbécile!... Mon mari passe maintenant ses soirées à jouer au casse-tête... il n'y est pas habile du tout; quelquefois il reste cinq heures à chercher la même figure... Dernièrement il ne s'est pas couché qu'à deux heures du matin... il ne voulait pas se mettre au lit sans avoir fait son moulin... la figure représentait à peu près un moulin... Je me suis presque fâchée; je lui ai dit : Venez donc vous coucher... vous trouverez cela une autre fois... Enfin, il s'est couché...

— Sans faire le moulin?

— Non, monsieur; mais en dormant il a rêvé tout haut... Je l'entends dire : c'est le lozange qu'il faut mettre en haut... le petit carré en bas!... Tout à coup il s'est éveillé, a sauté à bas du lit, a allumé une bougie, couru à sa table en chemise, pris son jeu de casse-tête, a voulu arranger ses pièces, puis est revenu tristement se coucher en disant : J'ai encore manqué mon affaire. Et cela arrive comme ça très-souvent, monsieur!

— Voilà en vérité une singulière passion!

— Mon Dieu, monsieur, je ne dirais encore rien si mon époux se bornait à jouer seul à son casse-tête; s'il y trouve du plaisir, qu'il fasse cela ou autre chose, cela m'est assez égal. Mais figurez-vous qu'il veut que je joue avec lui à son infâme jeu... il veut que cela m'amuse... Il a acheté les pièces du jeu en triple, afin qu'on puisse y jouer plusieurs en même temps ; il me prie de faire les figures qu'il ne peut pas exécuter, lui!

— Oh! par exemple, voilà qui est bien exigeant!

— Et lorsqu'il sort le matin, il me dit : « Tu feras cette figure-ci et cette figure-là, et si tu les fais, je verrai bien que tu n'es pas sortie, et je te ferai un cadeau... »

— Passe pour le cadeau, mais si vous ne faites pas les figures désignées?

— Alors, il est de très-mauvaise humeur et il prétend que j'ai été me promener!... grâce à ce vilain casse-tête chinois que je déteste, voilà la vie que je mène maintenant... Jugez si je dois m'ennuyer!... Enfin, aujourd'hui, il m'a fait venir à son bureau pour me dire : « Tu feras ce soir, après ton dîner, le carré parfait et le fichu, alors je verrai bien que tu n'es pas sortie... Mais je l'ai déjà essayé sans pouvoir le faire son carré parfait!... c'est horriblement difficile... voilà, mon voisin, les récréations que mon mari me procure depuis qu'il est devenu jaloux et passionné pour le casse-tête... jeu qui est trop bien nommé, je vous assure.

— Ma voisine, si vous vouliez me permettre de vous donner quelques leçons, ou plutôt de faire les figures que votre mari vous a demandées, de cette manière vous n'auriez plus besoin de chercher, vous... et d'employer votre temps à quelque chose qui vous ennuie...

— Quoi! vraiment, monsieur Alexandre, vous pensez que vous sauriez faire ces maudites figures...

— Puisque je vous dis que je suis très-fort à ce jeu-là... une fois que l'on connaît le maniement des pièces, ce n'est plus rien, on trouve tout de suite tout ce qui semblait le plus difficile. Je vous l'apprendrai, et en deux ou trois leçons, je veux que vous en remontriez à monsieur votre époux.

— Ce n'est pas là ce qui serait le plus surprenant!... il ne sait rien... mais s'il me voyait réussir à faire toutes ces figures bizarres sur lesquelles il passe des soirées entières, souvent inutilement... c'est alors qu'il serait enchanté de moi!... il m'accablerait de cadeaux...

— Eh bien!... il ne tient qu'à vous...

— Oh! mais... c'est que... vous recevoir chez moi... c'est si dangereux... je crains les voisines... je crains les bonnes... et je vous crains par-dessus le marché!...

— Que pouvez-vous craindre de quelqu'un qui se fera un devoir de rester votre esclave?...

— Oh oui !... mon esclave... c'est étonnant comme ils obéissent, ces esclaves-là!... je serais cependant bien contente de savoir faire toutes ces maudites figures... Ah! comme je me moquerais de mon mari, qui assure que c'est un jeu qui exige du génie...

— Il fait nuit, ma voisine, personne en ce moment ne me verrait entrer chez vous...

— Vous croyez... cela me fait penser qu'il faut que j'ouvre ma porte...

Madame Patineau a mis sa clef dans sa serrure, en ôtant des regards inquiets autour d'elle. A peine a-t-elle ouvert sa porte que celle des dames Mirolin est ouverte avec précaution; mais déjà Alexandre s'est précipité chez madame Patineaux qui le suit en lui disant :

— Eh bien ! monsieur... comment, vous entrez chez moi ?...

— Il le fallait bien pour ne pas être vu par vos méchantes voisines ès Mirolin...

— Croyez-vous qu'elles ne vous ont point aperçu au moins ?

— Je vous en réponds... je n'ai fait qu'un bond du carré ici...

— Mais vous allez repartir ?...

— Ah ! ma voisine... à présent que je suis chez vous, il serait bien imprudent de rouvrir tout de suite votre porte... vous voyez bien que es dames Mirolin sont aux agu ts... et d'ailleurs, le casse-tête... Vous ne voulez donc plus devenir habile ?...

— Oh ! si... Je tremble... si mon mari vous trouvait ici...

— Votre mari ne va pas revenir, puisqu'il dîne en ville...

— C'est vrai... à moins que ce soit une ruse de sa part... mais je ne le pense pas... Mon Dieu ! mais il fait nuit tout à fait... il faut que j'allume...

Alexandre qui sait combien l'obscurité est favorable aux amours, retient doucement madame Patineaux par le bras en lui disant :

— A quoi bon allumer... qui vous presse ?

— Comment ! à quoi bon... et pour jouer au casse-tête. Est-ce qu'il ne faut pas y voir ?...

— Ce n'est pas absolument nécessaire...

— Non... non... laissez-moi chercher mes allumettes chi ques... moi j'ai peur dans l'obscurité...

Enfin, la bougie a été allumée. et probablement la leçon a duré longtemps, car il est huit heures du soir lorsque le grand jeune homme prend congé de sa voisine, et d'autant plus qu'il est déjà tard... celle-ci ne laisse personne dans l'escalier et que son professeur de casse-tête peut sortir de chez elle sans être vu.

M. Patineaux rentre sur les dix heures; il trouve sa femme assise devant la table sur laquelle le jeu de casse-tête est étalé, et devant elle, sur un carton, trois figures sont exécutées.

— Ah ! mon Dieu ! s'écrie M. Patineaux en se penchant pour regarder les pièces du jeu; est-ce bien possible, Anna, tu as fait tout cela... le losange, le carré parfait, le fichu ?...

— Oui, mon ami, comme vous voyez...

— Oh ! mais c'est charmant !... Tu es de... re mière force, alors !...

— En effet, je crois que je commence à comprendre ce jeu-là !...

— Vois-tu que j'avais raison de te dire de t'y appliquer, de t'y mettre de tout cœur... et tu ne le voulais pas, cependant !

— Ce soir, mon ami, je t'assure que je m'y suis appliqué beaucoup.

— Ce n'est que comme cela qu'on trouve de l'agrément à s'amuser. as-tu bien employé toutes les pièces ?...

— Oh ! tou tes absolument. Voyez vous-même.

— C'est parfait. Je suis content de toi... Tu as envie depuis longtemps d'un manchon neuf, je t'en achèterai un, tu l'as bien gagné... je suis fier de ton talent Ah ! dis donc, pendant que tu es si bien en train ce soir, si tu voulais faire une autre figure devant moi... tiens, le carré long, par exemple...

— Non, pas ce soir, mon ami; je t'avoue que cela m'a fatiguée de chercher ces figures-là...

— Au fait, je le conçois... oui, tu dois avoir la tête cassée, mais demain tu me feras une autre figure, n'est-ce pas, Anna, pendant que je serai à mon bureau...

— Oui, mon ami, j'en ferai une, j'en ferai peut-être deux, même...

— Ah ! je vois que tu y prends goût maintenant ! Tant mieux, tu deviendras de la première force !...

Et le lendemain, lorsque M. Patineaux revient de son bureau, il est bien persuadé que sa femme n'a pas été courir, car elle lui montre plusieurs figures du jeu parfaitement exécutées.

Si bien, que M. Patineaux enchanté du nouveau talent de sa femme, l'accable de cadeaux et ne cesse de répéter partout, à qui veut l'entendre :

— Qu'on ne vienne plus me dire que les femmes ne sont pas aptes à apprendre les choses difficiles, les sciences abstraites; la mienne s'est adonnée au casse-tête chinois; elle y a mis tant d'ardeur, tant de persistance, qu'à présent elle défie au plus malin de lui en remontrer. Ce qui prouve bien que quand une femme veut devenir savante, elle n'a qu'à le vouloir.

XXVIII. — UNE GROSEILLE.

C'était pour Gaston un grand plaisir, un bien doux délassement aux travaux de sa journée, lorsqu'il pouvait passer sa soirée chez Félicie. Mais celle-ci ne voulait toujours le recevoir que lorsqu'il venait accompagné de son ami, et depuis quelque temps Alexandre, très-assidu près de madame Patineaux, était rarement disposé à accompagner Gaston.

Il y a trois jours que Gaston n'a pu rejoindre Alexandre, et par conséquent trois jours qu'il n'a été admis chez sa jolie voisine du cinquième; le quatrième jour, n'y tenant plus. et ne trouvant pas son

ami chez lui, Gaston cherche dans sa tête quelque moyen pour être admis chez Félicie; une idée lui vient dont il est enchanté, et il court à la classe de M. Loupard.

Il est à peine six heures du soir, les élèves externes sont partis, mais le maître d'école est assis devant son poêle occupé à lire un chapitre de Télémaque à son petit Aristide, lequel, tout en écoutant on ayant l'air d'écouter son maître, joue sur le poêle avec des capucins de carte; une chandelle éclaire bien faiblement cette innocente récréation.

—Bonjour, monsieur Loupard, dit Gaston en entrant dans la classe, ah ! je gage que vous n'attendiez pas ma visite ?

— C'est vrai, monsieur, répond le maître d'école en saluant profondément le jeune homme, et d'autant plus qu'il est déjà tard...

— Tard !... mais vous n'y pensez pas, monsieur Loupard; il est à peine six heures...

— Je veux dire qu'il ne fait plus jour, monsieur.

— En février, la nuit vient encore si vite !... Bonjour, Aristide, bonjour, mon ami.

Le petit garçon a couru vers Gaston et celui-ci l'embrasse.

— Je vais vous dire le sujet de ma visite, monsieur Loupard : il m'a semblé que votre jeune élève n'avait pas été depuis longtemps voir mademoiselle Félicie, cette jeune personne qui s'est montrée si généreuse lui en le r'habillant entièrement après du son père... vous vous rappelez ?

— Oui, monsieur, oh ! je me rappelle parfaitement : tout ce que cet enfant porte en ce moment, ce bon pantalon, ce paletot bien chaud, c'est à mademoiselle Félicie qu'il le doit... oh ! monsieur, soyez persuadé que nous n'oublions pas ces choses-là... ni moi, ni Aristide !... il me parle souvent de ses bienfaiteurs et vous êtes du nombre, monsieur ! et pourtant, il n'a pas revu cette bonne demoiselle depuis qu'elle lui a acheté un costume complet... non, monsieur, il ne l'a pas revu ! mais croyez bien que ce n'est ni de sa faute ni la mienne. Nous nous sommes présentés plusieurs fois pour voir mademoiselle Félicie, mais inutilement; ou elle était sortie, ou bien elle ne voulait pas recevoir du monde, car elle ne nous a pas ouvert sa porte, bien que la concierge nous ait affirmé plusieurs fois qu'elle devait être chez elle. Nous y avons été aussi au jour de l'an pour lui rendre nos devoirs; mais toujours en vain. Alors, monsieur, je me suis dit : cette demoiselle n'aime pas les visites assurément, et au lieu de lui être agréable, nous la contrarions sans doute en venant frapper à sa porte, et voilà pourquoi, monsieur, au risque o, passer pour ingrats, nous n'y sommes plus retournés.

— Je ne vous ai jamais soupçonné d'ingratitude, monsieur Loupard; mademoiselle Félicie a montré en effet, pendant longtemps, beaucoup d'éloignement pour toute société; elle vivait dans la retraite la plus absolue; mais, depuis quelque temps, elle fuit moins la compagnie; elle permet qu'on aille quelquefois lui rendre visite... ce soir, je compte aller la voir, et j'ai pensé à venir chercher Aristide afin de le mener avec moi chez sa bienfaitrice... je présume, monsieur Loupard, que vous ne craindrez pas de me confier votre élève, qui d'ailleurs ne sortira pas de la maison.

— Moi ! craindre de vous confier Aristide, oh ! non, monsieur, vous pouvez le mener où vous voudrez !... Je suis tranquille, car je vous connais, vous; je sais à qui j'ai affaire et vous n'avez jamais fait que du bien à ce pauvre abandonné !...

Alors vous me permettez de l'emmener ?

— Mais, monsieur, c'est que je songe qu'il serait peut-être convenable que j'allasse avec vous... afin de présenter mes respects à cette demoiselle... et ce soir je souffre d'un commencement de fluxion...

— Il n'est pas du tout nécessaire que vous veniez avec nous, monsieur Loupard; au contraire, cela aurait un air de cérémonie qui pourrait effaroucher la jeune voisine... restez près de votre poêle, je me charge de faire vos compliments.

— Alors, monsieur, si vous pensez que je puis ne pas accompagner l'enfant... je m'en rapporte à vous, emmenez le petit... Aristide, vous serez bien sage chez cette demoiselle... vous vous comporterez convenablement.

—Oui, mon ami Loupard... an : je vais aller avec mon ami Gaston... il ne me mènera pas prendre du chocolat, lui !...

— Taisez-vous, Aristide ! je vous ai déjà ordonné de ne plus souffler mot de cette aventure, car si votre père vous a pris vos habits... ce n'était sans doute que pour rire... c'était une épreuve à laquelle il voulait vous soumettre... voilà tout !

— Pourquoi qu'il ne me les a pas rapportés, alors, mes habits ?

M. Loupard cherche un moment, puis répond :

— Il faut que quelque événement imprévu l'en ait empêché... il arrive tant de choses qu'on ne saurait prévoir... M. Bodinet peut s'être donné une entorse... ou avoir éprouvé un autre accident... je vous répète que vous ne devez pas lui en vouloir...

— Mais pourquoi qu'il m'a donné un coup de pied en me renvoyant ? je n'avais pas été méchant pourtant.

M. Loupard ne sait plus que répondre et il dit tout bas à Gaston :

— Ce petit garçon me met souvent au pied du mur par ses réflexions... Ah ! monsieur ! les enfants on...

discernement qu'on ne leur en suppose. Personne mieux qu'eux ne sait distinguer le juste de l'injuste! Ils ne sont pas encore gâtés par les faux raisonnements, l'orgueil, l'amour-propre, l'intérêt!... c'est la nature seule qui les fait parler comme ils sentent, et voilà pourquoi la vérité sort de leur bouche.

— Allons, Aristide, dis au revoir à ton maître et viens avec moi!

— Vous ne le ramènerez pas trop tard, monsieur...

— Soyez tranquille...

— Ce n'est pas que je me couche de bonne heure... je lis toujours jusqu'à onze heures du soir...

— Dès qu'il aura envie de dormir je vous le ramènerai...

— Oh! je ne veux jamais me coucher, moi... c'est mon ami Loupard qui veut toujours m'y envoyer! et ça m'embête!

— Chut, Aristide, pas de ces mots-là! ou nous nous fâcherons.

Pour toute réponse l'enfant saute au cou de son maître et l'embrasse comme du pain, quoique celui-ci lui dise:

— Eh bien, eh bien, voulez-vous finir, monsieur, vous appuyez sur ma fluxion!

Gaston emmène Aristide; mais avant de monter avec lui chez Félicie, il le conduit dans une boutique de joujoux qui est à deux pas, et là lui dit de choisir ce qui lui plaît. Le petit garçon se décide pour une boîte de soldats de plomb, et c'est avec cette boîte sous son bras qu'il arrive avec son ami Gaston chez la demoiselle du cinquième.

En ouvrant sa porte, Félicie s'aperçoit d'abord que le jeune homme qui la salue, et elle se dispose à lui barrer le passage en lui disant:

— Vous êtes seul, monsieur Gaston, et vous savez bien nos conventions...

— Mais non, mademoiselle, je ne suis pas seul... je vous amène au contraire quelqu'un qui avait bien envie de vous revoir.

En disant cela, Gaston démasque le petit garçon qui était derrière lui, Félicie demeure toute surprise en apercevant Aristide qui lui sourit, en disant à haute voix:

— Bonjour, madame, je viens te voir, et mon ami Loupard serait venu aussi s'il n'avait pas une fluxion.

— Ah! c'est le petit garçon... de la maison, murmure Félicie qui ne semble pas enchantée de voir Aristide, mais qui cependant le laisse entrer chez elle avec Gaston.

— Depuis longtemps cet enfant voulait venir vous remercier de ce que vous avez fait pour lui, dit Gaston, c'était son devoir d'ailleurs, et le bon M. Loupard n'était pas homme à oublier ce qu'il vous doit; il est donc venu plusieurs fois avec son élève frapper à votre porte, mais ils n'ont pas été heureux, car elle ne s'est pas ouverte pour eux.

— Mon Dieu! je suis fâchée qu'ils se soient dérangés inutilement, mais ce que j'ai fait ne méritait pas de nouveaux remerciments... quand on peut rendre un service... ne faut pas pour imposer aux gens une éternelle reconnaissance!... quand ils sont venus me voir, j'étais absente probablement.

— Tenez, ma chère voisine, dit Gaston en souriant, je crois que vous n'êtes pas folle des enfants!

Félicie rougit, et comme honteuse du reproche qu'on vient de lui adresser, s'empresse de placer le petit garçon dans un fauteuil près du feu; ensuite elle met une petite table devant lui, afin qu'il puisse jouer dessus, et, tout en s'occupant de ces détails, répond à Gaston:

— Vous croyez que je n'aime pas les enfants... en vérité je n'en sais rien... partout où j'ai vécu jusqu'à présent, il n'y en avait pas... je ne puis donc pas savoir si je les aimerais.

— Ce n'est pas un reproche que je vous fais, ma charmante voisine; il y a de ces sentiments qu'on ne peut comprendre jusqu'à ce que la nature vous les révèle... lorsque vous serez épouse et mère, ah! je suis bien certain que vous chérirez vos enfants.

Félicie a tourné la tête; elle va chercher dans une armoire quelques biscuits et des quatre-mendiants; elle place cela devant le petit garçon, en lui disant:

— Tenez, mon ami, vous mangerez de cela tant que vous voudrez; si vous avez soif je vous donnerai à boire.

— Merci, madame... mademoiselle Félicie, répond Aristide en ouvrant sa boîte, je n'ai pas faim, j'aime mieux jouer avec mes petits soldats de plomb... c'est mon ami Gaston qui me les a achetés tout à l'heure... aussi je ne les prêterai pas à Finard qui me demande toujours mes joujoux, parce qu'il me les casserait.

L'enfant place ses soldats sur la table et ne s'occupe plus d'autre chose. Félicie a pris sa broderie et Gaston s'est assis près d'elle; il la regarde, il la contemple tout à son aise et pendant quelque temps semble se contenter de ce bonheur.

— Vous n'avez donc pas vu ce soir votre ami M. Alexandre? dit Félicie en rompant la première le silence.

— Non... je ne l'ai pas vu... il n'était pas chez lui... et comme vous ne voulez pas me recevoir quand je suis seul, c'est pour cela que je suis chercher cet enfant...

— Je m'en doutais bien...

— Est-ce que cela vous frise? est-ce que cela vous contrarie?

— Mais non, pas du tout...

— Il y avait trois jours que je n'avais passé la soirée près de vous... et cela me semblait bien long à moi!

— Et à moi aussi...

— Ah! chère Félicie! que c'est aimable ce que vous me dites-là... si vous saviez combien ces paroles me rendent heureux!... mais puisque vous m'aimez aussi que je sois près de vous, pourquoi exiger que j'amène toujours quelqu'un avec moi?... pourquoi me refuser votre porte quand je suis seul?...

— Parce que... vous savez bien vous-même que ce ne serait pas convenable si je vous recevais seul...

— Vous êtes libre et entièrement votre maîtresse, m'avez-vous dit... qu'avez-vous à redouter?

— Parce qu'on est maître de ses actions, est-ce une raison pour braver les convenances?

— Ah! vous n'avez pas de confiance en moi!...

— On dit qu'il ne faut même pas compter beaucoup sur soi-même. Mon pauvre père me répétait souvent : Ma fille, il y a sept choses sur lesquelles il ne faut pas se fier : Une nuée, car elle se dissipe en un moment; une amitié du monde, parce qu'elle n'est jamais solide; la beauté, car la moindre maladie peut la détruire; les louanges qu'on t'adresse, car ce n'est que de la fumée; l'amour d'un homme, parce qu'il change pour le moindre caprice; les biens de ce monde, parce que celui qui les donne peut vous les ôter tout à coup, et enfin votre sagesse, parce qu'elle lutte sans cesse avec vos passions... Est-ce que mon père n'avait pas raison?

— Je trouve qu'il a eu tort de mettre l'amour dans tout cela!...

— Oh! non... il avait raison...l'amour change au moindre caprice qu'un autre objet fait naître... j'en ai déjà eu la preuve...

— Ah! mademoiselle, je croyais que vous m'aviez pardonné!

Félicie presse la main de Gaston en lui disant:

— Allons... j'ai tort... ne parlons plus de cela, mon ami... ah! c'est que j'ai bien souffert, voyez-vous!... je suis jalouse apparemment... je ne connaissais pas tout cela avant d'avoir aimé... et c'est un cruel tourment.

— Je le sais bien, car je suis jaloux aussi, moi!...

— Mais, vous n'en avez aucun sujet, il me semble...

— Non, pas maintenant; mais, lorsque j'ai commencé à vous connaître et que mes deux voisins du carré cherchaient aussi à vous plaire... ah! j'étais bien tourmenté!

— C'est singulier! j'aurais cru qu'on devait deviner tout de suite si l'on était aimé... Il me semble que pour cela, il ne faut qu'un mot, qu'un regard, qu'un sourire... Est-ce qu'on regarde l'homme que l'on aime de la même manière que les autres?

— Mais, depuis quelque temps vous ne me regardiez plus du tout.

— Prenez-vous encore cela pour un signe d'indifférence?

— Chère Félicie, quand donc les liens les plus doux m'uniront-ils à vous pour la vie... Quel est cet obstacle qui s'oppose à mon bonheur... au vôtre?... car, puisque vous m'aimez, vous devez désirer comme moi que notre union soit indissoluble...

— Vous m'offrez votre main!... votre main!... murmure Félicie en baissant les yeux, mais cependant, mon ami, vous ne me connaissez pas... vous ne savez pas ce que je suis... Qui vous assure que je suis digne d'être votre femme... qu'un jour vous ne rougirez pas de m'avoir donné ce titre...

— Moi! rougir de vous!... oh! c'est impossible... Parlez... parlez, je vous en supplie... dites-moi quelle fatalité s'oppose à notre bonheur?...

Félicie est vivement agitée; son sein se soulève avec violence; on voit que son âme est en proie à mille sentiments, ses yeux se remplissent de larmes, elle cache son visage dans son mouchoir, et ne peut que balbutier:

— Je suis bien malheureuse!...

Touché de ses larmes, des tourments quelle parait éprouver, Gaston prend une main de la jeune fille et la presse contre son cœur, en lui disant:

— Pardonnez-moi... je fais couler vos larmes... par mes questions : je vous afflige, je renouvelle vos chagrins... Ah! désormais je ne vous demanderai plus rien... j'attendrai... oui, je vous le jure... j'attendrai que votre cœur veuille bien s'épancher dans le mien... Ne pleurez plus... ah! c'est pas à moi d'ajouter à vos peines!

Félicie essuie ses yeux et tâche de sourire à Gaston. En amour, les larmes se sèchent aussi vite qu'elles se répandent!... Il était temps, car tout en arrangeant ses petits soldats en bataille, Aristide venait de s'écrier:

— Tiens! pourquoi donc que tu pleures, mademoiselle? est-ce que mon ami Gaston t'a grondée? est-ce que tu ne savais pas ta leçon?... Ah bien! moi, quand je ne sais pas ma leçon, tant pis! je ne pleure pas pour ça!...

— Tu te trompes, Aristide, mademoiselle ne pleure pas, dit Gaston, c'est qu'elle me racontait une histoire dans laquelle une dame a beaucoup de chagrin, parce qu'on lui a volé un petit chien qu'elle aimait bien...

— Ah! moi aussi, j'aime les chiens; mais mon ami Loupard ne veut pas que nous en ayons un, parce qu'il dit que ça mange presqu'autant qu'un petit garçon. Je peux bien manger de ces biscuits-là, moi, n'est-ce pas?

Oui, mon am

— Oh! je ne mangerai pas tout; mais je vais en mettre dans ma poche pour mon ami Loupard, car il faut qu'il ait aussi du biscuit, lui! il trouvera ça bien bon!

— C'est bien, cela, Aristide: tu te souviens de ceux qui n'ont que le strict nécessaire... tu mérites que l'on s'intéresse à toi..

— Pif! paf!... pouf!... voilà mes soldats qui se battent! Oh! c'est joli d'être soldat... Quand je serai grand, je veux l'être aussi, moi! mais Finart dit que pour être soldat, c'est pas la peine d'apprendre à calculer et à savoir l'orthographe.

— M. Finart ne sait ce qu'il dit, il parle comme un paresseux... apprends toujours, mon ami, étudie beaucoup, au contraire, et dans quelque position que le sort te place, tu verras que l'instruction est le premier échelon pour arriver à la fortune et aux honneurs.

Aristide ne répond plus, il est tout au plaisir de faire manœuvrer ses soldats et de manger les friandises que l'on a mises à sa disposition. Les amoureux recommencent un doux entretien, dans lequel Gaston a soin d'éviter tout ce qui pourrait chagriner Félicie; il lui parle de ses travaux, des succès qu'il espère, et la jeune fille partage ses illusions et flatte ses espérances.

Neuf heures ont sonné depuis longtemps. Les amoureux causaient toujours, sans s'occuper du temps qui s'écoulait, et sans remarquer que les pif paf!... et autres exclamations du petit garçon avaient entièrement cessé. Mais tout à coup Félicie porte les yeux sur Aristide, et voit qu'il est profondément endormi. L'heure habituelle du repos était venue, et le sommeil avait surpris l'enfant au milieu de ses jeux; sa tête était retombée sur le dos du fauteuil, et il s'était endormi tenant encore un soldat de plomb dans chaque main.

— Ce petit dort, dit Félicie; sans doute l'heure où il se couche est passée depuis longtemps, et vous auriez dû, mon ami, le reconduire chez M. Loupard.

— Oui, vous avez peut-être raison, dit Gaston; mais, puisqu'il dort maintenant et qu'il faudra le réveiller pour l'emmener, qu'importe que ce soit un peu plus tard?...

— Mais il n'est pas si bien là que dans son lit.

— Il est très-bien, je vous jure; voyez comme il dort de bon cœur!...

— Il me semble, à moi, qu'il est bien rouge...

— C'est sans doute le voisinage du feu qui lui colore ainsi les joues...

— Je crains que sa petite cravate ne le serre trop... Voyons, il sera toujours mieux que rien ne le gêne pour dormir...

Félicie s'approche du petit garçon, elle ouvre son gilet qui était boutonné jusqu'en haut; puis, elle dénoue le petit madras qui était roulé autour de son cou; pour mieux le mettre elle est obligée de le retirer tout à fait; l'enfant, qui se trouve avoir le cou nu, fait un mouvement en renversant sa tête d'un autre côté, et laisse voir parfaitement un signe de la grosseur d'une groseille qu'il porte au cou au-dessus de l'épaule gauche.

— Mon Dieu!... qu'est-ce que c'est cela! balbutie Félicie qui est demeurée comme saisie à l'aspect du signe.

Gaston s'approche et dit:

— Mais c'est tout simplement un signe très-bien marqué que notre petit ami porte à son... c'est comme une groseille... et si monsieur son père l'avait perdu, c'eût été pour lui un moyen de le reconnaître... Mais, je gagerais bien que ce monsieur n'a pas seulement fait attention à ce signe.

Félicie, qui est devenue pâle et tremblante, considère l'enfant avec une espèce de terreur. Enfin elle murmure:

— Ce signe... c'est une chose très-commune, n'est-ce pas?... bien des personnes en ont ainsi, je crois?...

— Sans doute, beaucoup de personnes en ont; mais j'en ai rarement vu d'aussi bien marqué que celui-ci... il semble se détacher de la peau... il n'est pas noir, il est rose... Eh bien! qu'avez-vous donc... chère Félicie, on dirait que vous tremblez?

— Oui... c'est comme un frisson qui vient de me prendre... Quel âge a-t-il donc ce petit garçon?

— Ma foi, je ne sais pas bien au juste... je crois qu'il doit avoir cinq ans à présent.

— Cinq ans!... et son père... comment s'appelle son père?

— Mais je croyais que vous le saviez: c'est M. Bodinet.

— Bodinet... ah! oui, en effet... je m'en souviens.

— Un fort vilain monsieur, à ce qu'il paraît... et la dernière action qu'il a commise peut, au reste, nous édifier sur l'individu.

— L'avez-vous vu cet homme... savez-vous comment il est?

— Je ne l'ai jamais aperçu...

— Il ne vient pas souvent dans la maison voir son fils?

— Je crois qu'il n'y est encore venu que deux fois: la première pour amener ce pauvre petit chez M. Loupard, où il l'a laissé, sans payer la pension, pendant près de quinze mois... et sans s'informer une seule fois de la santé de l'enfant; la seconde... ah! c'est encore pire!... il vient réclamer au maître de pension de mauvaises tabatières qu'il avait laissées chez lui; il veut qu'on les lui paie plus de vingt fois leur valeur... enfin, ne pouvant réussir dans cette escroquerie, il emmène avec lui son fils sous le prétexte de le mener voir

son parrain... et puis... vous savez dans quel état il a ramené cet enfant... car vous l'avez vu presque mourant de froid et vous en avez eu pitié... Ah! tenez! lorsque je récapitule toute la conduite de cet homme... tous ses indignes procédés, je me dis qu'il n'est pas possible que ce M. Bodinet soit le père d'Aristide... Non, tant de cruauté n'est pas dans la nature... un père ne se conduirait pas ainsi avec son fils! ..

Pendant que Gaston lui parle, Félicie a toujours les yeux fixés sur le petit garçon; elle semble étudier chacun de ses traits, y chercher, ou plutôt craindre d'y trouver une ressemblance qu'elle redoute, puis elle murmure "une voix que l'émotion comprime":

— Il y a cependant des hommes capables de faire tout cela! des hommes dont la perversité ne connaît aucun frein, et semble se jouer de tout ce que le monde honore et respecte. Pour ces hommes-là, l'amour paternel est un mot vide de sens! et un enfant est un instrument qui n'est bon qu'à servir leur intérêt, leur haine ou leur vengeance.

— Pauvre Aristide! quel malheur pour lui s'il faut que son père soit ainsi! Mais après tout, ma chère Félicie, il ne faut pas vous faire de chagrin pour cet enfant!... A son âge, on est heureux dès que l'on est avec des personnes qui ont soin de nous et qui nous aiment. Aristide est tombé entre les mains d'un excellent homme! de ce côté, le père le plus tendre n'aurait pas mieux choisi. M. Loupard s'est attaché à cet enfant, et il ne l'abandonnera jamais! Malheureusement ses moyens sont très-bornés, et il ne peut pas toujours habiller son élève comfortablement; mais, pour les bons principes, pour la morale, pour tout ce qui tend à rendre ces petits êtres sensibles, humains et vertueux, à faire germer dans leur âme l'amour du juste et du bien... eh! son éducation sera parfaite... et on n'en apprend quelquefois pas autant dans des pensionnats dont les élèves sont toujours mis avec élégance.

— Oui, oui... vous avez raison... M. Bodinet... son père se nomme M. Bodinet?

— Eh bien! on dirait que ce nom vous inquiète... Auriez-vous par hasard rencontré cet homme-là quelque part?

— Non... je ne connais personne qui s'appelle ainsi. On ne sait pas s'il est marié, ce monsieur?... si cet enfant a encore sa mère?

— On ne sait que ce qu'il a plu à M. Bodinet de dire... je crois cependant, qu'en amenant son petit garçon à la pension, il a annoncé qu'il était veuf.

— Ah! il a dit être veuf?

— Mais peut-on ajouter foi à aucune des paroles de cet homme!...

— Il a une singulière figure ce petit garçon... je ne l'avais pas encore examiné comme ce soir... A qui trouvez-vous qu'il ressemble?...

— A qui... ma foi! à personne que je connaisse... Il n'est pas bien beau, mais il est gentil, parce que sa physionomie est expressive, qu'il a l'air gai, spirituel et résolu. Vous ne lui remettez pas sa cravate, je crains qu'il ne s'enrhume ainsi...

— Remettez-la-lui, monsieur Gaston, moi, je ne saurais pas bien m'y prendre.

Gaston s'empresse de renouer la cravate autour du col de l'enfant; mais, quoiqu'il fasse son possible pour ne point le réveiller, Aristide rouvre les yeux, regarde autour de lui d'un air étonné, et s'écrie:

— Tiens... j'ai dormi... et je ne suis pas dans mon lit... ah! mes soldats!... où sont mes petits soldats?

— Devant toi... Comment, Aristide, tu t'es endormi au milieu de ton armée!

— Ah! c'est mon ami Gaston... je me rappelle où je suis à présent... c'est chez mademoiselle Félicie, qui m'aime bien aussi!

Félicie n'est pas maîtresse d'un mouvement nerveux; elle se lève en disant:

— Il faut ramener ce petit garçon chez lui, monsieur Gaston, vous voyez bien qu'il a envie de dormir.

— Oui, je vais le reconduire chez son maître... Il n'est pas tard, cependant...

— Il est près de dix heures, c'est tort tard pour un enfant.

— Allons, puisqu'il le faut... Et je ne pourrai pas revenir?...

— Non, pas ce soir?...

— Viens, Aristide, viens, que je t'emporte...

— Oh! je marcherai bien, va.

— Non, non, tu es à moitié endormi... laisse-toi porter, il faut accepter toutes les petites douceurs que le ciel nous envoie... Mais, auparavant, dis bonsoir à mademoiselle Félicie.

— Bonsoir, mademoiselle... veux-tu m'embrasser?

Et l'enfant tend sa joue à la jeune fille. Mais celle-ci, après avoir balancé un moment, recule en disant d'une voix altérée:

— Non, je craindrais... j'ai eu la fièvre... bonsoir... bonsoir...

Et cependant elle ne perd pas de vue le petit garçon que Gaston emporte sur ses bras et qu'elle éclaire, jusqu'à ce qu'il soit presqu'au bas de l'escalier.

XXIX. — LES APPARENCES.

En revenant de remettre le petit Aristide entre les mains de son igne précepteur, qui commençait à trouver qu'on le gardait bien tard chez mademoiselle Félicie, Gaston se trouve nez à nez avec Alexandre qui rentrait chez lui en chantant, et s'écrie :

— Victoire! je viens d'une réunion où l'on jouait le *bezy* ou *bésigue*... personne n'est encore certain du vrai nom de ce jeu-là... je n'ai jamais pu le comprendre... c'est égal, je me suis bien amusé... j'ai gagné vingt-huit francs... je les mangerai demain... il y a long-temps que je ne me suis régalé...

— Est-ce que tu deviens joueur, à présent, Alexandre?

— Non: mais il paraît que maintenant on n'est pas reçu dans un alon, si on ne joue pas le *bésique*... ou *bezy*.

— Moi, pour être reçu chez Félicie, j'ai été obligé d'aller chercher un compagnon...

— Diable! ce n'était pas facile, car la jolie voisine ne reçoit pas tout le monde.

— J'en ai trouvé un cependant et que l'on a bien voulu recevoir avec moi...

— Qui donc?

— Aristide, ce pauvre petit garçon qui est chez M. Loupard.

— Le fils de ce gredin de Bodinet... dire que je ne puis pas mettre la main sur cet homme-là!

— Comment! tu ne peux pas mettre la main dessus... et il t'a payé les deux lettres de change de ton oncle?

Alexandre se mord les lèvres; il avait oublié l'histoire qu'il avait faite à Gaston, en le faisant sortir de prison. Il tâche de réparer son étourderie en répondant :

— Oui, c'est vrai, il a payé les quatorze cents francs... mais j'ai encore d'autres billets de lui et qu'il n'a pas payés... Et comment vont les amours avec la petite voisine?

— Toujours de même; elle m'a avoué qu'elle partageait mes sentiments... elle m'aime enfin, et, lorsque je lui propose d'être ma femme, elle dit que c'est impossible.. je la supplie de m'apprendre quel obstacle s'oppose à mon bonheur; alors, elle détourne la tête et se met à pleurer.

— C'est bien singulier... à ta place, moi, j'aurais été voir ce médecin qui demeure dans la maison... un médecin c'est bien facile à voir; il ne faut pour cela que prétexter un petit malaise... et j'aurais tâché d'obtenir de lui quelques renseignements; puisqu'on assure qu'il connaît cette jeune personne.

— Tu as raison, je puis toujours essayer.

— Je ne sais pas ce qu'il t'en dira; mais quant à moi, mon opinion est arrêtée et je n'en changerai pas.

— Et ton opinion sur Félicie?...

— Je l'épouserais les yeux fermés...

— Tu ne me disais pas cela autrefois, tu me blâmais de penser au mariage... surtout avec une personne dont je ne connais pas les antécédents.

— C'est que depuis ce temps-là, il est survenu des choses qui... enfin je pense autrement... ensuite, je crois que de toutes les façons... et sous le rapport de l'intérêt même, tu ne ferais pas un mauvais mariage... et les auteurs ne devraient épouser que des femmes riches...

— Que signifie tout cela?... et qui te fait supposer à présent que la jolie voisine soit un riche parti... est-ce parce qu'elle loge au cinquième dans une chambre garnie?... ou à l'air de l'embrouiller dans tout ce que me dis... toi d'ordinaire si franc dans tes discours.

— Allons! voilà que je m'embrouille à présent... parce que je lui dis ce que je crois... au fait je ne sais pas pourquoi je crois ça... bonsoir.

Alexandre est rentré chez lui laissant Gaston persuadé qu'il lui cache quelque chose.

Le lendemain matin, sur les neuf heures, Gaston va sonner chez le docteur Urtuby, chez qui mademoiselle Maria qui lui ouvre. La petite bonne laisse échapper un sourire moqueur tout en disant au jeune homme :

— Tiens, c'est monsieur Gaston au quatrième...

— Oui, mademoiselle Maria; votre maître y est-il?

— Non, monsieur Gaston; on est venu le chercher il y a trois bons quarts d'heure, même que ça l'a bien contrarié, car il venait d'accorder son violon; il allait étudier des variations sur l'air de chose... vous savez bien, un air qu'on joue sur tous les orgues...

— Cela m'est indifférent de savoir quel air le docteur allait jouer... a-t-il rentrer?

— Sur l'air des *Fraises!* c'est ça...

Ah! qu'on est heureux,
Quand on est deux,
D' cueillir la fraise...

— Voulez-vous bien me dire s'il va rentrer ?

— Mais certainement, puisqu'il m'a dit de lui faire du chocolat pour neuf heures... le chocolat est prêt, il est neuf heures passées. Est-ce que vous êtes malade, monsieur Gaston... que vous venez consulter mon maître?

— Oui, j'ai des douleurs ici, dans le creux de l'estomac...

— Il faut boire du vin de quinquina!

— Est-ce que vous exercez aussi la médecine, vous?

— Dame, à force d'entendre et d'écouter, je guérirais peut-être aussi bien que monsieur; seulement, je ne joue pas du violon, voilà toute la différence...

— Savez-vous, mademoiselle Maria, que vous vous moquez de votre maître en ce moment?

— Tant pis; moi, je dis ce que je sais... Asseyez-vous donc, puisque monsieur va rentrer...

— Il sera peut-être encore longtemps dehors... je puis revenir, je suis si près...

La petite bonne qui désire bavarder et veut retenir Gaston, reprend vivement :

— Je vous aurais tenu compagnie, monsieur, et je vous aurais peut-être dit des choses qui vous auraient intéressé...

Le jeune homme s'arrête, revient sur ses pas et remarque alors l'air moqueur dont la petite bonne accompagne ses paroles.

— Et... que pourriez-vous donc avoir à me dire qui m'intéressât, mademoiselle Maria?

— La belle malice!... est-ce que vous croyez que je ne connais pas vos amours.

— Mes amours... avec qui?

— Pardi! ce ne serait plus avec la danseuse du second... c'est passé, ça, c'est de l'histoire ancienne... je veux parler de vos amours avec la demoiselle du cinquième... qui fait tant sa tête! et pourquoi, mon Dieu, pourquoi?...

— Eh bien, si je fais la cour à mademoiselle Félicie, si je l'aime, en quoi cela peut-il vous regarder... vous occuper?...

— Oh! dame, c'est que, moi il y a des choses que je ne peux pas voir de sang-froid... ça me crispe! surtout quand je m'intéresse aux gens.

— Vraiment; et à qui portez-vous intérêt ici?

— Tiens, mais à vous donc; je me mets toujours du côté des hommes, moi; d'ailleurs, comme c'est vous qui êtes dindonné dans cette affaire-là...

— Je suis dindonné... qu'entendez-vous par là, mademoiselle?

— Tiens, si vous ne comprenez pas, il faut que vous ayez l'entendement bien dur... et pour un auteur ce serait surprenant... quand on dit de quelqu'un qu'il est dindonné, ça veut dire qu'on se moque de lui, qu'on le fait aller... pardi!... qu'on le trompe, enfin...

Gaston jette sur la petite bonne un regard de mépris en répondant :

— Je sais qu'il y a des gens pour qui la calomnie est un bonheur, qui passent leur temps à inventer des mensonges et à les répandre dans l'espoir de nuire, de faire du mal, de mettre partout la discorde et le trouble... mais les personnes qui ont un peu de bon sens ne ramassent pas les ordures qu'on jette sur leur chemin.

— Ah ben! en voilà une phrase... mais je ne dis pas d'ordure, moi, monsieur, entendez-vous; ce que j'avance, je puis le prouver... Au reste, qu'est-ce un secret! c'est connu de toute la maison.

— Qu'est-ce qui est connu e toute la maison... Voyons, mademoiselle, parlez... expliquez-vous! s'écrie Gaston qui n'est plus maître de sa colère.

— Que mam'selle Félicie se moque de vous, qu'elle vous traite comme un serin...

— La preuve... la preuve...

— La preuve... c'est qu'elle ne veut pas vous recevoir quand vous êtes tout seul, qu'elle fait des manières... qu'il faut que vous ameniez quelqu'un avec vous... mais que pendant que vous étiez en prison... car tout le monde sait bien que vous avez été en prison... eh bien, pendant ce temps là, elle ne se gênait pas pour recevoir un jeune homme chez elle, la nuit... et elle le recevait tout seul, celui-là!...

— Vous mentez!... mademoiselle, vous m'imposez!...

— Non, monsieur, je ne mens pas, car un soir... ou plutôt une nuit... vu qu'il était plus d'une heure du matin quand la chose est arrivée, mam'selle Félicie, s'étant trouvée mal dans son tête-à-tête avec monsieur, celui-ci ne sachant plus que faire a appelé au secours; alors Zéphirine, qui couche à côté est accourue, et puis la grosse Adélaïde, la bonne du premier, qui couche aussi en haut, a été aussi; elles ont aidé M. Alexandre à faire revenir mam'selle Félicie.

— Alexandre, avez-vous dit... c'était votre ami Alexandre qui était pendant la nuit seul avec Félicie... chez ell ?...

— Oui, monsieur, oui, c'était votre ami Alexandre... dame les amis, ça ne se gêne jamais pour vous souffler vos maîtresses...

— Non, ce que vous dites là n'est pas possible... je ne puis le croire...

— Vous ne voulez pas me croire?... Attendez.

Mademoiselle Maria court sur le carré, frappe doucement à la porte de la danseuse; Zéphirine paraît en disant :

— Qu'est ce qu'il y a?

Son amie l'entraîne chez le docteur, en lui disant :

— Zéphirine, venez donc dire à M. Gaston que je ne suis pas une menteuse... il ne veut pas croire que son ami Alexandre montait tout seul pendant la nuit chez mam'selle Félicie... que vous l'y avez

— Ah ben!... c'est assez connu; d'ailleurs, c'est M. Alexandre lui-même qui nous a appelées parce que la belle se trouvait *évanouite*...
Il était désolé ce grand vaurien-là... Adélaïde y est venue avec moi... demandez-le devant moi à votre sincère ami et vous verrez si l'on se me démentir...

— Et c'était pendant la nuit?...

— Je crois bien... il était près de trois heures du matin; c'est la veille de votre sortie de prison; du reste, j'avais depuis quelques jours des soupçons de la chose... mam'selle Félicie se tenait souvent sur le carré... guettant au-dessous! elle laissait constamment sa porte entr'ouverte; je me disais : Par le froid qu'il fait ce n'est pas naturel... N'est-ce pas, Maria, que je vous ai dit ça?

— Oui; oh! je m'en souviens... mam'selle Félicie éta.. peut-être déjà jalouse de la Patineaux, car c'est le tour de celle-là à présent; vous savez, Zéphirine?

— Si je le sais... il n'y a ri.n de caché pour moi dans la maison... je ne suis pas comme cette sotte de concierge qui ne voit rien!... Quel mauvais sujet que ce M. Alexandre! en fait-il!... Mais trahir son ami... et pendant que son ami est en prison!... voilà ce que je ne lui pardonne pas! Ce n'est pas une femme qui ferait de ces choses-là... ô Dieu!...

Gaston ne disait plus rien, il était consterné. Mademoiselle Zéphirine reprend au bout d'un instant :

— Si monsieur ne me croit pas, je vais aller chercher Adélaïde, la bonne du premier, elle y était cette nuit-là... elle est venue avec moi dans la chambre de mam'selle Félicie, elle a apporté une grande bouteille de vinaigre... elle pourra nous le dire...

— Non, non, c'est inutile, dit Gaston en arrêtant Zéphirine, je vous crois, mademoiselle, je vous crois; et il se dirige vers la porte.

— Eh bien! monsieur, et votre mal d'estomac, crie la petite bonne; vous n'attendez pas le retour de mon maître?...

Gaston ne l'écoute pas; il est déjà arrivé sur son carré et il sonne avec force à la porte d'Alexandre, mais en vain. Alexandre était déjà sorti.

Gaston reste quelques instants à réfléchir sur ce qu'il veut faire, mais il ne se sent pas le courage d'attendre le retour d'Alexandre; les tourments qu'il éprouve ont besoin d'éclater, il n'est plus maître de sa colère; il monte rapidement le cinquième étage et frappe à la porte de Félicie.

La porte s'ouvre, et la jeune fille est tellement effrayée en voyant la figure pâle et bouleversée de Gaston, qu'elle le laisse entrer chez elle en disant :

— Mon Dieu! que vous est-il donc arrivé, mon ami? comme vous êtes pâle, défait... seriez-vous malade... ou bien est-ce quelque événement fâcheux?...

— Oui, en effet... c'est un événement fâcheux... qui vient de m'arriver... c'est pour cela que vous me voyez si pâle...

— Remettez-vous... dites-moi ce qui vous tourmente... si je pouvais calmer votre peine...

— Non... je ne crois pas... je viens d'apprendre que j'étais trompé... trahi d'une façon indigne... par des personnes en qui j'avais mis toute ma confiance...

— En vérité! mais si c'est de l'argent qu'on vous emporte, il ne faut pas vous désoler pour cela... l'argent peut se remplacer...

— Non... oh non! mademoiselle, ce n'est pas une perte d'argent qui m'affligerait... qui me briserait le cœur...

Gaston se laisse tomber sur un siège en arrêtant des regards sombres autour de lui, mais il hésite encore pour continuer. Félicie attend qu'il s'explique, toute surprise déjà de la manière dont il lui parle.

— C'est une grande bonté de votre part de vouloir bien me recevoir seul ce matin, dit enfin Gaston d'un air ironique; je n'ai cependant pas avec moi mon ami Alexandre, par lequel vous désirez que je me fasse accompagner... vous préférez que ce soit lui, à ce petit garçon que j'ai amené hier au soir avec moi, n'est-ce pas, mademoiselle?

— En effet, je ne vous cacherai pas que la vue de cet enfant me cause une impression.. pénible.. vous ne pouviez pas deviner cela... c'est la suite de circonstances que vous ignorez...

— Oh! pardonnez-moi, j'aurais dû deviner que c'était Alexandre que vous vouliez voir...

— Mon Dieu! comme vous me dites cela singulièrement... Qu'avez-vous donc ce matin?... hier au soir, Gaston, vous n'étiez pas ainsi avec moi...

— Ah! c'est que depuis hier j'ai appris que vous n'avez pas été pour d'autres aussi sévère que pour moi!... Mademoiselle ne veut pas me permettre d'entrer dans sa chambre si je suis seul... et elle en reçoit cependant qui viennent seuls et qui viennent chez elle la nuit...

— Que dites-vous, Gaston... moi je reçois du monde la nuit?...

— Nierez-vous, mademoiselle, que vous avez reçu Alexandre... mais non; vous ne pouvez pas le nier... car on l'a vu chez vous... Deux bonnes de cette maison qui sont venues... parce que vous vous trouviez mal... Et moi... Ah! je ne pouvais pas venir... on savait bien que j'étais... absent alors... Eh bien!... vous ne dites plus rien... Ah! vous êtes confondue, vous voyez bien que je connais votre perfidie!...

Félicie demeure interdite, car elle se rappelle, le soir où elle a fait monter Alexandre chez elle, ce qui lui est arrivé. Mais bientôt elle relève la tête et attache sur Gaston un triste regard, en lui disant :

— En effet... je me rappelle maintenant un événement qui était sorti de ma mémoire... oui, un soir, M. Alexandre, votre ami...

— Ah! ne l'appelez plus mon ami, du moins !...

— Si, monsieur, je veux et je puis toujours le nommer ainsi... eh bien! j'avais tant pleuré... c'était tard, il est vrai, lorsqu'il rentrait, et je l'ai prié de monter un moment chez moi... mais ce n'était pas au milieu de la nuit... nous avons causé plus longtemps que je ne l'avais prévu... M. Alexandre me racontait une aventure intéressante.. et... un moment qu'il prononça me frappa tellement, que je perdis connaissance... Voilà, monsieur, toute la vérité! mais je n'aurais jamais cru que le résultat de cette soirée serait d'être accusée par vous de perfidie!...

— Mademoiselle, permettez-moi de vous dire que le récit que vous venez de me faire est passablement romanesque!... Mais enfin, s'il ne s'est rien passé de coupable entre vous et... M. Alexandre, comment se fait-il que jusqu'à présent vous m'ayez fait l'un et l'autre un mystère de cette circonstance?... Alexandre qui me dit tout, ne m'en a pas parlé... Qu'aviez-vous donc à lui communiquer de si intéressant, pour le faire monter chez vous aussi tard... Eh bien... vous ne répondez pas... cela devait cependant être quelque chose de bien important, pour vous faire oublier la règle de conduite que vous vous étiez imposée...

— Oui, monsieur, oui... il s'agissait de quelque chose de fort important!...

— Et vous ne me dites pas ce que c'était?

Félicie détourne la tête et garde le silence. Gaston attend quelques instants, puis il se lève furieux en s'écriant :

— Vous voyez bien que vous ne pouvez pas me répondre!... Ah! c'est assez, je suis bien sot de vous interroger davantage... Vous voyez bien que vous avez, avec M. Alexandre, des secrets que je ne puis pas savoir, moi!... Adieu, mademoiselle, je ne viendrai plus vous importuner davantage... Recevez M. Alexandre le jour, la nuit, à l'heure qu'il vous conviendra... mais je ne serai plus témoin de la trahison de deux personnes dont je croyais être aimé... Je quitterai cette maison dès demain...

— Gaston, écoutez-moi...

— Pourquoi le faisiez-vous monter chez vous... qu'aviez-vous à lui demander?... rien! Vous voyez bien que vous ne savez que dire... Oh! mais, je le verrai, lui... il ne m'aura pas trahi, trompé impunément... avec les hommes on peut se venger... Adieu, mademoiselle, adieu!

Gaston sort brusquement de chez Félicie, qui demeure anéantie, et murmure :

— Comme il me juge mal!... que dirait-il donc s'il savait la vérité!

XXX. — UNE ALERTE.

En quittant Félicie, Gaston est descendu vivement chez la concierge à laquelle il dit :

— Madame, si vous trouvez à louer mon logement, louez-le bien vite; mettez écriteau, je ne veux plus rester dans cette maison...

— Comment, monsieur, vous aussi, vous voulez nous quitter?... comme M. Collinet... mais il est parti, lui, et sa chambre est encore vacante... Nous ne sommes pas à l'époque du congé, monsieur...

— N'importe, madame, vous pouvez toujours mettre écriteau, on trouve souvent à louer en terme.

— Qu'est-ce qu'il leur prend donc, à ces jeunes hommes, dit madame Ador, mais cette espérance est déçue, et, obligée de sortir prend comme une envie... d'éternuer. Tiens, la sauteuse du second, la belle Cypriane déménage aussi!... Je ne la regretterai pas, celle-là!... mais avant de mettre son écriteau, je vais d'abord mettre des carottes dans mon pot-au-feu.

Félicie est restée chez elle toute la journée, espérant voir revenir Gaston, mais cette espérance est déçue, et, obligée de sortir à la brune pour faire quelques emplettes, elle s'arrête un moment sur le carré du quatrième étage; à défaut de Gaston, elle voudrait au moins rencontrer Alexandre, elle lui ferait part de ce qui s'est passé, et se flatte qu'il saurait bien dissiper les soupçons de son ami.

Il est six heures et demie du soir; il fait nuit, et il y a déjà assez longtemps que Félicie est sortie, lorsque la sonnette de la porte de la rue est tirée avec tant de violence que madame Ador, sa nièce et deux bonnes de la maison, Maria et Zéphirine, qui sont alors dans la loge de la concierge, font un mouvement de frayeur.

— Ah bien! par exemple!... ça passe la permission de sonner comme ça! s'écrie madame Ador qui, en sautant sur sa chaise, a mis le bout de sa fourchette dans son nez, parce qu'elle était en train de dîner.

— C'est indécent de sonner comme ça! dit Amanda; ça m'a causé une douleur... je gage que c'est ce grand farceur de M. Alexandre... il n'en fait jamais d'autres... faut pas se presser de lui ouvrir, alors...

— Règle générale, dit la concierge, plus l'on sonne fort, et moins l'ouvre vite.

— C'est bon à savoir, dit Zéphirine, dont la maîtresse dînait en ville, et qui passait ses après-midi chez la portière.

— C'est peut-être mon maître qu'on vient demander, dit Maria, mais il est allé faire de la musique.

Cependant un second coup de sonnette, aussi violent que l'autre, tarde pas à retentir. Cette fois, madame Ador, qui a mis un morceau de bœuf dans son œil, se décide à tirer le cordon en disant :

— Ah! ils ne veulent pas me laisser dîner tranquille... mais nous allons voir qui c'est... et je le reconnaîtrai, celui-là.

À peine a-t-on ouvert que la porte est poussée, puis refermée vivement, et Félicie, toute haletante, toute pâle, portant sur son visage la terreur, entre et se jette toute tremblante dans la loge de la concierge en balbutiant :

— Ah! Tiens! c'est mam'selle Félicie...

— Mon Dieu... il me semble qu'il m'a reconnue... suivie... Mon Dieu! pourvu qu'il ne m'ait pas vue entrer ici!

— Tiens! c'est mam'selle Félicie!

— Comment, c'est vous qui sonnez comme ça?...

— Mais, que vous est-il donc arrivé?... elle est toute tremblante... toute pâle...

— Queuqu'homme qui l'aura insultée... c'est sûr...

— Depuis qu'ils se sont mis à fumer, ma chère, ils ne respectent pas plus notre sexe qu'un cigare entamé!...

Félicie, qui tâche de se calmer un peu, répond enfin :

— Oui... c'est un homme qui m'a suivie... et il me faisait peur, cet homme...

— Il vous a tenu des propos incongrus?...

— Il ne m'a pas parlé... mais j'en ai eu peur... je me suis mise à courir... et j'ai cru qu'il courait après moi... Ah! je vous en prie, madame... s'il venait, ne lui dites pas que je demeure ici...

— Comment, que vous demeurez... mais s'il ne vous connaît pas, comment voulez-vous qu'il vous demande...

— Je ne sais pas... mais peut-être aurait-il l'air de me connaître... il dirait un nom... mais ce n'est pas moi... car s'il devinait...

Félicie n'achève pas sa phrase, parce qu'on sonne de nouveau à la porte de la rue, mais très-modérément, cette fois. Cependant la jeune fille est demeurée frappée de terreur, elle chancelle et balbutie :

— C'est lui... oh! je suis sûre que c'est lui... il m'aura vue entrer ici...

— Eh ben, ne vous effarouchez pas ainsi... Après tout nous sommes-là... il ne vous mangera pas, cet homme...

— Ah! madame, je ne veux pas qu'il me voie... De grâce, n'ouvrez pas...

— Il faut bien que j'ouvre, c'est mon état, et d'ailleurs, si c'était un de mes locataires...

— Alors, cachez-moi... je vous en prie, cachez-moi, qu'il ne me voie pas...

— Oh! c'est facile, ça! entrez dans ce cabinet, au fond... qui est noir comme un four... je défie bien qu'on vous y voie, la porte est vitrée, mais les rideaux sont en calicot.

Félicie entre vivement dans le petit cabinet qui est au fond de la loge, où elle y est cachée, madame Ador tire son cordon. Toutes les femmes réunies dans sa loge sont très-curieuses de savoir ce qui va se passer.

Un homme entre dans la maison, cet homme est M. Bodinet; il va sur-le-champ ouvrir la porte de la loge de la concierge, dans laquelle il plonge un regard inquisiteur en disant d'une voix qu'il cherche à rendre agréable :

— Mille pardons, madame la concierge, mais n'est-ce pas dans cette maison que demeure mademoiselle Ernestine Danglade?

— Connais pas ça! répond madame Ador en prenant un air solennel.

— Oh! c'est elle!... je reconnais ce nom, dit tout bas la petite Maria à son ami Zéphirine; je me rappelle bien à présent; c'est ce nom-là que mon maître a dit en lui parlant.

— Ah! vous ne connaissez pas cette personne? reprend M. Bodinet en affectant un air de bonhomie et en jouant avec une grosse canne ornée d'une pomme en cuivre doré. Alors, je me serai trompé, et cependant c'est bien singulier... j'aurais juré que c'était elle que je venais de voir entrer ici tout à l'heure... c'était absolument la même tournure, la même taille... Est-ce une dame, qui demeure dans cette maison, qui vient d'entrer... avant moi?...

— Oui, monsieur, oui, c'est quelqu'un de la maison...

— Et serait-il indiscret de vous demander le nom de cette personne?...

— Tiens! vous êtes bien curieux!...

— Mon Dieu! ce n'est pas la personne que monsieur demande, dit Amanda, puisque c'est mam'selle Félicie!...

Madame Ador regarde sa nièce d'un air qui veut dire :

— Tu es bien bête, toi!

Zéphirine et la petite Maria se regardent en souriant. M. Bodinet remarque tout cela et dit d'un air indifférent :

— Pardon... je me suis trompé alors... Et cette demoiselle Félicie demeure avec ses parents, sans doute?...

— Non, monsieur...

— Oui, monsieur! s'écrie la concierge en interrompant vivement

sa nièce; elle reste avec son père et sa mère, des gens bien honnêtes qui vivent de leurs rentes.

M. Bodinet se pince les lèvres, puis reprend :

— Alors, ce sont des personnes qui occupent un grand appartement?...

— Il n'y a pas de grands appartements au cinquième, dit la grande blonde en riant; il n'y a que des chambres...

— Mais on peut avoir plusieurs chambres! s'écrie madame Ador avec impatience.

— Décidément, j'ai fait erreur, dit M. Bodinet en saluant tout le monde d'un air fort gracieux. Excusez-moi, madame, je suis fâché de vous avoir dérangée...

— Il n'y a pas de mal, monsieur.

M. Bodinet sort de la loge, mais lorsqu'il est sous la porte, il regarde autour de lui d'un air étonné en se disant :

— C'est singulier... je reconnais cette maison... oui, parbleu... c'est bien ici... Oh! voilà qui est plaisant... mais demain, je connaîtrai cette demoiselle Félicie... Le cordon, s'il vous plaît, madame.

— Il est tiré, monsieur.

— Ah! mille pardons... infiniment obligé.

Lorsque la porte de la rue est refermée, Amanda appelle la jeune fille qui sort du petit cabinet et est toujours aussi tremblante.

— Venez, mam'selle, venez... n'ayez plus peur... il est parti, ce monsieur.

— Vous êtes bien sûre qu'il est parti?

— Oh! très-sûre... il s'est arrêté un moment sous la porte pour regarder je ne sais quoi, puis il a filé.

— Mais il n'avait rien d'effrayant, ce monsieur-là, dit Zéphirine, il est même très-poli, très-honnête!...

— Ce n'est pas à vous qu'il en voulait, reprend Amanda, puisqu'il a demandé mademoiselle Ernestine Danglade.

Félicie frémit, mais elle s'efforce de cacher son effroi, en balbutiant :

— Ah! il a demandé... un autre nom...

— Et vous ne vous appelez pas Ernestine Danglade? dit Zéphirine en attachant ses regards sur Félicie. Celle-ci baisse les yeux en murmurant :

— Vous savez bien que non...

— C'est drôle! s'écrie madame Ador, il me semble que je l'ai déjà vu, cet homme-là... que ce n'est pas la première fois que j'aperçois son physique... mais je ne peux pas dire où je l'aurai vu!...

— Il n'est plus tout jeune, mais c'est un bel homme, dit la petite Maria.

— Il a des manières très-agréables, dit Zéphirine.

— Et moi, il me fait l'effet d'un pas grand'chose, dit la concierge. Drôle de toilette : un paletot boutonné jusqu'au menton, pas de col, pas de linge du tout...

— C'est peut-être un ancien militaire.

— Ah! ouiche... il aurait une tenue plus propre que ça!...

— Il avait une belle canne à pomme d'or...

— D'or ou d'ordure, on connaît ça!...

— Et il n'a pas dit autre chose? reprend Félicie en s'adressant à la concierge.

— Dame non...

— C'est-à-dire qu'il a demandé si mademoiselle Félicie était une personne qui habitait avec ses parents, dit Maria.

— Comment!... mais il sait donc que je m'appelle Félicie... on le lui a donc dit?

— Oui, c'est ma nièce qui a fait cette bêtise-là... Pourquoi as-tu dit, à ce monsieur si curieux, le nom de mademoiselle?... ce n'était pas nécessaire...

— Mon Dieu, ma tante, qu'est-ce que cela peut faire à mademoiselle, puisque c'était une autre personne que ce monsieur demandait.

— Au reste, moi, j'ai eu soin de lui dire que mademoiselle Félicie était avec son père et sa mère...

— C'est vrai, dit Zéphirine; mais quand on a dit cela à ce monsieur, il a fait une drôle de grimace, il a poussé une de ses joues avec sa langue... comme quand on vient de dire une bourde.

Félicie ne dit plus rien, mais elle se hâte d'allumer son flambeau, de saluer tout le monde et de remonter chez elle.

Dès que la jeune fille du cinquième est éloignée, les quatre femmes réunies dans la loge de la concierge parlent presque toutes ensemble.

— Savez-vous que c'est bien drôle, tout ça?

— C'est elle qui est Ernestine Danglade, la personne que ce homme a demandée...

— Comment pouvez-vous savoir cela, mam'selle Maria?

— Comment?... tiens, c'est pas malin! quand M. Urtuby a reconnu cette demoiselle dans l'escalier... qu'il a causé avec elle, c'est ainsi qu'il l'a appelée.

— Vous croyez?

— J'en suis sûre. D'ailleurs, si ce n'était pas elle, est-ce qu'elle aurait eu aussi peur de cet inconnu... est-ce qu'elle serait accourue toute tremblante et prête à s'évanouir?

— Ça ne tombe pas sous le sens. Est-ce qu'une femme a des terreurs comme ça, parce qu'un homme la suit dans la rue à six heures et demie du soir?

Mon Dieu! qu'est-ce que c'est que cela ? balbutie Félicie. (Page 68.)

— Et dans le faubourg Montmartre où, Dieu merci, il passe du monde.

— Mais je ne sors pas une fois seule, le soir, sans être suivie, moi!

— Tiens, et moi aussi!

— Et moi aussi!

— Et on me fait des compliments, et des déclarations, et des propositions.

— Il y a même des hommes si hardis qu'ils veulent vous prendre le bras de force...

— Et d'autres qui vous pincent n'importe z'où.

— Mais, quand ils m'ennuient trop, je sais bien les faire taire, moi... j'allonge un coup de pied en arrière comme les chevaux.

— Moi, je leur dis : Si vous ne finissez pas, j'appelle un sergent de ville ! Il faut que mademoiselle Félicie connaisse ce particulier qui est venu.

— C'est clair comme deux et deux font quatre!

— Qu'est-ce que cet homme peut lui être?

— Son mari peut-être...

— Ou bien son père ou son frère... elle aura fui de la maison paternelle et on la cherche pour lui donner une danse.

— Je ne crois pas que ce soit ça... mam'selle Félicie doit être majeure et maîtresse d'aller seule.

— Moi, je pencherais plutôt pour croire que c'est son mari... elle l'aura quitté, elle lui aura fait des farces... elle aura naturellement changé de nom, et elle a peur qu'il ne l'a retrouve, parce qu'il a le droit de la forcer à retourner avec lui !...

— Je crois bien, il a la loi pour lui... il peut même amener un commissaire de police pour la forcer à le suivre dans le cas qu'elle refuserait !

— Oh! que ça serait amusant si demain matin nous allions voir ce monsieur revenir avec accompagnement de commissaire !...

— Mesdemoiselles, dit madame Ador qui a moins parlé que les autres, parce qu'elle a toujours continué de manger, cela ne m'amuserait pas du tout, moi, si une scène de ce genre avait lieu dans notre maison... car je sais que cela déplairait beaucoup à M. Mouton, qui me dirait : Vous ne savez donc pas à qui vous louez... Mais je me flatte que cela n'arrivera pas et qu'à l'avenir on me laissera dîner en repos !

Les deux bonnes quittent la loge pour aller conter ce qui vient de se passer aux autres domestiques de la maison.

Le lendemain, au point du jour, on cognait au carreau de la concierge. Celle-ci, qui n'était point encore levée, crie de son lit :

— Qui est là... qu'est-ce qu'on veut?

— Je voudrais bien vous parler sur-le-champ, madame, ayez la bonté de m'ouvrir la porte de votre loge.

Madame Ador, qui a reconnu la voix de sa jolie locataire du cinquième, se lève aussitôt, passe à la hâte un vêtement et ouvre sa loge. Félicie y entre aussitôt portant deux gros paquets sous ses bras.

— Mon Dieu, mademoiselle, c'est vous qui sortez de si bonne heure... mais mon enfant, il fait à peine jour... où donc allez-vous ainsi avec ces gros paquets?...

— Je pars, madame, je quitte votre maison...

— Ah! mon Dieu! mais c'est donc une maladie... tout le monde quitte la maison, à présent! hier, M. Gaston m'a dit aussi que je pouvais louer sa chambre...

— Ah! M. Gaston restera peut-être maintenant, lorsqu'il saura que je n'habite plus près de lui... Tenez, madame, voilà le mois qui est à peine commencé et que je vous paie... je n'ai point abîmé les meubles, vous le savez bien... je n'emporte que les hardes, le linge qui m'appartient; je n'ai même pas pu prendre tout, vous aurez la bonté, madame, de serrer ce que j'ai laissé, et quelque jour je l'enverrai chercher.

— C'est donc bien décidé que vous voulez nous quitter, mon enfant; eh bien! vrai, ça me fait de la peine, je m'étais attachée à vous... je n'ai jamais eu les idées de toutes ces mauvaises langues de la maison... je vous défendais quand on faisait des cancans sur votre compte.

— Oh! je vous crois, madame.

— Pourquoi donc voulez-vous nous quitter, alors... Si quelqu'un vous a fait ou dit quelque chose qui vous ait fâchée, dites-le-moi, et j'y mettrai bon ordre.

— Non, madame, je n'ai à me plaindre de personne... mais je quitte cette maison parce que j'y suis obligée... parce que je n'y vivrais plus tranquille...

— Est-ce à cause de ce vilain homme d'hier au soir... mais il ne reviendra pas, mon enfant, vous l'avez trop dépisté.

— Il reviendra, madame, j'en suis bien certaine... et je ne pourrais plus mettre les pieds dehors sans craindre de le rencontrer...

— Mais pourquoi vous fait-il si peur, cet homme, s'il n'a aucun droit sur vous?

— Pardon, madame, mais ceci est mon secret... Voilà le jour, il faut que je parte bien vite... mais je voudrais bien avoir une voiture... car avec ces deux paquets, je ne puis aller à pied... si vous étiez assez bonne pour m'en chercher une... pendant que je vais rester là...

Mille pardons, madame la concierge. (Page 74.)

— Si ça vous oblige, je le veux bien; attendez maintenant que je me chausse, que j'achève de m'habiller, ce ne sera pas long... mais ça donnera le temps aux fiacres d'arriver sur la place.

Madame Ador fait à la hâte sa toilette, puis sort en laissant entr'ouverte la porte de la rue. Félicie, demeurée seule, verse des larmes en murmurant :

— Obligée de fuir... où vais-je aller ? je l'ignore... et lui, que j'aimais tant, je ne le verrai plus... mais il ne me regrettera pas, puisqu'il me croyait capable de le trahir... je me plaisais dans cette maison cependant... et cet enfant... ce petit garçon... qui porte ce signe sur le cou... lui aussi est dans cette maison... j'aurais voulu le revoir... malgré moi son souvenir me poursuit sans cesse... mais ce misérable Dufortier sait que je demeure ici maintenant... quelque jour il se présenterait chez moi, et je ne me sens pas le courage de supporter la présence de cet homme... non... il fallait partir.

Le bruit d'une voiture qui s'arrête devant la maison tire Félicie de ses pensées ; elle court à la porte avec ses paquets que le cocher met dans son fiacre. Elle remercie de nouveau la concierge et lui remet, en rougissant, une lettre, en lui disant :

— C'est pour M. Gaston, je lui fais mes adieux ; serez-vous assez bonne pour lui remettre ce billet ?...

— Comment, si je serai assez bonne ; mais c'est mon devoir, mon enfant, il l'aura ce matin... Et s'il me demande où vous êtes allée ?...

— Vous lui direz que vous l'ignorez... comme moi-même je l'ignore encore en ce moment. Adieu, madame, je vous remercie.

— Tâchez de nous revenir, mon enfant, ça me fera bien plaisir.

Félicie est déjà dans la voiture, et au moment où elle va parler au cocher, madame Ador rentre et referme la porte de la rue en se disant :

— C'est pas les autres qui seraient rentrées sans essayer d'entendre ce qu'elle dit au cocher !...

XXXI. — ALEXANDRE ET GASTON.

Après la scène qu'il avait eue avec Félicie, Gaston était sorti, s'était promené au hasard toute la journée, ne sachant pas même où il allait. Le soir, voulant essayer de se distraire, d'oublier ses amours, il était entré au spectacle, puis au café; il avait pris du punch pour tâcher de s'étourdir, et enfin était rentré chez lui à minuit, tout aussi occupé de Félicie que lorsqu'il était parti, mais en se disant :

— Demain matin, je verrai Alexandre; il faudra bien que je le uve, et j'aurai raison de son indigne conduite... Oh ! les amis...

l'un me fait arrêter ! l'autre me prend la femme que j'aime... croyez donc à l'amitié !

Le lendemain, à huit heures du matin, c'était Alexandre qui entrait chez Gaston, en disant :

— Me voilà, mon petit Gaston, la concierge m'a dit que, hier, tr m'avais demandé plusieurs fois... mais j'avais passé la nuit à danser... un petit bal impromptu, chez une jolie dame d'un théâtre des boulevards... dont l'amoureux est bien la meilleure pâte d'homme que je connaisse... Quand sa belle joue, il se tient dans les coulisses avec une pelisse, un manteau, pour l'envelopper dès qu'elle sort de scène... il voulait même avoir une chaufferette sous son bras pour réchauffer les petits pieds de madame; mais le régisseur ne permet pas les chaufferettes sur le théâtre, de peur du feu... alors, mon cher, qu'a-t-il fait ? il a acheté une boule en étain; on emplit cela d'eau bouillante, ça se tient chaud très-longtemps, et ce monsieur restait dans la coulisse avec sa boule d'eau chaude sous son bras, et courait la mettre sous les pieds de son objet dès qu'il sortait de scène. Mais voilà l'inconvénient : toutes les personnes du théâtre, sachant que ce monsieur se promène avec une boule d'eau chaude sous son bras, dès qu'il arrive, on l'entoure, on le cerne, on voit où est la boule, et on met la main dessus; enfin, ce monsieur est devenu un poêle. Il s'en est suivi qu'étant presque toujours cerné, bloqué, tâté, il a plusieurs fois manqué la sortie de sa maîtresse. Celle-ci l'appelait crétin. Dernièrement, craignant encore de ne point être à temps pour réchauffer madame, il a voulu repousser si brusquement tous ceux qui l'entouraient, que la boule s'est échappée de dessous son bras, a roulé sur le théâtre et ne s'est arrêtée qu'à la rampe, où elle a brisé trois quinquets. Alors le régisseur a défendu les boules comme les chaufferettes, et on s'était moqué de l'actrice, qui n'a plus sa bouche de chaleur. Tout cela n'empêche pas qu'on ne se soit beaucoup amusé, avant-hier, chez elle... mais tu n'as pas l'air de m'écouter, Gaston.

— En effet, monsieur, ce n'est pas pour entendre tout cela que je voulais vous voir...

— Monsieur... et ce ton !... sapristi ! mais qu'est-il donc arrivé ?... Est-ce que par hasard nous aurions eu ensemble une querelle sans que je le sache ?

— Vous êtes surpris de m'entendre vous parler ainsi... vous pensiez donc que je ne découvrirais jamais vos trahisons... et votre indigne conduite à mon égard !... vous avez bien peu de prévoyance... Un secret connu par les bonnes de la maison ne pouvait pas en être un longtemps pour moi.

— Gaston. je veux être damné si je comprends un mot à tout ce que tu viens de dire... ne me laisse pas chercher plus longtemps... donne-moi le mot de cette charade...

— Vous plaisantez encore... oh! mais vous changerez de ton tout à l'heure.

— Ah! voyons, finissons-en; tu commences à m'impatienter.

— C'est que, malgré moi, je sens qu'il m'en coûte de vous démasquer, car je n'ai pas oublié que je vous ai des obligations... c'est à vous que je dois d'être sorti de prison. Vous devoir un service!... ah! si vous saviez combien cela m'est pénible!

— S'il n'y a que cela qui t'empêche de parler, va ton train, je te dispense de toute reconnaissance.

— Ah! pourquoi m'avez-vous rendu la liberté? pourquoi ne m'avez-vous pas laissé là-bas... sous les verroux?... Là, du moins, je n'aurais pas su que j'étais trompé, j'aurais conservé des illusions...

— Sacrebleu! que tu deviens embêtant, mon cher ami; quand tu auras fini, tu le diras.

— Eh bien, pourquoi êtes-vous l'amant de la femme que j'adorais?... pourquoi, puisqu'elle vous plaisait toujours, m'avoir affirmé que vous renonciez à lui faire la cour?... Ah! voilà ce qui est infâme... si vous aviez été franc, si vous m'aviez dit : Moi aussi, je l'aime, cette Félicie, tant pis pour vous, si c'est moi que l'on écoute. Mais non, monsieur me jure qu'il ne songe plus à elle; il me conseille d'avoir en elle la plus entière confiance, et c'est pour mieux cacher ses relations avec elle...

— Gaston, si j'avais fait ce que tu dis-là, je serais non-seulement un mauvais sujet, mais je serais une canaille; on peut souffler une maîtresse à un ami, ça se voit tous les jours... mais alors on ne lui vante pas les vertus de cette femme, on ne lui conseille pas de l'épouser... on l'en empêche, au contraire, s'il persiste à ne pas voir clair. Je ne croyais pas que tu me supposerais jamais capable de me conduire ainsi. Je ne suis point l'amant de mademoiselle Félicie, ceux qui l'ont dit cela en ont menti.

— Et vous n'alliez pas non plus chez elle... au milieu de la nuit? Mais, au moins, quand elle s'est trouvée mal, vous n'auriez pas dû appeler les bonnes à votre aide... pour que toute la maison connaisse cette particularité.

— La nuit, chez mademoiselle Félicie... et elle s'est trouvée mal? Ah! oui, oui, en effet, je me rappelle cet événement.

— C'est heureux que vous en conveniez; mais au reste, elle ne l'a pas nié non plus, elle, elle a bien senti que ce serait inutile!

— Comment... tu lui as donc parlé de cela?

— Avez-vous cru que je vous laisserais tromper davantage... dès que j'ai appris cette odieuse intrigue, je suis allé chez vous, mais je ne vous ai pas trouvé; alors je me suis rendu chez elle... Ah! elle n'a pas osé me refuser cette fois... elle a bien deviné à ma figure que je savais tout!

— Pauvre jeune fille!... Tu lui as dit que tu savais que j'étais son amant?

— Sans doute.

— Et qu'a-t-elle répondu?

— Que vouliez-vous qu'elle dise!... de ces dénégations qui ne signifient rien; mais quand je lui ai parlé de la nuit où vous alliez faire chez elle au milieu de la nuit, elle n'a pas pu répondre, elle a gardé le silence... N'est-ce pas avouer qu'elle est coupable?

— Ah! elle a gardé le silence! pauvre petite! elle a préféré se laisser soupçonner... mais je ne la gardrai pas, le silence, moi!... quoiqu'elle m'ait fait jurer le secret!... je ne ferai pas comme dans ces pièces où une héroïne se laisse accuser de tous les crimes possibles, et se garde bien de dire ce qui prouverait sur-le-champ son innocence... je trouve cela trop absurde pour en faire autant : un serment ne peut plus nous lier quand il s'agit de la réputation, de l'honneur de quelqu'un.

— Mais expliquez-vous donc à votre tour...

— Mademoiselle Félicie a su que vous étiez en prison... les bonnes de la maison le savaient, vous comprenez qu'elles n'ont pas manqué d'aller le crier à ses oreilles; c'est alors qu'elle a voulu me voir... qu'elle m'a guetté toute la journée; mais moi, vous savez que je suis quelquefois des journées entières sans rentrer; enfin, ce soir-là... c'est la veille du jour où vous avez recouvré votre liberté... je rentre chez moi à minuit passé; au moment d'ouvrir ma porte, je m'entends appeler : c'était notre jolie voisine qui me crie : Monsieur Alexandre, j'ai quelque chose de très-important à vous dire. Je monte chez elle, c'était plus naturel que de la faire entrer chez moi; et, d'ailleurs, ce qui l'occupait en ce moment, lui faisait oublier toutes convenances! Lorsque je suis chez elle, elle me dit : M. Gaston est en prison, quelle somme lui faut-il pour en sortir?... Sa demande m'étourdit d'abord, mais il n'y avait plus à nier. C'est, je crois, treize cents et quelques francs qu'il lui faudrait, dis-je. Aussitôt elle prend dans un portefeuille des billets de banque pour quatorze cents francs, et me les remet en me disant : Tenez, monsieur Alexandre, allez, dès demain, délivrez votre ami...

— Mon Dieu.... il serait possible... c'est à elle que je dois ma liberté!...

— Vous avez cru que c'était M. Bodinet qui avait payé ces lettres de change de quatorze cents francs!... un père qui dépouille son enfant pour vendre ses vêtements, ne doit guère faire honneur à sa signature!... Quand celui-là paiera ses effets, on ira dans la lune en chemin de fer! mais en me donnant cette somme, mademoiselle Félicie exigea de moi le serment de ne point vous dire que c'était à elle que vous deviez votre liberté... C'était encore une délicatesse de sa part; elle craignait que vous ne fussiez humilié de lui devoir ce service... Ce serment que j'avais fait, j'y manque aujourd'hui... mais vous m'y avez forcé par vos injustes soupçons... Attendez... je n'ai pas tout dit, et pendant que je suis en train, il faut que j'achève de dissiper tous vos doutes... Après avoir reçu la somme nécessaire à votre liberté, je me rappelle que je me mis à raconter à notre voisine ce que je faisais depuis quelques jours dans l'espoir de trouver ce fripon de Bodinet... Ah! si je l'avais découvert... il aurait passé un mauvais quart d'heure, car je voulais avoir de l'argent pour vous tirer de prison...

— Ah! Alexandre!... que tu dois m'en vouloir!

— Laissez-moi donc parler, monsieur, vous n'avez plus le droit de m'interrompre, ous... et je ne sais pas si je vous permettrai encore de me tutoyer... e racontais donc à la petite voisine mes courses de la journée, et en même temps une aventure qui m'est arrivée avec un certain Dufortier que le hasard m'avait justement fait rencontrer le matin. Mais pendant que je parlais, je m'aperçus que celle qui m'écoutait changeait de couleur... il me semble b en que c'est le nom de Dufortier qui a produit sur elle un effet si désagréable... Pourquoi?... voilà ce que j'ignore; mais enfin mademoiselle Félicie avait tout à fait perdu connaissance... Oh! alors j'appelai les voisines, j'aurais appelé toute la maison pour m'aider à la secourir, d'autant plus que je suis très-gauche, moi, pour ces choses-là... Zéphirine vint avec de l'eau de Cologne, Adélaïde avec du vinaigre, et bientôt la malade rouvrit les yeux. Nous la laissâmes alors se reposer, et le lendemain tu... non, non, je ne veux plus dire tu !... vous étiez libre... Voilà ce qui s'est passé dans cette fameuse nuit... et on a tourné cela au criminel!... et vous l'avez cru!... réfléchissez, maintenant : s' j'avais été l'amant de cette jeune fille, pourquoi se serait-elle empressée de vous faire rendre la liberté?... si j'avais fait mal en me trouvant chez elle, à une heure si avancée, est-ce que j'aurais appelé tout le monde pour qu'on sût où j'étais?... Quand on a de ces intrigues-là... quand on veut tromper son ami, on se cache, et on ne met pas toutes les trompettes de la maison dans sa confidence. Mais j'étais loin de me douter alors que la belle action de cette jeune fille fournirait un jour une arme contre elle et contre moi.

Gaston s'avance vers Alexandre, il lui tend la main en lui disant :

— Pardonne-moi... tu vois bien que les apparences t'accusaient... est-ce que je pouvais deviner tout ce que tu viens de me raconter...

— Je te pardonne, parce que je sais que l'amour rend stupide !... Mais, elle, à qui tu as fait une scène...

— Oh! je vais courir, me jeter à ses pieds, implorer mon pardon...

— Et lui dire que tu sais qu'elle a donné son argent pour que tu sortes de prison, et elle me fichera des sottises, à moi, pour avoir manqué à mon serment... Mais ça m'est égal, je m'en moque, je ne me repends pas d'avoir parlé.

Au moment où Gaston va sortir pour courir chez Félicie, madame Ador entre chez lui tenant une lettre à sa main.

— Tenez, monjeur Gaston, voilà une lettre pour vous... je vous l'ai montée, parce que j'ai pensé que vous seriez bien aise de l'avoir.

— Merci, madame; est-ce par la poste qu'elle est venue?

— Non, non, c'est mam'selle Félicie qui me l'a donnée pour vous, quand elle est partie, ce matin, au petit jour...

— Partie!... Que dites-vous donc ? mademoiselle Félicie est partie; mais elle va revenir, n'est-ce pas?

— Non, monsieur; c'te jeune fille a emporté ses effets en deux gros paquets; elle m'a payée, et elle m'a dit : Je m'en vais, je quitte cette maison parce que je ne pourrais plus y vivre tranquille.

— Ah! mon Dieu! entends-tu Alexandre? elle est partie!...

— Avant de te désoler, lis cette lettre, et vois ce qu'elle t'écrit.

Gaston ouvre en tremblant le billet de Félicie et lit :

« Je pars, Gaston, mon destin cruel m'oblige à m'éloigner de vous. Ce qui m'afflige surtout en vous quittant, c'est de savoir que vous me croyez fausse, que vous avez pu penser que j'en aimais un autre que vous; mais je suis persuadée que vous reconnaîtrez bientôt l'injustice de vos soupçons. Alors vous me regretterez un peu, j'espère, et vous reporterez pas le souvenir de la pauvre Félicie. »

Gaston se laisse aller sur une chaise et verse des larmes en murmurant : — Partie!... partie!... et je n'ai pu lui demander pardon et c'est moi, sans doute, qui suis cause qu'elle a pris cette résolution.

— Mais non, ce n'est pas toi; sa lettre ne dit pas cela du tout... il ne s'agit pas de pleurnicher ici. Fi donc ! est ce que les hommes doivent pleurer... il faut tâcher de savoir ce qui a pu provoquer le départ de la petite voisine. Madame Ador nous renseignera peut-être là dessus...

— Pardi ! c'est la scène d'hier au soir qui a bouleversé c'te jeunesse... et pourtant je lui avais dit : Ne vous effrayez pas... est-ce que je ne suis pas à mon poste ?

— Une scène, hier au soir... Ah! contez-nous vite cela, madame Ador...

— Mais mon lait qui est sur le feu...

— Votre nièce y veillera... une nièce ne laisse jamais le lait s'en 'ler... elle le boirait plutôt.

— Eh ben, monsieur, hier, vers les sept heures du soir, mam'selle Félicie est rentrée toute effarouchée, qu'elle en avait le visage décomposé, et tout cela parce qu'un homme l'avait suivie, et je crois bien qu'elle connaissait cet homme, sans quoi elle n'aurait pas été si effrayée. Bientôt on a frappé, alors elle s'est écriée : cachez-moi, je vous en prie... Je l'ai fourrée dans le petit cabinet noir, au fond de ma loge, puis j'ai ouvert, et un homme est entré...

— Un jeune homme? demande vivement Gaston.

— Non, oh! ce n'est pas un jeune homme... ce n'est pas non plus un vieux... c'est de ces hommes dans l'entre-deux... mais celui-là a une figure qui ne me revient guère... Je gagerais mon café au lait qu'il est déjà venu dans la maison!

— Et qu'a demandé cet homme?

— Il a demandé mademoiselle Ernestine Danglade...

— Ernestine Danglade... ce n'est pas Félicie, alors.

— Dame, ce n'est pas le nom qu'elle s'est donné ici, toujours; mais mam'selle Maria, la bonne du docteur, assure que c'est ce nom-là que son maître a donné à c'te jeune fille... enfin j'ai dit naturellement que je ne connaissais pas la personne qu'il demar... et ce monsieur est parti...

— Sans dire autre chose?

— Dame, non... Alors mam'selle Félicie a quitté sa cachette; elle était toute pâle, toute tremblante, en remontant chez elle, et ce matin il faisait à peine jour quand elle est descendue avec ses paquets... Elle m'a priée de lui chercher un fiacre; je me suis vêtue à la hâte, j'ai été sur la place... une seule voiture s'y trouvait déjà, je l'ai amenée, et fouette cocher!

— Et vous n'avez pas entendu où elle a dit au cocher de la conduire?...

— Par exemple, monsieur, je n'espionne pas les locataires, moi; si mam'selle Félicie avait voulu qu'on sût où elle allait, elle aurait donné son adresse. Cependant il faudra bien qu'elle revienne ici, car elle n'a pas pu emporter tout son linge, et elle en a laissé une partie sous ma sauvegarde.

— Mon Dieu! où donc la chercher, maintenant... et pourtant il faut absolument que je la retrouve!

— Console-toi, dit tout bas Alexandre à son ...ui; nous saurons facilement quelle voiture était la pr..mière sur la ..ace, et le cocher nous dira où il a conduit la petite v..eine.

— Monsieur Gaston est-il toujours dans l'intent.. de déménager? dit la concierge, en se disposant à s'..n aller.

— Moi... mais... Oh! non, madam. je ne q...e plus cette maison où elle m'a logé, avant que je ne l'aie retrouvée.

— Tant mieux... ça me ferait trop de vacances... j'ai encore la chambre de M. Collinet, que je ne peux pas parvenir à louer... il est vrai qu'il l'a laissée dans un état de délabrement que c'en est dégoûtant!... le papier est déchiré partout... je crois qu'il en prenait des morceaux pour allumer son feu.

À peine la concierge est-elle sur le carré, qu'elle entend la voix de sa nièce qui lui crie d'en bas :

— Ma tante... voilà un monsieur qui monte pour voir le logement de M. Collinet; je lui ai donné la clé pour que vous ne descendiez pas...

— C'est bien; alors me v'là toute portée pour faire voir le local... s'il pouvait louer, celui-là, ça ne serait pas malheureux.

XXXII. — LE NOUVEAU LOCATAIRE.

Le monsieur qui montait pour voir la chambre à louer n'était autre que M. Bodinet.

Et tout en gravissant l'escalier, ce monsieur se disait :

— Oui, je ne m'étais pas trompé hier au soir; c'est bien dans cette maison qu'est la pension Loupard, dans laquelle j'ai placé mon héritier... mais que m'importe... il y a tout un corps de logis et une longue cour qui le sépare de ce bâtiment... Un maître d'école, ça ne quitte jamais sa classe, et je puis entrer et sortir cent fois sans le rencontrer... et après tout, quand même je le rencontrerais... je me moque pas mal de lui... le principal est de retrouver Ernestine, si, comme tout me le fait supposer, c'est elle qui a pris le nom de Félicie: ce serait fort adroit de loger dans la maison qu'elle habite.

Alexandre et Gaston avaient refermé leur porte, et madame Ador était seule sur le palier du quatrième étage, lorsque M. Bodinet y arrive et ui présente une clé en lui disant :

— Tenez, madame, voilà la clé qu'on m'a remise en bas, veuillez me montrer le logement vacant.

La concierge fait une exclamation de surprise en regardant M. Bodinet, et s'écrie :

— Tiens! mais c'est monsieur qui est venu hier au soir... demander une personne dans la maison... une demoiselle... Ernestine Danglade...

— Vous croyez, madame; comment, ce serait dans cette maison que je serais entré hier... en croyant reconnaître une personne qui y était entrée aussi. Ah! c'est fort drôle! Eh bien, je ne m'en doutais pas... hier il faisait nuit, alors on ne remarque pas les maisons. Aujourd'hui je passe, je vois un écriteau, et j'entre. Voyons ce logement, s'il vous plaît.

Madame Ador ouvre la porte, tout en se disant :

— Il ne reconnaissait pas la maison... je ne donne pas là-dedans. Je crois bien plutôt qu'il vient ici parce qu'il espère toujours y trouver sa demoiselle... en tous cas, si c'est mam'selle Félicie, il arrive trop tard, les oiseaux sont dénichés... mais pas si bête que de lui rien dire; je gage qu'il ne louerait pas.

M. Bodinet examine la chambre où logeait Collinet, et qui aurait bien besoin d'être remise à neuf. Mais loin d'en remarquer la saleté, ce monsieur fait un signe de tête approbateur, en disant :

— Très-bien... très-jolie pièce... très-belle pièce... grande fenêtre; sur quoi voit-on?

— Sur la rue, monsieur, et en plein...

— Tant mieux... c'est fort gai alors... j'aurais été fâché que cela donnât sur la cour... Ah! il y a encore une pièce...

— C'est un cabinet noir, mais qui est pas mal grand...

— Oui, oui, il est grand... j'en ferai ma bibliothèque... mon cabi..et d'étude... La cheminée ne fume pas?

— Le locataire qui demeurait ici ne s'en est jamais plaint!... répond la concierge, qui ajoute mentalement : D'autant plus qu'il ne faisait jamais de feu, celui-là!

— Voilà quelques endroits où le papier est légèrement déchiré...

— C'est vrai, monsieur; mais avec un peu de colle on a bien vite préparé tout ça.

— Oui, je sais que le papier se recolle; au reste, il est probable que j'en ferai remettre un neuf au printemps... Quand un logement me plaît, je ne regarde pas à la dépense. Je ferai mettre en couleur aussi... Et combien loue-t-on, ici?

— Deux cents francs, monsieur, pas un centime de moins.

— Deux cents francs! ce n'est pas trop cher! Décidément cela me va... je prends ce logement... la maison me plaît beaucoup... elle me paraît extrêmement bien tenue...

— Ah! dame! monsieur, vous savez, quand on a un poste, moi je dis qu'il faut le remplir... on est concierge ou on ne l'est pas...

— C'est juste! c'est parfaitement raisonné... c'est ce que je dis tous les jours à mes commis : Messieurs, faites votre besogne ou allez-vous-en; que diable, je vous donne des appointements, vous devez les gagner.

La concierge regarde Bodinet avec plus de considération, en murmurant :

— Monsieur a des commis?

— Oui, vraiment... une douzaine environ!

— Monsieur a des bureaux, alors?

— Il n'y a pas le moindre doute, puisque j'ai des commis, j'ai des bureaux... Je suis à la tête d'une grande administration... dont le siège est aux Champs-Elysées... Je pourrais loger dans mes bureaux, mais c'est trop loin du centre de Paris... et je prends ceci comme pied à terre... Qui est-ce qui loge sur ce carré?

— D'abord deux jeunes gens, bien aimables, ensuite une dame seule... d'un âge raisonnable... qui a de beaux restes!...

— Il n'y a qu'un étage au-dessus?

— Oui, monsieur... ce sont des chambres de bonnes...

— Ah!... rien que des chambres de bonnes... Il m'avait semblé hier, en causant chez vous, madame, avoir entendu dire que cette personne... que j'avais prise pour une autre... cette demoiselle Félicie... logeait au cinquième étage...

— Ah! oui, monsieur, c'est vrai, cette demoiselle demeure au cinquième... parce que je lui trouvais avoir là un petit logement tout meublé... les meubles m'appartiennent, et n'en ayant pas besoin, je l'avais utilisé.

— Et vous avez fort bien fait... Du reste, madame, ceci ne me regarde en rien... et je vous cause de cela comme je vous dirais, je crois, que nous aurons de l'orage ce soir.

— Ainsi, monsieur, arrête ce local?

— Oui, madame... Votre nom, s'il vous plaît?

— Ador, monsieur.

— Joli nom... bien facile à prononcer... Oui respectable mada Ador, je prends ce local et je suis enchanté d'être votre locataire, peut entrer en jouissance tout de suite?

— Certainement, monsieur; aussi toutefois disant, monsieur, les petites formalités d'usage... on ne peut pas louer sans savoir à qui... M. Mouton, le propriétaire, est à cheval sur les renseignements.

— Est-ce que le demeure dans la maison, ce Mouton... je veux ce propriétaire?

— Non, monsieur; il demeure même fort loin... Si monsieur lait avoir l'obligeance de me dire son nom...

M. Bodinet réfléchit quelques instants, puis répond enfin d'une voix sonore :

— De Carpentras!

— Ah! monsieur s'appelle de Carpentras?

— Oui, madame.

— Tiens, c'est farce...

— Comment... qu'y a-t-il de farce dans ce nom-là, s'il vous plaît, madame?

— Oh! rien du tout, c'est seulement parce que j'ai eu une tante qui habitait dans le nom de monsieur.

— Cela arrive tous les jours, on a des noms de ville, c'est très-ordinaire.

— Et monsieur demeure?

M. Bodinet met cette fois plus de temps à réfléchir, enfin, il répond:

— Cité Beaujon, quatrième *square*.

— Ah! mon Dieu! comment que monsieur a dit?

— Je vous ai dit: cité Beaujon, quatrième *square* ou place, si vous n'entendez pas l'anglais.

— Oh! non, monsieur, c'est-à-dire, si, je l'entends bien, mais je ne le comprends pas. Et de quel côté que c'est, cette cité-là?

— Dans les Champs-Elysées, madame.

— Ah! je comprends, c'est là où sont les bureaux de monsieur...

— Non, madame, non, je ne veux pas que l'on aille aux renseignements dans mes bureaux; j'ai des raisons pour que l'on ignore où est mon pied-à-terre, sans quoi je n'y serais pas tranquille, il me viendrait cent personnes dans la journée... et voilà ce que je veux éviter.

— Monsieur est bien le maître... Alors, voilà qui est convenu... après toutefois que monsieur m'aura donné... comme c'est l'usage... un denier adieu... M. Mouton est encore à cheval là-dessus!

— Il paraît qu'ils sont à cheval sur tout, se dit M. Bodinet qui fait une moue assez prononcée en fouillant dans ses poches, et, après y avoir cherché longtemps, il retire enfin une pièce de dix sous qu'il présente à la concierge en lui disant:

— Tenez, madame... ma foi je n'ai que cela ou de l'or... mais, au reste, nous sommes gens de revue.

Madame Ador prend la pièce de dix sous d'un air dédaigneux, et M. Bodinet descend vivement l'escalier en disant:

— A demain, respectable concierge, à demain.

— Me donner dix sous!... pour un homme qui a une douzaine de commis!... c'est pleutre... sa toilette n'annonce déjà pas un milord... Enfin, la chambre est louée et j'en suis bien aise; mais il faut que ma nièce aille cité Beaujon savoir ce que l'on pense de ce M. de Carpentras... en voilà un nom! Allons déjeuner. Dieu! pourvu que ma cerme ne soit pas *enfuie!*

La concierge est redescendue à sa loge; elle annonce à sa nièce qu'il faut qu'elle se rende aux Champs-Elysées, cité Beaujon. Mademoiselle Amanda trouve fort désagréable de trotter si loin; mais il faut bien qu'elle obéisse à sa tante qui lui sert de tout. Cependant, elle aussi, a reconnu ce monsieur, et elle s'écrie:

— Est-ce que vous n'avez pas vu, ma tante, que cet homme-là est le même qui est venu hier le soir, sur les talons de mam'selle Félicie?

— Si fait, je l'ai vu.

— Je gage que c'est pour être près d'elle qu'il vient louer ici.

— C'est possible, mais ça ne nous regarde pas.

— Mais il va passer son temps à guetter cette pauvre jeune fille qui avait si peur de lui hier.

— Eh bien! il la guettera, ça lui fera une occupation.

Madame Ador n'avait pas encore appris à sa nièce que la demoiselle du cinquième était partie; elle se félicite de n'avoir pas parlé de cette circonstance, et se promet de n'en pas souffler mot jusqu'à nouvel ordre, d'autant plus qu'elle est décidée à ne plus louer en garni la chambre qu'occupait Félicie.

Mademoiselle Amanda est partie dix heures et demie; elle rentre à quatre heures du soir, crottée, harassée, mouillée, et se jette sur une chaise en disant:

— Ma tante, c'est bien désagréable ce que vous m'avez fait faire là... Ah! je n'en puis plus... voilà cinq heures et demie que je trotte... et la pluie qui s'est mise à tomber... je n'ai plus de jambes!...

— Pourquoi n'as-tu pas pris un omnibus pour revenir?... il y en a partout à présent.

— Oui, il y en a; mais dès qu'il pleut ils sont pleins... j'ai couru après trois ou quatre... complets. Par exemple il y avait de la place dessus, à trois sous...

— Eh bien?

— Eh bien! quand il pleut, on n'est pas à couvert, là; cependant j'étais si lasse que je crois que j'y serais montée si la pudeur ne m'avait pas retenue...

— La pudeur, comment?

— Ah! ma tante!... j'ai vu une femme monter là... si vous saviez tout ce qui lui est arrivé!... elle s'accrochait en escaladant... le conducteur la poussait... elle retombait sur lui, il avait la tête cachée sous ses jupons... elle a eu peur en arrivant en haut... elle s'est jetée à quatre pattes pour ne pas tomber; puis le vent a fait relever sa robe... et ces polissons de voyageurs qui riaient comme des fous, au lieu de venir à son aide!... Enfin il y a un petit jeune homme bien honnête qui a ôté sa casquette et l'a mise sur le... balle de cette

dame... malheureusement la casquette était trop petite pour le cacher tout entier; il aurait fallu un chapeau de charbonnier... Croyez-vous que cette dame avait bien de l'agrément de voyager comme ça?...

— As-tu fini tes histoires... Quels renseignements sur M. de Carpentras?...

— Ils sont courts les renseignements: pas plus de Carpentras que de Grand Turc!... j'ai parcouru la cité Beaujon dans tous les sens et ressens!... on ne connaît pas ce monsieur.

— Ah ben! voilà qui est dans les *esquares* comme il dit?

— J'ai été partout, ma tante, et, comme c'est très-grand, j'ai eu de l'agrément... Ce monsieur s'est moqué de vous et de moi... au reste, à sa mise nous aurions pu deviner qu'il ne demeurait pas là... où il n'y a que de beaux messieurs à cheval.

— Est-ce que je connais la cité Beaujon, moi. Ah! comme je vais lui rendre sa pièce de dix sous à ce faiseur d'embarras... qui a soi-disant des commis dans ses bureaux...

— Et où le reporterez-vous son denier à Dieu, puisque vous ne savez pas son adresse?

— Dame, j'espère qu'il reviendra savoir ma réponse, ce monsieur, ça se fait toujours cela.

Le reste de la journée se passe sans que madame Ador entende parler de M. de Carpentras. Le lendemain, elle espère qu'il viendra avant dix heures, car c'est à cette heure-là que, la veille, elle a reçu son denier à Dieu; mais dix heures ont sonné et ce monsieur n'a pas reparu. Enfin, sur les midi, une petite voiture à déménagement s'arrête devant la porte, et, presque aussitôt, M. Bodinet se présente à la loge de la concierge, tenant sous son bras un paquet de hardes assez peu volumineux, en lui disant d'un air dégagé:

— Me voici... mes meubles sont là... remettez-moi la clé de l'appartement, s'il vous plaît, honorable concierge.

Madame Ador ouvre de grands yeux et répond:

— Comment, vous voilà avec vos meubles... mais je trouve ça sans gêne, par exemple... Mais, monsieur, vous deviez venir avant les vingt-quatre heures; car c'est vous qui avez rendu votre denier à Dieu, parce que vous m'avez donné une fausse adresse.

M. Bodinet se redresse, prend un air insolent et s'écrie:

— Qu'est-ce à dire! je vous ai donné une fausse adresse! tâchez de faire un peu attention à vos paroles, ma mie, et songez que vous ne parlez pas au premier venu!...

— Je ne sais pas à qui que je parle, puisque je n'ai aucun renseignement sur vo...s, monsieur... puisqu'on ne vous connaît pas plus que moi dans la cité Beaujon, où ma nièce a passé hier toute la journée à vous che...cher...

— Je ne sais pas où votre nièce a passé sa journée hier, et je m'en inquiète peu... si elle vous a fait des contes... si elle s'est trompée d'endroit... ce ne sont pas mes affaires. Je vous ai loué hier un logement et vous ai donné le denier à Dieu avant dix heures; il est midi bien sonné, et il y a plus de vingt-quatre heures d'écoulées!... vous ne m'avez pas rendu le denier à Dieu, donc le logement est à moi! ceci est clair comme du cristal.

— Mais, monsieur, on ne pouvait pas vous le rendre, votre denier à Dieu, puisque vous ne demeurez pas où vous avez dit...

— Ah! saprelotte! fichez-moi la paix... vous raisonnez comme une mule... et donnez-moi bien vite la clé de mon appartement... mes meubles sont là qui attendent... je ne veux pas qu'ils restent plus longtemps dans la rue, exposés à l'humidité... si vous tardez encore, vous répondez du plus petit accident!... Finissons-en, sacrebleu!... ou je fais venir tous les sergents de ville du quartier.

M. Bodinet criait comme un sourd, et donnait avec sa grosse canne de grands coups sur la porte de la concierge. Déjà le monde s'amassait dans la rue pour savoir ce qui se passait; quelques badauds étaient même arrêtés sous la porte cochère; madame Ador qui craint un esclandre, prend son parti et donne la clé du logement à ce monsieur, en se disant:

— Tant pis; après tout, j'ai fait ce que j'ai dû... si ce monsieur est une canaille, on aura l'œil sur lui.

Bodinet a pris la clé d'un air fier, et retournant vers le conducteur de la voiture, lui dit:

— Maintenant, mon cher, vite à la besogne, et que ce soit fait lestement, et surtout ne cassons rien... vous connaissez le proverbe: qui casse les verres les paie.

— Oh! gnia pas de danger!... d'ailleurs il n'y a rien de casuel dans vot' mobilier, c'est pas du chatouilleux!

— Ah! vous croyez! bigre, un matelas élastique qui m'a coûté cent écus!

— Ça ne se casse pas, les matelas!...

— Faites toujours attention... au reste, je vais vous donner un coup de main.

La concierge et sa nièce se tiennent sur la porte pour voir le mobilier de ce monsieur. Lorsque l'homme aux déménagements relève la toile du fond qui cachait l'intérieur de sa voiture, on s'aperçoit que celle-ci est à moitié vide. Cependant on en sort un lit de fer, puis un matelas qui est tellement plat qu'il paraît, en effet, susceptible de s...

casser. Ensuite, viennent quatre chaises dépareillées, une table en bois blanc, surmontée de quelques planches formant des cases; le tout semble avoir été noirci avec de l'encre. Puis une table de nuit, modèle de simplicité et comme on les fabriquait avant la renaissance, puis un vieux buffet privé de portes et pouvant passer pour une bibliothèque, puis un vase nocturne dont la forme est celle affectionnée par les dames, puis un petit miroir comme on en trouve dans les étalages à treize sous, et enfin trois de ces paniers dans lesquels on envoie du Champagne, mais qui étaient soigneusement fermés et ficelés.

— Eh bien! il est coquet le mobilier de M. de Carpentras! dit la concierge à sa nièce, et c'était ça qu'il avait peur de laisser à l'humidité.

— Ma tante, je ne ferai pas son ménage à ce monsieur-là... j'ai idée que c'est une mauvaise paie...

— Ce sera bientôt bâclé son emménagement...

— Mais qu'est-ce qu'il peut donc faire de ces trois grands paniers?

— C'est peut-être sa cave; il y a sans doute des bouteilles dedans... ou bien sa batterie de cuisine.

L'homme à la voiture, aidé par Bodinet, venait de monter les derniers meubles, il ne restait plus sous la porte que les trois paniers que le nouveau locataire semblait ne pas vouloir perdre de vue et qu'en montant il avait eu soin de recommander à la concierge.

Enfin, ces messieurs redescendent.

— Il n'y a plus que ces trois paniers à monter, dit Bodinet.

— Oui, dit le voiturier en essayant d'en enlever un. Mais c'est qu'ils sont bigrement lourds, vos paniers, chacun d'eux pèse plus que tout vot' mobilier; quoi donc que vous avez mis là-dedans pour que ça pèse tant?

— Ce qu'il y a dans ces paniers? eh! parbleu, du linge, des draps, des chemises, des mouchoirs, des cravates! tout cela, à la vérité, est bien empilé, bien tassé.... Ah! c'est que j'ai beaucoup de linge, moi... j'aime ça!... c'est ma coquetterie!...

— S'il aime tant le linge, ce monsieur, pourquoi donc, ma tante, qu'on ne lui voit pas seulement un petit bout de col, et qu'il cache si bien sa chemise...

— Et je voudrais bien savoir dans quoi il le serre, son linge... à moins que ses paniers ne lui servent de commode.

Il a fallu qu'un passant vint aider M. Bodinet pour charger un seul panier sur le dos du voiturier. On recommence la même cérémonie pour les deux autres paniers et l'homme dit en descendant, lorsqu'il a fini:

— Mille noms!... c'est éreintant... j'aimerais mieux faire un gros déménagement que de remonter à un quatrième des paniers comme ceux-là!

— Le linge est très-lourd!

— J'ai porté quelquefois des malles pour des voyageurs, mais ça n'approchait pas de ça.

— Les paniers prêtent, voyez-vous, et cela tient beaucoup plus de linge qu'une malle; voilà pourquoi je les préfère.

M. Bodinet paie sa voiture, non sans se chamailler avec le conducteur auquel il ne veut pas donner pour boire; puis il monte à son nouveau logement, après avoir dit d'un ton arrogant à la concierge:

— Madame! si l'on vous demande M. de Carpentras... je ne suis pas visible aujourd'hui!

— Voyez-vous ça! dit Amanda, ce monsieur qui se donne des genres de comète.

XXXIII. — UN MONSIEUR QUI SE BROSSE.

La première chose que fait M. Bodinet, après avoir mis en place le peu de meubles qui garnit son logement, c'est d'entr'ouvrir la porte de son carré et d'observer toutes les personnes qui passent.

Mais ses deux voisins, Gaston et Alexandre sont sortis depuis le matin. La veille, Alexandre était facilement parvenu à trouver le cocher qui, pendant du jour, avait emmené Félicie; ce cocher interrogé par lui avait répondu que la jeune dame s'était fait conduire à Belleville, qu'il l'avait fait arrêter devant la rue des Bois, et que là, elle était descendue, l'avait payé, puis s'était remise en marche avec ses deux paquets

Le cocher n'en savait pas plus; mais ce renseignement était suffisant pour penser que la jeune fille était allée se loger à Belleville, et dès le lendemain les deux jeunes gens étaient partis pour aller explorer cette partie de la banlieue.

Dans la maison du faubourg Montmartre, si, grâce à la discrétion de madame Ador, on ignore encore le départ de la demoiselle du cinquième, en revanche, on ne tarde pas à savoir que l'on a un nouveau locataire au quatrième et mademoiselle Amanda, qui est infiniment plus bavarde que sa tante, n'a pas manqué de dire aux bonnes de la maison:

— C'est le monsieur qui, l'autre soir, suivant mademoiselle Félicie, qui est emménagé dans le logement de M. Collinet. Il s'appelle M. de Carpentras, mais on ne le connaît pas du tout à l'adresse qu'il a donnée à ma tante pour aller aux informations.

Ce nouveau locataire est l'occupation des bonnes de la maison. Mesdemoiselles Maria et Zéphirine en oublient de lisser leurs cheveux.

La petite bonne du docteur cause sans cesse dans l'escalier avec son amie, et ces demoiselles se disent:

— Certainement, ce monsieur est venu demeurer ici pour être près de la petite chipie d'en haut.

— Pour la guetter tout à son aise.

— O ma chère! quand il la rencontrera, il y aura sans doute une scène bien curieuse... je donnerais un mois de mes gages pour en être témoin.

— Moi, je vous réponds que je l'entendrai... tout en faisant mon ménage, j'ai toujours une oreille sur le carré et je ne ferme plus la porte.

— Ni moi non plus.

— Je ne sais pas si c'est que la Félicia a eu vent de quelque chose, si elle a aperçu de loin le nouveau locataire, mais on ne la voit plus.

— On ne l'entend même plus remuer chez elle.

— Il faudra bien qu'elle finisse par sortir... elle moisirait si elle se tenait toujours renfermée...

— Avez-vous vu le nouveau locataire... M. de Carpentras?

— Oui, je suis montée exprès... il était devant sa porte, il m'a fait un salut extrêmement respectueux... il a l'air... aimable...

— Il a l'air raffalé aussi... il a des bottes à jour...

— Vous croyez... c'est peut-être qu'il a des cors... il paraissait avoir bien envie de causer... je n'ai pas pu m'arrêter parce que monsieur m'appelait, mais ce sera pour plus tard.

— Ce ne sera pas difficile de le rencontrer, il passe son temps à se brosser sur le carré... en voilà un qui est propre!

M. Bodinet, tout en se brossant, portait souvent ses regards vers l'étage supérieur; mais sauf les bonnes qui vont et viennent, aucune autre femme n'est descendue du cinquième.

— Patience! se dit Bodinet, elle attend peut-être la nuit pour sortir; mais je ferai le guet la nuit; elle ne sort peut-être qu'au point du jour... mais je ne dormirai pas. Il faudra bien que je l'aperçoive... si ce n'était pas elle cependant... raison de plus pour que je la voie, afin d'être sûr de mon fait.

Madame Montenlair ne tarde pas à se trouver en face du nouveau locataire qui brosse ses bottes sur le carré en appuyant ses pieds sur le rebord de la croisée. M. Bodinet interrompt son travail pour saluer cette dame:

— Permettez, madame, à un nouveau locataire d'avoir l'honneur de vous présenter ses hommages et de se féliciter d'un aussi gracieux voisinage.

L'ex-actrice de Bordeaux salue ce monsieur en le passant en revue. Les femmes ont un tact particulier pour deviner leur monde d'un coup-d'œil; probablement l'inspection n'a pas été très-favorable à M. Bodinet, car elle lui répond assez froidement:

— Monsieur demeure ici?

— Oui, madame, là... cette porte presque en face de la vôtre.

— Depuis ce matin alors?

— De ce matin seulement, madame.

— Monsieur est seul?

— Oui, madame, je suis célibataire; je pourrais avoir un domestique, mes moyens me le permettent, mais les médecins m'ont recommandé beaucoup d'exercice, c'est pourquoi je fais mes affaires moi-même.

Madame Montenlair ne continue pas l'entretien, mais elle jette un regard sur le carré du troisième; car depuis que le grand Alexandre lui a dit que M. Beugle était amoureux d'elle, cette dame a fini par le croire; d'autant plus que le gros Allemand qui, de son côté, croit que sa voisine soupire pour lui, ne sort plus sans regarder en l'air. Or, quand deux personnes qui logent au-dessus l'une de l'autre, se regardent souvent, une en bas, l'autre en haut, il est bien difficile que leurs regards ne se rencontrent pas! c'est ce qui était arrivé. L'œil, un peu hébété de M. Beugle, avait rencontré l'œil américain de madame Montenlair, le feu de celui-ci avait insensiblement échauffé son voisin, et cela était devenu un feu croisé, entremêlé de saluts, de bonjour, de bonsoir et de: Comment vous portez-vous?

Les choses n'en étaient encore que là, mais tout annonçait qu'à la première occasion ce feu comprimé jetterait des flammes, Madame Montenlair ne demandait qu'à hâter ce moment; elle sentait que pour elle le temps était précieux. M. Beugle laissait aller les choses sans se presser, les Allemands vont lentement en amour.

La présence du nouveau locataire n'intéresse donc que fort peu madame Montenlair qui, n'apercevant pas Beugle sur sa porte, se le reviendrai à l'heure.

Cette dame est rentrée chez elle et Bodinet murmure:

— C'est probablement là la voisine qui, suivant la concierge, beaux restes!... merci! j'aime mieux un petit plat frais.

Madame Montenlair vient à peine de refermer sa porte, lorsque M. Beugle sort de chez lui en robe de chambre, son cigare à la bouche et se promène sur son palier en fumant, n'interrompant ce loisir que pour regarder au dessus de lui.

M. Bodinet qui continue à se brosser, quitte la fenêtre et met son pied sur la rampe afin de voir cet autre voisin auquel il adresse un profond salut chaque fois que celui-ci relève la tête, salut auquel le gros Allemand répond en mettant la main à sa toque de velours et en disant :

— Ponchour, mossié.

Cela dure ainsi quelque temps ; mais ennuyé de ne pouvoir lever les yeux sans être salué, M. Beugle rentre chez lui.

— C'est fâcheux que je ne sache pas l'allemand, se dit Bodinet après que M. Beugle est rentré ; j'aurais, sur-le-champ, fait connaissance avec celui-ci... mais je sais trois ou quatre mots... je les lui lâcherai quand il reparaîtra... il faudra bien qu'il réponde. Je ne me rebute pas facilement, moi. Quant aux deux jeunes gens qui demeurent sur mon carré, il paraît qu'ils sont absents toute la journée... n'importe, on les tâtera.

Au bout d'un quart d'heure, madame Montenlair rouvre sa porte. En apercevant Bodinet qui est encore sur le carré à se brosser, elle fait la grimace en se disant :

— Est-ce que ce monsieur passe ses journées à se brosser sur le carré... ce sera amusant !

Et cette dame se penche et regarde d'un air indifférent dans l'escalier.

— Si madame a l'intention de sortir, dit Bodinet, je l'engage à bien se couvrir ; l'air est très-humide aujourd'hui...

Très-mécontente de ne point apercevoir son voisin du troisième, madame Montenlair rentre chez elle en répondant fort sèchement :

— Je sais comment je dois m'habiller, monsieur, je vous remercie.

— Ah ! diable ! nous ne voulons pas causer !... se dit Bodinet, nous avons même l'air contrarié de me trouver là... alors, pourquoi est-on venu sur le carré... oh ! pardieu ! je le saurai bientôt.

C'est le tour de M. Beugle de sortir de nouveau pour se promener en fumant sur son carré et en regardant en l'air.

M. Bodinet se frappe le front, en se disant :

— J'y suis... je tiens le fil de ces entrées et sorties, l'intrigue n'était pas bien difficile à deviner. Attendez, mes petits amours, je vais vous apprivoiser.

Et ce monsieur, se penchant sur la rampe, descend cette fois son étage et dit à son voisin :

— Mein herr, pardon, excusez-moi de vous parler sans être connu de vous... car je ne suis votre voisin que depuis ce matin...

— Ponchour, mossié... ah ! vous lochez là-haut...

— Oui, mein herr...

— Le lochement de M. Colinet ?

— J'ignore si M. Colinet l'habitait avant moi, mais je sais que j'ai une voisine... bien belle femme... Tarteifl... quelle belle taille !...

— Ah ! foui... foui... matame Montenlair.

— Ah ! c'est madame Montenlair... eh bien, voisin, tout à l'heure cette dame est sortie en me disant : Monsieur, si vous apercevez ce monsieur Allemand, le bel homme du troisième, soyez assez aimable pour lui dire que je l'attends dans le passage Jouffroy.

— Comment, cette tame a dit cela ?

— Et je m'empresse, mon cher voisin, de m'acquitter de cette commission.

— Ah ! merci... che fais aller toute suite... je suis pien obligé.

— De rien du tout... seulement si vous aviez un cigare... je me trouve à court en ce moment et je ne peux pas sortir, j'attends mon banquier ce matin...

— Oh ! folontiers... foilà un cigare... che fais passer un habit.

— Allez, heureux mortel, où la beauté vous appelle... au plaisir de vous revoir.

M. Bodinet remonte à son carré. Au bout de quelques instants, il voit le gros Allemand sortir de chez lui et descendre le plus lestement possible les trois étages. M. Beugle est à peine dans la rue, que madame Montenlair rouvre la porte ; en apercevant Bodinet qui s'est remis à se brosser, elle ne peut réprimer un mouvement d'humeur ; cependant elle regarde en bas, puis va tristement rentrer chez elle, lorsque son nouveau voisin lui dit d'une voix mielleuse :

— Madame, je suis chargé d'une commission pour vous.

— Vous, monsieur ?

— Oui, madame. Mon Dieu, c'est le hasard qui a tout fait, un monsieur Allemand, qui loge je crois ici dessous... au troisième, a vu que j'étais occupé sur le carré... on a tant de poussière sur soi quand on vient d'emménager...

— Ah ! vous avez vu M. Beugle...

— Il se nomme Beugle... j'ignorais son nom... oui, madame, ce M. Beugle m'a dit tout à l'heure en sortant : Mon voisin, si vous apercevez cette jolie dame qui loge sur votre carré, soyez assez bon pour lui dire : qu'une personne qui a beaucoup de choses intéressantes à lui communiquer, l'attend en ce moment au passage Jouffroy...

— Il serait possible !... il vous a dit qu'on m'attendait passage Jouffroy...

— Pour vous communiquer des choses fort intéressantes...

— Ah ! ce doit être une dame de mes amies qui m'attend...

— Bien probablement, c'est une dame.

— Et M. Beugle est parti en vous disant cela ?

— Il est parti aussitôt.

— Je vous suis infiniment obligée, monsieur... mille remercîments.

je vais aller retrouver cette dame... vous êtes bien bon de vous être chargé de ce message...

— Trop heureux de pouvoir vous être agréable, belle voisine... j'en ai saisi l'occasion avec empressement !

Madame Montenlair fait cette fois un gracieux sourire à son nouveau voisin, puis elle rentre chez elle faire sa toilette, et dix minutes ne se sont pas écoulées, qu'elle descend lestement l'escalier.

— Si ceux-là ne sont pas contents de moi, ce n'est pas ma faute ! se dit M. Bodinet après le départ de madame Montenlair. Je ne sais pas ce qui se passera au passage Jouffroy, ni comment ils s'expliqueront, mais des gens qui se guettent sans cesse du haut en bas, et du bas en haut, ne sauraient être fâchés de se retrouver. Cependant la journée se passe et la demoiselle du cinquième ne se montre pas... saurait-elle déjà que je demeure près d'elle.

Des pas se font entendre dans l'escalier, mais c'est mademoiselle Maria, la petite bonne du docteur, qui feint d'avoir affaire dans le haut de la maison, parce qu'elle voit que le nouveau locataire est encore sur le carré.

Cette fois la conversation s'engage bien facilement entre ces deux personnes qui ne demandaient qu'à se questionner.

— C'est monsieur qui est le nouveau locataire ? dit Maria en souriant.

— Oui, mademoiselle... vous êtes aussi de la maison ?

— Je suis chez le docteur Urtuby qui demeure au second.

— Ah ! c'est très-bien... Et vous avez votre chambre en haut...

— Je ne couche pas en haut... mais nous y avons un petit cabinet pour les débarras. Je vous reconnais bien, monsieur... c'est vous qui, l'autre soir, poursuiviez dans la rue mademoiselle Félicie...

— Moi, mademoiselle... je ne poursuivais personne... je suivais seulement quelqu'un que je croyais reconnaître... Mais comment savez-vous ?

— J'étais dans la loge de la concierge, en bas, en train de causer, quand cette demoiselle a frappé à coups redoublés, et s'est entrée toute effarée dans la loge en disant : Sauvez-moi, madame, cachez-moi ; s'il me voit je suis perdue !...

— Ah ! elle a dit cela !

— Et elle était pâle et elle tremblait... il paraît qu'elle a joliment peur de vous !...

— Elle a bien tort... je suis loin de lui vouloir du mal...

— Alors, quand vous avez frappé, elle a voulu se cacher, et madame Ador l'a fourrée dans le petit cabinet noir qui est au fond de sa loge...

— Ah ! elle était cachée là cette demoiselle...

— Oui ; et quand vous avez été parti, elle s'est écriée : Je suis perdue... il m'a reconnu !... et un tas de choses dans ce genre-là. Bien sûre que c'est la demoiselle que vous cherchez !

— Vous croyez ?

— Je le crois d'autant plus que mon monsieur, le docteur Urtuby, la connaît cette demoiselle-là...

— Ah ! votre maître la connaît ?

— Oui, d'il y a longtemps, à ce qu'il paraît... il l'a une fois rencontrée par hasard dans l'escalier et s'est écrié : « Je ne me trompe pas, c'est mademoiselle... »

— Ernestine Danglade ?

— C'est bien cela, Ernestine Danglade, voilà bien le nom qu'il lui a donné.

— C'est bien la personne que je connais alors... Merci, mademoiselle, merci mille fois de tous ces renseignements.

— Mon Dieu, moi, je n'aime pas qu'on trompe le monde !... Les personnes qui se donnent de faux noms, ça m'est toujours suspect... quand cette demoiselle Félicie est venue loger dans cette maison, nous avons bien vu tout de suite, nous autres, que ce n'était pas une simple ouvrière ; d'abord, au lieu d'aller à son ouvrage comme tout le monde, elle avait l'air de se cacher... d'avoir peur d'être vue... tous ces mystères-là... ça annonce toujours des secrets !

— Oui, en effet, les mystères annoncent assez ordinairement des secrets, vous avez une grande perspicacité, mademoiselle...

— Je crois que vous vous moquez de moi, monsieur...

— Par exemple ! me moquer de quelqu'un qui vient de me rendre un service... Et M. le docteur voit-il quelquefois cette demoiselle qu'il a reconnue ?

— Oh ! non, je réponds bien qu'il ne l'a pas revue depuis... je l'aurais su, monsieur ne fait rien sans que je le sache !

— Il a raison, quand on a une petite bonne aussi gentille...

— Et puis monsieur ne pense qu'à son violon !

— Ah ! le docteur joue du violon ?

— Je crois bien ! depuis qu'il a sauvé une femme en lui jouant un air, il veut souvent l'emporter pour aller voir ses malades, et, dernièrement, il était près d'une dame en couche, et cette dame n'accouchait pas. M. Urtuby voulait s'en aller, la dame ne voulait pas le laisser partir ; alors il a dit : « Si vous voulez que je reste, envoyez chercher mon violon ; » on a été chercher le violon ; monsieur s'est mis à jouer à la dame et au bout de douze minutes cette dame est accouchée. Seulement il paraît que depuis ce temps-là, quand elle entend un violon, elle se met tout de suite à pleurer !

Depuis quelques instants, M. Bodinet écoutait moins mademoiselle Maria, il avait les yeux fixés sur l'étage supérieur.

— Vous la guettez! dit .a petite bonne. Ah! dame, elle est s uvent des journées entières sans montrer son nez.

— Oh! je ne suis pas pressé... je finirai toujours par la rencontrer.

— Dites donc, monsieur, est-ce que c'est votre femme par hasard? M. Bodinet se pose, se redresse, prend un air majestueux et répond :

— Non, mademoiselle, ce n'est pas ma femme.

— Ah! alors, c'est votre fille, car vous pourriez bien être son père...

Ces derniers mots semblent peu flatter M. Bodinet qui rentre son menton dans sa cravate en disant :

— Mademoiselle, vous me permettrez de vous dire que vos questions sont bien insidieuses; et il me semble que je ne vous connais pas depuis assez longtemps, pour que vous ayez le droit de vous immiscer ainsi dans mes affaires.

Mademoiselle Maria se pince les lèvres et murmure :

— Mon Dieu, monsieur, ce que je vous disais, ce n'est pas par curiosité, c'est pour causer... moi, après tout, vous comprenez que ça m'est bien égal!... que cette demoiselle soit ce qu'elle voudra! seulement c'est heureux pour vous que vous ne soyez pas son mari !

— Et pourquoi cela, s'il vous plaît?

— Tiens, pardi! ça se devine! c'est que si vous étiez son mari... vous seriez autre chose en même temps...

— Je ne vous comprends pas.

— C'est que vous y mettez de la mauvaise volonté... Tenez, voyez-vous ces deux portes?

— Sans doute; après?

— Dans chacun de ces logements il y a un jeune homme.

— Je le sais; mais je ne les ai pas encore aperçus.

— Eh bien! ces jeunes gens-là sont tous deux fort jolis ga çons!

— J'en suis bien aise pour eux.

— Là, c'est M. Gaston, un brun, taille moyenne, une figure douce, de beaux yeux bien tendres... des yeux amoureux, quoi! quand il vous regarde ça fait tout de suite soupirer!... c'est un poëte, un auteur, un homme qui fait des choses qu'on imprime.

— Il n'a pas le sou, alors?

— Je ne le crois pas bien riche; cependant il est toujours très-bien mis. L'autre porte c'est celle de M. Alexandre. Ah! un grand farceur, celui-là! qui dit des bêtises à toutes les femmes... il m'en a dit aussi à moi... mais je ne l'ai pas écouté... il est trop blagueur... celui-là est ce qu'il dit dans le commerce, mais je crois que son plus grand commerce est de courir après le premier cotillon qu'il rencontre...

— Eh bien, mademoiselle, quels rapports entre ces deux jeunes gens et cette demoiselle de là-haut?

— Quels rapports, c'est bien facile à deviner, mam'selle Félicie est jolie... Oh ça! je ne l'aime pas, mais ça ne m'empêche pas de convenir qu'elle est jolie; je suis pour la justice. Alors, ces deux jeunes gens lui ont fait les yeux doux... il y a même jusqu'à celui qui habitait votre chambre, un petit clerc d'huissier, rouge, qui a essayé aussi de faire sa conquête... mais avec lui, ça pas pris, tandis qu'avec les deux autres...

— Eh bien, avec les deux autres... achevez donc...

— Dame, avec les deux autres, il paraît que ça pris.

— Avec tous les deux?

— Mais oui... c'est-à-dire l'auteur, M. Gaston, c'est celui qui est le plus amoureux... il passait des nuits à soupirer contre la porte de cette demoiselle; mais elle ne lui ouvrait pas... elle était très-sévère avec lui, tout en lui faisant aussi des yeux de carpe pâmée...

— Eh bien alors...

— Alors, celui-là n'en est peut-être que pour ses soupirs... mais le joli de l'histoire, c'est que pendant que ce jeune homme a été en prison...

— Ah! il a été en prison... pour vol?

— Oh! par exemple!... pour dettes... nous n'avons pas de voleurs dans la maison, Dieu merci.

— Enfin, vous disiez que pendant son séjour en prison...

— Eh bien! l'ami, le grand Alexandre a triomphé de la belle... il allait chez elle la nuit... on l'y a vu...

La figure de M. Bodinet est devenue très-sombre; il serre ses poings et s'écrie enfin avec une expression de colère :

— Si ce que vous me dites de cette demoiselle est vrai, alors ce n'est pas celle que je cherche.

— Bah! et pourquoi donc ça? vous êtes sûr que la vôtre ne peut pas avoir des amoureux... parce qu'elle a un petit air serré, vous pensez qu'elle n'écoutera aucun galant... mais il ne faut pas se fier à ces airs-là, monsieur, on y est souvent attrapé... au reste, puisque vous demeurez dans la maison, vous saurez bien vite ce qui en est. Les amoureux ont beau vouloir cacher leurs allures, ça se voit toujours comme le nez au milieu du visage. Ah! mon Dieu! j'entends jouer du violon... monsieur est rentré, et mon rôti n'est pas à la broche... je vais avoir ma danse.

La petite bonne est descendu les marches quatre à quatre. M. Bo-

dinet reste quelques instants pensif; enfin il rentre chez lui en se disant :

— Ernestine aurait des amants! des amoureux!... diable! elle saurait donc bien changée...Tout cela ne ferait pas mon affaire... mais cette fille se trompe... ce sont des propos de commères, au reste, je saurai bientôt la vérité.

XXXIV. — PASSAGE JOUFFROY.

Confiant dans ce que son nouveau voisin lui a dit, M. Beugle, après avoir soigné sa toilette et mis un gros cigare dans sa bouche, s'est dirigé vers le passage Jouffroy.

De son côté, madame Montenlair avait mis son chapeau le plus frais, son châle le plus élégant, et marchant le plus légèrement possible et sur la pointe de ses pieds afin de ne point crotter ses bas blancs, elle s'est également rendue dans le passage Jouffroy.

Ce passage, situé dans un des quartiers les plus fréquentés de Paris, est presque toujours encombré par les promeneurs, les passants et les flâneurs. On y voit souvent d'assez jolies flâneuses, ce qui ne contribue pas peu à y attirer sans cesse du monde. Les personnes qui sont pressées et qui ne prennent ce passage que parce que c'est leur chemin, sont obligées d'y ralentir leurs pas sous peine de se cogner dans les promeneurs; on n'y fait pas encore des affaires de bourse, comme devant le passage de l'Opéra, mais on traite considérablement d'affaires de bouche, car les traiteurs y abondent; on y dîne de tous les côtés, et même dessus et dessous.

Il est près de quatre heures, lorsque le gros Allemand arrive dans le passage Jouffroy, c'est justement l'époque de la journée où il y a le plus de monde. Mais ce nouveau promeneur de taille et de force à se faire faire de la place. Semblable à une grosse colonne qui avancerait lentement devant se préoccuper de ceux qui vont et viennent, M. Beugle n'est nullement ébranlé par quelques coups de coudes de promeneurs pressés; il n'en va pas plus vite et résiste à tous les chocs qui viennent mourir sur lui en continuant de fumer son cigare.

Il y a une demi-heure que M. Beugle se promène sans apercevoir sa voisine, mais il ne s'impatiente pas et se dit :

— Elle fiendra bisque elle m'a tonné rendez-fous ici, et il continue de regarder les boutiques et de fumer.

Cependant il y a plus d'un quart d'heure que madame Montenlair se promène aussi dans le passage, et il ne l'a pas vue parce qu'il ne regarde que dans les boutiques.

Quant à l'ex-actrice de Bordeaux, elle a fort bien reconnu son énorme voisin, il occupe trop de place pour passer inaperçu; mais elle s'est dit :

— Ce n'est pas à moi de l'aborder la première... ce serait contre toutes les règles de la galanterie, c'est à lui de commencer. Seulement passons devant lui pour qu'il me voie.

Et cette dame est passée en trottant menu, devant le gros Allemand qui alors admirait des pipes de toutes les dimensions. Etonnée de ne point être accostée, madame Montenlair repasse un moment après devant son voisin en donnant beaucoup d'abandon à sa démarche, mais cette fois M. Beugle regardait les casquettes chez un chapelier.

— Qu'est-ce que cela signifie? est-ce que monsieur m'a fait venir ici seulement pour me voir marcher devant lui! se dit cette dame qui commence à perdre patience, et cette fois, revenant sur ses pas, elle se jette dans son voisin si brusquement, qu'il est bien obligé de la voir.

— Ah! pigre! fous foyez donc bas clair! s'écrie M. Beugle qui n'a pas d'abord reconnu sa voisine, mais qui bientôt se reprend et tâche de faire sa voix flûtée :

— Tiens, c'est matame Montenlair!... ah! ch' avais bas reconnu!...

— Il paraît, mon cher voisin, que c'est vous qui n'y voyez pas, car voilà déjà plusieurs fois que je passe devant vous...

— Ah! che zuis vaché... c'est que je regardais des gasquettes...

— Je présume que ce n'est pas pour cela que vous m'avez fait prier de me rendre ici... savez-vous que vous avez été bien imprudent !...

— Chai été imbrudent, moi!

— Sans doute... vous adresser à ce nouveau voisin, à ce monsie ue nous ne connaissons pas encore... c'était un peu risqué...

— Le nouveau foisin... ah! foui le mossié qui se prossait touchours... c'est lui qui m'a dit de fenir ici vous y fiendriez...

— Comment... qu'est-ce que vous dites... vous faites erreur en ce moment, mon cher voisin... Ah! mon Dieu! mais tout le monde vous pousse dans ce passage... offrez-moi donc votre bras, homme audacieux, au moins, j'aurai quelque chose après quoi me tenir, je ne craindrai pas à chaque instant d'être renversée.

— Oh! foui! foui... brenez mon pras, abbuyez-fous pien fort, cha zuis zolide!...

madame Montenlair a pris le bras du gros Allemand, elle s'enlace après comme si elle ne devait plus s'en détacher, et le couple continue de se promener. Mais M. Beugle ne disait rien, parce qu'il attendait que sa voisine lui expliquât pourquoi elle lui avait donné ce re ez-vous, et madame Montenlair ne parlait pas non plus par la même raison.

Qu'est-ce à dire! je vous ai donné une fausse adresse? (Page 76.)

Cependant le silence n'était pas dans la nature de cette dame; elle trouve singulier que son voisin l'ait fait venir dans ce passage, et qu'il ne lui en dise pas le but. Elle s'écrie bientôt :

— Eh bien, monsieur Beugle qui est-ce qui vous préoccupe donc en ce moment?

— Ah! che regarde un pien cholie gasquette!...

— Quoi, monsieur!. c'est donc pour que je vous choisisse une casquette que vous avez été dire à ce monsieur qui était sur le carré, qu'une personne, qui avait des choses intéressantes à me communiquer, m'attendait dans ce passage?

— Comment? c'est fous qui afez dit à ce mossié qu'il fallait que che tienne bromener ici bour fous attendre.

— Moi! j'aurais été dire cela à ce monsieur... je vous aurais donné un rendez-vous la première... et comme cela, à brûle-pourpoint!... Ah! mon cher voisin, avez-vous pu penser cela de moi?...

— Mais alors che gomprends bas... pourquoi que cette mossié il m'a dit cela, après cela che suis bas vaché titout qu'il affre eu l'idée de m'envoyer bromener avec mon pelle voisine.

— Ah! ceci est très-aimable... de mon côté je ne me sens nulle envie de lui en vouloir... Mais que de monde dans ce passage...

— Oh foui! il y a voule!...

— N'est-ce pas par ici qu'il y a ces dîners à prix fixe et le menu du dîner est affiché à la porte?

— Foui... j'affre bas encore été tiner là.

— On assure qu'on y est très-bien, cuisine excellente! et parfaitement servi!

— Foulez-fous que nous y tinions tous les deux?

— Ah! mon voisiz, je ne sais si je dois accepter... ma foi oui, au fait, ce sont des salons très-bien composés, je ne vois pas pourquoi je n'y dînerais pas avec vous. Si vous m'aviez proposé un cabinet particulier c'eût été différent!

— Fous auriez refusé...

— Peut-être... on ne sait pas...

— Oh! che suis bas capable bour offrir ces choses-là.

— Taisez-vous! je suis sûre que vous êtes hardi comme un page avec les femmes.

— Mais non, che zuis dimide au contraire!...

— Ah! que je ne m'y fierais pas... mais je suis tranquille, nous allons dîner dans un salon, je vois bien à présent que c'est pour m'offrir ce dîner que vous m'avez fait prier de venir dans ce passage.

— Che fous chure que...

— Assez, on vous pardonne.

— Bisque c'est fous...

— Pas un mot de plus... vous êtes pardonné... ah! mon cher voisin, vous êtes un roué!

— Che zuis rué?

— Taisez-vous et allons dîner.

Le voisin et la voisine entrent au restaurant où le dîner est le même pour tout le monde et par cette raison ce qu'on vous sert y est bon. M. Beugle est très-attentif pour servir et verser, à boire à sa dame. Celle-ci mange beaucoup, ce qui ne l'empêche pas d'entretenir la conversation, ou plutôt de garder toujours la parole, parce que en dînant le gros Allemand ne dit presque rien, ne sachant pas bien faire deux choses à la fois. Cependant dans l'intervalle d'un plat à un autre, il trouve le temps de s'écrier :

— C'est drôle! che m'ennuie bas ti tout!

— Comment! vous êtes étonné de ne point vous ennuyer avec moi! s'écrie madame Montenlair; en vérité, monsieur Beugle, je suis bien plus surprise, moi, de vous entendre me dire cela... est-ce qu'on s'ennuie avec une personne pour qui l'on éprouve un tendre penchant... est-ce qu'auprès d'elle le temps ne fuit pas avec la rapidité de l'éclair? redonnez-moi du rosbeef.

— Ah! foui! foui le temps vuit il vait déjà nuit.

— Eh bien, est-ce qu'avec moi vous n'êtes pas dans cette agréable position?... avec quelques pommes de terre...

— Che zuis dans une position agréable... ah! foui! foui... à table, c'était touchours une cholie position... Puvez donc.

— Ah! vous voulez m'étourdir... serpent que vous êtes, mais vous n'y parviendrez pas. J'ai une tête solide, je vous défie de me griser... parions... voulez-vous parier?

— Che feux pien barier; mais que barions-nous?

— Un baiser que je vous permets de me donner si je perds.

— Un paiser... oh pon, pon! sur le buche?

— Par exemple! sur la joue, libertin; demandez du chambertin, c'est en dehors du prix fixe; mais cela ne fait rien, on doit en avoir.

M. Beugle demande du chambertin, avec un supplément de dessert. L'Allemand boit, mais son vis-à-vis lui tient très-bien tête. Le chambertin étant bu, madame Montenlair dit à son amphitryon :

— Demandez du champagne, vous verrez que je ne serai pas plus étourdie.

Le champagne est apporté; on demande un renfort de biscuits et de macarons et la bouteille est vidée. M. Beugle a les yeux qui lui sortent de la tête, et madame Montenlair n'en a plus du tout; cependant elle s'efforce de conserver un air majestueux, tout en balbutiant...

Sauv.z-moi, mon voisin, reprend madame Montenlair. (Page 83.)

— Je ne suis pas étourdie! demandez autre chose!

Mais l'Allemand se borne à demander la carte; il a encore assez de raison pour sentir qu'il est temps de s'arrêter, et il emmène sa voisine en lui disant :

— Allons brendre le gafé, ça nous fera du pien.

— Ah! oui, le café, j'adore le café... et puis vous me ferez prendre de la chartreuse, c'est la liqueur à la mode... je ne la connais pas, je désire faire sa connaissance, on dit que c'est très-fort, mais vous voyez que rien ne m'étourdit.

M. Beugle conduit madame Montenlair au café; après le *gloria*, on y prend de la chartreuse, on en boit de la blanche, puis de la verte, puis on ne sait plus de quelle couleur elle est. Enfin, en quittant le café, le couple est très-enluminé et très-tendre, madame Montenlair semble clouée au bras de son cavalier auquel elle dit, d'une voix légèrement empâtée :

— Vous n'avez pas gagné le pari, séducteur, mais c'est égal, je vous permettrai de le prendre.

— De le brendre... quoi?

— Le prix de la gageure... je vous l'octroie!

— Qu'est-ce que c'est que le brix de la cacheure?

— Faites donc semblant d'avoir oublié que c'est un baiser, mauvais sujet.

— Ah! pon, pon... moi, che veux pien, che bensais plus ti tout...

La conversation était montée sur ce ton; il était alors neuf heures du soir, parce qu'on était resté longtemps à dîner et qu'on avait ensuite dégusté pas mal de chartreuse; mais le couple avait tout en causant, atteint le faubourg Montmartre et s'approchait de son domicile.

Or, devant ce domicile se promenait depuis fort longtemps, en long et en large, un petit homme trapu et gros, enveloppé dans un paletot que recouvrait un pardessus, que recouvrait encore un petit manteau. Ce personnage si bien couvert et qui portait un chapeau rond à grands rebords, bien enfoncé sur les yeux, n'était autre que M. Philosèle, ex-adorateur de madame Montenlair, qui l'avait quittée dans un moment de colère, en jurant qu'elle ne le reverrait plus.

Mais M. Philosèle avait soixante ans sonnés, il était laid et fort peu aimable; un homme, pourvu de tous ces avantages, ne remplace pas aussi facilement une maîtresse qu'une canne, surtout lorsqu'il perd l'or à pleines mains; ensuite ce monsieur avait l'habitude de madame Montenlair, et l'on sait que l'habitude est une seconde nature; c'est l'habitude qui sert de lieu à une foule de liaisons qui n'ont pas le sens commun et qui sont ridicules même aux yeux de ceux qu'elles enchaînent. Les hommes sont en général paresseux, ils gardent parfois un joug qui les blesse parce qu'il se persuadent qu'ils auraient trop de peine à changer! Sottises que tout cela! une habitude se perd aussi vite qu'elle se prend, et celles qui étaient mauvaises plus vite que les autres.

M. Philosèle, qui n'avait rien d'aimable, avait bientôt trouvé que madame Montenlair lui manquait, il n'avait plus personne près de qui il put gronder et grogner tout à son aise, il se prit à regretter ses amours, puis à songer à renouer une chaîne qu'il avait brisée un peu vivement. Cependant ce monsieur répugnait à retourner tout d'abord chez son ancienne amie, il craignait d'être mal reçu, il redoutait une nouvelle scène dans la maison avec des voisins pour témoins; il avait peur pour son chapeau et sa perruque; il pensait que pour renouer avec ses amours, il valait beaucoup mieux tâcher de rencontrer madame Montenlair dans la rue, parce que là il pouvait l'accoster et s'informer de sa santé, sans que cela eût l'air d'être prémédité.

S'étant arrêté à ce plan, M. Philosèle passait depuis quelques jours fort souvent devant la demeure de madame Montenlair, s'était permis de demander à la concierge si cette dame était chez elle, et on lui avait répondu :

— Elle est sortie vers quatre heures et n'est pas rentrée.

Cette réponse avait donné beaucoup à penser à ce monsieur. Il s'était demandé où cette dame pouvait avoir dîné, puisqu'elle était dehors depuis quatre heures, et un sentiment de jalousie très-prononcé s'était glissé dans le cœur déjà très-colérique de ce monsieur. La neige et la pluie ne lui auraient pas fait un moment abandonner sa faction dans la rue, il ne perdait pas la porte de vue, et ses regards plongeaient aussi loin que possible dans l'espace, examinant avec un soin extrême toutes les personnes qui s'avançaient.

C'est en ce moment que le voisin et la voisine, pourvus d'une pointe de gaieté que la liqueur faisait tourner au sentiment, s'approchaient, en jabotant, de leur domicile respectif.

6

Mais à six pas de sa porte, madame Montenlair s'arrête spontanément et serre encore plus fort le bras de son cavalier, en murmurant :

— Ah! mon Dieu! qu'est-ce que c'est que ça!

Cette dame vient d'apercevoir ce paquet surmonté d'une figure
humaine qui était blotti contre sa demeure et qui vient de faire un pas
avant.

- Qu'est-ce qui fous brend... de quoi affez-fous beur? demanda
Beugle qui s'arrêtant aussi.

— C'est lui... c'est Philosèle!... Dieu! que va-t-il se passer!...

— Oui! c'est moi! s'écrie le petit homme en venant d'un bond jusque sous le nez de son infidèle. Ah! madame!... il paraît qu'on s'en
onne!... vous venez de dîner en partie fine... Ah! je vous y prends.

— Qu'est-ce que fous brenez? fous brendre toute zuite le boudre
escambette... mossié, s'il fous blaît...

— Monsieur, c'est à madame que je m'adresse et non pas à vous...

— Sauvez-moi, mon voisin, reprend madame Montenlair en en-
tourant le gros Allemand de ses bras comme ils voulait monter à
un arbre. Sauvez-moi de la fureur de cet homme... je le connais,
il est capable de tout!

— Madame, vous êtes une pernae!... une volage!... une... j'ai le
mot sur la langue.

— Che sais bas ce que fous afez sur le pout de la langue, mais che
fous brie de laisser matame tranquille et de basser votre chemin.

— Je vous dis, monsieur, que ce n'est pas à vous que je parle...
que madame me réponde... elle me connaît bien, la traîtresse...

— Non! je ne vous connais pas, ou je ne veux pas vous reconnaître, ce qui est absolument la même chose... Vous êtes bien hardi
de me faire cette algarade... allez-vous-en et laissez-moi tranquille!

— Ah! Rosinette! c'est ainsi que vous me traitez!...

— Comment, il fous abbelle Rossinette! fichu malhonnête!

— Rentrons, monsieur Beugle, rentrons, ou je vais m'évanouir.

— Rosinette, je veux rentrer avec vous!

— Je vous le défends.

— Mossié, laissez-nous en rebos, ou che vas vous fiche une bile!

M. Philosèle se tenait toujours devant la porte, cherchant à attraper
le bras ou tout au moins la main de madame Montenlair; celle-ci se
garait... monsieur se cachant derrière le gros Allemand, passant tantôt à droite, tantôt à gauche, et ce dernier recevait sans
broncher les coups de tête que son rival lui donnait en essayant d'attraper cette dame.

C'est en ce moment qu Gaston et Alexandre, qui avaient passé la
journée à Belleville sans pouvoir y découvrir la trace de Félicie, re-
... chez eux harassés de fatigue; ils entendent ces paroles qui
s'échangent devant la porte; ils reconnaissent les personnages, et
... bientôt ... courant de la querelle. Alexandre voit que ses mon-
...onge... eu le résultat qu'il espérait, il s'empresse de se placer
entre les deux rivaux.

— Sauvez-moi! sauvez-nous!... mon cher monsieur Alexandre, dit
madame Montenlair en se précipitant vers le grand jeune homme.
Vous aviez deviné juste... et voilà deux rivaux qui veulent s'égorger
pour moi... Oh! empêchez cela... délivrez-nous de ce petit vampire
de Philosèle!

— Che va lui vlanquer des coups, s'il ne s'en va bas tout de zuite.

— Je ne veux pas m'en aller... je ne connais pas monsieur, je vais
chez madame... si monsieur se permet de porter la main sur moi,
j'appelle la garde... j'aurai des témoins qu'il m'a frappé.

— Ne le battez pas! dit tout bas Alexandre à M. Beugle, vous seriez
dans votre tort; mais il y a un moyen bien plus simple de terminer
l'affaire, laissez-vous tomber sur lui... comme par accident, et il est
très-probable qu'il se relèvera difficilement après.

— Ah! foui! foui! fous avez raison.

Le gros Allemand exécute la manœuvre que le jeune homme vient
de lui conseiller; il feint de glisser et se laisse aller sur M. Philosèle
qui, obligé de fléchir sous cette masse énorme, tombe lui-même et se
trouve sous son rival dont le poids ne tarde pas à l'étouffer. Le petit
homme crie, tempête, en essayant en vain de se dépêtrer du
colosse qui l'écrase. Enfin celui-ci, après avoir bien aplati son rival,
se relève et rentre dans la maison où madame Montenlair était depuis
longtemps, grâce à la protection de ses jeunes voisins.

M. Philosèle se retrouve couché sur le pavé, n'ayant autour de lui
que quelques passants qui lui rient au nez, en disant :

— Fi! l'ivrogne!... un homme bien couvert se mettre dans cet état,
au point de tomber dans la boue... Ah! sa perruque!... voyez donc
sa perruque qui s'est retournée!

Le petit homme se relève tout moulu, il rajuste sa perruque et se
remet en marche, en se disant :

— Oh! les femmes!... quelle horrible invention! Cette Rosinette!
si elle était encore au théâtre, comme je la ferais tomber à mon tour
Oh! les femmes! François Ier qui les appelait des roses! Je sais bien,
moi, dans quelle espèce de roses je classe madame Montenlair.

Au moment où les deux jeunes gens se disposent à monter chez
eux, madame Ador sort de sa loge, les appelle, et les prenant à
l'écart, leur dit tout bas :

—Messieurs, on ne sait pas dans la maison que mam'selle Félicie
est partie et ne demeure plus ici. Si vous m'en croyez, vous n'en
direz rien non plus.

— Et pourquoi donc cela! s'écrie Gaston, auriez-vous eu quelques
nouvelles de Félicie, penseriez-vous qu'elle va bientôt revenir?

— Ce n'est pas cela, monsieur; mais le logement de votre ancien
voisin, M. Collinet, est loué depuis hier et habité d'aujourd'hui, et le
monsieur qui a loué est le même individu qui l'autre soir poursui-
vait dans la rue mam'selle Félicie et dont elle a si peur, que c'est
pour cela qu'elle est partie si vite...

— Il serait possible... cet homme loge dans la maison...

— Ah! mon Dieu! bien malgré moi, allez, monsieur; mais il n'y
a pas eu moyen de m'en dépêtrer... Je crois qu'il se serait mis dan..
ma loge si je ne lui avais pas donné la clé du logement. Alors, comme
je me doute bien que c'est pour tâcher de voir mam'selle Félicie qu'il
s'est mis là, moi, par malice, je ne lui ai pas dit qu'elle avait quitté
la maison.

— Vous avez eu là une très-ingénieuse idée, madame Ador, dit
Alexandre, cela est fort bien imaginé... Je pense alors que les bonnes
de la maison ignorent aussi le départ de notre jolie voisine, sans quoi
votre discrétion serait bien inutile!

— Personne ne le sait, monsieur, pas même ma nièce!...

— Oh! alors, je suis tranquille...

— Et cet homme... ce misérable qui poursuit Félicie, s'écrie Gaston, il est là-haut... je vais le trouver... je vais savoir de quel droit il
la recherche... quel motif l'oblige à agir ainsi... je le forcerai de répondre, sinon!...

— Tu vas te tenir tranquille, sinon, tu feras des bêtises, et nous
ne saurons rien du tout. Au lieu d'aller de but en blanc questionner
cet individu qui t'enverra promener en te disant qu'il n'a pas de compte
à te rendre, il vaut bien mieux l'observer, voir ce qu'il veut faire
et tâcher enfin de savoir ce que c'est que ce monsieur... Comment se
nomme-t-il ce particulier-là, madame Ador?

— M. de Carpentras.

— Oh! voilà un nom qui sent son intrigant d'une lieue... Eh bien!
demain il fera jour, et nous verrons M. de Carpentras. En attendant,
allons nous coucher... il n'enlèvera pas Félicie cette nuit, puisque
l'oiseau a quitté sa cage... Et je répète encore : Honneur à notre concierge pour avoir gardé le secret sur le départ... Une portière qui
garde un secret!... c'est magnifique, on mettrait cela sur le journal
que personne ne le croirait.

XV. — L' D'ARMIDE.

Il est à peine sept heures du matin, le temps est gris et froid, bien
qu'on touche au printemps, mais les saisons ne tiennent pas toujours
ce que l'on attend d'elles; le temps devient comme le monde, avec
lui on ne sait plus sur quoi compter.

Cependant, malgré le froid et une petite brume qui pénètre et
transit ceux qui ont quitté leur foyer, M. Bodinet est déjà sur son
carré, ayant, en guise de robe de chambre, une large veste de laine
grise, doublée de serge rouge, et enjolivée d'une énorme tache
d'huile dans le dos, ce qui n'empêche pas ce monsieur de se carrer
dans ce vêtement avec lequel il se donne des airs de dandy. De plus,
il a mis sur sa tête une espèce de calotte grecque, qui a été rouge,
qui est passée à l'orange, et dont l'énorme flot lui retombe incessamment sur l'œil gauche. C'est dans cette tenue, et avec un pantalon à
sous-pieds en velours de coton, que M. Bodinet sort de chez lui
armé de sa brosse, son paletot sur le bras gauche, et un bout de
cigare dans la bouche.

Ce monsieur a regardé longtemps le carré du cinquième; il a
même franchi quelques degrés du dernier étage, mais en est descendu
lestement, en se disant :

— Ne faisons point d'imprudence... elle se calfeutre, elle ne bouge
pas de chez elle... mais cela ne pourra pas toujours durer ainsi... on
ne passe pas sa vie dans sa chambre, surtout quand on y est seul, sans
domestique, pour aller nous chercher ce dont nous avons besoin...
les provisions s'épuiseront, et alors il faudra bien les renouveler, car
je ne présume pas qu'on se laissera mourir de faim dans la crainte
de me rencontrer. Attendons et brossons mon paletot; les voisins
sont chez eux, car je les ai entendus rentrer hier au soir... Nous allons
voir les voisins. Je me souviens de ce que m'a dit cette petite bonne :
cette porte est celle de M. Gaston.. celui qui a été en prison et qui
est très-amoureux... l'autre est celle du farceur qu'elle nomme
Alexandre.

— Et à peine M. Bodinet a-t-il commencé à jouer de la brosse, que
Gaston ouvre sa porte et se montre sur le carré. Le jeune homme
était éveillé depuis longtemps, mais sachant que Félicie n'habite plus
dans la maison, il n'était point inquiet sur ce que pourrait entreprendre le nouveau locataire. Cependant, fort curieux de connaître
cet homme, il s'est levé dès qu'il l'a entendu marcher sur le carré.

M. Bodinet a d'un regard toisé Gaston; cet examen a rembruni sa
physionomie, car il a reconnu que ce jeune homme est fort joli garçon.
Cependant, dissimulant presque aussitôt ses impressions, Bodinet
fait un salut gracieux à son voisin.

— Monsieur, je vous présente le bonjour... je n'ai pas encore l'avantage d'être connu de vous, je ne suis votre voisin que depuis hier matin... mais je suis charmé de ce que la circonstance... Si je puis vous être bon à quelque chose, disposez de moi, monsieur; entre voisins, c'est un plaisir de s'obliger... ne me ménagez pas, je vous en prie...

Gaston a répondu par un mouvement de tête presque imperceptible au salut de son nouveau voisin; il le regarde attentivement, et le résultat de son examen, à lui, c'est qu'il... n'est pas possible que Félicie ait jamais pu aimer ce monsieur.

— J'ai l'habitude de faire mes affaires moi-même, monsieur, dit enfin Gaston d'un ton fort sec, et ce n'est pas de quelqu'un qui m'est inconnu que j'accepterais le moindre service.

— Ah! ah! nous ne sommes pas aimable! se dit Bodinet. On lui aura déjà appris que j'étais le monsieur qui avait suivi sa belle... cela lui met martel en tête... il a envie de me chercher querelle... A ton aise, cher ami, je ne te crains pas... tu ne sais pas à quelle lame tu as affaire!

Et reprenant son air gracieux, M. Bodinet s'adresse de nouveau à Gaston:

— Monsieur, je comprends votre circonspection... nous vivons dans un temps où il faut se tenir toujours sur ses gardes et redouter les liaisons dangereuses... Certes, on ne saurait prendre trop de précautions avant de donner son amitié à quelqu'un!... l'amitié, ce sentiment si sublime et si pur, quand il est pur... aussi, je ne me jette pas à la tête du monde... Diable! ce n'est pas mon genre!... mais j'aime à entretenir de bons rapports avec mes voisins, car rien n'est telle que la paix dans son for intérieur.

Cette fois, Gaston n'a pas l'air d'écouter, il se promène sur le carré, puis va regarder à la fenêtre; alors M. Bodinet se met à jouer de la brosse en fredonnant:

Si l'amour ne causait que des peines
Les oiseaux amoureux ne chanteraient pas tant!

Gaston s'arrête au milieu du carré et affecte de regarder longtemps au cinquième. M. Bodinet continue de chanter en ajoutant des agréments à son air.

Gaston va se replacer devant la fenêtre. M. Bodinet fait un point d'orgue et une roulade, tout en brossant toujours son paletot.

Gaston, impatienté, s'arrête enfin devant son nouveau voisin, en lui disant d'un air goguenard:

— Le savez-vous tout du long, monsieur?
— Quoi donc, monsieur?
— Mais l'air que vous chantez.
— L'air que vous chantez!... mais oui, je le sais en entier... Vous le trouvez joli, n'est-ce pas, monsieur? C'est un air d'*Armide*, rien que cela; c'est du fameux *Lully*, les paroles sont de *Quinault*... En général, j'aime beaucoup les grands morceaux, les airs d'opéra... J'y avais mes entrées il y a quelque temps... et comme j'ai l'oreille très-musicale, je retiens tout de suite ce que j'entends. On fait de fort belle musique maintenant, j'en conviens, mais, à mon gré, cela ne vaut pas ceci...

Et M. Bodinet se remet à chanter:

Si l'amour ne causait que des peines...

En ce moment, la petite Maria monte l'escalier en chantant à tue-tête:

Trou la la, trou la la, trou la,
Trou la, trou la la.

— J'aime mieux cet air-là, dit Gaston.
— Tout dépend du goût, monsieur. Nous avons des personnes qui préfèrent le lapin au lièvre. Moi, j'aime mieux le lièvre.

La petite bonne du docteur est arrivée sur le palier du quatrième, elle semble enchantée en apercevant ces deux messieurs; elle les regarde alternativement, puis dit au nouveau locataire:

— Ah! monsieur, comme vous êtes matineux!... déjà la brosse à main... Mon maître est encore couché, lui!

— Oui, mademoiselle, je me lève de bonne heure, c'est une habitude que ai contractée lorsque je travaillais dans le cabinet du ministre.

— Ah! vous avez travaillé dans les cabinets?
— Dans ceux du ministère, mademoiselle.
— Et de quel ministère, s'il vous plaît, monsieur? dit Gaston en ardant fixement Bodinet. Celui-ci se redresse et reprend d'un air ez impertinent:

— Monsieur, je suis comme vous, très-prudent dans mes relations, et ne confian pas mes affaires à quelqu'un qui m'est inconnu... c'est pourc vous me permettrez de ne point répondre à votre question.

— Ah! c'est comme cela, se dit Gaston en fermant les poings avec colère. Je te ferai bien parler tout à l'heure, monsieur le chanteur!

— Je monte un petit moment chez Zéphirine, reprend Maria, parce que j'ai rêvé de serins verts, et comme elle explique assez bien les rêves, je veux qu'elle me dise ce que le mien signifie... Croyez-vous que ce soit bon signe: serins verts?

— Mademoiselle, ne suis point nécromancien, je ne sais point expliquer les songes... cependant, ceux d'une jolie femme ne doivent pronostiquer que des choses agréables. Je gagerais que votre rêve vous annonce que vous recevrez quelque déclaration d'amour...

— Et que mon amoureux sera un serin vert, hein?... Tiens, au fait, pourquoi pas?... D'ailleurs, vert ou jaune, les amoureux sont presque toujours des serins!... Bonjour, monsieur.

Et la petite bonne rit aux éclats en continuant de monter l'escalier. Gaston se promène sur le carré, il réfléchit à ce qu'il doit faire. M. Bodinet brosse son paletot et se remet à chanter l'air d'*Armide* en y ajoutant des variations.

Au bout de quelques instants, Gaston va frapper à la porte d'Alexandre, en criant:

— Comment, tu dors encore, paresseux? réveille-toi donc!

On ne répond pas; Gaston frappe de nouveau et plus fort. Enfin, la voix d'Alexandre se fait entendre:

— Qui est-ce qui carillonne comme ça à ma porte?
— C'est moi, Gaston.
— Qu'est-ce que tu veux?
— Je veux que tu te lèves.
— Quelle heure est-il donc?
— Bientôt huit heures.
— Et qu'ai-je besoin de me lever si matin... il fait froid... on est si bien dans le lit... Laisse-moi faire encore deux ou trois petits sommes, et je suis à toi...

— Tu as bien tort de ne point te lever, Alexandre, tu entendrais notre nouveau voisin, M. de Carpentras, qui chante un air d'*Armide*, et vraiment c'est quelque chose d'étourdissant... J'ai souvent entendu chanter des aveugles, mais ce monsieur est bien plus amusant.

— Ah! ah!... on nous lance des épigrammes! se dit Bodinet en se mettant à décrotter le bas de son pantalon: très-bien... cela va devenir intéressant...

Et il crie encore plus fort:

Si l'amour ne causait que des peines
Les oiseaux amoureux ne chanteraient pas tant!

Gaston n'y tient plus, il va se placer devant Bodinet en lui disant:

— Sapristi, monsieur, vous êtes donc bien amoureux, puisque vous chantez tant que cela?

— C'est possible, monsieur, mais il me semble que cela ne vous regarde pas!

— Monsieur, votre chanson m'ennuie.
— En vérité, monsieur? ah! j'en suis désolé... et cela m'étonne; c'est que vous n'aimez pas la musique, apparemment.

— Enfin, monsieur, je vous prie de vous taire...
— Encore bien plus désolé de vous être désagréable, monsieur, mais je ne me tairai point.

— Vous ne vous tairez pas?
— Non monsieur.
— Vous êtes donc venu dans cette maison pour chanter, monsieur?
— J'y suis venu pour y faire ce qui me fera plaisir.
— Eh bien! monsieur, voulez-vous que je vous dise, moi, pourquoi vous avez pris ce logement?

— Je serais très-curieux, monsieur, de savoir si vous avez deviné mes intentions...

— Vous avez loué ici, monsieur, parce que, l'autre soir, vous avez suivi, épié, une jeune fille qui rentrait dans cette maison... cette jeune fille, vous la connaissez, ou du moins vous croyez la connaître; on vous a dit qu'elle se nommait Félicie, vous prétendez, vous, que c'est mademoiselle Ernestine Danglade: mais alors même que ce serait la personne que vous demandez, de quel droit la poursuivez-vous? qui vous a permis de suivre ainsi ses pas, de la relancer jusque dans sa demeure, de vous loger tout près d'elle... encore une fois, quels sont vos droits sur elle?... Vous lui inspirez de l'effroi, de la terreur même; espérez-vous donc profiter de cette frayeur qu'elle ressent à votre vue pour lui imposer des lois, pour vous faire son tyran?... Détrompez-vous, monsieur; cette jeune fille a des amis, des protecteurs qui se feront un devoir de veiller sur elle... de la secourir si elle est en danger, et moi le premier, je le vivrai, moi, Gaston Durandal, je saurai bien punir les insolents qui se permettraient la plus légère insulte, le plus petit manque de respect envers elle...

Bodinet a écouté Gaston avec un grand calme; lorsque celui-ci a cessé de parler, il lui répond, en traînant sur ces paroles:

— Monsieur, c'est fort joli tout ce que vous venez de me dire là... mais, franchement, ça n'a pas le sens commun!

— Monsieur!
— Ah! permettez, je vous ai écouté sans vous interrompre, veuillez me laisser parler à mon tour... Vous trouvez mauvais que j'aie suivi une jeune fille dans la rue... que je l'aie suivie jusqu'à la maison où elle entrait. En vérité, monsieur, pour quelqu'un qui habite Paris,

votre étonnement est bien étrange... ce que j'ai fait là arrive si souvent... cela est si commun, que ce n'est même pas digne d'être remarqué... Si vous n'avez jamais suivi de femmes, monsieur, vous êtes une exception... les hommes comme vous sont rares !... Vous me demandez de quel droit je suivais cette demoiselle... je vous demanderai, moi, de quel droit vous me faites cette question... Je suis venu loger dans cette maison pour être près d'elle, dites-vous ; c'est possible, monsieur... ce ne sont pas vos affaires... vous pensez que je veux profiter de l'effroi que j'inspire à cette demoiselle pour la tyranniser ; le temps est passé où on les menait à la baguette... la frayeur qu'elles ont l'air d'avoir de quelqu'un n'est souvent qu'un autre sentiment qu'elles veulent déguiser. Enfin, monsieur, vous vous posez en champion de cette demoiselle, vous en êtes très-amoureux probablement... Je n'ai pas l'intention de vous en empêcher !... mais avant de me menacer de toute votre colère... ce qui ne m'effraie pas du tout, je vous le jure, il me semble qu'il serait bon de nous entendre. C'est de mademoiselle Félicie que vous êtes amoureux ; moi, monsieur, c'est mademoiselle Ernestine Danglade que je cherche. Si, par hasard, votre demoiselle... qui demeure là-haut, n'était pas la demoiselle que j'ai cru reconnaître, ne trouvez-vous pas, monsieur, que vous auriez bien tort de vous monter la tête sans sujet... Eh bien ! monsieur, il y a un moyen bien simple de savoir à quoi nous en tenir tous les deux. Puisque vous êtes un ami de cette demoiselle Félicie, ayez la complaisance de la prier de sortir pour un moment de chez elle ; il me suffira de la voir un instant pour avoir la certitude qu'elle est ou n'est point mademoiselle Danglade. Si je me suis trompé, je ferai mes excuses à cette demoiselle, je lui demanderai pardon de lui avoir fait peur dans la rue. Si elle est bien en effet la personne que je cherche, oh ! alors, monsieur, elle en conviendra elle-même, et je vous certifie que, devant moi, elle ne niera point qu'elle me connaît.

Gaston garde quelque temps le silence, puis enfin il dit à Bodinet :

— Admettons que mademoiselle Félicie soit la personne que vous dites... si elle désire cacher son véritable nom, pourquoi voulez-vous la forcer à le divulguer. Et enfin, qu'avez-vous à lui dire... pourquoi la poursuivre ici ; que lui voulez-vous ?...

Bodinet sourit d'un air moqueur en disant :

— Vous en demandez trop, jeune homme, je vous répète que vous poussez trop loin la curiosité... ce que le veux dire à mademoiselle Danglade, c'est un secret entre elle et moi, un secret qui, peut-être, ne sera jamais révélé, cela dépendra des événements.

— Félicie ne saurait avoir avec vous, monsieur, aucune relation qu'elle ne puisse avouer hautement.

— Mademoiselle Félicie, c'est possible ! mais mademoiselle Danglade ! oh ! c'est bien différent... Allez donc la chercher, monsieur, vous voyez bien que c'est le meilleur... je dirai même le seul moyen de savoir à quoi nous en tenir l'un et l'autre.

— Ah ! vous voudriez bien voir Félicie ! vous en grillez d'envie, n'est-ce pas, monsieur ?

— Je désire la voir, oui ; car, en effet, c'est pour me procurer ce plaisir que je suis devenu votre voisin : vous voyez, monsieur, que j'agis avec franchise ; je ne suis point aussi pressé que vous paraissez le croire !... J'ai bien attendu cinq ans ce moment, je puis bien attendre encore quelques jours...

— Et si je ne veux pas que vous voyiez Félicie, moi ?

— Oh ! que vous le vouliez ou non, cela m'est fort indifférent !... Je pourrais à mon tour vous demander quels droits vous avez sur cette demoiselle, pour m'empêcher de la voir... mais je n'ai pas besoin de vous le demander ; je sais très-bien ce que vous êtes pour elle, ou du moins un de ses amoureux...

— Qu'entendez-vous par là ? s'écrie Gaston en s'approchant de Bodinet d'un air menaçant.

— J'entends que la chronique du quartier lui en donne un autre... qui loge là, tenez, à cette autre porte... un de vos amis, je crois... celui que vous vouliez réveiller tout à l'heure... Les proverbes ont bien raison, on n'est jamais trahi que par les siens.

— Monsieur, prenez garde à vos paroles !... si vous vous permettez d'insulter Félicie en répétant d'indignes propos de cuisinières, songez que c'est à moi que vous aurez affaire...

— Monsieur, les cuisinières ne mentent pas toujours ; cela leur arrive souven... e crois ; mais enfin, dans la grande quantité de propos qu'elles rapportent, il s'en trouve aussi de vrais... en... nite, n'sieur, faites-moi le plaisir de ne point me parler de si près... je ne suis pas sourd, et je n'aime pas qu'on me souffle dans é nez...

— Je vous parlerai d'aussi près que cela me plaira, et si cela ne vous convient pas...

— Il me semble que je viens de vous dire que cela ne me convenait pas.

— Je m'en fiche, monsieur !

— Ne criez donc pas tant, vous allez vous enrouer....

— Monsieur !...

En ce moment la voix d'Alexandre se fait entendre.

XXXVI. — M. DUFORTIER DE CARPENTRAS.

Le grand jeune homme vient d'ouvrir sa porte, il paraît sur le carré, la tête encore coiffée d'un foulard et s'étire les bras en disant :

— Eh bien ! qu'est-ce que c'est... que se passe-t-il dans cette maison ?... On ne peut donc plus y dormir en paix. Pourquoi crier si haut, messieurs ; à qui en as-tu donc, Gaston... comment tu te chamailles déjà avec notre nouveau voisin... avec M. de Carpentras !... Voyons, voyons, messieurs, la paix... Je gage que vous vous querellez pour rien...

En disant cela, Alexandre s'avance pour se mettre entre les deux messieurs ; il peut alors voir la figure du nouveau locataire. A peine l'a-t-il envisagé qu'il pousse un cri de surprise.

— Ah ! nom d'un cigare !... qu'est-ce que je vois là... Dufortier !... monsieur de Carpentras est Dufortier !...

Bodinet a fait une vilaine grimace en reconnaissant Alexandre, mais il s'efforce de dissimuler tout l'embarras que lui cause cette rencontre, il tâche même de se donner un air aimable, en répondant :

— Eh mais ! je ne me trompe pas... c'est M. Alexandre que j'ai le plaisir de rencontrer... ah ! quel heureux hasard... je ne m'attendais pas à être votre voisin.

— Ah ! je le crois... il y a même mieux, je suis persuadé que vous n'auriez pas loué ici, si vous aviez su y être si près de moi...

— Pourquoi donc cela, monsieur ; votre voisinage ne peut être que fort agréable.

— Et votre femme, estimable Dufortier, votre sensible épouse, cette pauvre Herminie... que vous traitiez à la russe, à ce qu'elle m'a dit depuis... il ne vous manquait qu'un petit knout ! vous fait-elle toujours des trahisons ?... cela a pu vous rapporter beaucoup d'argent, si vous mettez tous ses amants à contribution, comme vous vouliez m'y mettre, moi. Car, dans le nombre, il doit s'en être trouvé qui n'aient pas eu la chance de rencontrer un bâton de rideau sous leur main !...

— Comment, monsieur Alexandre, vous pensez encore à cette plaisanterie.

— Ah ! vous appelez cela une plaisanterie, maintenant.

— Quel autre nom voulez-vous que je donne à cette scène ?... D'abord, Herminie n'était pas ma femme, je ne m'étais donné le titre de son mari que pour tâcher de vous faire peur...

— Je sais très-bien que Herminie n'était pas votre femme, mais vous m'aviez ordonné de me dire qu'elle était en puissance d'époux.

— Toujours dans l'espoir de vous faire peur et de me venger un peu de vous. Ecoutez donc, monsieur, vous m'aviez enlevé le cœur de ma maîtresse, il me semble qu'il était fort naturel que je cherchasse à me venger.

— En tous cas, vous aviez employé un vilain moyen... Et si j'avais signé la lettre de change ?

— Je vous l'aurais renvoyée le lendemain avec un petit bout de lettre où je me serais moqué de vous.

— Vraiment ?

Alexandre laisse échapper un sourire qui exprime plus du doute. Mais il reprend au bout d'un moment :

— Après tout ! vous voulez... ah çà ! vous avez donc changé de nom... vous vous faites appeler maintenant de Carpentras ?

— Je me suis toujours appelé ainsi : Dufortier de Carpentras.

— C'est différent... mais en venant vous loger ici, vous serez bien éloigné de vos habitudes.

— Comment, quelles habitudes ?...

— Eh pardieu ! ce petit café borgne, où je vous ai rencontré il y a quelque temps... sur le boulevard extérieur, contre la barrière de la Chopinette, je crois... un affreux bouge enfin !

— Vous m'avez rencontré là...

— Parfaitement... Je suis arrivé au moment où vous alliez vous battre pour une querelle au jeu, sans doute, et c'est moi qui vous ai arrêté le bras... mais au reste, je suis certain que vous vous en souvenez et que vous m'aviez très-bien reconnu alors...

— Ah ! oui... en effet... je crois me rappeler... oui, c'était moi... mais je n'ai pas pour habitude de fréquenter ce café... J'y étais entré par hasard... des gens qui faisaient une partie de cartes m'avaient proposé d'être de leur partie... et j'avais commis l'imprudence d'accepter, car on ne devrait jamais jouer qu'avec des personnes dont on connaît la moralité ; je ne tardai pas à m'apercevoir qu'on me trichait... Alors, la moutarde me monta au nez ; je veux bien payer quand je perds... c'est trop juste, mais je ne veux pas que l'on me triche. De là, les querelles... menaces, et ma foi j'allais taper quand vous êtes arrivé...

— Et pourquoi êtes-vous parti si brusquement...

— Parce que j'étais de fort mauvaise humeur de ce que vous aviez retenu mon bras lorsque j'allais donner à ce filou la correction qu'il méritait.

Alexandre se tourne vers Gaston qui écoutait en silence, et lui dit à l'oreille :

— Ce gaillard-là ne sera jamais à court de réponses. Mais pourquoi commencer tout de suite par vouloir te battre avec lui ?... mauvais moyen et qui ne nous apprendra rien sur ce que tu savoir... Modère-toi donc! il est toujours temps de cogner quand on n'a plus d'autres expédients.

Bodinet qui continuait de se décrotter en fredonnant encore l'air d'*Armide* entre ses dents, reprend au bout de quelques instants :

— Certainement, il ne faut pas juger sur les apparences, c'est s'exposer à commettre de graves erreurs. Enfin, vous, monsieur Alexandre, vous étiez aussi dans ce méchant petit café en dehors de la barrière. Eh bien! si pour vous y avoir vu une fois, je pensais que c'est un endroit où vous avez l'habitude d'aller, je ne serais probable que je me tromperais.

rément vous vous tromperiez! Au reste, je n'étais entré là, moi, que pour chercher quelqu'un... Pardieu! si vous connaissiez ce gaillard-là, ce serait me rendre service que de me dire où il gîte!...

— Quelle est la personne que vous cherchez?

— C'est un certain Bodinet... une espèce d'escroc, un faiseur d'affaires, soi-disant, qui a mis mon oncle complètement dedans, parce qu'il est bon de vous dire que j'ai un oncle à Troyes en Champagne, qui est fabricant de tabatières... J'aimerais mieux qu'il fabriquât des andouillettes! Ah! comme je le prierais de m'envoyer de ses produits... comme j'en placerais dans mon estomac! Enfin, ce Bodinet a probablement été à Troyes, il aura entortillé mon oncle, et s'est fait donner des marchandises contre lesquelles il a fait des billets. D'abord, ce n'était qu'une petite broche de cinquante francs... c'était peu de chose; mais, maintenant, j'ai entre les mains deux effets de sept cents francs chacun, souscrits par ce monsieur, et que comme de raison il n'a pas payés!... Quelqu'un à qui je demandais des renseignements sur mon homme, m'avait assuré qu'il allait souvent faire sa partie dans le vilain endroit où nous nous sommes rencontrés, et voilà pourquoi j'y étais!

Depuis quelques instants M. Bodinet faisait une singulière figure, il se grattait le nez, toussait, crachait et parfois brossait ses souliers en croyant brosser son pantalon. Enfin, faisant un effort pour dissimuler son embarras, il murmure :

— Et au total, vous ne connaissez pas, à ce que je vois, ce monsieur Bodinet... dont vous dites tant de mal... mon Dieu! mais ce peut être un fort bon enfant, qui ne mérite pas d'être traité si durement... il aura peut-être lui-même avoir éprouvé des revers de fortune, des faillites qui l'aient empêché de faire honneur à ses engagements... cela arrive fréquemment, monsieur, et on n'est pas un escroc pour cela!...

— Monsieur Dufortier de Carpentras, si vous pardonne de prendre la défense de ce Bodinet, si vous ne le connaissez pas... Oh! parbleu, s'il n'avait fait que de ne point payer ses billets, je ne l'aurais pas traité comme je viens de le faire!... personne mieux que moi ne sait qu'on peut se trouver sans argent... cela m'arrive très-souvent, à la vérité; moi, je ne fais jamais de billets, de lettres de change!... parce que je prévois qu'à l'échéance je pourrais manquer de fonds; ceci est de la prudence. Mais, je vous le répète, je sais compatir à la situation d'un débiteur qui ne peut pas payer. Si j'ai parlé si lestement du Bodinet en question, c'est que nous en savons long sur son compte... Gaston, et moi, et toute la maison. Figurez-vous que ce gredin... je peux l'appeler gredin, vous pourrez en juger vous-même, ce gredin, dis-je, a un fils, un petit garçon de quatre à cinq ans, qu'il a mis en pension dans une petite école où est dans cette maison même, au fond de la seconde cour... la maison est très grande; vous n'avez sans doute pas été jusqu'au fond, vous aurez le droit de vous y promener. Le Bodinet a donc, un beau jour, amené son montard chez M. Loupard, excellent homme qui tient cette école. Il a donné une douzaine de francs, au lieu de payer d'avance, comme cela se fait toujours, un trimestre de la pension, et puis il a été plus d'une année sans revenir... A la vérité, il avait laissé une vingtaine de tabatières... qui viennent de chez mon oncle et valent bien quarante sous pièces, prix fort. Il y a quelques semaines, ce drôle est revenu chez maître Loupard, non pas pour voir son fils, dont il paraît qu'il ne se soucie guère, mais pour réclamer d'un son maître d'école six cents francs de tabatières que celui-ci, pour rentrer un jeu dans ses débours, avait vendues trente-huit francs... Heureusement M. Loupard a eu l'idée de dire à ce monsieur qu'il me connaissait; le nom de Grandmoulin a dérangé tous les plans de ce monsieur. Forcé de renoncer à son espérance de tabatières, vous ne devineriez jamais ce que ce jean-fesse... oh! oui, je peux dire jean-fesse, ce n'est pas trop fort... Vous ne devineriez pas ce qu'il a fait?... Eh bien! il a emmené son fils. Le petit garçon était fort proprement couvert, grâce à quelques vêtements dont nous l'avions gratifié, moi et mes amis; il a dit au bon Loupard qu'il voulait mener Aristide, car le nom du petit garçon, jusque chez son parrain, qui logeait dans les environs... Le maître d'école a consenti... Un père a le droit d'emmener promener son enfant, et d'ailleurs, qui est-ce qui aurait jamais supposé les projets indignes de ce... Je ne trouve vraiment plus de termes pour le qualifier comme il le mérite!... Ce misérable Bodinet a donc emmené son petit garçon, faisait, ce jour-là, un froid de dix degrés... et savez-vous comment l'enfant est revenu?... tout seul, bien entendu! il est revenu dépouillé son pantalon, de son gilet, de son paletot, et n'étant plus couvert

qu'avec du papier gris, dans lequel on l'avait ficelé comme un paquet de chandelles... Pauvre petit !... il était temps que nous le prissions dans nos bras, que nous le fissions se réchauffer... Un peu plus tard, et il serait mort de froid. Eh bien! monsieur Dufortier de Carpentras, voilà ce qu'a fait M. Bodinet. Que pensez-vous de lui, maintenant?

Bodinet se mouche très-longuement dans un mauvais madras tout éfiloqué; il se décide enfin à répondre :

— Monsieur, ce que vous me racontez me semble si extraordinaire, que je suppose, moi, qu'il y a ici quelque malentendu dans tout cela. Les enfants sont si menteurs!... Qui vous dit que ce petit garçon n'a pas lui-même vendu ses effets pour faire le polisson avec des camarades... et il aura ensuite forgé cette histoire.

— Ah! monsieur Dufortier de Carpentras... quelle pensée avez-vous là... Un enfant de cinq ans aurait vendu ses effets! se serait exposé lui-même à geler... Pourquoi ne dites-vous pas tout de suite que c'est pour entretenir des femmes qu'il a voulu avoir de l'argent.

— Je dis, monsieur, que ceci n'est pas clair... que les enfants ne sont jamais à court d'histoires, quand ils ont fait des sottises, et qu'à votre place je ne me permettrais pas de juger quelqu'un sans être sûr de mon fait...

— Et l'histoire des tabatières pour lesquelles il réclamait six cents francs, lorsque cela en valait trente-huit... Croyez-vous que je sois sûr de mon fait, pour cela?

— Ce monsieur avait pu trouver un marché avantageux... on rencontre quelquefois des gens qui ne se connaissent pas à ce qu'ils achètent... dans le commerce, il n'est pas défendu de profiter de ces occasions-là.

— Si c'est ainsi que vous pratiquez le commerce, monsieur Dufortier de Carpentras, je ne ferai point d'affaires avec vous.

— Alors, monsieur, lorsque vous rencontrerez le particulier dont vous venez de me parler, votre intention est de...

— De le faire coffrer pour les quatorze cents francs qu'il doit à mon oncle...

— Ah! votre oncle vous a passé les effets?

— Comme vous dites, et j'en ordonnant de poursuivre sans miséricorde!...

— Et vous avez fait protester, prononcer le jugement. Vous êtes en mesure de faire arrêter votre débiteur...

— Les effets ont très-bien été protestés... quant au reste, il y a bien encore quelques formalités à remplir... mais il sera toujours temps, lorsque j'aurai trouvé mon homme, car il est diablement difficile, et ce que je vois...

Un sourire de satisfaction a reparu sur la figure du nouveau locataire. Bientôt des bruits de pas se font entendre au bas de l'escalier. Alexandre regarde et s'écrie :

— Tiens! je ne me trompe pas! c'est M. Loupard qui monte avec le petit Aristide; si vous êtes curieux de connaître le fils de M. Bodinet, vous pouvez vous procurer ce plaisir, monsieur Dufortier de Carpentras... vous ferez aussi connaissance avec le brave maître d'école qui a pris si bien soin de l'enfant *gratis pro Deo*.

Mais déjà Bodinet a couru ouvrir sa porte, et sans se donner le temps de ramasser sa brosse qui est tombée sur l'escalier, il s'enferme vivement chez lui en murmurant :

— Impossible! monsieur, impossible!...j'ai mon courrier à faire... des lettres importantes à écrire, et je m'aperçois que je suis en retard...

— Et votre brosse que vous oubliez!... monsieur Dufortier de Carpentras... Vous avez laissé votre brosse à terre...

Mais Alexandre ne reçoit point de réponse, et la porte reste close. Bodinet se serait bien donné de garde de se montrer; il entendait déjà dans l'escalier la voix du maître et de l'enfant.

XXXVII. — CINQ CENTS FRANCS.

M. Loupard montait les marches doubles, il gravissait les degrés sans s'arrêter pour reprendre haleine, avec ses petites jambes, à suivre son maître qui semblait avoir retrouvé toute la vigueur d'un jeune homme. La figure du maître d'école exprimait à la fois plusieurs sentiments, mais on y voyait surtout briller la surprise, la joie, le ravissement.

— Eh! mon Dieu, comme vous montez vite? mon cher Loupard, dit Gaston; où donc allez-vous ainsi avec Aristide?

— Où je vais, monsieur Gaston... où je vais, messieurs... Eh! mon Dieu... je n'en sais pas bien sûr, mais je m'allais chez vous deux d'abord...

— Et vous n'en êtes pas bien sûr? dit Alexandre. Pardieu! vous est arrivé quelque chose d'extraordinaire, monsieur Loupard, je le vois sur votre physionomie qui n'a pas son assiette ordinaire... mais il me semble que vos yeux n'expriment rien de malheureux...

— Oh! non, messieurs, au contraire... je suis si content, si joyeux... cela me vient si à propos... et j'étais si loin de m'y attendre... Aristide, as-tu embrasse ces messieurs, tes bons amis... tes protecteurs... Ouf... je n'en puis plus...

Pour toute réponse, le petit garçon court embrasser Gaston qui

Alexandre; enfin, M. Loupard ayant soufflé un moment, reprend la parole :

— Messieurs, voilà ce que c'est... Tout à l'heure je viens de recevoir une lettre par la poste... dans cette lettre il y avait un billet de banque de cinq cents francs... Tenez, le voilà, messieurs; il est bon, n'est-ce pas... c'est bien un vrai billet de banque?... Examinez-le... moi, j'en ai si peu vu...

— Oui, monsieur Loupard, oh! est il délicieux! dit Alexandre en palpant le billet. Voilà un très-joli commencement d'histoire; continuez.

— Je trouvai donc ce billet... et dans la lettre il y avait... mais je l'ai là... Tenez, la voici, je vais vous la lire, cela vaudra mieux.

— Nous vous écoutons, lisez.

«Mon bon monsieur Loupard, je vous envoie cinq cents francs pour vous payer de tout ce qui vous est dû pour la pension du petit Aristide; je crois que c'est à peu près ce qui vous revient jusqu'à ce jour; mais ce qu'on ne saurait jamais payer, ce sont vos bons soins, c'est l'humanité dont vous avez fait preuve en gardant cet enfant avec vous, sans savoir si vous seriez jamais indemnisé de vos dépenses. Continuez de servir de père à ce pauvre petit, et soyez certain que désormais ce que vous ferez pour lui sera convenablement « rétribué. »

— Voilà, messieurs, ce que l'on m'écrit...

— Et il n'y a pas de signature?

— Aucune signature... Alors, je me suis dit : Ceci ne peut m'être envoyé que par des personnes qui connaissent Aristide, qui aiment cet enfant, et j'ai pensé à vous, messieurs, qui avez déjà été si bons pour lui...

— Nous! monsieur Loupard... ah! nous voudrions bien être en position de vous avoir fait ce cadeau, mais franchement cela me serait impossible, à moi, et je crois bien que Gaston est dans le même cas!

— Alexandre a raison, monsieur Loupard, cet argent ne vient pas de nous. D'ailleurs, si nous avions eu l'intention de vous offrir cette somme, nous n'aurions pas pris de détours, nous aurions été vous porter cela nous-mêmes...

— C'est aussi ce que je m'étais dit, messieurs; mais alors, puisque ce billet de banque ne vient pas de vous... je ne vois plus que mademoiselle Félicie qui ait pu...

— Félicie! oui, oui, ce ne peut être qu'elle! s'écrie Gaston. Elle est si bonne, si obligeante... et quand elle fait du bien elle ne veut pas qu'on le sache, elle ne veut point être remerciée...

— Il est d'autant plus probable que cela vient d'elle, dit Alexandre, que je crois cette jeune fille beaucoup plus riche qu'elle ne veut le paraître.

— Voyons l'écriture de cette lettre...

— Tenez, messieurs...

— Ceci est une écriture contrefaite... déguisée... malgré cela il me semble reconnaître quelques caractères...

— Oui, c'est une femme qui a écrit cela... Tout en ne voulant pas en avoir l'air, notre jeune voisine s'intéressait beaucoup à Aristide... elle l'a déjà prouvé en l'habillant entièrement à neuf, lorsqu'il est venu notre comme Cadet-Roussel... Cette somme doit venir de la même source.

— En ce cas, montons bien vite, s'écrie le professeur; viens, Aristide, viens remercier ta bienfaitrice.

— M. Loupard montait déjà le cinquième étage, Gaston l'arrête en lui disant :

— Ne montez pas, monsieur Loupard, n'allez pas chez Félicie... c'est inutile... vous ne la trouveriez pas.

— Ah! elle est déjà sortie...

— Oui... la concierge m'a dit qu'elle était descendue de très-grand matin.

— C'est dommage... nous reviendrons alors...

— Avant de revenir, monsieur Loupard, laissez-nous pressentir notre jeune voisine sur cette affaire. Si, comme tout doit le faire supposer, elle désire qu'on ne sache pas que c'est elle qui vous a fait ce don, croyez-vous lui faire plaisir en allant la remercier? Il me semble au contraire que cela la contrariera d'autant qu'on a pénétré on secret...

— Vraiment! messieurs, vous pensez que cela pourrait être désagréable à cette bonne demoiselle... S'il en est ainsi, nous attendrons, n'est-ce pas, Loupard?

— De quoi, mon ami Loupard?

— Nous serons forcés de garder au fond du cœur notre reconnaissance... c'est pourtant cruel, quand une personne vous a fait du bien, quand elle se montre si généreuse pour nous, de ne point pouvoir seulement lui presser la main! Enfin, messieurs, je me conduirai d'après vos conseils, car je sais que vous ne m'en donnerez que de bons.

— Touchez là, papa Loupard, vous méritez le bonheur qui vous arrive... Après tout, vous ne faites que recevoir ce qu'on vous devait!

— Oh! c'est égal, messieurs, une si grosse somme à la fois... quand on n'y compte pas... ça vous rend bien plus riche...

— Voulez-vous entrer vous reposer, monsieur Loupard, chez moi ou chez Alexandre?

— Merci, messieurs, merci, mais vous concevez... j'ai tant d'emplettes à faire, tant de choses à acheter... du bois, par exemple, pour chauffer mes élèves, et je n'en avais plus... et puis une belle blouse neuve à mon petit garçon... et puis bien d'autres choses encore... Je vais sur-le-champ me mettre en course, et Aristide viendra avec moi...

— Oh! oui, mon ami, et tu m'achèteras de la galette en route, n'est-ce pas?

— Je le crois bien... Je te régalerai de galette, et moi aussi m'en régalerai; dame, ce n'est pas tous les jours fête... Au revoir donc, messieurs...

— Adieu, mon ami Gaston, adieu Alexandre.

Les deux jeunes gens embrassent le petit garçon qui redescend l'escalier avec son maître.

Alors, Alexandre entre chez Gaston; il a soin de fermer la porte du carré et dit à son ami :

— Tu as bien fait de dire à M. Loupard que notre jeune voisine était sortie, car si tu lui avais appris la vérité, le monsieur du carré aurait pu t'entendre, et il est très-bon qu'il croie toujours que Félicie loge au-dessus de nous.

— Cet homme me fait l'effet d'un affreux gredin.

— C'est aussi mon opinion... la petite aventure que j'ai eue jadis avec lui suffirait pour le juger, et quoiqu'il veuille maintenant faire passer cela pour une plaisanterie, je ne suis pas la dupe. Mais quels rapports peuvent exister entre ce vilain monsieur et cette jeune personne, si jolie, si spirituelle, si bien élevée... car nous ne devons pas en douter, Félicie et Ernestine Danglade ne font qu'une.

— Ah! voilà ce que je brûle de savoir... Pourquoi a-t-il peur de cet homme?... que peut-elle redouter de lui?... Oh! je le forcerai bien à me le dire.

— En le menaçant de lui chercher querelle! Je te répète que tu t'y prends mal... tu ne sauras rien comme cela... D'abord, je ne crois pas que cet homme ait peur de se battre... tous ces chenapans-là font métier de tirer l'épée comme la savate et passent leur vie dans les tirs, afin d'abattre les poupées avec un pistolet.

— Crois tu que tout cela m'effraie?

— Je ne dis pas cela, mais il ne faut risquer sa vie contre celle d'une canaille que lorsqu'il n'y a plus moyen de faire autrement, car c'est mettre dans une balance une pièce d'or contre une pièce de cuivre, et celui qui, le premier, a dit qu'un homme en valait un autre, a dit une de ces grosses bêtises qui circulent ensuite dans le monde, comme un monneron a la place d'un sou. Ce Dufortier est notre voisin, il croit que la personne qu'il cherche est dans la maison; nous verrons ce qu'il entreprendra. Je trouve déjà fort amusant de le voir passer sa journée sur le carré, occupé à guetter quelqu'un qui est bien loin d'ici.

— Bien loin! hélas!... Nous ne savons pas où elle est... toutes nos recherches à Belleville ont été infructueuses... impossible d'obtenir le moindre renseignement.

— Patience... J'ai idée, moi, qu'elle nous donnera de ses nouvelles... Tu vois bien qu'elle n'oublie pas cette maison et ceux qui l'habitent... cette somme qu'elle vient d'envoyer à ce bon Loupard, pour le payer de ses soins pour le petit Aristide, est une preuve qu'elle pense à nous.

— Cette somme... mais est-ce bien elle qui a envoyé ces cinq cents francs pour cet enfant qu'elle semblait ne pas voir avec plaisir... car je me rappelle fort bien la dernière fois que je suis allé passer la soirée chez elle... en la voyant lui amener ce petit garçon, j'ai remarqué qu'un nuage venait obscurcir ses traits... puis, quand nous sommes partis, ce pauvre petit voulait l'embrasser, elle lui tendait ses petites joues... mais elle s'est reculée comme cédant à une répugnance secrète, et elle a trouvé un prétexte pour ne pas embrasser Aristide...

— Tout cela ne prouve rien... moi qui aime bien les enfants, j'ai souvent reculé lorsqu'on voulait m'en faire embrasser qui étaient tout barbouillés de confitures ou qui éprouvaient un besoin urgent d'être mouchés. Après cela, je conviens comme toi que j'ai remarqué dans mademoiselle Félicie une foule de singularités... de contrastes... mais si nous connaissions ses secrets, il est probable que tout cela s'expliquerait... Ce dont je suis persuadé, c'est que cette jeune fille possède quelque fortune... Je m'en étais déjà douté la première fois que nous la vîmes chez madame Montenlair; celle-ci ne cessait de la questionner pour savoir quel était son état, et à la manière dont Félicie lui répondit, il était facile de voir qu'elle n'avait pas besoin de travailler. Mais, tes amours me font considérablement négliger ma voisine, madame Patineaux; il y a bien longtemps que je ne l'ai aperçue. Au revoir, travaille un peu... fais des vers, cela te distraira.

— Je n'en ai pas le courage... je ne pense qu'à elle... Ignorer où elle est, c'est un supplice... ma tête est brûlante, je souffre...

— C'est cela... tombe malade, comme cela avancera bien tes affaires!... Veux-tu déjeuner avec moi?

— Je n'ai pas faim, il me serait impossible de manger.

— Alors, descends chez le docteur Urtuby et demande-lui quelque chose qui te rende l'appétit.

— Chez le docteur... ah! oui... oui... quelle excellente idée... il la
connaît... je lui parlerai d'elle...

— Parle-lui d'elle... parle-lui de toi... mais n'oublie pas qu'un
amoureux qui ne mange plus risque beaucoup de perdre son emploi.

Alexandre sort de chez Gaston. Il n'y a personne sur le carré ;
mais la brosse a disparu, c'est ce qui fait penser au grand jeune
homme que son nouveau voisin est venu la chercher. Il entend descendre l'escalier et s'arrête. C'est mademoiselle Maria qui descend ;
elle sourit en voyant Alexandre, et lui dit :

— C'est drôle, quoique ça !

— Qu'est-ce qui est drôle ?... votre tournure... elle est rigolette...

— Il n'est pas question de ma tournure... je ne porte pas de crinoline, moi, grâce au ciel !

— Vous n'en avez pas besoin, la nature vous a traitée en Hot-
tentote !

— Voyons... ne dites donc pas toujours des bêtises... Je disais
que c'était drôle que Zéphirine, dont la chambre touche à celle de
mademoiselle Félicie, ne l'ait pas entendue remuer ni bouger depuis
avant-hier... pas le plus léger mouvement...

— Mademoiselle Zéphirine n'a pas fait de mouvement depuis
avant-hier ?...

— Je ne vous dis pas Zéphirine, je vous parle de mademoiselle
Félicie... Enfin, quand on se couche ou qu'on se lève, on fait toujours un peu de bruit... Si cette jeunesse était malade ou évanouie...
ne pensez-vous pas qu'on ferait bien de prévenir le commissaire de
police pour qu'il fasse ouvrir sa porte ?

— Je pense, mademoiselle, que l'intervention du commissaire serait d'autant plus inutile que madame Ador, la concierge, a vu ce
matin mademoiselle Félicie sortir, et qu'elle ne lui a pas paru malade le moins du monde.

— Comment !... elle est sortie ce matin ?...

— De très-bonne heure, à ce qu'il paraît.

— La concierge l'a vue ?

— Elle lui a même parlé.

— Ah ! bien, alors, il faut qu'elle ne fasse pas plus de bruit qu'une
mouche... Ah ! au fait ça se comprend... c'est à cause de l'autre qui
est là...

— Quel autre ?

— Votre nouveau voisin... qui la guette.

— Ah ! vous croyez...

— J'en suis sûre... Ah ! ah ! c'est amusant, tout ça...

— Je suis comme vous, je trouve aussi que c'est assez divertissant.

La petite bonne descend l'escalier, et Alexandre rentre chez lui.

Un quart d'heure après, Gaston sonnait chez le docteur Urtuby.
En voyant le jeune homme du quatrième, Maria s'écrie :

— Tiens ! c'est vous, monsieur... est-ce que vous êtes encore malade comme l'autre fois, que vous êtes parti sans attendre monsieur ?

— Oh ! non, aujourd'hui, j'ai vraiment besoin de le consulter... Y
est-il ?

— Pardine ! il me semble que ça s'entend... Et zon, zon, zon !...
le violon va son train... est-ce que vous ne l'entendez pas s'escrimer... il joue du *haye donc !*... Il paraît que c'est difficile.

— Qu'est-ce que vous dites qu'il joue ?

— Du *haye donc*... c'est son musicien favori.

— Puis-je entrer ?

— Oh ! oui... comme voisin !... Bah ! entrez tout de suite.

Gaston pénètre dans le cabinet du docteur ; celui-ci était devant
un pupitre et étudiait un premier violon dans un quatuor de *Haydn*.
En voyant entrer un jeune homme sans être annoncé, il continue de
jouer, faisant un simple salut de tête et disant vivement :

— Qu'est-ce qu'il y a ?...

Gaston salue très-gracieusement le docteur, et, au lieu de lui répondre, semble prendre beaucoup de plaisir à l'écouter. C'était un
très-bon moyen pour se faire bien venir de lui.

M. Urtuby continue de jouer ; il arrive à un passage difficile dont
il se tire assez bien ; alors Gaston laisse échapper quelques bravos.
Le docteur est enchanté, il ne demande plus à Gaston pourquoi il est
là ; mais il achève son morceau sans s'arrêter, persuadé qu'il a un
auditeur qui est charmé de l'entendre.

Enfin, le morceau terminé, le docteur s'arrête et se tourne vers le
jeune homme en lui disant :

— C'est pas mal, n'est-ce pas ?

— C'est-à-dire, monsieur, que vous jouez fort joliment du violon.

— Oh ! vous êtes bien bon... je ne déchiffre pas trop mal... ceci
était à première vue.

— Monsieur, je suis venu...

— Que c'est beau, *Haydn* !... quelle mélodie... cela ne vieillira
jamais, n'est-ce pas ?

— C'est aussi mon opinion, monsieur. Je suis votre voisin...

— Ah ! vraiment... et vous êtes musicien... tant mieux ; quand vous
voudrez venir faire votre partie dans un quatuor...

— Vous êtes trop bon, mais je ne suis pas musicien... je suis auteur... j'écris...

— Ah ! vous faites des pièces... c'est différent... et vous n'êtes pas
un peu musicien ?... tous les arts sont frères... vous devez être

— J'ai bien appris un peu le violon, avant de venir à Paris...

— Le violon, très-bien !

— Mais je n'ai pas continué... j'avais peu de dispositions.

— Vous devez bien être en état de faire un second violon dans un
duo de *Pleyel* ?...

— Oh ! monsieur... je crois que je m'en tirerais bien mal.

— Bah ! c'est très-facile... Tenez, j'en ai là que nous pourrions
essayer... prenez ce violon accroché là-bas.

— Mais, monsieur, j'étais venu vous consulter... je suis indisposé.

— La musique vous guérira... il n'y a rien de plus sain que de
jouer du violon...

— J'ai la tête brûlante.

— Raison de plus

— Et un peu de fièvre.

— La musique coupe la fièvre bien mieux que le quinquina.
Allons, allons, mettez-vous là, voisin, et si vous êtes encore souffrant
après ce duo, je vous écrirai une ordonnance.

Gaston n'ose pas refuser ; d'ailleurs, en consentant à accompagner
le docteur, il espère se le rendre favorable et obtenir de lui des renseignements sur Félicie ; il se rappelle cette maxime toujours vraie :
« Il faut prendre les gens par leur côté faible. » Et il va décrocher le
violon qu'on lui a montré ; il n'avait pas touché cet instrument depuis
l'âge de dix-huit ans ; mais le désir de plaire au docteur lui donne
du courage. Les duos de *Pleyel* ne sont pas difficiles, toute la partie
chantante était pour le premier violon, et Gaston, qui a l'oreille
juste, parvient à se tirer de la seconde partie sans faire trop de
fautes.

M. Urtuby est enchanté, mais il ne fait grâce à Gaston ni du me-
nuet ni du rondeau ! enfin, le morceau étant complètement achevé,
et Gaston, suant à grosses gouttes, le docteur pose son instrument
en lui disant :

— Très-bien, mon jeune voisin, très-bien... vous allez ; et quand
vous vous y serez remis, vous deviendrez fort. Il faudra venir souvent, tous les matins ou à cinq heures, faire des duos avec moi...

— Monsieur, permettez-moi de vous rappeler que j'étais venu pour
autre chose.

— C'est juste ! vous êtes malade, dites-vous ?... vous avez bien
meilleure mine que tout à l'heure déjà... effet de la musique. Où
souffrez-vous ?

— Partout, monsieur.

— Partout ! c'est comme si vous disiez nulle part.

— Monsieur, mon mal est surtout dans le cœur.

— Des palpitations ?

— Non, docteur... mais je suis amoureux... et vous seul pouvez
me guérir...

— Je ne vous comprends pas... l'amour ne se guérit ordinairement que par le mariage, monsieur.

— Oh ! je ne demanderais pas mieux.

— Préférez-vous que je vous joue un concerto de Viotti ?... Je le
veux bien.

— Non, docteur, mais j'aime une jeune personne qui habite dans
cette maison, sous le nom de Félicie ; cette jeune personne, vous la
connaissez... savez son véritable nom, car vous l'avez un jour
rencontrée dans l'escalier et vous avez causé avec elle... Eh bien !
docteur, c'est son nom de famille que je voudrais que vous suppliez de me dire...
car je vous le répète, je n'ai que des vues honnêtes, et je veux être
le mari de cette jeune fille, si, comme je n'en doute pas, son
véritable nom n'a rien dont elle doive rougir.

La figure du docteur est devenue sérieuse.

— Je suis fâché, dit-il, d'être obligé de refuser un jeune voisin...
avec qui j'aurais été bien aise de me lier. Mais ce que vous me demandez ne rentre pas dans mon ministère... il y a ici un secret que
j'ai promis de garder... je dois tenir ma promesse.

— Vous croyez peut-être, docteur, que c'est une vaine curiosité
qui me guide, détrompez-vous. Ce que je désire surtout, c'est de
pouvoir soustraire cette charmante fille aux dangers qui la menacent.
Il y a un homme... un fort vilain monsieur, qui poursuit une demoiselle Ernestine Danglade ... il est venu se loger dans cette maison
pour être tout près d'elle, car il prétend que mademoiselle Félicie
n'est autre que cette Ernestine Danglade... Dites-moi seulement que
cet homme se trompe, docteur, et je serai plus tranquille, et je ne
craindrai plus pour elle.

Le docteur hésite un moment, mais enfin il s'écrie :

— Enfin ! si c'est pour préserver mademoiselle Danglade de quelque
danger, c'est bien différent, et dans son intérêt même, je dois me
relever de mon serment. D'ailleurs, je me connais assez en physionomie pour être certain que vous êtes, vous, monsieur, un honnête
jeune homme... Oui, cette personne que j'ai rencontrée il y a quelque
temps dans l'escalier et qui m'a dit demeurer dans la maison, est
mademoiselle Ernestine Danglade. Elle a été fort bien élevée ; son
père, qui était un de mes clients, était un homme fort distingué ; il
avait, je crois, trois mille francs de rente, outre son emploi dans un
ministère. Il a dû laisser cela à sa fille, qui avait aussi une tante fort
à son aise dans le Dauphiné. Voilà, monsieur, tout ce que je sais,
tout ce que je puis vous dire sur mademoiselle Danglade...

En disant cela Alexandre s'avance pour se mettre entre les deux messieurs. (Page 84.)

— Ah! merci, docteur, merci mille fois; je vous jure que vous m'avez pas mal placé votre confidence. Tout mon désir, tout mon espoir, c'est de devenir l'époux de cette charmante fille et de faire son bonheur. Adieu et merci encore...

— Eh bien! vous partez comme cela... Prenez donc ce violon... je gage que vous n'en avez pas chez vous...

— Non, je n'en ai pas.

— Prenez celui-là, je vous le prête; j'en ai encore quatre ici; vous étudierez dans vos moments de loisir...

— Mais, docteur...

— Prenez aussi cette musique... ce sont des études pour le violon... mettez-vous-y... seulement cinq heures par jour... et vous en saurez bientôt autant que moi.

— Je n'aurai pas le temps.

— On trouve toujours un moment... cela vous redonnera du ton... vous vous porterez mieux, et vous viendrez faire des duo...

— Quand je serai plus fort, oui, docteur.

Et Gaston remonte chez lui avec le violon sous son bras. C'était la seule ordonnance que le docteur lui avait donnée.

XXXVIII. — UNE FLOUERIE.

Après être rentré bien précipitamment chez lui, lorsqu'il avait entendu monter le maître d'école et son élève, M. Bodinet s'était placé contre la porte, il avait appliqué son oreille au trou de la serrure et n'avait pas perdu un mot de ce qui s'était dit sur le carré, entre M. Loupard et les deux jeunes gens. Lorsqu'on s'était séparé, et qu'il avait été bien certain que le carré était désert, il était sorti doucement de chez lui pour ramasser sa brosse, puis s'était renfermé de nouveau et était sur un siége en se disant :

— Voilà qui est bien singulier... bien extraordinaire!... Mademoiselle Danglade a envoyé cinq cents francs au maître de pension... pour le payer des soins qu'il a pris... des dépenses qu'il a faites pour mon fils... et c'est lui promet qu'à l'avenir il sera toujours parfaitement rétribué pour tout ce qu'il fera pour cet enfant... Je ne reviens pas de ma surprise... aurait-elle découvert la vérité... saurait-elle ce que c'est que cet enfant?... Comment aurait-elle découvert cela... elle sait donc alors que Bodinet n'est autre que Gontier... Comment a-t-elle appris cela... non, ce n'est pas probable... elle aurait dit mon vrai nom à ces deux messieurs, ses voisins...

... quand Alexandre Graudmoulin qui me cherche partout et voudra

me faire mettre en prison... Credié! voilà une fichue rencontre! et j'ai là un bien mauvais voisinage...

— Est-ce simplement par bonté, par humanité que mademoiselle Danglade fait du bien à Aristide et envoie à maître Loupard ce billet de cinq cents francs... La lettre semble dire cela... Je l'ai bien écoutée, bien retenue cette lettre... je n'en ai pas perdu un mot... Ernestine éprouve donc quelque sympathie pour Aristide... Tant mieux!... c'est tout ce qu'elle demande... Si elle pouvait l'aimer tendrement, je serais bien plus certain de voir réussir mes projets...

Et M. Bodinet reste quelque temps plongé dans ses réflexions, absorbé par ses pensées, puis il se gratte la tête en se disant :

— Voyons!... voyons!... il y a quelque chose à faire ici... sacrebleu ! il faut tirer parti de la circonstance... de ce que le hasard m'a mis à même de savoir... ces cinq cents francs envoyés par Ernestine... car ce ne peut être qu'elle qui ait envoyé cette somme... ces cinq cents francs me trottent dans la tête... la lettre n'est pas signée... si je pouvais... Pourquoi pas ? l'idée est excellente!... elle est digne du Mascarille de Molière!... Oui... oui... je tiens mon affaire... mon projet est peut-être un peu audacieux... mais il y a un proverbe latin qui dit que la fortune sourit de préférence aux audacieux... Allons, voilà qui est décidé, il ne s'agit plus que de bien choisir mon temps... le maître d'école a dit qu'il allait se mettre en course pour faire des emplettes... attendons ce soir!... j'aime à croire qu'il n'aura pas, dans une journée, dépensé ses cinq cents francs... Oui, le soir, la nuit, mes voisins seront sortis, et je ne risquerai pas d'être vu me rendant dans la petite cour au fond de la maison.

Il était huit heures du soir; M. Loupard, assis près de son poêle, dans lequel brûlaient encore plusieurs bûches, était occupé à faire le compte de ses emplettes de la journée. A quelques pas de lui, le petit Aristide, assis devant une table, jouait avec ses petits soldats de plomb. De temps à autre, le maître disait à son élève :

— Il me semble, Aristide, qu'il serait temps que tu allasses te coucher.

Et l'enfant répondait :

— Pas encore, mon ami Loupard, je n'ai pas envie de dormir, et puis tu sais bien que tu as dit que c'était aujourd'hui jour de fête.

Tout à coup la porte de la classe, qui n'est encore fermée qu'au loquet, est ouverte brusquement; un monsieur entre dans la salle et se dirige d'un pas délibéré vers le professeur, en disant à haute voix :

— Bonsoir, mon cher monsieur Loupard, vous n'êtes pas encore couché... c'est bien ce que je pensais; je me suis dit : Ce brave maître de pension ne saura se coucher comme les poules, et

Alexandre se place devant monsieur Bodinet et lui barre le passage. (Page 93.)

soir, comme il n'a plus ses mioches, nous serons moins dérangés pour causer...

Le maître d'école est demeuré stupéfait en reconnaissant M. Bodinet, la plume lui tombe des mains, il ne trouve pas un mot à dire. Quant au petit garçon, en reconnaissant monsieur son père, il avait jugé convenable de se glisser sous la table et d'y rester coi.

— Ah! ma foi, il fait bon chez vous, il y fait chaud... ce n'est pas qu'il fasse très-froid dehors, mais le temps est humide et c'est pis que la gelée... Je vais mettre mes pieds contre votre poêle... j'aime à croire que ce soir il n'est pas bourré avec des haricots... Eh bien! papa Loupard, vous ne me dites rien; il me semble cependant que vous devez être assez content de moi...

— Content de vous, monsieur? comment donc serais-je content... est-ce parce que après avoir emmené mon petit Aristide, soi-disant pour le conduire chez son parrain, vous m'avez renvoyé ce pauvre enfant presque nu... n'ayant plus que du papier gris pour vêtements.

— Qu'est-ce à dire, monsieur Loupard, et lorsque je veux moi-même tancer le petit drôle à ce sujet, c'est à moi que vous adressez des reproches?... Pardieu! voilà qui est violent...

— Des reproches à l'enfant... et pourquoi voulez-vous lui en faire? parce que vous lui avez pris ses vêtements?...

— Tudieu! monsieur le professeur, pour un homme de votre âge, vous parlez bien légèrement... vous ne savez pas ce qui s'est passé et vous voulez juger la chose sur les rapports d'un petit morveux de cinq ans qui, lui-même n'a pas compris mes intentions... Savez-vous pourquoi j'ai fait déshabiller l'enfant?... c'est parce que je voulais lui faire une surprise; je lui avais acheté un trousseau tout neuf, des effets infiniment plus beaux que ceux qu'il portait... Je voulais qu'il fût magnifique pour être présenté à son parrain, mais il me fallait ses vieux vêtements pour que l'on pût s'assurer que les autres étaient de la même grandeur. Je les lui prends... et le couvre un moment avec du papier gris, en lui disant : Ce ne sera que l'affaire d'une minute... ne bouge pas... on va t'apporter des habits neufs... et au lieu de cela, mon drôle se met à courir, se sauve et disparaît sans que je puisse deviner par où il a passé!...

— C'est pas vrai! crie une voix qui part de dessous la table.

— Qu'est-ce à dire?... c'est monsieur mon fils que j'entends, je crois... ah! polisson... voyez-vous, monsieur, il se cache, parce qu'il sait bien qu'il a mal fait, qu'il a menti et qu'il redoute une correction qu'il mériterait; mais n'aie pas peur, petit, je te fais grâce! je ne suis pas venu aujourd'hui pour te punir d'un fait qui est passé depuis longtemps.

— Vous m'avez donné des coups de pied dans le derrière en me disant : Tiens, voilà du chocolat!...

— Assez, petit drôle! assez!... je vois que pour ton âge tu es déjà assez fort sur les mensonges; j'aime à croire que ton maître empêchera cette faculté de se développer. Voyons, monsieur Loupard, à nous deux, et parlons d'affaires; vous avez reçu ma lettre, n'est-ce pas?

— Votre lettre... comment, monsieur, vous m'avez écrit?...

— Oui, monsieur Loupard, et j'ai mis la missive à la poste hier au soir; par conséquent vous avez dû la recevoir ce matin... une jolie petite lettre, pardieu, avec un billet de banque de cinq cents francs dedans.

— Comment, monsieur... cette lettre anonyme que j'ai reçue ce matin... avec ce billet de banque!... cela venait de vous?

— Et de qui donc, s'il vous plaît... Qui donc voulez-vous qui vous paie la pension de mon fils, si ce n'est moi... Voyons, papa Loupard, vous roulez des yeux effarés!... que diable voyez-vous donc de surprenant là-dedans?... il me semble cependant que ma lettre était bien claire et que vous ne deviez pas vous y méprendre... Je vous ai écrit : Mon bon ou mon cher monsieur Loupard... je ne me rappelle plus au juste si j'ai mis cher ou bon, mais ceci n'est point l'important!... Je vous envoie cinq cents francs pour vous payer ce que vous est à peu près dû pour la pension d'Aristide... J'ai mis à peu près, parce que je me réservais de compter avec vous un peu plus tard... ensuite j'ai ajouté : Mais ce qu'on ne saura jamais payer, ce sont les bons soins que vous avez eus pour cet enfant... Continuez, et soyez certain qu'à l'avenir vous serez toujours bien rétribué... Il me semble que voilà le sens de ma lettre, sauf quelques termes que je puis changer. Eh bien! monsieur Loupard, est-ce la vérité?

— Oui, monsieur, oui... oh! c'est bien là ce qui est écrit... mais pourquoi donc n'avez-vous pas signé, monsieur?

— Pourquoi je n'ai pas signé? ah! ceci vient d'une ancienne habitude que j'ai contractée dans les affaires. Je suis très-avare de ma signature parce que j'ai remarqué qu'il y a des guidam qui s'attachent à contrefaire, à imiter les signatures des personnes connues à la bourse... C'est pourquoi, dans mes correspondances, j'écris souvent à la troisième personne, ce qui me dispense de signer. Du reste, cette fois, cela me semblait assez inutile, vous ne pouviez pas présumer qu'un autre que moi vous payait la pension de mon fils.

Le maître d'école est tout à fait convaincu. Ses traits reprennent leur expression habituelle et il s'incline devant M. Bodinet en lui disant :

— Excusez-moi, monsieur, d'avoir pu douter un moment... mais ne voyant pas de signature .. et puis, j'étais si loin de m'attendre...

Bodinet pre... la main de M. Loupard qu'il secoue dans la sienne en s'écriant :

— Vous êtes excusé, cher ami ! entièrement excusé, vertueux ami... d'ailleurs, vous ne me connaissez pas encore à fond... sans cela, rien ne vous étonnerait de ma part !... j'ai des temps où je suis gêné... cela arrive à tout le monde... J'en ai d'autres où je roule sur l'or et l'argent. Ainsi, par exemple, je vous ai envoyé ce matin cinq cents francs, eh bien ! une autre fois, je vous enverrais mille francs... dix mille francs... sans vous les devoir ; mais cela me fera plaisir d'avoir de l'argent chez vous, parce que je me dirai : Si le hasard veut que je me trouve un jour à Paris obligé de faire des achats et que je n'aie point assez de fonds, eh bien, j'irai chez mon ami Loupard, je lui dirai : mon bon, donnez-moi mille francs... ou plus, ou moins, sur les sommes que je vous ai adressées. Ou bien encore, je tirerai à vue, une lettre de change sur vous, et vous la paierez... hein... comprenez-vous ? je ferai de vous mon banquier, enfin !

M. Loupard ne paraît pas très-bien comprendre, il balbutie :

— Mais, monsieur, je ne fais pas la banque, moi... je ne suis point banquier... je ne saurais pas faire valoir votre argent pour vous en payer les intérêts...

— Eh ! qui diable vous parle d'intérêts, mon vieux Loupard ; fi donc ! est-ce que je demande des intérêts, moi ! ce que je veux, c'est un homme probe, honnête, un homme je sois sûr enfin et chez lequel je puisse avoir de l'argent en dépôt. Cet homme, je l'ai trouvé, c'est vous... je vous fais mon caissier, voilà tout.

Le maître d'école s'incline encore en murmurant :

— Monsieur, votre confiance ne peut que me flatter... j'espère en être toujours digne...

— Je suis bien tranquille à cet égard. Or donc, voilà qui est entendu, n'est-ce pas, et il est inutile que nous revenions là-dessus. Ah çà, mon cher caissier, je vous ai envoyé ce matin cinq cents francs, parce que je n'avais pas de monnaie... mais de petites coupures... mais je me suis dit : J'irai ce soir chez Loupard, et si j'ai besoin d'argent il m'en donnera... et me voici, car je me trouve avoir encore cent cinquante francs à payer demain... et je viens les prendre chez vous...

M. Loupard ouvre de grands yeux, sa physionomie perd de sa bonhomie habituelle et il répond :

— Permettez, monsieur ; en m'envoyant ce matin cinq cents francs, vous m'avez payé ce qui m'était dû pour la pension de votre fils... je n'ai donc pas en ce moment d'argent à vous, puisque je n'ai reçu que ce qui me revenait.

— Nous ne nous entendons pas, cher et honnête Loupard, vous faites un peu erreur en ce moment ; d'abord, je ne vous devais pas cinq cents francs pour le moutard !... c'est impossible !

— Impossible ! le compte est pourtant bien clair, monsieur ; il y avait primo : une année en arrière, maintenant il y a dix-huit mois passés ; or, dix-huit mois à raison trois cents francs par an, cela fait déjà quatre cent cinquante francs...

— Permettez que je vous arrête !... et la vente des tabatières que vous ne déduisez pas de cette somme...

— Oh ! je l'aurais déduite, monsieur ; mais laissez-moi vous achever mon compte... Tenez, monsieur, tout cela est écrit ici, car je tiens à ce que mes comptes soient en règle. Voici : au tailleur, pour façon de paletot, veste, pantalon, pour Aristide, quinze francs...

— Vous m'avez dit, l'autre fois, que des jeunes gens lui avaient fait cadeau de vêtements...

— Oui, monsieur, de vêtements à eux ; mais vous comprenez bien qu'un petit garçon de cinq ans ne pouvait pas porter le pantalon ou l'habit d'un jeune homme de vingt-cinq...

— Bah ! on coupe un peu les pans et cela va.

— Non, monsieur, il a fallu tout refaire. Ensuite, j'ai dû acheter pour votre fils, des chemises, des bas, des mouchoirs, des blouses, et tout cela neuf... Voici le détail, et le total se monte à quarante-deux francs... plus deux casquettes...

— Comment, cet enfant a déjà usé deux casquettes ?

— En dix-huit mois, vous trouvez que c'est trop, monsieur...

— Sapredié ! deux casquettes... J'ai porté la même, moi, jusqu'à l'âge de quinze ans... Enfin, trêve de détails, arrivons au total... tout ceci me semble un peu salé... cela sent son apothicaire en diable !

— Monsieur, les factures des marchands sont jointes aux comptes...

— Le total, sacrebleu... finissons !...

— Le total, le voilà, monsieur : cinq cent vingt-deux francs ; en déduisant trente-huit francs que j'avais touchés pour la vente des tabatières, c'est donc quatre cent quatre-vingt-quatre francs qui m'étaient dus.

— Ah ! mille pipes, je savais bien que je vous avais envoyé de trop... Vous voyez que j'avais raison.

— Permettez, monsieur, ce ne serait d'abord que seize francs que j'aurais reçus en plus de mon arriéré... mais ensuite, comme on a l'habitude de payer au moins un trimestre d'avance pour la pension, vous voyez bien...

— Ah ! fichtre ! vous me... a baillez belle à présent, maître Loupard, est-ce avec un homme comme moi, avec un gaillard qui vous envoie des cinq cents francs à la fois, que l'on demande des avances !... Fi donc ! c'est pleutre ! c'est rat ce que vous faites là !... il me semble que je suis une excellente pratique, et que vous devez avoir toute confiance ; je vous répète encore que dans un mois... dans quinze jours peut-être, je vous enverrai d'autres billets de banque. Mais j'avais oublié mon paiement de demain... Je me suis dit : Que diable, Loupard m'aidera, il ne va pas dépenser cinq cents francs dans sa journée...

— Pas tout à fait, monsieur, mais j'ai dépensé énormément... il le fallait bien, je manquais de bois, de sucre, de vêtements pour me couvrir... j'avais contracté des engagements et j'ai été bien vite payer tous ceux à qui je devais... il me semble que c'est la première chose que l'on doit faire quand on a de l'argent... Je me suis acheté une belle redingote...

— Ah ! faites-moi grâce de vos détails, arrivez au fait...

— Eh bien ! monsieur, j'ai employé aujourd'hui trois cent soixante et dix francs... j'en faisais le compte quand vous êtes entré... c'est effrayant comme l'argent va vite...

— Diable !... sur cinq cents francs vous en avez déjà dépensé trois cent soixante-dix... en un jour... vous allez bien, pour votre âge !

— Monsieur, il n'y a pas une dépense futile là dedans.

— Enfin, puisque c'est fait, je me contenterai de cent francs pour ce soir... et vous allez les donner tout de suite, sans quoi, si je venais demain, vous n'auriez plus le sou...

— Monsieur, vous voyez bien... je vous ai expliqué.

— Assez d'explications, papa Loupard, je ne vous fais point de reproches ! c'est moi qui suis un étourdi... une autre fois je ne me dégarnirai pas complètement pour vous payer... Par exemple, si ce matin, au lieu de cinq cents francs, je ne vous en avais envoyé que trois cents, vous auriez encore été très-satisfait, et moi, je n'aurais pas eu besoin de venir vous redemander de l'argent ce soir. Est-ce vrai ?

— Monsieur, il est certain que... si je n'avais reçu que cent écus...

— Vous n'auriez pas dépensé trois cent soixante-dix francs !... cela va de source... n'importe. Tout est bien qui finit bien. Ceci est un vieux dicton d'Allemagne. Donnez-moi cent francs, mon vieil ami, et avant peu je veux que vous ayez ici des capitaux à moi, de quoi tenir tête aux Rothschild de la banque.

Le maître d'école se lève, va ouvrir un petit bureau placé au fond de la salle, et sort d'un tiroir un sac contenant le reste des cinq cents francs. Il prend dedans cent francs, replace le sac avec les trente francs qui lui restent dans le tiroir, et revient d'un air piteux présenter les cent francs à M. Bodinet qui s'empresse de les fourrer dans ses poches.

— Monsieur n'a pas compté si la somme y était bien ! dit M. Loupard.

— Moi, compter après vous, mon vieil ami, par exemple ! me prenez-vous pour un cuistre ? Je vous le répète, désormais, l'argent, entre nous, sera un va et-vient continuel. Ah çà ! et monsieur mon fils, est-ce qu'il ne viendra pas me présenter ses devoirs, est-ce qu'il a décidément fixé son domicile sous cette table ?...

— Aristide, venez donc dire bonsoir à monsieur votre père... Allons, mon ami, sortez de là-dessous...

— Non, je ne veux pas, moi... pour qu'il me chipe mes habits...

— Il est gentil, cet enfant !... il est élevé dans un profond respect pour ses parents !... dit M. Bodinet en se dandinant sur sa chaise.

— Excusez-le, monsieur, avec les enfants, les premières impressions... je veux dire... il y a des choses qui les frappent tout de suite... et ils ne peuvent pas comprendre les raisons qu'on leur... donne... Aristide, obéissez bien vite, venez sur-le-champ.

Le petit garçon quitte à regret la retraite où il s'était réfugié ; il sort à quatre pattes de dessous la table et, s'avançant d'un air craintif, va prendre une des mains du maître d'école en le regardant comme pour le supplier de le protéger. Le bon professeur qui comprend fort bien la pantomime de l'enfant, le pousse doucement vers son père en lui disant :

— Va donc embrasser ton père, mon ami ; il ne faut pas avoir peur de lui... il ne veut pas te gronder...

L'enfant s'approche timidement de M. Bodinet tout en murmurant entre ses dents : — J'ai peur du chocolat !...

M. Bodinet donne une petite tape sur la joue d'Aristide, en disant :

— Il sera fort joli, ce polisson-là... l'air spirituel... il me ressemblera... et aussi à sa mère... A propos, est-ce que, outre les jeunes gens qui lui ont fait quelques cadeaux, il y a aussi des dames qui s'intéressent à ce morveux ?

— Des dames... non, monsieur, mais il y a une demoiselle qui demeure dans la maison, mademoiselle Félicie, et qui a été aussi bien bonne pour Aristide... c'est elle qui l'a entièrement rhabillé à neu le jour qu'il est revenu tout transi et qu'il n'avait plus...

— Très-bien, très-bien... Ah ! mon drôle, tu fais déjà la conquête des j...unes filles, cela promet. J'espère, au reste, que tu es reconnaissant, que tu témoignes beaucoup d'amitié à cette demoiselle Félicie, quand tu la vois ?

— Oh! oui... je l'aime bien, et puis mes amis Gaston et Alexandre.

— Cet enfant ne sera point un ignorant, dit le maître d'école; il a déjà beaucoup de mémoire. Aristide, récitez à monsieur votre père la fable du *Rat et de l'Éléphant* que vous savez par cœur.

Aristide prend sa voix de tête et se met à crier :

Se croire un personnage est fort commun en France,
On y fait l'homme d'importance...
Et l'on n'est souvent...

Mais M. Bodinet se lève brusquement en disant :

— Assez... assez pour aujourd'hui, il me la dira une autre fois; mais je suis en retard, j'ai encore deux visites importantes à faire ce soir, et je m'oubliais près de vous, mon cher Loupard; au revoir, je vous quitte; avant peu, comme je vous l'ai dit, vous aurez enc re une lettre de moi avec des fonds... dont vous me conserverez seulement une partie. Monsieur mon fils, songez à être sage et méritez ce que je fais pour vous.

Donnant encore une légère tape à l'enfant en guise de baiser, M. Bodinet salue le maître de pension et sort de la classe. Il traverse ensuite à grands pas les deux cours, caressant de ses deux mains l'argent qui est dans ses poches et en se disant :

— Le tour est fait... je joue gros jeu, car si mes voisins de là-haut découvraient ma ruse... je pourrais avoir des désagréments!... mais en attendant me voilà en fonds... Allons souper... nous nous permettrons le Beaune première !

XXXIX. — LE MONSIEUR AUX TROIS NOMS.

Malgré le duo de violon qu'il avait exécuté avec le docteur Urtuby, Gaston ne se trouvait pas mieux; il avait la fièvre, il éprouvait une grande faiblesse et gardait la chambre, où il ne s'exerçait pas du tout sur l'instrument que le médecin lui avait prêté. L'image de Félicie était sans cesse présente à sa pensée, son amour, comme tous les amours, devenait plus violent à mesure que les obstacles, les peines, les tourments, venaient se jeter à la traverse. Ce qu'il ne pouvait se pardonner, c'était d'avoir accusé, soupçonné celle à qui il devait sa liberté; d'un mot, Félicie aurait pu détruire ses injustes soupçons, elle aurait pu le faire rougir de son erreur; mais elle avait préféré supporter ses outrages et garder le secret de son bienfait, Gaston se rappelait tout cela et il se désolait, et cela augmentait sa fièvre, et Alexandre lui disait chaque fois qu'il allait le voir :

— On m'avait déjà assuré que l'amour rendait bête, je vois que cela ne suffit pas et qu'il peut aussi rendre malade; l'amour est comme toutes les bonnes choses dont il faut user et ne point abuser, à moins de le faire comme ma ruse... qui ne le prends jamais au sérieux; comme ça il ne fait pas de mal.

Madame Montenlair qui est redevenue aimable, complaisante, obligeante, depuis qu'elle a fait la conquête de M. Beugle, tant il est vrai que les femmes prennent aussi volontiers les défauts de leur amant, madame Montenlair, délivrée de ce petit rageur de Philoséle, va plusieurs fois dans la journée s'informer si son voisin Gaston a besoin de quelque chose; elle lui fait de la tisane, elle allume son feu, elle lui donnerait un clystère si cela était nécessaire, elle prétend que quand les gens sont malades, il n'y a plus de sexe. Enfin, ce qui n'amuse pas infiniment le jeune homme, elle lui raconte les galanteries de M. Beugle à son égard, elle ne tarit pas en éloges sur le caractère bon et généreux de son nouvel adorateur, qui la mène au spectacle, au café, au restaurant, et lui dit toujours en la quittant après avoir passé une journée avec elle : C'est comme! che ne me zuis bas ennuyé ti tout auchourd'hui! et auquel cependant elle jure qu'elle n'accorde aucune faveur qui puisse la compromettre.

Il y a cependant une chose que madame Montenlair ne comprend pas, c'est que la jolie demoiselle du cinquième, qui doit savoir que Gaston est malade, ne vienne pas quelquefois demander de ses nouvelles. Cette indifférence doit surprendre une femme aussi expérimentée que l'ex-actrice de Bordeaux, qui avait fort bien remarqué le penchant de Félicie pour son jeune auteur.

Et lorsque madame Montenlair amène la conversation sur ce sujet, et s'écrie : Mais comment se fait-il que nous n'entendions plus parler de cette petite voisine, si bonne, si gentille?

Gaston s'empresse de répondre :

— Elle est fâchée contre moi... et elle a raison, madame; car j'ai des torts envers elle. Elle ne doit donc plus me donner aucune marque d'intérêt.

Alors madame Montenlair s'écrie :

— Voulez-vous que je monte chez elle et que je vous raccommode... je m'en charge! Est-ce que je ne sais pas ce que c'est qu'une petite brouille entre deux amoureux... l'amour-propre s'en mêle, c'est à qui ne reviendra pas le premier... c'est pourquoi il faut qu'un tiers arrange les choses pour que cela finisse...

Mais Gaston arrêtait madame Montenlair et il fallait qu'il employât les plus vives instances pour l'empêcher de monter chez Félicie. Du reste, un bruit sourd commençait à circuler parmi les commères de la maison, mademoiselle Zéphirine, dont la chambre touchait à celle qu'avait habitée Félicie, s'empressait dès qu'elle se levait et lorsqu'elle rentrait se coucher, d'appuyer son oreiller contre la cloison; elle restait ainsi pendant des demi-heures entières, et comme elle n'entendait pas le moindre bruit chez la jeune fille, elle ne manquait pas de dire aux bonnes de la maison :

— Je parierais tout ce qu'on voudrait que la pimbêche qui demeurait à côté de moi est délogée... voilà huit jours que je n'ai entendu ni remuer, ni tousser, ni cracher, enfin pas la moindre chose dans sa chambre... il est impossible qu'une personne vivante soit tout ce temps-là sans faire le plus petit bruit !...

— Mais, s'écriait la nièce de la concierge, puisque ma tante prétend qu'elle la voit tous les matins descendre au point du jour chercher ses provisions.

— Mais, si elle sortait, je l'entendrais ouvrir sa porte, j'ai le sommeil très-léger... Madame Ador a sans doute ses raisons pour dire cela... On l'aura payée pour cela... Moi je gage que l'oiseau est déniché...

— Alors le nouveau locataire du quatrième, M. de Carpentras, en sera pour son emménagement.

— J'en ai peur. Mais on ne l'aperçoit plus guère celui-là, qu, pendant les deux premiers jours qu'il était ici, passait tout son temps à se brosser sur le carré.

— C'est vrai; est-ce qu'il aurait disparu aussi?

— Il aura trouvé qu'il usait ses effets à force de les brosser, et il a pensé qu'il était temps de mettre un terme à cet excès de propreté.

— En voilà un auquel je ne confierais pas mon argent qu'il le porte à la caisse d'épargne.

— A propos de caisse d'épargne, mam'selle Maria, y avez-vous mis beaucoup l'année dernière?

— Pas trop; quatre cents francs.

— Tiens, pour quelqu'un qui gagne cent écus, c'est encore pas mal!...

M. Bodinet se montrait beaucoup moins à ses voisins, parce qu'il se souciait peu de se rencontrer avec Alexandre, ensuite, depuis qu'il était parvenu à soutirer cent francs au maître de pension de son fils, il passait ses journées et souvent ses nuits à boire et à jouer dans quelque *tapis-franc*, c'était l'habitude de ce monsieur lorsqu'il était en fonds.

Il y a six jours déjà que Gaston garde sa chambre, lorsque le grand Alexandre, qui a été en courses toute la journée, se trouve vis-à-vis de M Loupard au moment où il rentre dans la maison.

— Tiens! c'est ce cher professeur, dit Alexandre en tendant sa main au maître d'école, et cela va toujours bien, et nous sommes toujours contents?

— Mais oui, monsieur, oui, je vous remercie.

— Mon ami Aristide est toujours un farceur... A propos, vous n'avez pas reçu d'autres nouvelles de mademoiselle Félicie?

— De mademoiselle Félicie? mon Dieu! monsieur... c'est que vous ne savez pas... c'est vrai, je ne vous ai pas revu depuis le jour où j'avais reçu la lettre renfermant les cinq cents francs !... je ne vous ai pas dit ce qui s'est passé... je n'étais pas pressé de vous dire cela... parce que je pensais que vous seriez comme moi, fâché de ne point avoir bien deviné.

— Que diable me contez-vous là, mon bon monsieur Loupard? je vous avoue que je ne comprends pas un mot à vos paroles... expliquez-vous un peu mieux.

— Eh bien, monsieur, nous nous étions trompés dans nos conjectures, nous étions dans l'erreur... cela ne venait pas d'elle'

— Quoi... quoi... qu'est-ce?

— Les cinq cents francs que j'ai reçus... ce n'est pas mademoiselle Félicie qui me les avait envoyés!

— Il serait possible?... c'est donc vous a fait cet envoi, alors ?

— Eh mon Dieu ! nous n'y avons pas songé, et pourtant c'était tout naturel; mais jusqu'alors sa conduite avait été si singulière... enfin il s'est amendé...

— Quand vous voudrez en finir...

— C'est M. Bodinet, le père d'Aristide, qui m'avait envoyé cette lettre et l'argent.

— M. Bodinet... cet infâme gredin qui a mangé les vêtements de son fils.. Allons donc ! il vous aurait envoyé cinq cents francs, lui!... ce n'est pas possible!...

— Mais monsieur... cela est pourtant.

— Qui vous a dit que cela venait de lui?

— Mon Dieu, lui-même qui est venu chez moi le soir même du jour que j'avais reçu sa lettre.

— Il a été chez vous... et il vous a dit...

— Il m'a demandé si j'avais reçu les cinq cents francs qu'il m'avait envoyés le matin.

— Et pourquoi n'avait-il pas signé sa lettre d'envoi; ordinairement on ne craint pas de signer quand on paye...

— Il m'a expliqué cela; depuis quelque temps il écrit ses lettres à la troisième personne, et alors il a perdu l'habitude de signer...

— Hum!... voilà quelque chose qui me confond... tout cela est bien louche... M. Bodinet vous a envoyé un billet de banque?

— Et il m'a assuré qu'il m'en enverrait très-souvent maintenant, qu'il voulait avoir des fonds chez moi comme chez un banquier.

— Si ce monsieur est comme cela en fonds, il faudra cependant qu'il paie ses lettres de change... quand il sera chez vous, ce Bodinet, faites-moi donc le plaisir de m'envoyer chercher par un de vos mioches, cela m'obligera.

— Je n'y manquerai pas, monsieur. Du reste, je doute un peu que ce monsieur tienne toutes ses belles promesses, car sur les cinq cents francs qu'il m'avait envoyés, il était venu chez moi le soir pour m'en redemander une partie...

— Il a été vous redemander de l'argent?

— Oui, monsieur, il a prétendu qu'il m'avait envoyé le billet de cinq cents francs le matin parce qu'il n'avait pas de monnaie, mais ayant un paiement à faire le soir, il voulait que je lui rendisse cinquante écus...

Alexandre frappe du pied avec impatience en s'écriant :

— Et vous ne voyez pas, papa Loupard, qu'il y a quelque friponnerie là-dessous... J'espère au moins que vous ne lui avez pas rendu de cet argent qu'il vous devait?

— Comme j'avais déjà dépensé dans la journée une grande partie de la somme, je n'ai pas pu lui donner cent cinquante francs, mais je lui en ai donné cent.

— Vous lui avez donné cent francs! Quoi! vous vous êtes laissé entortiller par ce filou... car cet homme n'est pas autre chose... Ah! monsieur Loupard, quelle faute!... cet argent était à vous, il vous était dû...

— C'est vrai, monsieur; cependant, à la rigueur, il y avait seize francs d'avance...

— Oh! comme cet homme savait bien à qui il avait affaire... est-ce que pour les enfants on ne paie pas toujours plusieurs mois d'avance... d'ailleurs, je le répète, ce Bodinet vous a volé... je mettrais mes deux mains au feu que ce n'est pas lui qui vous avait envoyé les cinq cents francs; il aura su... entendu dire... je ne sais par qui, que vous aviez reçu cette somme...

— Permettez, monsieur, cela n'est pas possible : à peine avais-je reçu cette fameuse lettre, que sans rien dire et prenant Aristide par la main, je suis accouru pour vous remercier... Je n'ai rencontré personne en mon chemin... ensuite, non-seulement M. Bodinet m'a parlé des cinq cents francs qu'il m'avait envoyés dans une lettre le matin, mais comme il a vu que je paraissais surpris que cet argent vînt de lui, il m'a répété, presque mot à mot, ce qu'il y avait dans la lettre. Vous voyez bien, monsieur, qu'il n'y a pas moyen de douter encore, car enfin personne ne connaît le contenu de cette lettre que moi et vous, monsieur, à qui je l'ai lue.

Alexandre ne trouve rien à répondre à cela, et il frappe dans la main du maître d'école en lui disant :

— C'est juste, puisqu'il n'y a que vous et nous qui sachions ce que disait cette lettre... alors il faut bien... c'est égal, vous avez eu tort de rendre cent francs à ce monsieur, oh! vous avez eu grand tort! Adieu, papa Loupard, je suis vraiment désolé que cet argent ne vienne pas de notre petite voisine.

Et Alexandre, quittant M. Loupard, se rend près de Gaston auquel il s'empresse de faire part de ce qu'il vient d'apprendre. L'étonnement de Gaston est égal à celui de son ami. Mais comment refuser de croire à ce qu'il semblait impossible de nier.

Alexandre s'est jeté sur une chaise et tient sa tête dans ses deux mains en disant :

— C'est égal, le fait a beau m'être prouvé, je ne peux pas y croire... il me semble qu'il y a là-dessous une infâme escobarderie...

— Cela me paraît tout aussi surprenant qu'à toi, dit Gaston, et la demande des cent francs semble bien annoncer qu'il y a quelque fausseté dans tout cela...

— Et cependant... puisqu'il a dit à M. Loupard le contenu de la lettre que le professeur n'a communiqué qu'à nous seuls...

— Oui, je me le rappelle, M. Loupard nous a lu la lettre sur le carré...

Ces derniers mots font pousser un cri de joie à Alexandre, il se lève, saute dans la chambre se frappe le front et s'écrie :

— Sur le carré... ah! mon ami... je tiens le fil de cette trame... oui, oui, cela est, cela doit être, de telles idées sont des inspirations qui nous viennent de là-haut!...

— Mais quoi donc... qu'as-tu découvert?..

— Oh! je te répète que je suis sur la trace... te souviens-tu comme Dufortier est brusquement rentré chez lui dès qu'il m'a entendu avec M. Loupard montait l'escalier...

— En effet, je me le rappelle...

— Il en a même publié sa brosse...

— Eh bien?

— Eh bien, quelque chose me dit qu'il y a une grande intimité entre cet homme et ce Bodinet... tu as vu qu'il a pris sa défense lorsque je le traitais mat!... et qui sait si M. Dufortier de Carpentras ne s'appelle pas aussi Bodinet!...

— Oh! ce n'est pas probable, il ne serait pas venu se loger dans la maison où il a mis son fils en pension!

— Pourquoi pas! je le crois capable de tout. Enfin, s'il n'est pas Bodinet, il est son ami; pour moi cela ne fait aucun doute. Il aura

écouté sur le carré, c'était très-facile; il aura donc entendu le contenu de la lettre et n'aura pas manqué d'en faire part à M. Bodinet qui a bâti son plan en conséquence; ceci est pour moi clair comme le jour...

— Je commence à croire que tu as raison.

— Demain nous en serons certains... ce soir, il est trop tard... c'est dommage... mais demain... pourvu que cet homme rentre coucher cependant... je cours chez le maître d'école...

— Pourquoi faire?

— Tu le sauras demain; dors, repose-toi, guéris-toi... Ah! si je tenais mon Bodinet !... ce serait délicieux.

Le lendemain, dès sept heures du matin, M. Loupard se rendait chez Alexandre, ce celui-ci l'en avait prié et il avait grand soin de monter l'escalier sans souffler mot et sans faire de bruit. Alexandre, qui avait ouvert sa porte, fait entrer chez lui le maître d'école, en lui disant tout bas :

— Le monsieur qui demeure à côté est rentré cette nuit sur les deux heures; je crois qu'il était un peu gris, car il a trébuché dans l'escalier. Il doit dormir profondément encore; mais j'ai prévenu la concierge, madame Ador; elle viendra tout à l'heure frapper à sa porte, il reconnaîtra la voix de la concierge et il ouvrira.

— Et après, monsieur, que voulez-vous que je dise à cet individu?

— Je veux que vous le voyiez d'abord, le reste ira tout seul... en attendant, ne soufflez pas mot, car s'il entendait votre voix, mon plan échouerait.

Un quart d'heure s'écoule. La concierge monte, elle va frapper à la porte de son nouveau locataire; on est fort longtemps sans répondre. Enfin M. Bodinet crie :

— Qu'est ce qu'il y a... que me veut-on?

— Monsieur, il y a quelques jours vous m'aviez prié de vous acheter des mottes à brûler pour faire une petite chaude dans votre cheminée, je vous en apporte.

— Et c'est pour cela que vous me réveillez!...

— Dame, monsieur, il est sept heures et demie.

— Je dormais si bien... Laissez-moi dormir.

— Mais, monsieur, puisque j'apporte les mottes.

— Mettez-les sur le carré, devant ma porte... je les prendrai plus tard...

— Mais... monsieur...

— Fichez-moi la paix.

La concierge dépose devant la porte de M. Bodinet les mottes qu'elle tenait dans son tablier; puis, en passant devant la porte entr'ouverte d'Alexandre, lui fait un signe qui voulait dire :

— Ce n'est pas ma faute, j'ai fait ce que j'ai pu.

— Nous en sommes quittes pour rester en faction plus longtemps, dit Alexandre se tournant vers le maître d'école qui lui répond :

— Mais, monsieur, je ne puis pas rester, moi... mes élèves vont arriver.

— Aristide leur fera les honneurs.

— Aristide ne tiendra pas la classe à ma place...

— J'en suis bien fâché, mon cher monsieur Loupard, mais vous ne pouvez pas vous en aller avant d'avoir vu le voisin.

— Mais je ne le connais pas, moi, ce voisin...

— Peut-être le connaissez-vous, au contraire.

— Mais, cependant...

— Monsieur Loupard, il s'agit de confondre un misérable, de le démasquer, d'empêcher qu'il ne fasse encore des dupes. Dans une telle occurrence aucun honnête homme ne peut refuser son aide.

— C'est différent, monsieur, je resterai.

— Et quelque chose me dit que vous n'en serez pas fâché.

Vingt minutes se sont écoulées, lorsque Alexandre, qui ne perdait pas de vue la porte de son voisin, la voit s'entr'ouvrir doucement, puis, M. Bodinet qui, probablement, n'avait pu réussir à se rendormir se montre sur le carré et commence à ramasser les mottes.

— Ne bougez pas, ne vous montrez pas, dit tout bas Alexandre à M. Bodinet. Puis, sortant de chez lui il s'approche de Bodinet :

— Eh bonjour, mon cher Dufortier de Carpentras! que diable devenez-vous donc... je ne vous aperçois plus.

— Ah! c'est monsieur Alexandre... votre serviteur, voisin... mon Dieu, que voulez-vous... tant d'occupations... vous savez comme le temps passe vite à Paris. Je rentre fort tard et je sors souvent de très-bonne heure...

— Est-ce que vous sortez à jeun, vous?

— Mais, oui, je déjeune dehors... en faisant mes courses.

— Je déjeune dehors aussi; mais j'ai toujours chez moi de la vieille eau-de-vie... Quelque chose de délicieux... de l'eau-de-vie de Champagne, c'est son nom; c'est doux, c'est parfumé, cela perle quand on la verse, et j'en bois un demi-verre avant de sortir... rien de meilleur pour prévenir les maladies!...

— En effet, cela ne peut être mauvais.

— Connaissez-vous l'eau-de-vie champagne, monsieur Dufortier?

— Ma foi, non... c'est une connaissance qui doit être infiniment agréable!

— Il ne tient qu'à vous de la faire, si vous voulez en venir goûter chez moi... mais il n'est que temps, la bouteille touche à sa fin.

M. Bodinet est tout surpris de l'invitation, il hésite et se demande s'il doit accepter. Mais il aime passionnément l'eau-de-vie, on lui parle de quelque chose d'exquis comme liqueur, et la gourmandise l'emportant sur la prudence, il répond :

— Votre invitation est trop aimable, voisin, pour que je ne l'accepte pas...

— En ce cas, venez chez moi.

M. Bodinet s'incline en passant devant le jeune homme qui le pousse chez lui, puis referme aussitôt sa porte, et le nouveau venu n'a pas fait trois pas dans l'appartement, que le maître d'école, qui lui tournait le dos, change de position et se trouve devant lui.

M. Loupard a poussé un cri de surprise en disant :

— Monsieur Bodinet!

— J'avais donc bien deviné! s'écrie Alexandre.

Quant à Bodinet il a d'abord pâli en laissant échapper un mouvement de colère; mais il se remet bientôt et tâche même de sourire en lisant :

— Et moi j'avais aussi quelques soupçons... je gage que c'est M. Loupard qui est l'eau-de-vie champagne?

— C'est vous qui l'avez dit, mon cher monsieur Bodinet Dufortier de Carpentras... car il paraît que vous avez trois noms...

— Oui, monsieur, oui, j'ai plusieurs noms... comme les Espagnols, enchanté de vous voir, maître Loupard... mon fils va bien?

— Très-bien, monsieur...

— Alors, comme je n'ai pas autre chose à vous dire pour le moment et qu'il n'est plus question d'eau-de-vie, j'ai l'honneur de vous saluer, messieurs.

Alexandre se place devant M. Bodinet et lui barre le passage, en lui disant :

— Pardon, monsieur, mais nous ne pouvons pas nous quitter ainsi, et puis que vous êtes ce Bodinet que je cherchais depuis si longtemps, ce Bodinet qui a fait à mon oncle des lettres de change qu'il n'a pas payées, vous devez bien penser que nous avons un compte à régler ensemble.

Cette fois M. Bodinet fait une affreuse grimace et répond d'un ton presque impertinent :

— Ah! sacrebleu!... vous allez me parler de ces effets en souffrance... mais si je n'ai pas d'argent, comment voulez-vous que je vous paie...

— Vous n'avez pas d'argent, dites-vous? mais ce n'est pas là le langage que vous avez tenu à M. Loupard... vous devez lui envoyer incessamment d'autres billets de banque... car c'est vous qui lui avez envoyé les cinq cents francs dans une lettre, n'est-ce pas?

— Assurément, que c'est moi! et c'est justement parce que je me suis dégarni pour payer la pension de mon fils, que je me trouve à sec, maintenant.

Alexandre regarde Bodinet bien fixement et lui dit d'un ton fort élevé :

— Monsieur Bodinet, Dufortier de Carpentras! ce n'est pas moi qui donnerai dans vos audacieux mensonges... vous avez pu mettre dedans ce bon professeur, qui ne soupçonne jamais le mal... qui ne veut pas y croire, même quand il en est victime, vous avez trouvé moyen de vous faire donner cent francs par un homme à qui vous en deviez déjà cinq cents, et auquel vous contiez sans cesse d'indignes blagues... mais avec moi tout cela ne peut pas prendre... je ne suis pas votre dupe... ce n'est pas vous qui avez envoyé les cinq cents francs...

— Ce n'est pas moi... j'ai cité à monsieur tout ce qu'il y avait dans la lettre...

— Parce que M. Loupard nous l'a lue sur le carré et que, placé derrière votre porte; vous n'en avez pas perdu un mot...

— Monsieur Alexandre, prenez garde... vous m'insultez pas... je ne suis point endurant...

— Très-bien, je comprends; vous voudriez me tuer pour acquitter votre dette! c'est un moyen comme un autre, mais je n'en veux pas de ce moyen-là... payez-moi d'abord, je verrai ensuite si je veux vous faire l'honneur de me battre avec vous.

— Et si ce n'est pas moi qui ai envoyé les cinq cents francs à M. Loupard, qui donc aurait été assez aimable pour payer mes dettes?...

— Qui?... celle qui déjà a entièrement rhabillé le petit Aristide, lorsque vous l'aviez renvoyé presque nu et mourant de froid, mademoiselle Félicie enfin, qui se cache toujours pour faire du bien! Oh! je ne pense pas que ce soit dans l'intention de vous obliger qu'elle a fait cela, mais elle n'a pas voulu que ce bon M   oupard fût toujours forcé de se priver de tout pour élever votre fils.

— Ah! vous prétendez que c'est cette demoiselle qui a montré tant de générosité... eh bien, monsieur, voyons... vous avez un moyen bien simple de me confondre... faites venir cette bienfaisante personne... interrogez-la devant moi... nous allons voir ce qu'elle dira.

— Non, monsieur Bodinet, non, je ne ferai pas venir mademoiselle Félicie, parce que je sais que cela ne lui ferait pas du tout plaisir de se trouver avec vous.

— Vraiment! c'est là votre raison, monsieur Alexandre Grandzoulin, je ne suis pas non plus votre dupe, moi; mademoiselle Fé-

licie n'habite plus cette maison, voilà plusieurs jours que je m'en doute... et vous seriez bien embarrassé pour la faire venir, parce que vous ignorez où elle est, maintenant... hein... est-ce cela... nous sommes de la même force tous les deux, n'est-ce pas?

Alexandre se mord les lèvres, puis reprend :

— Enfin, monsieur, revenons à ce qui n'est pas une hypothèse : vous ne voulez pas payer vos lettres de change?

— Si, monsieur! certainement ce n'est pas la bonne volonté qui me manque... mais c'est l'argent... cependant... monsieur, veuillez m'accorder encore huit jours de délai... et dans huit jours j'espère être à même de payer.

Alexandre réfléchit quelques instants, puis reprend :

— Soit! monsieur, je vous accorde huit jours puisque vous me demandez; mais après ce temps, si vous ne payez pas, je remplir les intentions de mon oncle.

— Infiniment obligé, monsieur; à huitaine alors... Messieurs, je vous présente mes salutations!

Bodinet est rentré chez lui; le bon maître d'école retourne à sa classe, tout étourdi de ce qu'il vient d'entendre, et fort surpris de savoir le père d'Aristide dans la maison. Quant à Alexandre, il va conter à Gaston ce qui vient de se passer. Le jeune auteur est presque aussi surpris que le maître d'école.

— Cet homme est Bodinet! s'écrie-t-il, et c'est ce misérable qui connaît Félicie, qui la poursuit, qui est cause qu'elle a fui la demeure... voilà ce qui confond toutes mes idées... mais tu viens de dire que cet homme sait que Félicie n'habite plus ici!

— Oh! le gaillard est très-fin, il n'y a guère moyen de lui en faire accroire. Tu penses bien que je ne m'attends nullement à être payé dans huit jours; mais je suis curieux de voir ce qu'il va faire et je préviendrai la concierge pour qu'elle ne le laisse pas déménager.

XL. — SCENE DE NUIT.

Dans la soirée qui suit ces événements, les locataires de la maison appartenant à M. Mouton, étant tous rentrés avant minuit, mademoiselle Amanda est depuis longtemps couchée et endormie dans sa soupente, et madame Ador se dispose aussi à se livrer au repos, lorsque la sonnette de la rue est tirée doucement.

— Tiens! qui peut venir à présent, se dit la concierge, je viens d'entendre sonner minuit. Tout mon monde est rentré... c'est pour le médecin sans doute... c'est bien bête d'avoir des médecins pour locataires.

Cependant madame Ador a tiré le cordon, puis elle s'approche de son carreau; une femme est entrée dans la maison; elle entr'ouvre doucement la porte de la concierge, et celle-ci pousse une exclamation de surprise en reconnaissant la jolie figure de Félicie.

— Dieu me pardonne! c'est vous, mademoiselle!

— Oui, madame Ador, c'est moi... Etes-vous seule?

— Oui, oh! toute seule; ma nièce ronfle déjà dans sa soupente, comme un soufflet de forge... Je n'attends plus personne, tout mon monde est rentré bourgeoisement aujourd'hui... c'est bien sûr... Vous pouvez rester sans craindre d'être vue... mais mon Dieu! vous êtes toute mouillée, il pleut donc?

— Oui, depuis quelques instants... Ah! si vous saviez combien j'éprouve de plaisir à me retrouver dans cette maison... je m'ennuie tant loin d'ici!

— Pauvre jeune fille!...

— Mais avant tout, je vous en prie, donnez-moi des nouvelles de M. Gaston; il est malade, m'a-t-on dit... c'est le docteur Urtuby que j'ai rencontré ce matin et qui m'a appris cela... oh! alors il m'a été impossible de résister à mon inquiétude... cher Gaston!... malade de chagrin peut-être... car il m'aimait bien... oui... sa jalousie même n'était qu'une preuve de son amour; il m'avait accusée, soupçonnée, mais je ne doute pas que M. Alexandre ne lui ait prouvé combien il avait tort... ne m'écrirais pas des reproches qu'il m'a adressés... il a dû s'en faire beaucoup à lui-même... c'est tout cela qui cause sa souffrance! s'il me revoyait, s'il m'entendait lui jurer que je l'aime toujours, que je n'ai jamais aimé que lui, peut-être alors que son mal se dissiperait, qu'il reviendrait à la santé... voilà ce que je me suis dit... voilà l'idée qui m'a poursuivie depuis ce matin... je serais si heureuse de rendre la santé à Gaston... alors je n'ai plus songé aux dangers que je pouvais courir... j'ai attendu la nuit avec impatience... puis, lorsqu'il a été bien tard, je me suis mise en route, et me voilà...

— Allons, calmez-vous, mon enfant... je dois d'abord vous dire que M. Gaston n'a jamais été bien malade... c'est plutôt une indisposition, et, comme vous dites, l'ennui de ne plus vous voir, de ne point savoir où vous êtes qui lui a donné ce malaise, cette petite fièvre qui lui ôte ses forces et l'oblige à garder la chambre... mais vous avez eu une bonne idée, car je gage bien aussi qu'il lui suffira de vous voir, de vous parler, pour être guéri... oui, oui, ça lui vaudra mieux que toutes les ordonnances de médecin.

— Ah! que je suis aise d'apprendre qu'il n'est pas en danger!

— Mais vous, ma chère demoiselle, je dois vous prévenir d'une chose ; ce vilain homme dont vous aviez si peur... qui vous avait suivie...

— Eh bien ?

— Eh bien, il est venu louer la chambre qu'occupait M. Collinet... il y est entré presque de force, car il m'avait donné une fausse adresse pour les renseignements... mais enfin quand il est arrivé avec ses meubles... quand je dis ses meubles !... un tas de vieux fouillis de rien du tout... c'est égal il n'y a pas eu moyen de le renvoyer... il a emménagé...

— O mon Dieu !... ainsi cet homme est dans la maison... il loge près de Gaston...

— Dans le logement de M. Collinet ; mais écoutez donc ce qui est plus drôle : vos deux jeunes voisins m'avait priée de ne dire à personne que vous aviez quitté la maison... et comme les locataires, les bonnes s'étonnaient de ne plus vous rencontrer, moi je disais toujours que je vous avais vue descendre de grand matin pour faire vos provisions. On m'a crue d'abord ; mais comme voilà déjà neuf jours de passés sans qu'on vous voie, sans qu'on entende remuer chez vous, on a deviné la vérité... et M. de Carpentras, c'est le nom de ce vilain monsieur...

— Ah ! il se fait appeler de Carpentras ?

— Oui, c'est pas son nom, n'est-ce pas, je m'en doutais !... enfin, hier, comme je disais devant ce monsieur que je vous avais vue le matin, il a haussé les épaules et a murmuré entre ses dents : Elle croit que nous donnons là-dedans, la portière !... vous comprenez que je n'ai pas eu l'air d'entendre ! mais, par ainsi, tout le monde maintenant dans la maison est bien persuadé que vous n'y êtes plus... si bien que, s'il vous prenait l'envie d'y loger à présent on ne s'en douterait pas, personne ne vous y soupçonnerait !...

— Vraiment... si je le savais... si j'osais... ah ! je serais si heureuse de voir ce pauvre Gaston... ne fût-ce qu'un moment...

— Qui vous empêche, par exemple, de monter maintenant à votre ancien domicile, je vais vous donner la clé, vous trouverez tout comme vous l'avez laissé ; je n'ai pas même ôté les draps du lit, parce que j'avais comme une doutance que vous reviendriez, et je m'étais dit : Eh bien, si elle revient, elle n'aura qu'à rentrer chez elle, cette chère demoiselle, et ce sera comme si elle ne nous avait pas quittées.

— Ma bonne madame Ador... j'ai bien envie de suivre votre conseil... mais si on me rencontrait dans l'escalier...

— Il est minuit passé, tout le monde est retiré...

— Et cet homme... ce Dufortier... car c'est Dufortier qu'il se nomme... si j'étais vue par lui...

— Il est rentré il y a déjà plus d'une heure... que voulez-vous qu'il fasse de mieux que de dormir, d'autant plus, je vous le répète, qu'il est persuadé maintenant que vous n'êtes plus dans la maison.

— Allons... je n'hésite plus ; je vais aller coucher dans ma petite chambre là-haut... ah ! comme je m'y retrouverai avec plaisir... j'y ai passé des moments si doux... je n'irai pas voir M. Gaston, ce soir, il est trop tard, il dort sans doute, et pour le réveiller, je risquerais de faire connaître à d'autres mon retour dans la maison ; mais demain, dès qu'il fera jour, soyez assez bonne pour monter chez lui, vous lui annoncerez une visite, en le priant de laisser sa porte entr'ouverte ; moi, je guetterai le moment, et lorsque je serai bien certaine que personne ne pourra me voir, je me glisserai vivement chez ce pauvre malade !

— C'est convenu, mademoiselle, demain à sept heures j'irai chez Gaston... maintenant montez vite... prenez cette lumière... oh ! us êtes si leste... vous aurez bien vite monté les cinq étages...

— Oh oui, et j'espère qu'on ne m'entendra pas...

— Eh bien, ne tremblez donc pas comme ça... après tout, si quelqu'un vous disait quelque chose, dans la maison, vous savez bien que vous n'y manqueriez pas de défenseurs !...

— Vous avez raison... les coupables seuls devraient trembler, et je ne le suis pas, moi... Bonsoir, madame Ador, bonsoir et merci mille fois...

Félicie prend la lumière et se dirige vers l'escalier qu'elle gravit lestement ; la concierge lui avait dit vrai ; certaine que la jeune fille n'a fait aucune rencontre ; elle rentre alors se coucher en se disant :

— En voilà pas mal d'attrapés ! ils la croyant dedans quand elle était dehors, maintenant ils la croient dehors et elle est dedans... c'est bien heureux que ma nièce l'aime, quoique ça !

Félicie est rentrée chez elle sans accident ; elle n'a vu, ni entendu personne ; elle respire plus librement en se retrouvant dans cette chambre où Gaston est venu quelquefois ; elle est heureuse de se savoir près de lui, et elle oublie qu'à quelques pas d'elle est aussi la personne qui cause tous ses tourments.

Mais, par un de ces hasards, qui semblent faits exprès, et qui ne sont cependant que dans l'ordre des choses, ce même M. Bodinet n'avait pu parvenir à s'endormir ; les événements du matin l'inquiétaient beaucoup ; maintenant que son voisin Alexandre avait reconnu en lui son débiteur, il sentait bien qu'il ne pourrait rester longtemps dans la même maison que lui ; il lui avait demandé huit jours de délai, non pas qu'il eût la moindre intention de le payer, mais afin

d'avoir un peu de temps pour savoir à quel parti s'arrêter. Tout cela tracassait ce monsieur ; bientôt il s'était senti incommodé, il avait été obligé de quitter son lit pour un motif très-vulgaire et s'était rendu dans un certain endroit qui donnait sur l'escalier. Ce monsieur était là pendant que Félicie gravissait vivement les cinq étages ; si légère qu'elle fût, il avait entendu monter quelqu'un ; sa lumière à lui ne pouvait pas le trahir, il n'en avait pas ; ce monsieur se dirigeait la nuit aussi bien que les chats. La jeune fille a donc passé sans se douter de rien devant celui qu'elle redoute le plus, et lorsqu'elle se félicite de n'avoir pas été aperçue de personne ; de son côté, ce monsieur se frotte les mains en se disant :

— C'est elle !... je la tiens enfin... oui, c'est elle... cette lumière qui est montée ici dessus... la précaution avec laquelle on a ouvert la porte... tout m'assure qu'elle est là... ah ! madame Ernestine, vous ne m'éviterez pas, cette fois... Allons d'abord nous habiller complètement, ce ne sera pas long.

Bodinet rentre chez lui ; en quelques minutes il est habillé ; puis, toujours sans lumière, il quitte sa chambre et monte doucement l'escalier ; il aperçoit bientôt de la clarté par-dessous la porte de chez Félicie et se dit :

— Voici ce qui me prouve encore que je ne me suis pas trompé... elle n'est pas bien fine !... mais on ne pense pas à tout !

Parvenu sur le carré du cinquième, il va aussitôt frapper doucement à la porte de Félicie, en murmurant d'une voix contrefaite :

— M. Gaston est plus mal... il vous attend...

Félicie ne réfléchit pas que Gaston ne pouvait déjà savoir qu'elle était près de lui ; ces mots : « Il est plus mal ! » sont arrivés jusqu'à son cœur et elle court ouvrir la porte ; elle est saisie d'épouvante en reconnaissant Bodinet, elle veut crier, mais elle n'en a pas la force et se laisse tomber sur une chaise comme si elle était privée de sentiment.

Bodinet salue profondément la jeune fille, en lui disant, de sa voix la plus mielleuse :

— Mon Dieu, mademoiselle Ernestine, je suis désolé de voir que ma présence vous effraie... calmez-vous... remettez-vous, je vous en prie ; vous devez bien penser que mes intentions ne sont pas de vous faire la moindre violence...

— Si vous l'osiez, monsieur, j'appellerais, je crierais, je ne manquerais pas de défenseurs !...

C'est à peine si Félicie a pu prononcer ces mots d'une voix altérée par la peur ; mais Bodinet s'empresse de répondre :

— Je sais tout cela, mademoiselle, je sais que cette maison est une lanterne où chacun sait ce qui se passe chez ses voisins ; mais enfin, puisque je suis parvenu, non sans peine, à me procurer cette entrevue avec vous... puisque nous sommes seuls, permettez-moi de mettre à profit ce moment pour causer... pour m'expliquer avec vous... c'est dans votre intérêt comme dans le mien ; bannissez donc toute crainte et veuillez prêter attention à la bonté de m'écouter.

Félicie fait un effort sur elle-même et balbutie :

— Parlez, monsieur, je vous écoute.

— Pardon, mademoiselle, si vous le permettez, je vais m'asseoir... on cause mieux assis... m'y voilà. Depuis que votre tante est morte, mademoiselle, depuis que vous êtes revenue à Paris, vous avez pris un nom qui n'est pas le vôtre... vous vous cachez... dans une mansarde... vous qui pourriez habiter un bel appartement, et tout cela pour me dépister, pour que je ne vous retrouve pas... Vous me fuyez comme un loup-garou ! En vérité c'est de l'enfantillage !... d'abord, mademoiselle, lorsqu'on veut éviter quelqu'un, on a beau se cacher, on finit toujours par être aperçue !... vous vous condamniez à une manière de vivre fort peu en rapport avec votre position !... Voyons, mademoiselle, est-ce que cela s'appelle vivre... en ne vaudrait-il pas mieux nous entendre comme de bons amis.

Félicie ne peut réprimer un mouvement de dégoût et elle recule sa chaise pour être encore plus éloignée de M. Bodinet ; celui-ci n'a pas l'air de remarquer cette pantomime ; il continue sur un ton doucereux :

— Mademoiselle, je serai franc, j'ai eu des torts envers vous... je ne le nie point... ces torts cependant n'étaient que le résultat de la passion effrénée que vous m'aviez inspirée... et, à votre place, bien des femmes m'auraient depuis longtemps pardonné... car à tous péchés miséricorde !... mais enfin ces torts, je viens vous offrir de les réparer... acceptez ma main, devenez ma femme, et le passé est effacé. Vous devenez blanche comme la neige, et personne n'a plus le droit de tenir le plus petit propos sur votre compte.

— Moi ! devenir votre femme, monsieur ! répond Félicie d'une voix à laquelle l'indignation a donné de la force. Je vous ai dit une fois que jamais vous ne seriez mon mari, que rien au monde ne pourrait m'obliger à vous épouser. Avez-vous oublié cela, monsieur ?

— Non !... mais depuis que vous m'avez fait cette réponse, il s'est passé de choses qui pourraient avoir amené du changement dans votre manière de voir... vous me comprenez, je pense...

— Ce qui s'est passé, monsieur, ne peut que vous rendre plus odieux, plus infâme à mes yeux... Voilà les seuls changements qui se sont faits en moi.

M. Bodinet se pince les lèvres, fronce les sourcils et commence à avoir l'air moins aimable. Il réfléchit quelques instants, puis reprend :

— Après tout... si vous ne m'aimez pas... je sais que l'amour ne se commande pas.. on n'est pas toujours maître de ses sentiments... c'est quelquefois fâcheux; mais, puisqu'il en est ainsi... nous pourrions être époux, mademoiselle, et ne pas vivre ensemble... et ne jamais nous voir même, cela se fait quelquefois entre conjoints, et on n'en vit que mieux d'accord. Le mariage suffirait... il concilierait tout...

— Je crois, monsieur, m'être exprimée de manière à ce que vous ne reviendriez plus sur ce sujet. Si c'est là tout ce que vous avez à me dire... partez!

— Ah! c'est comme cela! se dit Bodinet en se balançant sur sa chaise. Ah! nous y mettons de l'entêtement!... patience!

Et il s'adresse de nouveau à Félicie :

— Mademoiselle, en me faisant cette réponse, vous ne songez donc pas que je puis vous faire beaucoup de tort... vous perdre de réputation...

— Je sais de quoi vous êtes capable, monsieur; aussi je suis préparée à tout.

— Vous êtes préparée à tout... j'en doute! si cela était, vous n'auriez pas pris tant de précautions pour vous dérober à mes recherches... Je ne suis point un sot qui se paie de belles paroles... je crois que vous ne seriez pas très-contente si M. Gaston... ce jeune homme qui demeure ici dessous... c'est quelqu'il en est arrivé... car il paraît que ce monsieur est très-amoureux de vous... probablement vous le payez de retour... c'est celui-là que vous avez envie d'épouser. Voilà pourquoi on ne veut pas de moi!... très-bien! Après cela, ce n'est peut-être pas celui-là, c'est peut-être l'autre, mon ami, le grand Alexandre que vous aimez... à moins que vous ne les aimiez tous les deux... cela se pourrait encore...

Félicie se lève avec fierté, et, jetant sur Bodinet un regard où se peint tout son mépris, lui dit :

— Vous êtes un misérable!... un infâme... vous venez m'insulter chez moi... Sortez, monsieur, ou je vais appeler... et ceux que vous me donnez pour amants vous traiteront comme vous le méritez!

— Je n'ai pas peur d'eux! répond Bodinet en se levant. Je n'ai peur de personne... je les attends de pied ferme, ces petits messieurs. Ah! vous êtes bien décidée à ne point m'épouser...

Félicie ne répond plus. Bodinet fait quelques pas vers la porte, puis revient en disant :

— Voyons! sapredié!... je suis très-bon enfant moi... vous ne voulez pas de moi pour votre mari? soit!... n'en parlons plus; mais alors, pour que je ne dise rien... pour que je garde le silence sur... ce que vous savez... il me semble qu'il est bien juste que je sois dédommagé. Tenez, je suis rond en affaire : donnez-moi vingt mille francs et je me tairai, et à dater du moment où je toucherai l'argent, vous n'entendrez plus parler de moi...Voyons, est-ce arrangé?

— Voilà une proposition à laquelle je m'attendais, répondit froidement Félicie, et j'étais même étonnée que vous ne me l'eussiez pas faite encore. C'est de l'argent que vous voulez; c'est dans l'espoir d'avoir de l'argent que vous avez agi si indignement avec moi... car je n'ai pas été une minute votre dupe, monsieur. Vous parliez d'amour, tout à l'heure, vous! de l'amour pour quelqu'un! vous! connaître un sentiment si doux! c'est vrai... Vous n'avez jamais eu en vue que ma fortune. Eh bien! monsieur, quoique vous ayez un affaire à une faible fille, vous serez encore trompé dans votre calcul! Moi! j'irais vous donner de l'argent! moi! je récompenserais le crime le plus lâche, le plus odieux!... oh! jamais! jamais!... Vous jurez qu'à ce prix, je n'entendrai plus parler de vous! Vous me jugez donc assez sotte pour vous croire! Cette somme que vous me demandez aujourd'hui, lorsqu'elle serait dépensée, vous reviendriez me trouver, et toujours avec les mêmes menaces, les mêmes promesses, vous me demanderiez encore de l'argent... Lorsqu'on a été assez faible une fois pour céder à la terreur que vous inspirent des misérables, on se met pour jamais sous leur dépendance. Il n'en sera pas ainsi... vous n'obtiendrez rien de moi... rien!... rien!... La haine que vous m'inspirez m'a rendu le courage que votre vue m'avait ôté... Avoir peur de vous!... tandis que vous devriez trembler devant moi... oh! non, je n'aurai plus peur, à présent. Sortez, monsieur, sortez, je ne vous crains plus!

— C'est votre dernier mot?..., dit Bodinet en roulant des yeux de chat-tigre.

Pour toute réponse, Félicie se contente de lui montrer la porte; il ne réplique plus et sort brusquement.

XLI. — TOUT LE MONDE EN L'AIR.

A sept heures du matin, madame Ador, ainsi qu'elle en est convenue avec Félicie, monte chez Gaston pour lui annoncer qu'il va recevoir une visite à laquelle il est loin de s'attendre; mais au moment où elle va frapper chez le jeune auteur, elle aperçoit sur le palier le locataire du cinquième qui descend de chez elle et se rend aussi chez Gaston.

— Comment, mam'selle, c'est vous? s'écrie la concierge... vous

risquez comme ça dans l'escalier... vous ne craignez pas de faire de... vilaines rencontres?

— Non, madame Ador, je suis devenue plus courageuse... et puis il me tardait tant de voir M. Gaston.

— Il n'est que sept heures.

— Oui, mais je n'ai pas dormi de la nuit et les heures m'ont semblé bien longues.

— Alors, vous n'avez plus besoin de moi...

— Je ne sais... il vaudrait peut-être mieux qu'il ne me vît pas tout de suite.

Mais Gaston, qui a entendu parler contre sa porte, et dont le cœur bat plus vite que d'ordinaire, comme s'il devinait le bonheur qui l'attend; Gaston s'est levé, il a passé une robe de chambre et vient tout à coup ouvrir sa porte.

En reconnaissant Félicie, le jeune homme pousse un cri de joie, puis il veut s'élancer vers elle; mais l'émotion l'en empêche; il est obligé de s'appuyer contre le mur pour ne point tomber, et Félicie court à lui, en disant :

— Mon Dieu! il se trouve mal!...

Aussitôt la concierge fait plusieurs pirouettes sur elle-même, en criant :

— Du vinaigre! du sel... de l'eau... Qu'est-ce qui peut nous procurer... du secours!... au secours!

A ce bruit, madame Montenlair ouvre sa porte; mademoiselle Zéphirine sort de sa chambre et se penche sur la rampe; la petite Maria quitte sa cuisine et vient regarder sur le carré; madame Patineaux montre le bout de son nez; les dames Mirolin montrent leurs vilaines figures; M. Beugle paraît en robe de chambre; la domestique Kretty arrive avec une casserole à la main; enfin Alexandre passe seulement sa tête par sa porte entr'ouverte, parce qu'il est en train de s'habiller et n'a encore mis que la moitié de son caleçon.

Il n'y a que M. Bodinet qui ne se montre pas, bien que ce monsieur entende parfaitement tout le bruit qui se fait dans la maison.

— Qu'est-ce que c'est?

— Qu'est-il arrivé?

— Qu'est-ce qu'il y a?

A ces demandes qui se croisent de tous côtés, les dames Mirolin ajoutent, en criant plus fort que les autres :

— Est-ce que c'est le feu?... chez qui est le feu?... mais oui... ça sent le brûlé... Concierge! répondez donc? où est le feu?

Alors, madame Ador, qui entend parler de feu et qui en a une peur terrible, oublie Gaston et se penche à son tour pour regarder en bas, en criant :

— Le feu!... comment, il y a le feu chez nous!... il faut chercher les pompiers... Amanda!... Amanda!... cours aux pompiers tout de suite!...

— Est-ce fous qui afez le veu? demande M. Beugle, en saluant madame Montenlair qui croise vivement le haut de sa camisole sur sa poitrine, en répondant :

— Moi... par exemple... je n'ai jamais eu d'incendie chez moi... je prends trop de précautions pour cela!... Mon Dieu! que je suis honteuse de me montrer dans le négligé. Je crois que c'est chez M. Gaston que ça brûle.

— Ça brûle chez Gaston! s'écrie Alexandre, en sortant entièrement de chez lui, bien qu'il n'ait pour tous vêtements que sa chemise et son caleçon qu'il n'a achevé de passer. Ah! fichtre... voyons ça... c'est pourtant bien étonnant qu'il y ait déjà le feu chez Gaston, qui n'en fait pas avant midi...

— Ah! monsieur Alexandre... de grâce... allez mettre quelque chose de plus, dit madame Montenlair en apercevant son voisin.

— Madame, les mitrons ont quelque chose de moins, et ils vont dans les rues comme cela...

— Vous ne me comprenez pas!... c'est de peur que vous ne vous enrhumiez que je vous dis cela...

— Oh! alors, c'est différent... je vais mettre une calotte greeque.

Cependant, mademoiselle Amanda qui, d'en bas, a entendu les cris de sa tante, monte l'escalier, n'ayant sur elle qu'un petit jupon trop court et un fichu trop léger, en disant d'un air effaré :

— Chez qui donc est le feu, ma tante... pour que j'y envoie les pompiers?...

— Comment... est-ce qu'il n'est pas chez nous... dans ma loge? répond Ador.

— Chez nous, il n'y a encore rien d'allumé!

— Ni chez nous, dit Kretly.

— Ni chez moi, murmure madame Patineaux.

— Ni chez moi, crie la petite Maria.

— Le mien est à peine pris, dit madame Montenlair.

— Je n'en fais jamais dans ma chambre, dit Zéphirine...

— Il est donc chez fous, mestames? dit le gros Allemand, en s'adressant aux dames Mirolin. Celles-ci regardent Beugle d'un air furieux, en criant :

— Comment, chez nous? pourquoi, chez nous!... Qui est-ce qui se serait permis de venir nous enflammer... nous n'avons jamais brûlé, entendez-vous, monsieur!... Vous n'avez donc pas entendu qu'on a dit tout à l'heure... le feu est chez M. Gaston...

Sortez, monsieur, sortez, je ne vous crains plus! (Page 95.)

— Chez M. Gaston! crie la concierge!... jamais il n'en a été question!...

— Décidément, ce sont les dames Mirolin qui ont inventé ce feu-là, dit Alexandre en descendant quelques marches et en adressant un sourire à madame Patineaux.

— Ah! quelle horreur!... un homme en caleçon... Rentrons, ma mère! rentrons bien vite... vous seriez suffoquée...

— Tu as raison, ma fille. Quelle maison! bientôt les hommes s'y promèneront en amours!... Nous donnerons congé!... en faisant nos plaintes!... c'est un attentat aux mœurs!...

— Attendez donc, mesdames! crie le grand jeune homme qui vient d'apercevoir la nièce de la concierge, voici mademoiselle Amanda, dont le costume est à peu près aussi léger que le mien... Si elle y consent, nous allons danser une petite cachucha... il ne nous manque que les castagnettes pour avoir tout à fait l'air espagnol!... mais avec deux morceaux d'assiette cassée, on les remplacera avec avantage...

Les dames Mirolin sont déjà rentrées chez elles, en envoyant tout le monde au diable; mademoiselle Amanda se hâte d'aller achever de s'habiller; Alexandre, qui n'a pas chaud, juge convenable d'en faire autant. Bientôt, chacun est rentré chez soi et le calme se rétablit dans la maison. Celui qui avait été la cause innocente de tout ce tapage, Gaston, soutenu par Félicie, était remis depuis longtemps d'une faiblesse passagère, et maintenant, assis à côté de son amie, il tenait ses mains dans les siennes et ne pouvait se lasser de la considérer, tout en lui répétant :

— C'est vous, c'est bien vous qui êtes près de moi, chère Félicie; je n'ose encore croire à mon bonheur.

— Oui, je suis revenue, parce que j'ai appris que vous étiez malade, souffrant... il m'a semblé que ma présence vous ferait du bien. Ai-je eu raison de penser cela?

— Ah! vous êtes un ange!... votre visite me prouve que vous m'avez pardonné mes odieux soupçons... je vous accusais, lorsque je vous dois ma liberté... lorsque c'est par votre générosité...

— Ne parlons plus de cela, je vous le défends. S'obliger entre amis est un plaisir autant qu'un devoir. Songez à vous guérir, c'est le principal.

— Me guérir! non, depuis que je vous vois, je vous jure que je me sens tout à fait bien. Ah! ne vous éloignez plus, ne quittez plus cette maison... et s'il y a près d'ici quelqu'un que vous craigniez... quelqu'un dont vous redoutiez quelque méchanceté, car vous savez sans doute...

— Oui, je sais qu'un misérable, un homme qui m'a fait bien du mal, habite maintenant le logement de M. Collinet.

— Eh bien, dites un mot, et je vais le trouver, cet homme, et je le force de s'éloigner... car enfin, il n'a aucun droit sur vous, ce misérable... vous m'avez assuré que vous étiez votre maîtresse... et quelqu'un oserait...

— Allons, monsieur, voilà déjà où vous vous emportez... je vous en prie, Gaston, soyez calme, soyez raisonnable... voulez-vous retomber malade? je vous supplie de n'avoir aucune querelle avec cet homme... qui est venu se loger là, près de vous... c'est là surtout ce que je redoute... Promettez-moi que vous ne parlerez point à cet homme, que vous éviterez sa rencontre; et alors, peut-être me déciderai-je à rester votre voisine comme autrefois.

— Pour ne pas être privé de votre présence, il n'est rien que je ne fasse, je vous obéirai, car vivre loin de vous c'était impossible.

L'entretien des deux amants est interrompu par Alexandre, qui, en apercevant Félicie, fait un bond dans la chambre, va l'embrasser sur les deux joues, puis court prendre la main de Gaston en s'écriant :

— Elle est revenue!... tu es guéri!... plus de fièvre... j'en étais sûr... Le voilà, le meilleur des médecins... c'est le bonheur!... nous vous avons joliment cherchée, pourtant!... Vous n'étiez donc pas à Belleville?

— Pardonnez-moi.

— Et nous ne vous avons pas trouvée, nous ne sommes pas si adroits que ce monsieur d'à côté... A propos du voisin, Gaston vous a-t-il appris... savez-vous que j'ai retrouvé en lui...

— Vous avez reconnu ce Dufortier dont vous m'avez parlé une fois...

— Oh! non-seulement Dufortier... Gaston, tu n'as donc pas dit à mademoiselle...

— Nous avions bien d'autres choses à nous dire...

— C'est juste, des amoureux... le cœur avant tout!... eh bien! figurez-vous que ce Dufortier, ce vilain monsieur... vous savez que c'est un fort vilain monsieur... n'est autre que le nommé Bodinet.. le père du petit Aristide, ce bon père qui vend les effets de son fils et l'habille en papier gris.

Félicie pâlit; elle est très-émue et balbutie d'une voix altérée :

— Comment!... il se pourrait... cet homme... est le père de... ce petit garçon?...

— De ce petit garçon que vous avez rhabillé entièrement et pour lequel, ensuite, vous avez envoyé cinq cents francs à ce bon papa Lou-

Sacré mille tardiefi! si vous fiche pas le camp tout de suite, che fous tue gomme des chiens galeux. (Page 101.)

pard, car c'est vous qui lui avez fait cet envoi... de grâce, avouez-le, je vous dirai pourquoi tout à l'heure.

— Eh bien... oui, en effet... j'ai plus d'argent qu'il ne m'en faut pour moi... j'ai pensé que ce pauvre maître d'école n'était pas heureux... qu'il ne recevait rien pour cet enfant dont il prend soin, et je lui ai envoyé cette somme.

— Vous avez bien fait, c'est gentil de votre part. Oh! nous ne vous blâmons pas de cela; et au reste, nous avons tout de suite deviné que cet argent venait de vous... Mais le beau, le superbe de l'histoire, c'est que ce Bodinet, qui écoutait derrière sa porte lorsque M. Loupard est venu tout joyeux nous conter le bonheur qui lui arrivait et nous lire votre lettre, Bodinet s'est rendu le même soir chez le maître d'école; il lui a dit effrontément que c'était lui qui, le matin, lui avait adressé les cinq cents francs, et il s'est fait donner cent francs par ce bon Loupard, qui n'a pas deviné le coup et s'est laissé attraper. Que dites-vous de cela? Faut-il que ce Bodinet ait du toupet!...

— De la part de cet homme, rien ne saurait me surprendre!

— Oui, mais comme je lui ai dit déjà que cet argent venait de vous et qu'il a hardiment soutenu son mensonge... à présent, que vous voilà, je veux le confondre... Ah! monsieur Dufortier Bodinet de Carpentras, nous allons voir ce que vous allez dire...

Déjà Alexandre courait vers la porte; Félicie s'élance vers lui et le retient :

— Au nom du ciel, monsieur Alexandre, qu'allez-vous faire?

— Je vais trouver Bodinet, l'amener devant vous et le forcer à convenir qu'il a filouté le père Loupard.

— Ne faites pas cela, je vous en supplie, ne me forcez pas à me trouver en présence de cet homme, qui m'inspire une horreur que je ne puis exprimer... Parler de lui est déjà un supplice, mais le voir est au-dessus de mes forces... Demandez à Gaston ce que je viens de lui dire et à quelle condition je consens à rester dans cette maison.

— Oui, dit Gaston, je voulais aller trouver cet homme, l'obliger à quitter cette maison... elle m'a fait promettre que j'éviterais, au contraire, toute rencontre avec lui... que je ne lui dirais rien... et pour qu'elle soit encore notre voisine, j'ai promis tout ce qu'elle a voulu.

— C'est différent, répond Alexandre; s'il en est ainsi, je dois aussi rengaîner mon compliment à ce monsieur... c'est dommage cependant; mais au reste, quant à obliger le Bodinet à quitter cette maison, soyez tranquille, il s'exécutera bien tout seul et sans qu'on l'en prie; il sait que j'ai prise de corps contre lui, que je puis le faire

arrêter, s'il ne me paie pas les quatorze cents francs de ses lettres de change. Il m'a demandé hier huit jours de délai; il ne paiera pas plus dans huit jours qu'à présent.

— Et vous pensez alors qu'il s'éloignera de peur d'être arrêté? demande Félicie, dont les yeux brillent d'un éclair de joie.

— Danne... à moins qu'il ne veuille bien se laisser pincer.

— Oh! monsieur Alexandre, vous laisserez cet homme s'éloigner, vous ne le ferez pas arrêter, et comme cela nous serons délivrés de sa présence. N'est-ce pas, vous me promettez encore cela?

— Je crois que je n'ai pas besoin de vous promettre cela. Le Bodinet... Carpentras Dufortier... je m'embrouille avec tous ses noms! n'est pas un gaillard à se laisser prendre! il n'attendra pas qu'on puisse mettre la main sur lui. Mais c'est assez causer, il faut vaquer à ses affaires... le courtage donne beaucoup pour le moment. Au revoir, petite voisine, je vous laisse près de notre ci-devant malade... qui est capable de faire semblant de l'être encore, afin de vous avoir pour garde.

Alexandre est parti. Félicie passe une partie de la journée près de Gaston. Madame Montenlair, qui vient de s'informer de la santé du jeune auteur, s'écrie comme Alexandre, en voyant Félicie :

— Ah! la jolie petite voisine est revenue... alors M. Gaston est guéri, car je crois bien, moi, qu'il n'était malade que de chagrin de ne plus la voir.

Félicie rougit et Gaston sourit à l'ancienne actrice, qui reprend :

— Alors, mes enfants, je vais vous laisser causer et aller terminer ma toilette; je me fais très-belle aujourd'hui... M. Beugle vient de m'offrir de me mener au Jardin des Plantes, voir les bêtes à cornes... de ces bêtes... on en voit partout. N'importe, j'ai accepté, et après la promenade, il veut me mener dîner à l'Arc-en-Ciel, un traiteur de ce quartier-là. J'ai encore accepté. Jamais je ne refuse une partie de plaisir... d'autant plus que je sais empêcher un homme d'aller trop loin... Qu'on me fasse boire du champagne, je le veux bien! je ne me grise jamais... et si l'on devenait trop entreprenant... mais il n'y a pas de danger!

— Et Philosèle? dit Gaston en souriant.

— Philosèle!... oh! c'est fini, il est enfoncé dans le troisième dessous, comme nous disons au théâtre... je ne le regrette pas... il était ladre, et puis il avait une trop grosse perruque... je n'aime pas les perruques à la ville. M. Beugle est chauve, c'est vrai, mais au moins il n'a pas de perruque.

Félicie est restée une grande partie de la journée près de Gaston; en le quittant, elle lui promet de revenir dans la soirée lui tenir com-

7

pagnie. Elle prend une voiture à l'heure et se fait conduire à Belleville, où elle va chercher des effets dont elle a besoin; puis elle revient à son ancienne demeure. Toutes ces courses ont pris du temps; il est sept heures passées quand Félicie se trouve dans son ancien logement, et la nuit est venue lorsqu'elle se dispose à retourner voir le convalescent.

Mais avant de se rendre chez Gaston, Félicie voudrait bien satisfaire au désir qui la tourmente, qui la préoccupe depuis le matin; elle brûle de revoir le petit Aristide. Un sentiment nouveau dont elle n'est pas maîtresse et qui, à chaque instant, prend de nouvelles forces, s'est emparé de son cœur. Ne pouvant plus y résister, elle profite de la nuit pour descendre vivement l'escalier, puis, traversant la hâte les deux cours, elle arrive devant la demeure du maître d'école. Une faible lumière qui part de la classe guide la jeune fille, qui n'avait jamais été chez M. Loupard.

Elle s'avance vers la porte; mais, au moment d'entrer, elle est obligée de s'arrêter, tant son émotion est grande.

— Que vais-je dire? quel motif vais-je donner à ma visite? se dit Félicie. Cela paraîtra peut-être bien extraordinaire à M. Loupard que e vienne chez lui... mais non... il est si bon... je trouverai un prétexte, D'ailleurs, je sens que je ne puis résister.

Et sa main ouvre la porte. En se voyant dans cette grande salle, qu'une seule chandelle éclaire assez mal, Félicie ne sait d'abord par où se diriger; mais M. Loupard a entendu entrer quelqu'un. Il quitte son bureau, où il était en train de confectionner des exemples, et va au-devant de la visite qui lui arrive. Le maître d'école pousse un cri en reconnaissant la généreuse demoiselle du cinquième.

— Mademoiselle Félicie, c'est vous qui avez la bonté de venir me visiter... Ah! mademoiselle, combien je suis heureux et confus que vous avez pris cette peine... Donnez-vous donc la peine de vous asseoir.

Félicie, qui désire voir autre chose que M. Loupard, regarde de tous côtés en disant :

— Oui, monsieur... je suis venue pour vous dire bonsoir... parce que je voulais...

— Vous voulez savoir si j'ai fait un bon usage de la somme que vous m'avez envoyée... car c'est vous, n'est-ce pas, mademoiselle? oh! oui, c'est vous seule qui avez pu m'envoyer les cinq cents francs que j'ai reçus dans une lettre, il y a quelques jours. Oh! M. Alexandre a bien deviné tout de suite que cet argent ne pouvait venir que de vous... tandis qu'un autre a voulu s'en donner les gants!

— Mon bon monsieur Loupard, si j'ai pu vous rendre ce léger service, soyez bien persuadé que ce n'est pas pour vous parler de cela que je viens vous voir... mais j'aurais voulu... cet enfant... ce pauvre petit garçon... dont vous parliez... je ne le vois pas.

— Aristide! il est là, mademoiselle; si nous ne l'entendons pas, c'est que probablement il se sera endormi, car tout à l'heure encore il jouait à côté de moi avec ses petits soldats. Tenez, que vous disais-je...

Et le professeur montre à Félicie le petit élève qui était étendu sur un des bancs et qui y dormait comme dans son lit. La jeune fille considère quelques instants l'enfant; elle semble absorbée dans ses pensées, elle ne parle plus; mais M. Loupard va réveiller le petit garçon.

— Ah! monsieur, pourquoi le réveillez-vous? s'écrie Félicie; il dormait si bien!

— Il a bien le temps de dormir, mademoiselle, et d'ailleurs il ne grogne jamais quand on l'éveille... ce qui est toujours le signe d'un bon caractère et d'une heureuse humeur. Allons, Aristide... ouvre les yeux, mon ami, et viens remercier ta bienfaitrice, qui a la bonté de venir te voir.

L'enfant se frotte les yeux, sourit déjà avant d'être éveillé tout à fait; puis enfin aperçoit et reconnaît Félicie, vers laquelle il court aussitôt en disant:

— Ah! c'est mademoiselle Félicie... c'est mon amie... veux-tu m'embrasser, mademoiselle, je n'ai pas la fièvre, moi... n'aie pas peur!...

Félicie se rappelle les paroles qu'elle a dites un soir à l'enfant, lorsqu'il lui tendait ses petites joues et que celle-ci n'avait pas oubliées, car les enfants ont souvent plus de mémoire qu'on ne croit. Mais elle s'empresse de tendre les bras à l'enfant qui s'y précipite, et elle l'embrasse à plusieurs reprises, et avec tant d'affection, que le petit garçon lui dit :

— Tu m'aimes donc bien à présent, mademoiselle que tu veux bien m'embrasser...

Pour toute réponse, Félicie lui prend la tête et le couvre encore de baisers; l'enfant se laisse faire sans s'apercevoir qu'il y a des larmes qui se mêlent aux baisers qu'on lui donne.

Quant à M. Loupard, il est allé moucher la chandelle en murmurant :

— Mon Dieu! mon poêle est presque éteint... je suis désolé mademoiselle... si j'avais prévu... mais je puis le rallumer.

— Non, monsieur Loupard, ne le rallumez pas, je vous en prie, c'est inutile, je n'ai pas froid. D'ailleurs je ne puis rester davantage... je voulais seulement vous voir... ainsi que cet enfant... pour

savoir si vous n'aviez besoin   rien maintenant.   s'il ne lui manquait pas quelque chose... car il faudrait me le dire alors, et je m'empresserais d'y pourvoir...

— Vous êtes mille fois trop bonne, mademoiselle... mais grâce à vous, nous sommes maintenant dans l'aisance, dans l'abondance même... et pour longtemps!... diable! une somme com e celle-là... cela suffit pour faire face à tout... A la vérité... il y a... quelqu'un que je ne veux pas nommer devant lui... et qui m'en a corné une partie... mais ceci est ma faute... cela ne regarde que moi, du reste, j'en ai encore suffisamment.

— Je vous répète, monsieur Loupard, dès que cet enfant aura besoin de quelque vêtement... de linge... enfin de n'importe quoi, il faudra me le dire, car c'est moi que cela regarde...

— Ah! mademoiselle, en vérité, tant de générosité...

— Je ne vous demande pour cela qu'une chose... c'est de n'en point parler... c'est de me garder le secret... ainsi que sur les visites que je viendrai vous faire quelquefois... pour m'informer de la santé de cet enfant; vous n'en parlerez à personne. n'est-ce pas, monsieur Loupard?

— Mademoiselle, du moment que vous le désirez, il faut bien vous obéir, quoique ce soit pénible de cacher sa reconnaissance... Aristide, remercie mademoiselle, aime-la bien... car elle est bien bonne pour toi...

— Ne me remercie point, c'est inutile... mais aime-moi, voilà tout ce que je te demande.

En disant ces mots, Félicie embrasse de nouveau le petit garçon, qui la regarde d'un air étonné, comme prêt à lui demander pourquoi maintenant elle lui témoigne une si vive tendresse. Puis, disant adieu à M. Loupard, elle sort vivement de la classe, avant que le maître d'école ait achevé de moucher sa chandelle.

XLII. — UN SOUFFLET ET SES SUITES.

Cinq jours s'écoulent pendant lesquels Félicie est retournée deux fois, le soir, à la classe de M. Loupard.

Gaston est maintenant guéri, et c'est lui qui vient rendre visite à celle qui est redevenue sa voisine. Celle-ci n'exige plus qu'il se fasse accompagner pour venir la voir, et cette preuve de confiance augmente encore le bonheur de Gaston.

La demoiselle du cinquième est revenue, se répètent les bonnes de tous les étages de la maison, et le nouveau locataire ne se brosse plus sur l'escalier... il ne montre plus le bout de son nez!... alors, pourquoi s'était-elle sauvée de lui, et pourquoi courait-il après?

Tels sont les propos qui se tiennent tout le long de l'escalier. En effet, on n'apercevait plus M. Bodinet. Pour sortir, il guettait sans doute le moment où personne ne se montrait et il rentrait toujours fort tard.

— Quelque jour il ne rentrera plus du tout! disait Alexandre. Mais Gaston avait moins d'espérance; il trouvait que la conduite de cet homme n'était pas naturelle, et un secret pressentiment lui faisait craindre sans cesse qu'il ne tramât quelque chose contre son bonheur.

Le sixième jour, Alexandre et Gaston, qui sortaient en même temps de chez eux, s'arrêtent un moment sur leur carré :

— Eh bien, voilà mon garçon... tu n'es plus du tout malade ? dit Alexandre en frappant sur l'épaule de son ami.

— Dieu merci, je me porte à merveille maintenant... grâce à elle... dont la présence m'a rendu la santé.

— Oui, elle a raison pas de revenir, de toutes façons, puisque ce monsieur dont elle avait la bonté d'avoir peur, est assez gentil à présent pour ne plus montrer le bout de son nez.

En ce moment la porte de M. Bodinet s'ouvre brusquement, et il se montre lui-même aux deux amis auxquels il adresse un salut de tête fort léger. Ceux-ci demeurent tout surpris en se trouvant devant la personne dont ils parlaient, et avant qu'ils aient répondu au salut assez leste de ce monsieur, celui-ci s'avance vers Gaston en lui disant d'un air ironique :

— Il me paraît, monsieur, que vous êtes entièrement remis de votre indisposition?

— Comme vous voyez, monsieur; est-ce que vous vous intéressiez à ma santé, par hasard?

— Oui, monsieur, je m'y intéresse beaucoup... et vous allez le comprendre tout à l'heure... Mademoiselle Ernestine Danglade... ou mademoiselle Félicie, si vous préférez la nommer ainsi, ce qui m'est tout à fait égal, a été vous voir souvent pendant que vous étiez malade...

— C'est possible, monsieur... qu'est-ce que cela vous fait?... de quoi vous mêlez-vous?

— Mais de ce qui me regarde apparemment. Tant que je vous ai été maladif, j'ai bien voulu souffrir cela sans rien dire... mais aujourd'hui, c'est différent. Je sais que maintenant que vous avez recouvré la santé, c'est vous qui allez chez cette demoiselle, et je viens vous avertir, monsieur, d'avoir à cesser de lui rendre visite... parce que cela me déplaît...

Les deux jeunes gens sont tellement surpris de   dace de M. Bo-

dîner, qu'ils en demeurent un moment stupéfaits. Enfin Gaston s'écrie :

— Et c'est à moi que vous dites cela, monsieur?

— Sans doute... et à qui donc?

— Et vous croyez que je vous permettrai de me tenir un pareil langage?

— Que vous me le permettiez ou non, vous voyez bien que je ne vous demande pas la permission...

— Ah! mais, cela devient trop fort! s'écrie à son tour Alexandre; eh quoi! un filou, un escroc, un misérable imposteur se donnera ces airs impertinents... lorsque nous savons si bien ce dont il a été capable... et cet argent... ces cinq cents francs adressés à M. Loupard pour payer la pension de votre fils... oserez-vous dire encore que c'est vous qui les avez envoyés...

Bodinet secoue la tête d'un air moqueur en disant :

— Eh bon Dieu! voilà bien des récriminations pour cet argent... Après tout, qu'il vienne de moi ou de mademoiselle Félicie, n'est-ce pas la même chose... et si le père ne veut pas payer la pension de son fils, n'est-il pas tout simple alors que ce soit la mère qui s'en charge!...

·Que venez-vous de dire? s'écrie Gaston en devenant tout pâle de colère, vous n'oseriez pas répéter cette infamie, sans doute.

— J'ai dit ce qui est... j'ai fait un enfant à la charmante Félicie... et cet enfant est Aristide...

A peine Bodinet a-t-il achevé ces paroles, qu'il reçoit de Gaston un soufflet si bien appliqué, que cela lui fait faire une demi-pirouette. Mais dès qu'il a repris son équilibre, il s'apprête à porter à Gaston un vigoureux coup de poing, lorsque Alexandre, qui avait prévu son dessein, se jette devant lui et lui saisit les deux bras en disant :

— Une minute, mon cher monsieur, je crois bien que la boxe ou la savate doivent être un exercice dans lequel vous brillez; mais je ne veux pas que Gaston se batte comme cela...

— Il faudra bien qu'il me rende raison, cependant, murmure Bodinet d'une voix enrouée par la fureur, sinon, je le traiterai de lâche devant le monde!...

— Soyez tranquille, je ne refuse pas le combat... comme il est d'usage de se battre entre gens du monde, à l'épée ou au pistolet...

— Je suis l'offensé, j'ai le droit de choisir l'arme qui me convient, nous nous battrons à l'épée... j'en ai...

— Soit; va pour l'épée!

— Gaston vous fait trop d'honneur en se battant avec vous... mais enfin, il vous a donné un très-joli soufflet... ce dont je ne saurais le blâmer; je vous l'aurais flanqué, moi, s'il n'avait pas pris l'avance .. vous voyez que vous ne pouviez pas manquer de le recevoir. Il ne peut donc refuser de se battre. Réglons tout cela bien vite entre nous et ne crions pas, ne faisons pas de bruit; il est très-inutile que toute la maison soit instruite de cette affaire. Quand voulez-vous que ce duel ait lieu?

— Dès aujourd'hui.

— Il est dix heures et demie, c'est un peu tard déjà...

— A trois heures je serai avec mes deux témoins, en bas des buttes Saint-Chaumont...

— Non pas, non pas, mon cher monsieur; l'endroit est trop mal choisi... ce lieu est le rendez-vous des vagabonds, des rôdeurs de barrières, vous y rencontreriez trop de vos amis, et je crois que la partie ne serait plus égale...

— Que prétendez-vous dire?

— Que vous ne nous attirerez ni dans ni sous les buttes Saint-Chaumont... Cela vous contrarie, n'est-ce pas... c'est dommage!... Nous nous trouverons à trois heures à la porte de Saint-Mandé; nous sommes en mars, le temps est froid et nébuleux; il n'y aura pas une oule de promeneurs, et nous nous trouverons bien en endroit écarté pour terminer cette affaire. Est-ce convenu, monsieur Bodinet?

Bodinet réfléchit quelques instants, puis répond :

— J'y consens; à trois heures je serai à la porte du bois, puis il descend rapidement l'escalier et disparaît.

— Voilà une fâcheuse affaire! dit Alexandre, un duel avec cette canaille, cela n'a rien d'honorable!... mais enfin... il le fallait... tu l'as frappé...

— Crois-tu donc que je m'en repente! le misérable insulter Félicie... oser dire... Ah! ce souvenir fait bouillir mon sang...

— Le fait est que ce qu'il a dit est infâme... Pauvre jeune fille! si elle savait!...

— Me battre avec cet homme... mais depuis longtemps c'était mon plus ardent désir...

— Eh bien, j'ai dans l'idée qu'il cherchait aussi cette affaire, et que c'est pour en venir là qu'il nous guettait ce matin sur le carré... Tu sais tirer l'épée?

— Assez bien...

— Assez bien... j'aimerais mieux que tu me dises : parfaitement bien. Enfin, ta cause est bonne, ton adversaire est un chenapan... espérons que le destin ne favorisera pas le chenapan... Je vais déjeuner, et toi?

— Moi, je vais voir Félicie... tu penses bien que je ne lui dirai pas un mot de cette affaire!

— Parbleu! il sera assez temps après... Je reviendrai à une heure et demie; il faut que nous ayons le temps de trouver une voiture e d'arriver là-bas...

— Je t'attendrai chez moi.

— Mais, à propos, il nous faut encore un témoin... ce monsieur doit en avoir deux, il ne faut pas que nous soyons inférieurs en nombre...

— Charge-toi d'en trouver un...

— Oui... dans mes courses... je verrai Blondeau... ou Désillet... oh! je trouverai quelqu'un .. au revoir... à bientôt.

Alexandre s'éloigne et Gaston monte chez Félicie, qui est loin de se douter de ce qui vient de se passer; elle accueille celui qu'elle aime avec un doux sourire, et celui-ci ne lui parle que de son amour, sans laisser échapper un seul mot qui puisse lui faire deviner que bientôt il doit exposer sa vie pour elle.

A une heure et demie Alexandre est de retour; mais il est seul.

— Et l'autre témoin? dit Gaston.

— Je n'en ai pas trouvé... ces messieurs étaient en affaire... ils ont prétendu que c'était l'heure de la bourse et qu'on ne se battait jamais à cette heure-là. Mais sois tranquille; j'ai réfléchi que nous trouverions notre affaire dans la maison?

— Qui donc?

— M. Beugle... c'est un excellent homme, il ne demandera pas mieux que de nous rendre ce service...

— Tu crois... mais s'il allait ébruiter cela...

— A qui veux-tu qu'il en parle; nous allons l'emmener tout de suite avec nous. Viens, dépêchons.

Les deux jeunes gens descendent chez le gros Allemand, qui les accueille gracieusement en leur offrant tout de suite des cigares.

— Merci, mon cher voisin, nous les fumerons plus tard, dit Alexandre; mais nous venons pour autre chose; nous avons une petite partie de plaisir à vous proposer.

— Ah! pon, pon... une bartie de blaisir, che feux pien, bour quand?

— Tout de suite; il faudrait venir sur-le-champ avec nous...

— Ah! c'est que ch'avais bromis à matame Montlaur de bromener elle auchourd'hui tout le long des boulevards.

— Vous la promènerez ce soir, ça reviendra au même.

— Non, barce que nous devons tiner aussi après... touchours sur le poulevard.

— Vous pourrez dîner... vous serez revenu assez à temps pour cela. Ecoutez, monsieur Beugle, n'y allons pas par quatre chemins; notre partie de plaisir, c'est un duel; Gaston se bat à trois heures à Saint-Mandé, notre adversaire a deux témoins, il nous en manque un, et j'avais pensé à vous pour nous rendre ce service... cela vous va-t-il?

— Un tuel!... c'est bour une affaire t'honneur... ô alors, le femme il beut attendre... le tuel, c'est le blus bressé... che va avec fous tout de zuite...

— Bravo!... vous êtes un brave homme... j'en étais sûr... vous avez une physionomie qui ne trompe pas... Avez-vous des pistolets, monsieur Beugle?

— Oh foui! che afais deux baires...

— Ayez la complaisance de les prendre toutes les deux.

— Pourquoi faire, dit Gaston, tu sais bien que le combat est à l'épée, et que ce monsieur s'est chargé d'en avoir.

— Cela ne fait rien; avec des gens comme M. Bodinet Dufortier de Carpentras, on ne va pas sur le terrain sans avoir des armes sur soi...

M. Beugle serre ses deux paires de pistolets; il en donne une à Alexandre et met l'autre dans sa poche.

Pendant que les deux amis se rendent à Saint-Mandé avec M. Beugle voyons un peu ce que fait l'adversaire de Gaston.

M. Bodinet, en quittant sa demeure, s'était empressé de se rendre dans le bouge situé hors barrière, où Alexandre l'avait rencontré un jour. Là, ce monsieur aperçut dans un coin et assis à une table où ils jouaient au piquet, deux individus que l'on n'aurait pas voulu rencontrer sur une route peu fréquentée. Non pas que le costume de ces messieurs fût par trop délabré; mais parce qu'ils étaient porteurs de ces figures qui semblent destinées à la cour d'assises.

L'un, grand, sec comme un échalas, et dont le teint était d'un jaune bistre, avait une figure taillée m couperet, un nez d'oiseau de proie et de véritables yeux de chouette; celui-là était vêtu d'une longue rudingote noire, dite à la propriétaire, qui lui tombait presque sur les talons il avait un vieux feutre gris très-déformé et un mouchoir de couleur pour cravate.

L'autre était petit, fort grêle; son nez était aplati comme celui d'un nègre, et sa bouche allait de l'une à l'autre de ses oreilles, ce qui, comme il riait souvent, laissait voir seulement quatre dents; mais ces quatre dents pouvaient lutter avec des défenses de sanglier. Deux eux verts et bordés de rouge donnaient à cette physionomie quelque chose de satanique, ce qui augmentait encore la laideur de ce personnage, est qu'il faisait le beau, affectait des prétentions, souriait souvent et semblait très-content de lui.

Ce monsieur avait un de ces petits paletots si courts, qu'on peut, à volonté, les prendre pour une veste. Son pantalon à carreaux n'avait plus qu'un sous-pied; enfin, sa tête était coiffée d'un de ces petits chapeaux à formes rondes, à larges bords et couleur de lie de vin, comme on a eu le désagrément d'en apercevoir depuis quelque temps dans les promenades.

— Bonjour, Gueuletard, bonjour, Putois, dit M. Bodinet en frappant sur l'épaule des joueurs de piquet. Ceux-ci lèvent le nez, et murmurent :

— Ah! c'est Bodinet! et continuent leur partie :

— Trois boutons de guêtre et la tierce au larbin... qu'est-ce que dis de ça, Bibi, je jouais pour cinq, t'es enfoncé!...

— Comment, tu jouais pour cinq, tout à l'heure tu n'en avais que cinq...

— J'en ai fait depuis, probablement.

— C'est-à-dire que tu en as marqué beaucoup...

— Ah! Bibi, je pense que nous n'allons pas inculper l'innocence de notre intime!

— Messieurs, de grâce, laissez là votre partie de piquet, j'ai besoin de vous deux pour une affaire sérieuse...

— Oh! diable, dit le grand maigre qu'on appelait Gueuletard. Et y aura-t-il un joli bénéf?

— Il y aura le plus que je pourrai; vous savez bien que je ne suis pas dur quand les poches sont pleines. Pour commencer... vous avez bu deux bouteilles... je paie votre dépense.

— Bravo! ce début me plaît... il est gaillard, dit le petit homme nommé Putois, en riant de manière à montrer ses quatre dents. Voyons, Bodinet, de quoi s'agit-il, explique-nous l'affaire et apprends-nous de quoi que nous devons fair !

— Messieurs, j'ai un duel, je me bats aujourd'hui à trois heures à Saint-Mandé.

— Ah bah! un duel... et à quoi... à la boxe... à la savate... aux coups de tête... au bâton... ou plutôt à celui qui avalera le plus de petits verres de trois-six; tu es bigrement fort à ce jeu-là...

— Oh! Bodinet est solide sur le trois-six! c'est pas comme Cannu qui avait parié qu'il l'emporterait pour du kirch...

— Il en était à son dix-neuvième petit verre, quand on s'est aperçu qu'au lieu de kirch, c'était tout bonnement de l'eau qu'il ingurgitait!

— Il n'est pas question de tout cela, messieurs, je dois me battre à l'épée...

— A l'épée!... ah! compris! c'est quelque niais à qui tu veux donner une leçon... il aura peur; quand il sera sur le terrain il demandera grâce, il ne voudra plus se battre, et alors on le fera chanter... parions que c'est ça!...

— Vous n'y êtes pas du tout. Mon adversaire est au contraire très-disposé à se battre; il ne reculera pas. Seulement, si le duel a lieu, comme nous ne craignons personne au fleuret, nous nous flattons d'embrocher ce monsieur très-proprement.

— Tu viens de dire : si le duel a lieu, ce n'est donc pas encore une chose arrêtée.

— C'est parfaitement arrêté avec mon adversaire, et il n'y aura aucun arrangement possible, je vous en préviens. Cependant, il peut arriver une circonstance qui empêche notre combat, et cette circonstance, je vais tâcher de la faire naître... non pas que j'aie peur... vous savez bien que je ne boude pas... mais c'est que ce duel ne me rapportera rien, tandis que s'il n'a pas lieu, c'est que j'aurai été grassement payé... comprenez-vous?

— Pas trop; mais ça ne fait rien...

— Pendant que je vais écrire une lettre ici... procurez-vous une bonne paire de fleurets démouchetés... n'en as-tu pas, Gueuletard?

— J'en avais, mais je les ai lavés pour mener une partie particulière au Champ de navets... ce joli petit bal, si bien composé...

— Moi, j'en aurai, dit Putois, j'ai un cousin qui apprend à faire des armes, parce qu'il va se marier à une beauté tout à fait chic! et il dit qu'il se battra avec tous ceux qui en conteront à sa femme... en voilà un qui aura de l'ouvrage.

— C'est bien, allez et faites-vous propres, si c'est possible, nous avons affaire à des jeunes gens vernis.

— Pourquoi diable vas-tu te battre à Saint-Mandé au lieu de rester dans le quartier... on aurait été si bien dans les carrières qui sont sous les buttes Saint-Chaumont!

— C'était aussi mon idée, mais il n'y a pas eu moyen d'y faire aller l'autre. Peu importe où le combat n'a pas lieu; si, au contraire, nous ferraillons, mon petit monsieur aura sa paillasse crevée aussi bien à Saint-Mandé qu'ailleurs. Allez et venez me rejoindre ici dans une heure, nous irons ensuite là-bas en nous promenant.

— Et nous arroserons le chemin... eh! eh! eh! j'ai toujours besoin d'être arrosé, moi.

En disant cela, M. Putois rit très-fort et emmène le grand Gueuletard en le prenant sous le bras.

M. Bodinet se fait apporter tout ce qu'il faut pour écrire, puis il semble méditer profondément avant de prendre la plume. Enfin ayant arrêté son plan, il écrit:

« Mademoiselle, à trois heures je dois me battre à Saint-Mandé avec M. Gaston; je n'ai pas besoin de vous dire que vous êtes la cause de ce duel. Je suis de première force à l'épée, mon adversaire

est donc un homme mort. Voulez-vous empêcher ce combat, vous le pouvez : soyez donc à deux heures dans le premier cabaret qui se trouve sur la grande route, quelques pas avant la porte du bois de Saint-Mandé. Apportez-moi la somme que je vous ai demandée l'autre soir. Alors, au lieu de me rendre au lieu du combat, je pars sur-le-champ pour la Belgique, et on ne me revoit plus. A deux heures... décidez-vous.

« Je vous baise les mains,

« DUPORTIER. »

Après avoir signé, Bodinet ferme sa lettre, puis fait venir le garçon de l'établissement.

— N'as-tu pas un frère qui fait des commissions?

— Oui, monsieur.

— Il est adroit, dit-on?

— Je crois bien, il glisserait un billet doux à une demoiselle au vis-à-vis de ses père et mère, de ses oncles, de ses tantes!... qui n'y verraient que du feu... On ne se méfie pas de lui, il a quinze ans, il n'en paraît que dix tant il est petit.

— Sais-tu où il est... peux-tu me l'amener?

— Oui; il doit être occupé à jouer au bouchon ici près... oh! bouchon, c'est sa passion... il y est très-fort.

— Va le chercher.

Une demi-heure s'écoule; enfin le petit commissionnaire paraît.

— Tu as été bien long à venir, dit M. Bodinet.

— Dame! je jouais au bouchon... et il y avait à piger.

— Veux-tu gagner vingt sous?

— Je crois bien!

— Voilà une lettre qu'il faut porter à mademoiselle Félicie, faubourg Montmartre; l'adresse est dessus. Tu donneras cette lettre à la concierge en lui disant que c'est pressé, et il faut qu'elle la monte sur-le-champ à cette demoiselle. Si tu la montais, on pourrait ne pas t'ouvrir. Quand tu seras certain que la lettre a été remise à cette demoiselle, tu reviens. Si je suis content, demain tu auras encore vingt sous... en attendant, prends ceux-ci.

— Merci, bourgeois... soyez tranquille, la demoiselle aura votre billet.

A peine le commissionnaire est-il parti, que MM. Gueuletard et Putois reviennent. Le premier porte sous sa grande redingote une paire de fleurets.

— Nous voici, dit M. Putois en ricanant, eh! eh! il ne ferait pas bon nous attaquer... nous sommes armés jusqu'aux dents... Gueuletard a les fleurets et un pistolet de cavalerie dans sa poche... moi, j'ai une paire de jolis petits joujoux qui n'ont jamais raté... on ne sait pas... ça peut servir...

— Oui, oui, vous avez bien fait, et tout cela est chargé?

— Autant que ça peut en porter...

— Donne moi un de tes pistolets.

— Voilà, mon vieux...

— Ah! tout cela ne vaut pas les revolvers!... avec lesquels on tire tout de suite quatre ou cinq coups... pas moyen de manquer son monde alors... décidément, pour savoir tuer nos ennemis, nous ne sommes encore que des enfants, et les Américains nous enfoncent tous... c'est là où il y a des duels mirobolants.

— Patience! avec le progrès des lumières nous y arriverons.

— Partons, messieurs...

M. Bodinet et ses deux témoins suivent les boulevards extérieurs; ils gagnent la barrière du Trône, puis montent la route de Vincennes, ils arrivent sur les une heure et demie à la porte du bois de Saint-Mandé. Mais au lieu d'entrer chez le traiteur qui fait dîner, Bodinet conduit ses deux compagnons dans un petit cabaret borgne, à cinquante pas de là. Il fait venir du vin et s'attable avec ses dignes amis.

— C'est ici que son adversaire et ses témoins doivent le rejoindre? dit Gueuletard.

— Non... ils doivent aller à l'entrée du bois... mais, au reste, cette fenêtre donne sur la route et nous les verrons passer... sans qu'ils nous voient, si c'est mon idée...

— Quelle idée as-tu donc?

— Je vais l'expliquer; buvons d'abord.

— Oui, oui, arrosons! arrosons! dit l'homme au chapeau lie d'vin, nous ne pousserons que mieux... notre pointe... eh! eh! pas mauvais, celui-là...

Après avoir empli et vidé les verres, trinqué et demandé encore du vin, ces messieurs se tiennent tranquilles et Bodinet prend la parole :

— Vous saurez donc, vous autres, qu'il y a une femme au fond de tout ça... une femme... qui est encore demoiselle et bigrement jolie! mais vous me connaissez assez pour savoir que ce n'est pas l'amour qui me fait agir...

— Nous te rendons cette justice!

— Allons donc! il faut laisser les amourettes aux niais, ou aux gens qui n'ont rien à faire... moi, je n'ai jamais eu en vue que le solide... autrement dit le cubus, et la demoiselle en a !... j'avais bâti là-dessus un plan qui n'a réussi qu'à moitié... ceci est tout une his-

toire que je vous conterai un jour... devant un morceau de marolle.
Tout ce que je puis vous dire maintenant, c'est que mon adversaire
est très-amoureux de la demoiselle en question... que c'est pour elle
qu'il se bat. Comme je suis persuadé qu'il ne lui en a rien dit... et
comme je ne doute pas que, de son côté, la petite n'en tienne pour
mon jeune cadet; qu'ai-je fait, moi? j'ai écrit à la belle... je lui ai
appris qu'à trois heures je tuais son amant en lui passant mon épée
au travers du corps... puis, j'ai ajouté : Si vous craignez pour sa
vie, si vous ne voulez pas que le combat ait lieu, soyez à deux heures
dans tel cabaret... je lui ai parfaitement indiqué celui-ci... et apportez-moi la somme que je vous ai demandée l'autre soir... alors, au lieu
de me rendre sur le terrain, je m'éclipse et on ne me revoit plus...
Voilà, mes enfants, pourquoi nous sommes ici... Eh bien! que pensez-vous de cette roublissure?
— Supérieurement conduit!... **Quelle** somme as-tu demandée?
— Oh! la somme est grassouillette; mais je connais les moyens de
la demoiselle, elle peut parfaitement se la procurer...
— Alors elle viendra... quand les femmes sont amoureuses, elles
ne tiennent pas à l'argent.
— C'est aussi mon opinion; d'après cela, le duel n'aura pas lieu...
c'était la peine de me faire apporter des fleurets.
— Faut toujours être en mesure, quoique je pense aussi qu'ils ne
serviront pas.
— Mais tu seras généreux, pas ladre avec les amis...
— Soyez tranquilles, vous serez contents de moi... dès que j'aurai
les sonnettes, nous noceronts à mort!...
— Bravo! arrosons, en attendant!...
— Arrosons... Quelle heure est-il?
— Bientôt deux heures...
— La demoiselle ne peut tarder à arriver... elle viendra en voiture,
naturellement.
— Nous avons l'œil sur la route... il ne passe guère de monde...
nous la verrons venir de loin.
— Arrosons, arrosons!
M. Bodinet et ses amis boivent, trinquent, et se demandent déjà où
ils iront faire leur premier festin. Bientôt deux heures sonnent.
— Je suis surpris que ma demoiselle ne soit pas encore ici!... dit
Bodinet en regardant à la fenêtre... je lui aurais cru plus d'empresse-
ment!...
— On est quelquefois en retard malgré soi... pas de voitures sur
les places... ou bien des chevaux qui vont comme des écrevisses...
c'est encore un article sur lequel nous sommes bigrement en retard.
— Patience... la particulière va venir...
— Je lui ai parfaitement indiqué l'endroit... elle ne peut pas se
tromper...
— Et il ne passe point une charrette que je ne la dévisage...
— Et puis le temps de se procurer de l'argent...
— Oh! elle doit en avoir en portefeuille!... elle ne dépense pas ses
rentes, j'en suis sûr.
Un quart d'heure s'écoule. La physionomie de M. Bodinet s'assom-
brit; les deux amis ne font plus de projets de bombance. On boit
toujours, mais on bavarde moins. A chaque instant on va regarder
à la fenêtre. Du plus loin qu'il aperçoit un véhicule, M. Putois s'é-
crie :
— Voilà la donzelle!
Mais quand l'objet approche, on reconnaît que ce n'est point un
fiacre, et les espérances s'évanouissent; lorsque la demie sonne,
M. Bodinet frappe du pied avec colère en disant :
— Elle ne viendra pas! Oh! les femmes! comptez donc sur quelque chose avec elles! ce sont d'indignes girouettes!...
— Tout n'est pas encore désespéré, dit Gueuletard; elle peut avoir
éprouvé des retards... se tromper d'heure... les horloges ne vont pas
de même partout!...
— Non! non! si elle avait dû venir, elle serait ici depuis longtemps !...
— Il paraît qu'elle aime mieux son argent que le jeune homme...
c'est une fille d'esprit!
— Je ne sais que penser... je n'y comprends rien... Oh! elle ne
viendra pas!...
Tout en disant cela, Bodinet retournait sans cesse à la fenêtre et
ttant encore de voir arriver Félicie. Enfin, à trois heures moins
elques minutes, une voiture apparaît au loin.
Cette fois, c'est bien un fiacre! dit M. Putois en se frottant les
us, voilà ta princesse.
voiture avance. Trois hommes sont dedans. Bodinet fronce le
cil en murmurant :
— C'est mon adversaire et ses témoins!... Allons! sacrebleu! il
faut se battre... tant pis pour l'autre! j'ai de l'humeur... je lui conseille
de bien se tenir... je ne le ménagerai pas... Voyons les fleurets...
sont-ils à ma main... hom! comme c'est léger... une... deux... allez
donc... ça ira! Allons, en route, vous autres, ne nous faisons pas
attendre.
Gaston, Alexandre et M. Beugle avaient laissé leur voiture à l'entrée du bois. En apercevant les trois hommes qui ont quitté le cabaret, Alexandre s'écrie :

— Qu'est-ce que c'est que ces témoins-là ?... des échappés de
Toulon pour le moins... Je n'attendais pas mieux de M. Dutortier
de Carpentras...
— Oh! foui! ces mossiés... ils être bien trinament vagoués!...
— Nous avons bien fait de prendre des pistolets...
Bodinet s'avance avec ses compagnons; ces messieurs font la gri-
mace en apercevant le gros Allemand qui est presque un colosse. On
ne se salue pas; on marche quelque temps dans le bois en gardant
le silence. Le temps était mauvais, on ne rencontrait personne. Bien
tôt Gaston s'arrête en disant :
— Il me semble que nous serons bien ici.
— Soit! dit Bodinet. Gueuletard, apporte les fleurets...
— Otez donc votre habit, monsieur, dit Gaston en ôtant le sien.
— Ah! vous tenez à vous battre en chemise... Après tout, ça m'est
égal...
Pendant que M. Bodinet ôte son paletot, Alexandre examine les
fleurets, M. Beugle reste impassible, et le petit homme au chapeau
lie de vin regarde de côté et d'autre s'il ne vient personne.
Bientôt les deux adversaires sont armés et en garde. Le combat
s'engage, avec impétuosité de la part de Gaston, avec une froideur
calculée de la part de Bodinet; il n'est pas long : après quelques
bottes portées et parées, Gaston, qui s'est jeté imprudemment en
avant, reçoit un grand coup de fleuret dans le côté.
Un sourire de triomphe échappe à M. Bodinet qui s'écrie :
— Je crois que vous avez votre affaire !
Gaston veut continuer le combat, mais les forces lui manquent, il
tombe dans les bras d'Alexandre qui le soutient.
— Et vous, messieurs les témoins, est-ce que vous ne ferez pas
aussi une partie? dit Bodinet en brandissant son épée, je suis tou-
disposé à recommencer, moi...
— Ou bien, on pourrait rire un peu avec vous! dit le grand Gueuletard en sortant un énorme pistolet de sa poche, tandis que M. Putois se met à ricaner en montrant aussi le sien.
Mais avant que Alexandre, qui soutient toujours Gaston, ait le
temps de fouiller à sa poche, M. Beugle sort des siennes la paire de
pistolets qu'il a sur lui, et, en prenant un dans chaque main, les dirige sur Bodinet et ses amis, vers lesquels il s'avance en disant :
— Sacré mille tardeiff! si fous fiche bas le camp tout de suite, che
fous tue gomme des chiens galleux !...
Ces messieurs qui ne s'attendaient point à cette réplique, et qui
voient dans les yeux de l'Allemand qu'il est déterminé à effectuer
ses menaces, ne jugent pas convenable de renouveler leurs propositions; sur un signe de Bodinet, ils rentrent leurs armes et disparaissent bientôt sous lui dans le bois.
— Maintenant, dit Alexandre, portons ce pauvre Gaston dans la
voiture.
— Oh! foui! foui! bortons à nous teux... il est bas lourd titout!
— Pauvre ami! espérons que sa blessure n'est pas grave...
— Non! non! ce ne sera rien... balbutie le blessé; mais ne lui
dites pas à elle que c'est pour elle... que je me suis battu... cela lui
ferait trop de peine... vous lui direz que...
Il ne peut en dire davantage, il perd connaissance, et Alexandre
murmure :
— C'est égal, la Providence n'a pas bien fait les choses aujourd'hui.

XLIII. — QUIPROQUO.

Quand on veut qu'une commission soit prestement faite, il ne faut
pas employer pour commissionnaire des gamins qui ne songent qu'à
jouer au bouchon.
Celui auquel M. Bodinet avait confié la lettre qu'il adressait à Félicie avait, en sortant du vilain café, rencontré plusieurs de ses camarades. Ceux-ci lui avaient proposé une nouvelle partie; il avait
vingt sous en poche, il avait accepté en disant :
— Partie, revanche et la belle, pas plus. J'ai affaire après.
On s'était mis à jouer. Le bouchon a cet avantage, que les amateurs en ont presque toujours dans leur poche, et que la première
place venue est bonne pour s'y établir. Mais le jeune commissionnaire
avait perdu les trois parties proposées; alors il avait continué, sa
pièce de vingt sous y avait passé, il continuait toujours pour tâcher
de se rattraper. Mais enfin, ceux qui gagnaient avaient refusé de jouer
encore avec quelqu'un qui n'avait plus d'argent; alors le perdant
avait songé à son retard, à la commission dont il avait chargé. Il était trois
heures passées lorsqu'il s'était rappelé cela.
Depuis que Gaston était rétabli, Félicie avait l'habitude de le voir
une grande partie de la journée, puis il passait ses soirées près d'elle.
Dans la matinée qui a précédé son duel, le jeune homme a été voir
sa jolie voisine; mais, préoccupé de ce qui doit bientôt se passer, et
craignant de faire attendre Alexandre, il avait quitté Félicie beaucoup plus tôt que de coutume, et lorsqu'elle lui avait dit :
— A ce soir! il lui avait répondu : oui, mais d'une façon singulière; enfin, la jeune fille avait cru remarquer en lui un air distrait
qui ne lui était pas naturel; les femmes voient si bien quand on leur
cache quelque chose, qu'il est difficile à un homme de tromper celle
qui ne tient pas à l'être.

Après le départ de Gaston, Félicie s'était rappelée plusieurs circonstances qui l'avaient frappée, et sur les trois heures et demie, ne voyant pas revenir le jeune auteur, elle était descendue pour s'informer s'il était de retour ; elle était inquiète de lui sans pouvoir se dire pourquoi.

Après avoir inutilement sonné chez Gaston, Félicie allait remonter chez elle, lorsque madame Montenlair, qui était en grande toilette, avait ouvert sa porte et était venue sur le carré en s'écriant :

— C'est bien extraordinaire !... je n'y comprends rien... un homme qui est habituellement exact comme un cadran solaire... il me fait attendre depuis deux heures... il est trois heures et demie sonnées, que dites-vous de cela, ma petite voisine ?

— Qui attendez-vous, madame ?

— Quoi, vous ne le devinez pas... c'est le tendre Beugle... cet Allemand sentimental qui m'adore comme un véritable Werther qu'il est... il devait venir me prendre à deux heures pour me mener promener sur les boulevards... j'ai ma toilette, je l'attends... il ne vient pas, où peut-il être ?... Tiens ! j'ai chanté cela autrefois !...

— Mais le temps n'est pas beau pour se promener !...

— Est-ce qu'il fait mauvais temps pour les amoureux !... et d'ailleurs les voitures n'ont pas été inventées pour qu'on aille toujours à pied, je présume... Je me serais fait promener en cab... je n'ai pas encore goûté de ce cabriolet qui ressemble à un coucou... c'est moins dangereux pour une femme que les voitures fermées... Voyez s'il viendra... j'ai bien envie d'aller sonner chez lui... Qu'en pensez-vous ?

— Vous savez mieux que moi, madame, ce que vous avez à faire.

— Je sais que ce gros Beugle est capable de s'être endormi en fumant... cela lui arrive quelquefois... Tant pis !... je me risque, je vais carillonner chez lui... Après tout, il est garçon cet homme... il est son maître et moi aussi !

Madame Montenlair descend au troisième, elle sonne chez M. Beugle ; mademoiselle Kretly ouvre, fait la grimace en reconnaissant la dame que son maître promène depuis quelque temps, a envie de lui tirer la langue et se borne à lui rire au nez.

— Dites, s'il vous plaît, à M. Beugle qu'on l'attend depuis longtemps... Il a sans doute oublié le rendez-vous qu'il m'a donné ; est-ce qu'il serait endormi ?... est-ce qu'il n'est pas encore en toilette ?

A toutes ces questions que madame Montenlair débite avec volubilité, la bonne répond d'un air rogue :

— Endormi !... monsieur... Je ne sais pas s'il vous a donné un rendez-vous... il ne m'en a pas parlé... Il paraît qu'il n'y tenait guère, car je sais qu'il est sorti il y a plus de deux heures...

— Sorti... quand je l'attends... ce n'est pas vrai, ce n'est pas possible...

— Comment, ce n'est pas vrai !... vous êtes encore polie, vous !

— Vous voulez me cacher votre maître !

— Le cacher... faudrait que je pusse me mettre en double pour ça.

— Voyons, Kretly, j'ai tort... je sais trop vive... mais alors M. Beugle a dû vous dire quelque chose pour moi en sortant ?

— Il ne m'a rien dit du tout ; MM. Gaston et Alexandre sont venus le chercher... il est parti avec eux en voiture.

— Avec mes jeunes voisins !... ah ! les scélérats, ils seront venus le débaucher ! l'emmener dans quelque partie fine... C'est ce grand polisson d'Alexandre qui aura manigancé tout cela... Ils sont venus l'entraîner, dites-vous ?...

— Oh ! ils n'ont pas eu besoin d'entraîner monsieur ; il est allé avec eux de bonne volonté !... et comme il était tout habillé !...

— Il était en toilette !... ah ! les monstres ! et cette toilette qu'il avait faite pour moi lui servira pour une autre... quel outrage !... et il ne vous a pas dit un mot pour moi, ce volage Allemand ?...

— Rien du tout ! Ah ! mais je me rappelle... quelque chose qui m'a bien surprise !...

— Dites, Kretly, dites... pendant que vous y êtes, ne craignez pas d'enfoncer le poignard !...

— Il n'est pas question de poignard ! c'est sa boîte à pistolets que monsieur a été chercher ; il a pris les armes qui étaient dedans, et les a fourrées dans sa poche et puis encore d'autres pistolets qui étaient dans son secrétaire, il les a donnés à M. Alexandre...

— Ah ! mon Dieu !... qu'est-ce que vous me dites-là, Kretly ! tous ceci change toute la face des choses... Alors, c'est d'un duel qu'il s'agit... M. Beugle est allé se battre... se battre pour moi, je n'en saurais douter... c'est avec Philosèle qu'il a cette affaire !... Ah ! ce cher Beugle !... gredin de Philosèle... exposer sa vie pour moi... c'est comme du temps que j'étais à Bordeaux ! on s'est battu bien souvent pour moi. Dans ce temps-là, ça m'amusait ! aujourd'hui cela me crispe les nerfs !... Ah ! malheureuse... je suis trop aimée !

Et madame Montenlair remonte près de Félicie en lui criant de manière à être entendue de tous les étages :

— C'est un duel ! ma petite voisine !... M. Beugle est allé se battre pour moi !... nos voisins, MM. Gaston et Alexandre sont partis avec lui... ce sont ses témoins.

— Quoi ! madame, M. Gaston est avec M. Beugle...

— Mais oui, mon enfant ; vous ne comprenez donc pas ce que je vous dis !... ils sont allés le prendre... ils ont tous deux paires de pis-

tolets dans leurs poches... M. Beugle se bat pour moi... avec ce petit forcené de Philosèle.

— Ça n'est pas possible, murmure la petite Maria qui vient d'accourir sur son carré ; ce gros Allemand m'a l'air un peu cruche mais pas à ce point-là...

— Ces messieurs seront allés tirer des petites poupées de plâtre, dit Zéphirine.

— Mais que faire, grand Dieu ! reprend Rosinette, en faisant de grands bras, de quel côté courir pour me jeter entre les combattants ?

La présence de la concierge interrompt les doléances de cette dame ; madame Ador montait avec une lettre à la main.

— Ah ! voilà des nouvelles ! s'écrie madame Montenlair ; cette missive est pour moi, je gage...

— Non, madame, un jeune commissionnaire vient de l'apporter en me priant de la monter tout de suite à mademoiselle Félicie...

— Pour moi ! s'écrie Félicie en prenant la lettre.

— Voyez, voyez... reprend l'actrice, ce sont sans doute des nouvelles de Beugle... l'infortuné il est plus en état d'écrire peut-être !...

Félicie a déjà ouvert la lettre ; elle frémit en reconnaissant l'écriture, et lorsqu'elle a lu, son visage se couvre d'une pâleur effrayante, c'est à peine si elle peut balbutier, en s'adressant à la concierge :

— Mon Dieu, madame, cette lettre... mais on me dit d'être à deux heures quelque part... et vous dites qu'elle vient d'arriver.

— A l'instant même...

— Où est ce commissionnaire ?

— Oh ! le gamin est reparti sur-le-champ sans demander son reste...

— Il s'agit du duel, n'est-ce pas, s'écrie madame Montenlair ?

— Du duel... oui madame... Mais comment l'empêcher maintenant... être à deux heures à la porte de Saint-Mandé...

— C'est impossible, il est plus de quatre heures à présent...

— Mon Dieu ! et cet horrible combat devait avoir lieu à trois heures !... N'importe... il faut partir... il faut que j'aille tout de suite où l'on me dit...

— C'est M. Gaston qui vous écrit ?...

— Gaston, hélas non ! madame... ah ! il ne m'a rien dit, lui... il m'a caché qu'il se battait... je ne l'aurais pas laissé partir... Ah ! malheureuse que je suis... et c'est moi qui suis cause !...

— Vous, comment, je n'y suis plus... M. Beugle se bat !

— Eh ! non, madame... ce n'est pas M. Beugle... c'est M. Gaston qui se bat !

— C'est M. Gaston, et ce n'est pas pour moi !... mais alors pourquoi M. Beugle est-il fourré là-dedans... qu'allait-il faire dans cette galère ?... au lieu de me mener promener... C'est égal, pauvre petite ! j'irai avec vous séparer les combattants.

Félicie n'écoute plus madame Montenlair. Désolée, éperdue, elle s'apprête à partir, lorsque mademoiselle Amanda crie d'en bas :

— Ma tante, descendez vite .. voilà une voiture qui ramène quelqu'un de la maison qui est blessé.

— Mon Dieu ! c'est lui ! s'écrie Félicie en descendant précipitamment l'escalier, et tout le monde la suit.

C'était en effet Gaston que l'on ramenait ; Alexandre et M. Beugle le tenaient et se disposaient à le porter chez lui, lorsque tout le monde accourt. Alors, des cris partent de tous côtés, et, comme c'est l'ordinaire, les personnes que cela touche le moins crient plus fort que les autres :

— C'est M. Gaston que l'on rapporte !...

— Il est blessé.

— Pauvre jeune homme !

— Comme il est pâle !

— Il est mourant !

— Il est mort peut-être !...

— Eh non, sapristi ! il n'est pas mort ! crie Alexandre d'une voix qui domine toutes les autres, sa blessure n'est pas dangereuse... il en reviendra !... Mais sacrebleu ! si vous criez comme cela à ses oreilles, il sera sourd avant d'être guéri... Allons, place, place...

Gaston, auquel la douleur a fait rouvrir les yeux, aperçoit Félicie et tâche de lui sourire en balbutiant :

— Ce ne sera rien !

— Vous êtes certain qu'il n'est pas blessé dangereusement ? demande Félicie dont les yeux sont baignés de larmes...

— Foui !... foui !... dit M. Beugle, c'est-à-dire che zais bas titout... mais la chirurchien il saura pien dire quand il aura fû !

Le blessé est porté chez lui, couché dans son lit, et en attendant que le chirurgien soit arrivé, le docteur Urtuby monte voir Gaston, examine sa blessure et dit :

— Je ne crois pas que l'arme ait attaqué aucune partie essentielle... C'est égal, c'est une mauvaise blessure que celle faite avec un fleuret... ces jeunes gens sont fous... comme s'il ne valait pas mieux jouer du violon !...

Enfin, le chirurgien arrive, c'est un homme expert et qui ne s'occupe pas de musique. Félicie, Alexandre, le bon Allemand, et tous ceux qui s'intéressent à Gaston attendent dans une anxiété cruelle ce qu'il va prononcer.

— Il en reviendra ! je réponds de lui ! dit le chirurgien ; pourtant il l'échappe belle. Quelques lignes de plus sur la droite, et il était mort... mais je le répète, il guérira.

Ces paroles ont rendu à la vie celle qui connaissait le sujet de ce combat et qui n'aurait pu se pardonner d'avoir causé la mort de Gaston. Alexandre pousse un cri de joie, va prendre M. Beugle par la taille et lui fait faire un tour de valse. Madame Montenlair s'essuie les yeux, tout en disant bien bas à M. Beugle :

— Pourquoi vous êtes-vous mêlé à ce duel, imprudent que vous êtes ?

Et celui-ci lui répond.

— Che me suis pas ennuyé titout !

La nièce de la concierge va dire à toutes les bonnes de la maison que M. Gaston en reviendra, et cette nouvelle fait plaisir à tout le monde, parce que Gaston était gentil, aimable et savait se faire aimer de tous ceux qui le connaissaient, il ne s'agissait plus que de bien soigner le blessé; mais les soins ne pouvaient pas lui manquer. Félicie s'établit près de lui, c'est elle qui veut lui servir de garde. Peu lui importe maintenant ce que l'on dira de sa conduite, elle ne croit pas trop pouvoir faire pour celui qui a exposé sa vie pour elle. D'ailleurs elle ne cache plus son amour pour Gaston.

Au bout de trois jours Gaston était déjà assez bien pour pouvoir exprimer sa reconnaissance à celle qui ne l'avait pas quitté d'un moment depuis qu'il était blessé; car Félicie n'avait voulu prendre aucun repos, ni confier à personne le soin de le veiller. Madame Montenlair, Alexandre, M. Beugle s'étaient en vain offerts pour la remplacer; elle ne voulait pas s'éloigner du malade avant d'être certaine qu'il ne courait plus aucun danger.

Pendant que Gaston reposait, Félicie avait plusieurs fois prié Alexandre de lui dire ce qui avait motivé le duel entre son ami et M. Bodinet; mais Alexandre s'était toujours contenté de lui répondre :

— Nous vous dirons cela plus tard !... c'est tout bonnement un infâme propos tenu par ce monsieur... De sa part cela ne doit pas vous surprendre... mais celui-là passe la permission...

Félicie n'osait pas insister, et cependant elle brûlait du désir d'en savoir davantage. Depuis qu'elle veille près de Gaston, elle n'est pas retournée chez M. Loupard; elle n'a pas été embrasser le petit Aristide, auquel elle portait toujours quelque friandise; mais elle a eu des nouvelles du petit garçon par le maître d'école qui, aussitôt qu'il a su l'accident arrivé à Gaston s'était empressé de venir s'informer de son état.

— Et votre locataire ? dit un jour Alexandre à madame Ador, ce respectable Dufortier Bodinet de Carpentras, l'avez-vous revu depuis qu'il s'est battu avec Gaston ?

— Non, monsieur, répond la concierge, je ne l'ai pas aperçu une seule fois... il paraît qu'il ne rentre plus coucher...

— J'aime à croire, moi, qu'il ne rentrera plus du tout.

— Heureusement j'ai ses meubles pour répondre du loyer... les meubles c'est bien peu de chose ! mais il avait beaucoup de linge dans des paniers.

— Je ne sais pas ce que vous avez, madame Ador, mais je vous parie d'avance qu'il n'y aura pas de quoi payer le terme.

Le neuvième jour est passé; Gaston est tout à fait bien; Félicie peut le quitter quelquefois, et elle ne manque pas alors de courir à la petite école d'y embrasser Aristide, de lui donner mille petites douceurs, puis de s'esquiver lestement en recommandant toujours à M. Loupard le secret sur ses visites.

Félicie venait encore de voir Aristide; elle était retournée près de Gaston qui pouvait se lever et était établi dans un grand fauteuil. M. Beugle et madame Montenlair étaient venus visiter le convalescent, lorsque le grand Alexandre vient compléter la réunion.

— Savez-vous bien, dit Gaston, que je m'estime fort heureux d'avoir été blessé, puisque cela m'a valu les plus tendres soins d'une femme que j'adore... et de si touchantes marques d'amitié, d'intérêt je vous tous...

— Cela n'a rien qui doive vous surprendre, dit madame Montenlair, m'intéresse à vous, c'est très-naturel, mais ce que je serais bien curieuse de savoir, moi, c'est ce qui a pu amener ce duel avec ce M. de Carpentras... J'ai plusieurs fois questionné M. Beugle à ce sujet, il se contente de me répondre qu'il ne s'est pas ennuyé...

— Che savais bas blis!...

— Moi aussi, balbutie Félicie, j'ai déjà demandé plusieurs fois à Alexandre comment cette rencontre avait été provoquée... Il a usé de me n'en instruire.

— Eh bien! ma chère Félicie, je vais vous le dire, moi, reprend Gaston; car nous savons bien que toutes les calomnies de M. Bodinet ne peuvent vous atteindre! il n'est pas moins vrai que je ne pouvais, que je ne devais pas souffrir le propos infâme qu'il a tenu... Alexandre reprochait à cet homme la friponnerie dont il s'est rendu coupable envers M. Loupard; lorsqu'il a été dire au bon maître d'école qu'il venait de lui envoyer cinq cents francs dans une lettre... vous étiez convenue avec nous que cet envoi venait de vous, alors ce monsieur lui a insolemment répondu : « Voilà bien des récriminations pour cet argent! Qu'il vienne de moi ou de mademoiselle Félicie, n'est-ce pas la même chose! Si le père ne peut pas payer la pension de son fils n'est-il pas tout simple que ce soit la mère qui s'en charge!... »

— Ah! le misérable! s'écrie madame Montenlair.

Félicie ne dit rien, elle pâlit, ses yeux se ferment.

— Mon Dieu, elle se trouve mal, dit Gaston, j'ai eu tort de lui rapporter ces propos.

— C'est la colère !... c'est l'indignation! dit madame Montenlair.

— Ce ne sera rien, dit Alexandre, en approchant un flacon dont il fait respirer le contenu à Félicie; en effet, celle-ci ne tarde pas à rouvrir les yeux, qu'elle porte vers le ciel, comme pour lui demander de lui donner du courage.

— Ma chère Félicie, dit Gaston, ne vous affectez pas ainsi; oubliez l'indigne propos de cet homme...

— Cet homme n'a pas menti! murmure Félicie, il vous a dit la vérité... je suis la mère du petit Aristide...

La consternation se peint sur tous les visages, Gaston baisse les yeux et semble atterré par cette révélation; mais la jeune fille reprend presque aussitôt et avec plus de force :

— Oui, je suis la mère d'Aristide, et cependant je ne suis pas coupable; je n'ai aucune faute, aucune faiblesse à me reprocher... vous allez le connaître, ce secret qui depuis longtemps pèse sur mon existence, qui, à mes joies les plus pures mêlait une pensée de tristesse et de tourments... Déjà peut-être, j'aurais dû en faire la confidence, à vous, Gaston, qui m'offriez le titre de votre épouse... j'hésitais toujours, il y a de ces crimes dont quelque innocente on rougit d'avoir été victime. Aujourd'hui je ne dois plus rien vous cacher... restez, madame, et vous aussi, messieurs... je vous ai dit que j'étais la mère d'Aristide... il faut que vous sachiez comment cela est possible... écoutez-moi donc et ensuite jugez-moi.

XLIV. — HISTOIRE DE FÉLICIE.

« A quinze ans et demi j'eus le malheur de perdre mon père; ma mère était morte en me donnant le jour. Je me trouvais donc, bien jeune encore, seule à Paris avec environ trois mille francs de rente que mon père m'avait laissés; mais il avait une sœur plus âgée que lui de sept ou huit ans et qui habitait dans les environs de Grenoble. Cette sœur ne s'était jamais mariée, et par suite d'un heureux emploi de ses fonds, elle possédait huit à neuf mille francs de revenu. Mon père m'avait dit souvent : « Ma sœur Ursule amasse pour toi, tu seras un jour une seule héritière, et si je venais à mourir avant de t'avoir mariée, il te faudrait, ma fille, te rendre sur-le-champ près de ta tante qui t'aime bien, et, dans ses lettres, me témoigne toujours le plus vif désir de te voir. »

« Je suivis donc les ordres de mon père, j'arrivai bientôt chez ma tante Ursule, excellente femme, qui me reçut et me traita comme sa fille.

« Mademoiselle Danglade habitait une fort jolie maison, mais un peu isolée, à un quart de lieue de Grenoble. Outre le corps de logis principal qui était très-grand il y avait à l'entrée du jardin un joli petit pavillon qui avait rez-de-chaussée et premier étage, d'où l'on dominait sur une vaste étendue de pays. Cette vue était magnifique, je ne pouvais me lasser de l'admirer; c'était contre une fenêtre de ce pavillon que je me plaisais à m'asseoir pour lire ou travailler, si bien que ma tante me dit au bout de quelques jours :

« Ma chère Ernestine, puisque la chambre du pavillon te plaît tant, il faut en faire ta tienne; tu n'auras besoin d'y porter chaque jour ton ouvrage ou tes livres. Toinette couchera au rez-de-chaussée, au-dessous de toi.

« J'acceptai la proposition de ma tante. Je fus bientôt installée dans le pavillon. Ma tante et sa maison se composait que de trois personnes, lorsque j'y arrivai : elle, sa servante Toinette, bonne grosse paysanne de trente ans, dont le plus grand bonheur était de dormir, et le jardinier, homme de soixante ans, qui servait aussi de concierge et aimait beaucoup à boire. Pardonnez-moi d'entrer dans tous ces détails, mais il était nécessaire de bien vous faire connaître notre intérieur. Pour des femmes, notre demeure, assez éloignée des maisons de campagne d'alentour, n'était peut-être pas un séjour bien sûr, mais dans le pays on n'entendait point parler de voleurs, et nous nous promenions souvent dans la campagne sans y faire jamais de mauvaises rencontres.

« Il y avait six mois que j'étais chez ma tante, lorsque M. Dufortier s'y présenta, muni d'une lettre de recommandation, se disant courtier en vins et venant faire des offres de service à ma tante. Celle-ci n'avait pas besoin de vin; alors ce monsieur prétendit qu'il était aussi architecte; en examinant la maison, il parvint à y trouver des crevasses, des murs lézardés; il assura que des réparations étaient urgentes et offrit de les diriger, de les surveiller gratis. Ma tante, qui était très-confiante, ajouta foi à tout ce que lui disait ce monsieur; bien loin de soupçonner en lui un intrigant qui cherchait à se faire venir d'elle, moi, je sais pourquoi, ce Dufortier me déplut du premier moment que je le vis; il faisait cependant tout son possible pour me plaire, mais il m'inspirait une aversion dont je ne pouvais me rendre compte; on aurait dit que je devinais que la connaissance de cet homme me serait fatale.

« Ma tante fit faire à sa maison les réparations que ce Dufortier lui avait conseillées; cela donna occasion à ce monsieur de venir

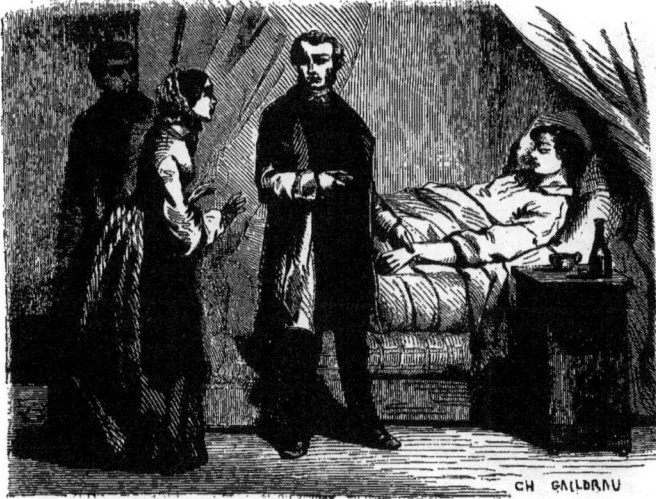

Il en reviendra... je réponds de lui, dit le chirurgien. (Page 102.)

très-souvent nous voir; il faisait son possible pour avoir l'air de se rendre utile, mais je m'aperçus bientôt que cet homme me regardait d'une façon singulière : je voyais briller dans ses yeux un feu qui m'effrayait; j'évitais autant que possible de me trouver seule avec lui; mais un jour, m'ayant surprise au jardin où j'étais seule, il ne craignit pas de m'adresser une brusque déclaration d'amour : je pus m'empêcher d'en rire. M. Dufortier avait alors quara... ans bien sonnés, et pour moi, qui en avais à peine seize... cet amoureux de cet âge me paraissait très-disproportionné.

« — Ne vous offensez pas de mon amour, mademoiselle, me dit Dufortier, je n'ai que des vues honnêtes; c'est au titre de votre époux que j'aspire, c'est votre main que je demande avec votre cœur.

« — Monsieur, lui dis-je, vous n'aurez ni l'un ni l'autre, je ne vous aime pas... je ne vous aimerai jamais; par conséquent, vous devez renoncer à toute espérance. Je ne serai jamais votre femme.

« — Nous verrons, me dit-il; votre tante vous fera peut-être changer de résolution.

« Croirait-on que, malgré mon refus si nettement exprimé, ce misérable eut l'audace d'aller demander ma main à ma tante; mais, grâce au ciel, celle-ci m'écoutait encore plus que ce monsieur, et sa démarche, au lieu d'avoir le succès qu'il espérait, diminua beaucoup la confiance que mademoiselle Danglade avait en lui. J'étais un assez bon parti : je possédais déjà trois mille francs de revenu, ma tante me donnait cent mille francs de dot et me laissait après elle le reste de sa fortune : ce monsieur savait tout; ce n'était point un mystère dans le pays, et il ne recherchait ma main que dans l'espoir de s'en enrichir. Ayant eu ensuite sur ce Dufortier des renseignements qui furent loin de lui être favorables, elle lui fit enfin défendre sa porte. Je ne saurais vous dire quelle fut la colère de ce monsieur, lorsqu'un matin qu'il venait nous rendre visite, je lui fis comprendre qu'il devait cesser de revenir.

« — Ah! c'est ainsi que vous me traitez, dit-il ; eh bien ! vous apprendrez à me connaître ; vous avez refusé d'être ma femme, mais quelque jour, vous serez trop heureuse si je veux bien vous épouser.

« Voilà quels furent les adieux de ce monsieur ; je m'occupai fort peu de ses menaces ; j'étais si contente, en pensant que nous ne le reverrions plus, que je ne pouvais plus conserver de tristes pensées.

« Quatre jours s'étaient écoulés depuis que M. Dufortier avait reçu son congé. Nous étions en été; la journée avait été superbe, et nous avions passé une grande partie de la soirée dans le jardin qui était fort grand et offrait des ombrages délicieux. Sur les dix heures et demie, j'embrassai, comme d'ordinaire, ma tante, et je me retirai

dans mon pavillon; à onze heures, j'étais couchée, et bientôt je m'endormis paisiblement, comme tous les soirs... Mon Dieu ! je ne pouvais prévoir quel horrible réveil m'attendait... C'était au milieu de la nuit; je me sentis pressée, entourée par des bras de fer... je poussai un cri ; je me croyais la proie d'un épouvantable cauchemar... mais, tout en dormant pas... j'étais dans les bras de Dufortier ! Je voulus appeler, me défendre... cet homme étouffait mes cris; il fut sourd à mes supplications, à mes prières... le lâche ! il n'eut pitié ni de mon désespoir, ni de mes larmes!... »

Ici, l'auditoire de la jeune fille ne peut réprimer un mouvement d'horreur, et les regards qui s'attachent sur elle, expriment la plus touchante pitié pour son malheur.

Félicie continue :

« Je perdis connaissance ; quand je revins à moi, l'infâme était encore dans ma chambre, mais il se disposait à me quitter.

« — Vous le voyez, me dit-il, il ne fait pas bon me rebuter... je n'ai pas eu de peine à m'introduire dans votre pavillon pendant que vous étiez toutes au jardin; je connaissais vos habitudes et les localités; j'étais caché dans votre chambre lorsque vous y êtes revenue ce soir... tout cela était extrêmement facile. J'ai agi comme cela, parce que je veux vous forcer à m'épouser... Y consentez-vous, à présent ?

« — Plutôt la mort ! dis-je en détournant les yeux avec horreur.

« Dufortier haussa les épaules et reprit :

« — C'est bien... nous verrons la suite ; vous ne parlerez pas tout jours ainsi.

« Et enfin ce monstre me quitta.

« Je me levai, j'appelai Toinette... cette fille dormait paisiblement; elle n'avait rien entendu. Je lui contai tout ce qui s'était passé; la pauvre paysanne, désespérée de n'avoir pas entendu mes cris, me supplia de cacher cet événement à ma tante, mais je n'écoutai point ses conseils ; je n'étais nullement coupable, je n'avais aucun reproche à me faire ; je ne voulus point devenir la complice de ce misérable Dufortier, en gardant le secret sur son crime; dès le lendemain ma tante apprit tout. Pauvre femme ! je ne puis vous dire quelle fut sa douleur, ses regrets... elle s'accusait d'être la cause de mon malheur.

« Après les menaces de ce monstre, me dit-elle, j'aurais dû veiller sur toi... prendre des précautions... te mettre à l'abri des tentatives, des dangers... et je ne l'ai pas fait !... Et ma bonne tante versait des larmes, si bien que j'étais obligée de la consoler. Elle voulait d'abord aller trouver les magistrats, leur faire connaître la conduite du misérable Dufortier... mais c'était apprendre à tout le pays que j'étais

Mon bon ami Alexandre, c'est moi... c'est moi... emmène-moi avec toi, je t'en prie. (Page 110.)

déshonorée, et nous comprîmes bientôt qu'il valait mieux garder le silence sur mon malheur et tâcher que personne ne connût ce fatal évènement.

« Bientôt, hélas ! nous fûmes forcées de redoubler encore de prudence... bientôt je m'aperçus que j'étais mère ; cette connaissance fut pour moi la cause d'un nouveau désespoir. Avoir un enfant de cet homme que j'exécrais, c'était pour moi une pensée cruelle, un supplice continuel, et je ne cessais de répéter que je le haïrais, cet enfant du crime, que je ne me regarderais jamais comme sa mère ; de ce moment, il me sembla déjà que je prenais en haine tous les enfants.

« Ma tante recevait fort peu de monde ; pendant tout le temps de ma grossesse, elle en reçut encore moins. J'avais quitté ce malheureux pavillon, témoin de ma perte ; j'occupais une chambre près de ma tante ; Toinette était de l'autre côté ; il n'y avait plus moyen de parvenir jusqu'à moi... Précautions trop tardives, hélas ! mais il en est presque toujours ainsi. Cependant, Dufortier avait encore surpris le secret de mon état, car il ne craignit pas d'écrire à ma tante une lettre contenant ces mots :

« « J'offre toujours d'épouser mademoiselle votre nièce, bien que je sache quelle position elle se trouve, mais le mariage réparera tout. Répondez-moi poste restante, à Grenoble. »

« Vous pensez bien que l'on ne répondit pas à cet homme dont l'audace dépassait tout ce que l'on peut imaginer. Enfin, je vis le terme de mes souffrances : je mis au monde un garçon ; mais, lorsqu'on me demanda si je voulais l'embrasser, je refusai ; il me semblait qu'il devait avoir les traits de son père. Je consentis cependant à le voir une seule fois avant qu'on le portât à celle qui devait le nourrir, et Toinette me fit remarquer qu'il avait au cou, du côté gauche, un signe qui ressemblait parfaitement à une groseille.

« La paysanne à laquelle on avait confié l'enfant, habitait à deux lieues de la maison de ma tante. Toinette, seule, le lui avait porté. Cette femme, très-bien payée, croyait que son nourrisson appartenait à des négociants de Paris, elle ne cherchait pas à en savoir davantage. Une année s'écoula ; nous n'entendions plus parler de Dufortier, et je commençais à respirer plus librement. Toinette seule allait voir l'enfant ; plus d'une fois elle m'avait proposé de m'emmener avec elle, mais j'avais refusé ; je conservais toujours, au fond de mon cœur, comme une aversion bien injuste pour ce malheureux enfant.

« Vers cette époque, je reçus une lettre ; je sentis mon cœur se glacer en reconnaissant l'écriture du misérable auteur de tous mes maux. Cette fois, c'était à moi qu'il s'adressait, et voilà ce qu'il m'écrivait :

« Vous avez persisté à refuser de m'épouser, j'emporte notre fils ; quelque jour, il me servira à triompher de votre résistance. Rappelez-vous que je puis, quand je le voudrai, vous perdre de réputation, en faisant connaître que vous êtes sa mère. Sans adieu, nous nous reverrons. »

« En écoutant le contenu de cette lettre, Toinette jeta un cri d'effroi et courut en toute hâte chez la paysanne à laquelle elle avait confié mon fils. M. Dufortier avait dit vrai ; il s'était introduit chez cette femme en s'annonçant comme le père de son nourrisson ; puis, tout en adressant à la nourrice mille compliments sur les soins qu'elle avait donnés à l'enfant, lui avait demandé à aller le montrer à un de ses amis qui habitait une campagne voisine et qui, probablement, lui donnerait aussi des enfants à nourrir. Cette femme avait consenti, mais elle avait attendu en vain le retour de ce monsieur et de son nourrisson, et elle pleurait amèrement son imprudence, lorsque Toinette arriva.

« En apprenant l'enlèvement de mon fils, je ne saurais dire ce que je ressentis... mais bientôt l'aversion que j'éprouvais pour son père l'emporta et je m'écriai : Ce monstre a cru me porter un coup terrible en emportant cet enfant, il s'est trompé, je ne pourrai jamais aimer le fils de cet homme.

« Ma tante et Toinette avaient sans doute au cœur moins de haine que moi, elles pleurèrent l'enlèvement de ce pauvre petit.

« Les années s'écoulèrent et j'étais si jeune encore que je parvins, sinon à oublier, du moins à me consoler d'un malheur dont je ne pouvais pas m'accuser. Enfin ma tante mourut, je ne pouvais point passer ma vie seule dans une campagne où je ne me trouvais pas en sûreté ; je songeai à revenir à Paris ; Toinette s'était mariée et ne pouvait m'accompagner. Je partis seule, mais en route je me rappelai la menace de ce misérable Dufortier. Si je reparaissais dans le monde il pourrait facilement me trouver... il pourrait dire... ce qu'il vous a dit dernièrement. « Cette demoiselle est la mère de mon fils... » et bien que l'on ne soit pas coupable, le monde commence par vous mépriser... C'est pour me dérober à ce danger et aux recherches de cet homme, que j'arrivant à Paris j'avais pris le nom de Félicie et loué une modeste chambre garnie dans cette maison... Voilà mon histoire, vous savez tout maintenant... me jugez-vous encore digne de votre amour... de votre amitié ?... »

Pour toute réponse chacun court embrasser Félicie, et Gaston, pressant une de ses mains contre son cœur, lui dit : — Promettez-moi encore que vous voulez bien être ma femme...

— Il faut avouer, dit madame Montenlas, qu'il y a des hommes qui sont de fameux vauriens. Eh bien! monsieur Beugle, homme impassible, que dites-vous de l'histoire de cette chère enfant?

— Ça ne m'a bas ennuyé titout...

— Je le crois... mais quand je songe que ce brigand de Dufortier ou Bodinet... ou Carpentras loge sur le même carré que moi!... grand Dieu! si la nuit... cet homme allait s'introduire...

— Si che rencontre ce pigre-là tans l'escalier, dit M. Beugle, che bourrais bas faire autrement que de tomber zur lui!...

— J'aime à croire que nous ne le verrons plus, dit Alexandre, car j'ai prise de corps contre lui, moi, et il doit bien penser que maintenant je le mettrai à exécution.

— Ainsi, ce pauvre petit Aristide est votre fils? dit Gaston; est-ce que vous le haissez toujours?

— Oh non!... depuis que j'ai aperçu sur lui ce signe que j'avais remarqué sur mon enfant, je ne saurais vous dire quelle révolution s'est faite en moi... Pour la première fois j'ai senti ce doux sentiment de l'amour maternel; j'ai d'abord essayé de le combattre, je ne voulais pas absolument aimer le fils de la violence... mais il m'a fallu céder à cet amour que la nature met dans le cœur d'une mère...

— Et d'ailleurs, reprend Alexandre, les enfants ne sont pas responsables des fautes de leur père!

XLV. — DÉMÉNAGEMENT SANS FRAIS.

Après que Félicie a terminé le récit de ses aventures, Alexandre court à la pension de M. Loupard chercher son petit protégé, et il amène l'enfant chez Gaston où la jeune fille peut l'embrasser tout à son aise. Le petit Aristide tout joyeux de se voir fêté, caressé par chacun, revient souvent vers Félicie en lui disant :

— À présent tu m'aimes bien aussi, toi, tu n'as plus peur de m'embrasser... tu n'as plus jamais la fièvre.

On garde l'enfant jusqu'à la nuit; les deux amants font déjà mille projets pour l'avenir, et Gaston fait promettre à Félicie qu'elle ne mettra aucun retard à l'accomplissement de leur union.

Ce même jour, en sortant de chez Gaston, tout émotionnés encore par ce que vient de leur raconter Félicie, M. Beugle et madame Montenlair sont sortis ensemble. Le galant Allemand a proposé à sa voisine une promenade. La voisine a accepté en s'écriant :

— Oh! oui, j'ai besoin de me distraire... l'histoire de cette jeune fille m'a tellement émue... menez-moi au bois de Boulogne... en cab... vous me ferez faire le tour du lac... c'est si joli maintenant le bois de Boulogne... Ah! monsieur Beugle!... montrez-vous bien galant aujourd'hui... ce que je viens d'entendre m'a donné une telle aversion pour les hommes...

— Nous irons abrès tiner ensemble aux Champs-Élysées, nous poirons du champertin.

— Oh! oui, il faudra que je boive du chambertin pour oublier que vous faites partie de ce sexe criminel...

— Et buis abrès du champagne...

— Oh! beaucoup de champagne... pour que mon aversion parvienne à se dissiper.

Le couple avait pris un cab, madame Montenlair voulant absolument goûter de cette voiture dans laquelle elle n'est pas encore montée. Mais au bout de quelques minutes de promenade dans ce cabriolet anglais, le cheval s'était arrêté, et malgré les coups de fouet du cocher, avait refusé d'aller plus avant. Le poids énorme de M. Beugle faisait tellement pencher la caisse en arrière, que les brancards étaient sur le point d'enlever le cheval. Il avait fallu descendre du cab, ce qui n'avait pas plu au gros Allemand qui s'écriait :

— Ch'aime bas cette gabriolet... on est touchours obliché de regarter foler la mouche en l'air.

Cet incident n'avait pas troublé la tendre harmonie qui régnait entre le voisin et la voisine. On avait pris une autre voiture. Rosinette s'était fait promener dans le bois de Boulogne; elle avait eu un moment la fantaisie d'aller en bateau sur le lac, mais bientôt réfléchissant que le poids de son cavalier pourrait produire dans une barque le même effet que dans un cab, elle avait renoncé à cette idée. Après la promenade, on avait dîné chez le traiteur.

Le repas avait été succulent et les vins généreux, car après avoir fait une longue station, le couple est sorti le nez fort rouge et les yeux très brillants; Rosinette se balançait au bras de son cavalier, qui ne cessait point de répéter :

— Che ne me zuis bas ennuyé!

— Pas ennuyé! ah! le mot est joli, répond madame Montenlair, mais dites donc que vous êtes fort content des mortels. Ne vous ai-je pas avoué que je n'étais pas insensible à votre amour...

— Ah! foui!... foui!... eb' tais oublié... che bensais blus titout!...

— Pour employer agréablement la soirée, le voisin et la voisine vont au spectacle, où madame Montenlair demande elle-même à aller dans une loge grillée, parce qu'elle craint que le public ne voie sur sa physionomie qu'elle a bu du champagne...

Après le spectacle, Beugle et Rosinette regagnent leur domicile en se promenant. Le spectacle avait fini tard; l'Allemand et sa dame ne marchait pas vite, il était minuit et demi lorsqu'ils arrivèrent près

Deux hommes étaient depuis quelque temps déjà postés dans la rue; l'un regardait constamment en l'air la fenêtre du quatrième étage, qui était celle du logement de M. Bodinet, l'autre avait l'œil au guet, regardant tantôt à droite, tantôt à gauche, pour s'assurer s'il venait du monde, disant de temps à son camarade :

— Pas encore... voilà des passants... ne donne pas encore le signal...

Le premier de ces deux individus était le grand Gueuletard; le second, le petit homme au chapeau lie de vin.

Enfin la rue est devenue déserte, personne ne vient, si ce n'est M. Beugle donnant le bras à madame Montenlair, qui marchent en se tenant amoureusement et en se parlant dans le nez.

— Bah! dit le petit Putois, plus personne qu'un couple amoureux... ceux-là ne verront rien... finissons-en... donne le signal!

Alors M. Gueuletard imite avec sa voix les miaulements d'un chat. Aussitôt de la fenêtre de Bodinet tombe sur le pavé le lit en fer qui a été démonté. Cette lourde couchette produit en tombant un bruit effrayant.

Beugle et sa dame qui n'étaient plus qu'à dix pas s'arrêtent spontanément.

— Oh! mon Dieu! s'écrie madame Montenlair, c'est un homme qui se jette par la fenêtre... c'est Philosèle peut-être.

— Non, che croyais bas... c'est zeulement des garreaux de gassés.

Cependant en quelques secondes le grand Gueuletard a enlevé le lit de fer qu'il transporte dans une petite charrette à bras qui est cachée plus loin, dans une encoignure. Quatre chaises ont suivi le lit de fer, elles ont fait peu de bruit et disparaissent également ainsi qu'une table et des fragments de buffet. L'Allemand et sa compagne qui ne comprennent rien à ce qu'ils voient avancent vers leur maison.

— Gare là-dessous! leur crie le petit Putois au moment où ils sont devant leur porte; mais l'avertissement est venu trop tard et le matelas soi-disant élastique de M. Bodinet, tombe en plein sur ce monsieur et cette dame.

Rosinette est renversée par le choc, M. Beugle est resté ferme et debout, mais son chapeau a subi le renversement que le gros Allemand a la figure totalement masquée, celui de madame Montenlair a été entièrement crevé, la tête de Rosinette a passé au travers. Tous les deux poussent des cris lamentables; pendant ce temps M. Putois a enlevé le matelas qui est également porté dans la charrette avec laquelle il se hâte de disparaître ainsi que son compagnon.

Quelques passants attirés par les cris de madame Montenlair, viennent l'aider à se relever et parviennent à débarrasser M. Beugle de son chapeau. Chacun demande ce qui est arrivé.

— On jette des choses horribles de cette maison, dit madame Montenlair. Voyez, messieurs, voyez mon chapeau! mon malheureux chapeau qui est devenu une collerette... vingt-cinq francs de perdus!... c'est désolant!...

— Le mien itou est vichu aussi!... c'est pien pête te cheter tes baquets bar la venêtre!

— On vous a jeté un baquet? dit un curieux.

— Oh! foui, un énorme baquet.

— C'est singulier... on ne voit rien par terre.

Comme personne n'est blessé, l'affaire semble peu grave aux passants qui s'éloignent en riant comme à l'ordinaire, aux dépens des victimes de ce déménagement nocturne.

M. Beugle et madame Montenlair se décident à rentrer et racontent à la concierge ce qui vient de leur arriver, mais ils ne peuvent préciser ce qui est tombé sur leur tête, par ce qu'ils ont été sur-le-champ aveuglés. Matame Ador à moitié endormie ne comprend pas bien ce qui est arrivé à ses locataires.

— Est-ce que ce ne serait pas ce gredin du quatrième qui déménagerait? dit Rosinette.

— Mais bisque il ne fient blus tans la maison!

— Si fait, dit la concierge, il est revenu ce soir sur les dix heures, il a monté chez lui lestement et comme s'il avait peur d'être aperçu!

— Si c'est lui qui déménage, il faut le laisser s'en aller, ce sera un vilain voisinage de moins.

— C'est très-bien, madame, qu'il s'en aille, je le veux bien, mais qu'il paie son terme avant... vous me jetez dans une inquiétude... enfin j'éclaircirai cela demain.

M. Beugle calme les regrets de madame Montenlair qui se désole de la transformation de son chapeau, en lui promettant de lui en offrir un autre, et chacun rentre chez soi.

Le lendemain, sur les huit heures du matin, Félicie ne peut résister au désir qu'elle éprouve d'aller avant de déjeuner embrasser celui qu'elle ne nomme pas encore ouvertement son fils, mais pour lequel elle éprouve maintenant toute la tendresse d'une mère.

En entrant dans la classe, ses yeux y cherchent en vain Aristide; elle s'approche du maître d'école pour lui demander où est l'enfant; alors seulement elle remarque la figure renversée du bon M. Loupard, dont les yeux sont encore remplis de larmes.

— Qu'est-il arrivé, monsieur, s'écrie Félicie, je ne vois pas Aristide, serait-il malade?

— Mon Dieu! mademoiselle, vous me voyez désolé, répond le professeur en essuyant ses yeux. Je voulais... j'allais aller chez vous...

voir ces bons jeunes gens pour leur apprendre un événement qui me fait tant de peine... je ne pourrai jamais m'en consoler...

— Achevez donc, monsieur... Aristide...

— Eh bien, mademoiselle, son père... ce monsieur Bodinet... ou Carpentras... car je ne sais plus quel nom lui donner, est venu ce matin... avant sept heures, à peine s'il faisait jour. Il a demandé son fils, m'a ordonné de faire un paquet des effets de l'enfant, puis m'a annoncé qu'il l'emmenait.

— O mon Dieu !...

— J'ai voulu lui faire des observations en lui disant que le petit garçon se plaisait chez moi... qu'il y était bien.... Je lui ai même dit : Laissez-le moi, monsieur, permettez-moi de le garder jusqu'à ce qu'il soit grand, et je ne vous demanderai jamais rien pour sa pension. Mais cet homme m'a répondu d'un ton arrogant :

— Je ne veux pas vous laisser mon fils... je suis son père, il me semble que je suis le maître d'en faire ce que bon me semble. Vous avez été payé, je ne vous dois rien, donnez-moi ses effets vivement, et pas d'observation. Que vouliez-vous que je répondisse... cet homme est le père d'Aristide... le pauvre petit pleurait... Quand son père l'a pris pour l'emmener, il a poussé des cris à fendre le cœur... il me suppliait de le garder... il vous appelait pour le défendre, vous et ses protecteurs...

— Ah! assez... assez, monsieur... vous me faites mourir... mon fils !... il m'a pris mon fils...

— Votre fils! murmure d'un air stupéfait le pauvre professeur qui n'avait pas été présent la veille au récit de Félicie : Mon Dieu! ma-demoi... madame... j'ignorais... vous ne m'aviez pas dit... mais j'au-rais dû le deviner à la tendresse que vous lui témoigniez... Ne vous désespérez pas! il sera sans doute facile de savoir dans quelle autre pension son père l'a conduit, car il n'est pas probable qu'il garde avec lui un enfant si jeune.

Félicie n'écoute plus M. Loupard, elle quitte la classe et court apprendre à Gaston et à Alexandre le nouveau malheur dont elle vient d'être frappée, les deux jeunes gens partagent sa douleur, car tous les deux éprouvaient la plus vive amitié pour l'enfant.

— Imbécile de Loupard! s'écrie Alexandre en frappant du pied avec colère. C'est un excellent homme... mais il est bête comme un pot! Se laisser toujours voler par cet homme... car, je le répète, quand on ne prend pas soin de son enfant, quand on l'abandonne à la merci des premiers venus, on doit perdre tous ses droits au titre de père... et dire qu'il avait osé revenir dans cette maison... Mais voyons... s'il y était encore... Oh! cette fois, je vous réponds que je ne le laisserais pas échapper.

Alexandre court frapper à la porte du logement de M. Bodinet, mais personne ne lui répond. Madame Montenlair, qui arrive sur le carré, raconte alors au jeune homme ce qui lui est tombé sur la tête, ainsi qu'à M. Beugle, au moment où ils rentraient dans la maison.

— C'est donc un matelas qui vous est tombé sur la tête, ma voisine?

— Mon Dieu, je ne pourrais pas dire ce que c'est... j'ai été tellement étourdie du coup... j'ai été renversée, mon chapeau a été crevé... M. Beugle seul a résisté... il est resté debout... Ah ! c'est un homme bien solide!...

— Enfin, puisque vous n'avez été blessés ni l'un ni l'autre, c'est que vous n'avez pas reçu un meuble bien dur...

— Mais quelques instants auparavant nous avions entendu un bruit horrible... un fracas épouvantable... on avait jeté autre chose dans la rue...

— Alors, ce gredin de Bodinet déménageait donc par la fenêtre?

Alexandre descend s'informer de ce monsieur chez la concierge ; celle-ci l'a vu rentrer la veille, et ne l'a pas aperçu sortir, mais sa nièce qui causait de très grand-matin devant la porte avec la laitière, a vu M. de Carpentras qui venait du fond de la cour en tenant par la main un petit garçon qui pleurait, et auquel il a même donné un soufflet sous la porte cochère, en lui disant :

— Tu en auras autant toutes les cinq minutes, si tu ne tais pas !

— Pauvre petit!... murmure Alexandre en fermant les poings avec colère, voilà donc le sort qui t'est réservé!... mais je te retrouverai! Oh! oui, je te retrouverai, dussé-je, pour y parvenir, visiter les quatre coins de Paris !...

Gaston en disait autant à Félicie, qui versait d'abondantes larmes, et s'accusait du malheur qui la frappait en disant :

— Le ciel me punit, parce que j'ai trop tardé à aimer mon fils, parce que j'avais voulu l'envelopper dans la haine que j'éprouve pour son père.

— Consolez-vous, lui dit Gaston, grâce à vous j'ai retrouvé les forces, la santé; je ne prendrai point de repos que je ne sache ce qu'est devenu ce pauvre enfant. Il n'est pas probable que son père ait quitté Paris, des gens comme lui ne trouvent pas dans cette ville des moyens d'existence. Il ne peut vouloir séquestrer son fils, il ne peut non plus l'avoir constamment avec lui... Alexandre et moi nous parviendrons à le retrouver.

— Ah! que son père me le rende! s'écrie Félicie, et qu'il exige pour cela le prix qu'il voudra, je suis prête à le lui donner. Je re-fusais à cet homme de l'argent, lorsque ce n'était que de ... qu'il

s'agissait... mais pour ravoir mon fils je sens bien que je donnerais tout ce que je possède.

Trois jours s'écoulent, on n'a plus entendu parler de M. Bodinet, mais on n'a aucune nouvelle du petit Aristide. Madame Ador va trois fois par jour frapper à la porte de M. de Carpentras, chez lequel on n'entend plus le moindre bruit; cette circonstance, jointe à ce qu'on lui a dit des meubles jetés par la fenêtre, détermine la concierge à aller trouver M. Mouton, le propriétaire, et à lui faire part de ses inquiétudes. M. Mouton, qui n'entend pas raison quand il s'agit de ses loyers, commence par adresser une semonce à sa concierge, qui ne devait pas, sans être payée, laisser des meubles sortir, ni par la fenêtre, ni par la porte.

— Espérons, dit madame Ador, que ce monsieur n'aura pas dé-ménagé son linge, et il en avait plein trois énormes paniers, qu'un fort commissionnaire pouvait à peine soulever.

— Il faut savoir à quoi vous en tenir. Votre locataire ne donne plus signe de vie depuis trois jours. Allez conter cela au commissaire de police, et priez-le de vouloir bien faire ouvrir la porte de ce M. de Carpentras...

— Si le commissaire trouvait qu'il n'y a pas de raison suffisante pour entrer de force chez ce monsieur?

— Vous lui direz que cela sent le charbon dans l'escalier, et que vous craignez que ce particulier ne se soit asphyxié.

Madame Ador fait exactement ce que lui a ordonné M. Mouton, et bientôt le commissaire fait ouvrir, par un serrurier, la porte du logement de M. Bodinet, dans lequel il pénètre assisté de son secrétaire, et accompagné de la concierge. Le plus grand dénûment règne dans cette chambre, dans laquelle on ne trouve plus que quelques vieilles planches brisées, et les trois paniers qui avaient été si lourds à porter.

— Dieu soit loué ! s'écrie la concierge, cet homme a déménagé ses meubles par la fenêtre, mais il n'aura pas osé y jeter son linge.

— Vous croyez que ces trois paniers contiennent du linge, dit le commissaire.

— Dame, monsieur, c'est ce qu'il a déclaré, quand il est emménagé, ce soi-disant M. de Carpentras...

— Mais ces paniers sont fermés, ficelés...

— C'est vrai ! juste comme quand ils sont arrivés ici... il a dû ce-pendant se servir de son linge, depuis ce jour-là... Le commissaire fait ouvrir les paniers, après avoir écarté la paille, dont ils sont bourrés, on trouve dans chacun d'eux d'énormes pavés soigneusement empaillés comme des bouteilles de vins fins.

— Ah! le gueux ! le filou !... s'écrie la concierge, le voilà donc, son linge!... Cherchez votre terme là dedans ! nous sommes volés !

— Madame, dit le commissaire, c'est en voyant le contenu des paniers, en général il faut vous méfier du contenu de ces coffres ou de ces malles, qui pèsent tant, qu'on peut à peine soulever; désormais nous y joindrons aussi les paniers.

XLVI. — AU BOUT DU FOSSÉ.

En sortant de chez M. Loupard, M. Bodinet, tenant par la main le petit Aristide, et sous son bras le paquet de hardes de l'enfant, se di-rige vers le haut du faubourg et gagne la barrière Rochechouart. Le petit garçon, auquel son père avait administré un soufflet, parce qu'il pleurait en quittant la pension, s'efforçait, tout en marchant, de re-tenir ses larmes et d'étouffer ses sanglots. Quelquefois il tournait vers M. Bodinet des regards craintifs et suppliants; mais cet homme, qui n'avait aucun bon sentiment, et qui ne méritait pas le nom de père, ne faisait aucune attention aux soupirs de son fils, ou se conten-tait de lui tirer le bras durement, en lui disant :

— Allons! allons! marchons mieux que cela... je vends des traî-nards!... et surtout qu'on ne pleurniche plus, ou j'applique de la girofflée sur le facies.

Arrivé à la barrière Rochechouart, M. Bodinet y trouve ses deux amis intimes, MM. Gueletard et Putois, qui l'attendaient en fumant des pipes culottées dans la perfection.

— Me voici, mes anciens, dit M. Bodinet en prodiguant des poi-gnées de main, et je vous présente mon héritier...

— Ah! c'est le petit dont tu nous as parlé ?

— Est-ce qu'il est vraiment à toi, ce moutard-là?

— Oh! tout ce qu'il y a de plus à moi... d'autant plus que sa mère me déteste!...

— Il a une bonne petite boule... Pourquoi pleure-t-il ?... pourquoi que tu pleures, petit ?

Aristide répond en tremblant :

— Je ne veux pas de chocolat !...

— Qu'est-ce qu'il dit ?

— Ne l'écoutez pas !... Parlons d'affaires d'abord : le déménage-ment s'est effectué sans désagrément ?

— Pas le moindre... il y a seulement un monsieur et une dame qui ont reçu nos matelas sur la tête... ils ont braillé comme des ânes mais nous avons filé avec la charrette... ni vu ni connu !

— Et vous avez porté tout cela?...

— Où tu nous as dit... dans la maison de la rue Constantine...

— C'est très-bien; maintenant, Putois, tu m'as dit que tu connaissais par ici un revendeur qui achetait tout au comptant.

— Oui, c'est là-bas... le père Larifla... un vieux malin.

— Tiens, prends ce paquet, et va lui vendre tout ce qui est dedans... fais de l'argent... il m'en faut, je suis à sec... Va, nous
allons t'attendre chez ce marchand de vin, en face... où je paie à
déjeuner.

— C'est bien, allez... je rapporterai les sonnettes.

M. Bodinet entre chez un marchand de vin, tenant toujours Aristide par la main, et, suivi de son ami Gueuletard, ces messieurs se
placent à une table, au fond d'une grande salle. On fait asseoir le
petit garçon au bout. M. Bodinet demande du vin, commande un
déjeuner copieux; et, remplissant les verres, en pose un plein de vin
devant son fils, en lui disant :

— Tiens, voilà de quoi boire, en attendant le solide!... sois tranquille, il fait bon, avec moi, quand je suis en fonds!...

— Je ne bois pas de vin pur, dit Aristide; mon bon ami Loupard
ne l'a défendu.

— Ton bon ami Loupard est une cruche!... et ça dit que ça sait
élever les enfants!... moi, je suis ton père, et je veux faire de toi un
homme... Si ton professeur avait connu son histoire de France, il
aurait su qu'Henri IV avait bu du vin pur en naissant; par conséquent un miochte qui a cinq ans sonnés doit pouvoir boire son petit
canon... je referai ton éducation.

M. Putois ne tarde pas à rejoindre la société; il met vingt-deux
francs dans la main de M. Bodinet, en lui disant :

— Voilà le produit de la brocante, impossible d'avoir un monaco
de plus! le père Larifla a dit : Ce sont des frusques d'enfant, c'est
usé, ça se vendra rien du tout!...

— Eh bien! les amis, on se contentera de ça pour le quart-d'heure,
on avisera ensuite aux moyens d'en avoir d'autre. Tapons sur le déjeuner.

— Ça y est.

Ces messieurs attaquent avec avidité des pieds de mouton et des
côtelettes de porc frais aux cornichons, qu'on vient de placer devant
eux. M. Bodinet met devant Aristide un énorme morceau de pain et
une assiette remplie jusqu'aux bords, en lui disant :

— Mange... bourre-toi bien de fricot, mange de façon à n'avoir
pas faim de quelque temps, parce qu'avec moi, si on déjeune bien, on
n'est pas toujours sûr de dîner.

— C'est égal, dit le petit Putois, tout en tendant à chaque instant
son verre, c'est dommage que l'affaire du duel n'ait pas réussi,
comme tu l'espérais, Bodinet, et que la demoiselle ne t'ait pas apporté
les fonds que tu lui demandais... tu aurais eu plus de vingt-deux
francs, je pense...

— J'aurais eu vingt mille francs!... voilà sur quoi je comptais.

— Vingt mille francs! s'écrie le grand Gueuletard, à la bonne
heure... voilà une affaire!...

— Il y a quelques pieds de mouton, là-dedans... Eh! eh! eh!

— Tout n'est pas encore désespéré, messieurs, j'ai garde à carreau, comme on dit au piquet!...

— Oh! avec toi, nous savons qu'il y a toujours de la ressource!...

— Est-ce que tu veux te battre encore avec le jeune homme?

— Non! cela ne signifie rien... il est guéri de sa blessure, ça m'est
égal... ce n'est pas de ce côté que je tirerai de l'argent... mais, tenez, la voilà, ma garde à carreau...

Et M. Bodinet montre du doigt l'enfant, qui pour se consoler a pris
le parti de manger et de boire le plus possible.

— Ah! c'est ce mioche... il va bien... il montre des dispositions
dans la mâchoire.

— Et que comptes-tu faire de productif avec ce petit... est-ce qu'il
danse sur la corde?

— Je ne sais pas; mais ce que je sais, c'est que le môme, qui
jadis ne s'inquiétait pas plus de lui que s'il n'eût jamais existé, lui témoigne depuis quelque temps le plus tendre intérêt... j'ignorais cela,
moi, c'est seulement depuis deux jours, et par hasard, que j'ai appris,
par un agent d'une école, qu'elle se rendait très-souvent à la pension du petit, pour le voir, pour l'embrasser, pour lui porter des
friandises.

— Et elle sait que c'est son fils?

— C'est justement depuis qu'elle en est certaine qu'elle se conduit
ainsi. C'est là-dessus que j'ai bâti mon plan... je me suis dit : Je
vais m'emparer de l'enfant, et si elle veut le ravoir, elle paiera la
rançon...

— Joliment joué. Tu vas lui écrire tes propositions?

— Oh! n'allons pas si vite... il faut la laisser se désoler... pleurer
son fils... il faut ensuite qu'elle le revoie dans une position... peu
agréable... et que cela lui fasse éprouver encore plus vivement le désir
de l'en tirer... alors, elle mettra les pouces et j'en aurai tout l'argent
que je voudrai.

— Bravo!... décidement, tu es un homme supérieur!

— Eh! eh! eh!... quel dommage que notre ami n'ait pas été banquier... comme il aurait fait de belles choses...

— Maintenant, il faut que je cherche à quoi je pourrais employer
ce petit drôle pour le rendre intéressant...

— Fais-lui faire des tours de paillasse... marcher sur la tête... faire
des culbutes.

— Non pas, diable! cela pourrait le rendre malade... je tiens à ce
qu'il se porte bien...

— Fais-en un petit commissionnaire, alors.

— C'est un état de flâneur, ça ne rend pas intéressant... oh! nous
trouverons autre chose...

Ces messieurs cherchaient, tout en continuant de boire, ce qu'on
pourrait faire du petit Aristide qui avait cessé de manger et les regardait alternativement l'un et l'autre comme s'il eût deviné que
c'était de lui que l'on s'occupait.

Dans ce moment un petit ramoneur qui venait de travailler dans
une des cheminées du marchand de vin, traverse la salle encore tout
couvert de suie et de poussière.

M. Bodinet aperçoit le petit industriel qui peut avoir sept ans, il
se frappe le front en s'écriant :

— Eh! sacrebleu! voilà mon affaire... ceci s'appelle un heureux
hasard... holà! eh! ramoneur... ici...

Le petit ramoneur s'approche de la table où l'on déjeune, en
disant :

— Me voilà, moussia, c'est-il moi que vous voula?

— Oui, c'est toi; écoute, j'ai une proposition à te faire...

— Pour une cheminia à nettoya?

— Non, c'est pour autre chose... veux-tu troquer ta vieille veste
rapiécée contre la bonne blouse de ce polisson que tu vois-là... au
bout de la table... il est un peu plus petit que toi, mais cela ira tout
de même...

— Ma vesta pour sa blouza?

— Un instant, ce n'est pas tout; tu lui donneras aussi ton bonnet
de laine et tu auras sa jolie casquette... de plus, tu me vendras ton
sac, tes genouillères et ra raclette...

— Tout cha!...

— Pardieu!... tu ne seras pas embarrassé pour t'en procurer
d'autres...

— Oh! mais c'est bien chera tout cha!...

— Voyons, combien estimes-tu ces objets... et songe que tu auras
blouse et casquette neuves.

Le petit ramoneur réfléchit un moment, puis répond :

— Tout cha vaut bien... quatre francs!

— Je te donne cent sous; mais exécutons tout de suite le marché.

Le ramoneur ôte sur-le-champ sa veste, son bonnet et ses genouillères. Aristide le regardait d'un air étonné et sans souffler mot; mais
lorsque ce petit garçon tout noirci par la suie s'approche de lui en
lui disant :

— Donnez-moi vostre blouza et vostre casquetta, si vous pla.

L'élève de M. Loupard a un mouvement de tête magnifique, et il toise
avec fierté le ramoneur en lui répondant :

— Le plus souvent!...

M. Bodinet se lève et s'approche de son fils auquel il dit :

— Ôtons la blouse et la casquette vivement, et pas de manières,
vous savez que je ne les aime pas.

Aristide, effrayé, ôte sa blouse et sa casquette; mais lorsque son
père le force à endosser l'horrible veste et à se coiffer du bonnet de
laine du ramoneur, il pousse de grands cris en disant :

— Non, non, je ne veux pas mettre ça... j'aime mieux du papier
gris... mettez-moi du papier gris!...

M. Bodinet triomphe facilement de la résistance de son fils, et
lorsqu'il le rhabille et coiffe en ramoneur il lui dit :

— De quoi vous plaignez-vous, drôle? je vous donne une profession honorable, avec laquelle vous pouvez déjà gagner votre vie, et
vous n'êtes pas content... l'état de ramoneur n'a rien de mauvais
pour la santé... voyez ce jeune industriel... les bonnes joues, comme
c'est rose et noir... est-ce que cela te rend malade de ramoner les
cheminées, petit?

— Oh! non, moussia, je me porta comme la luna!

— Il se porte comme la lune... qu'est-ce qu'on peut désirer de
mieux... Est-ce difficile de ramoner une cheminée?

— Non, mossia; on ratisse avec sa raclietta tout le long, le long de
mura, comme cha...

— Vous voyez, monsieur Aristide... c'est un travail très-aisé, un âne
pourrait ramoner des cheminées... mais on ne s'en sert pas parce
qu'ils sont trop gros. Et combien peux-tu gagner dans ta journée,
ramoneur?

— Dame, moussia, on nous paya douze ou quinze sous par che
mina, j'en faisons bien quatre par jour... quelquefois plus que cha...

— Mais c'est un état fort lucratif!... mettons seulement quatre
cheminées par jour, à quinze sous, c'est donc trois francs par jour...
douze cents francs par an qu'un petit garçon peut gagner... il y a
beaucoup d'employés, de commis de bureau qui ne gagnent pas plus
que cela, et qui piochent sur leur chaise du matin au soir... parole
d'honneur! à leur place, j'aimerais mieux être ramoneur. Un jour,
monsieur mon fils, vous apprécierez ce que je fais pour vous en ce
moment.

— Je ne veux pas être ramoneur, moi! dit Aristide en jetant avec
colère son nouveau bonnet par terre; mais M. Bodinet ramasse le

bonnet et le renfonce sur la tête de l'enfant de manière à lui couvrir les yeux et lui dit :

— Je vo *s* défends de vous décoiffer, songez à m'obéir, sinon des claques .. Tiens, ramoneur, voilà tes cinq francs, tourne-nous les talons.

M. Bodinet et ses deux intimes jugent convenable de prolonger leur déjeuner jusqu'à la fin de la journée. Après avoir longtemps sangloté sous son bonnet, le pauvre petit Aristide a fini par s'endormir en appuyant sa tête sur la table.

Enfin, sur le soir, ces messieurs, qui sont tous les trois passablement gris, quittent la table. Gueuletard dit :

— Allons-nous faire une partie là-bas... à notre tapis habituel.

— Non, dit Bodinet, je ne veux plus aller là, parce que le sieur Alexandre Grandmoulin, qui connaît cet endroit et m'y a vu, pourrait fort bien m'y pincer. Il y a un autre petit bouge, bien gentil, à deux cents pas d'ici en remontant à droite, allez vous y installer; moi, je vais donner un coup de pied et un coup d'œil à mon nouveau local de la rue Constantine, y déposer ce môme, que je ne veux pas traîner constamment avec moi partout, et ensuite j'irai vous retrouver à l'endroit indiqué, et nous y achèverons gaîment la soirée.

M Bodinet réveille son fils en lui secouant très-brusquement le bras. Le pauvre enfant rêvait qu'il était à sa pension, entouré de ses petits camarades; en revoyant sur lui la grande défroque du ramoneur, il croit dormir encore, mais la voix de son père le ramène bientôt à la triste réalité. Celui-ci lui prend la main, l'entraîne, et chacun se met en route.

La rue Constantine est située hors Paris, près de la barrière de Ménilmontant. De celle Rochechouart où ces messieurs ont déjeuné, il y avait une assez longue course à faire; mais M. Bodinet marche vite, sans daigner songer que celui qu'il tient par la main n'a que ses petites jambes de cinq ans, et que pour aller aussi vite que son conducteur, il est, la plupart du temps, obligé de courir.

Du reste, nous avons remarqué trop souvent cette indifférence des grandes personnes pour les enfants qu'ils emmènent avec eux; enfants qu'ils aiment quelquefois, nous l'espérons, mais dont ils ont bien peu de soin !... On ne se dit pas assez combien une marche forcée est fatale à la santé de ces petits êtres; quant à nous, lorsque sur le minuit nous rencontrons de ces personnes qui rentrent chez elles en tenant par la main un enfant de trois à quatre ans, qu'elles ont le courage de faire marcher à l'heure où il devrait dormir, notre cœur se serre, et nous ne pouvons pas nous empêcher de douter de la sensibilité de ces gens-là.

M. Bodinet, qui, probablement ne fait pas ces réflexions, continue de marcher vite jusqu'à ce qu'il arrive à la rue Constantine, et Aristide trottine sans se plaindre, parce qu'il comprend déjà que ce serait inutile.

Le nouveau domicile de ce monsieur se compose d'une horrible chambre dont l'on voit à peine clair, et qui est située au dernier étage d'une affreuse maison dont une partie seulement est construite, le reste est encore échafaudage.

M. Bodinet installe le petit garçon dans sa chambre, en lui disant :

— Nous voici chez nous.

— On n'y voit pas clair, murmure Aristide.

— Bah !... tu t'y feras... ça semble sombre en arrivant, mais tout à l'heure tu y verras comme en plein soleil. Au reste, je n'ai pas l'habitude de moisir chez moi, et toi, quand tu feras ton état, tu ne rentreras aussi que pour te coucher... or, à quoi sert un bel appartement quand on n'y vient que pour dormir! Aussi je te laisse... je te permets, pour aujourd'hui, de t'étendre sur ma couchette. Demain, je t'achèterai trois ou quatre bottes de foin sur lesquelles tu dormiras très-moelleusement; et puis, rien n'est bon comme le foin pour fortifier les enfants... Allons, repose-toi, dors, demain tu commenceras ton nouvel état...

— Quel état?

— Parbleu, celui dont tu portes les insignes... ramoneur.

— Qu'est-ce que l'il faudra donc faire, ramoneur?

— On te l'expliquera quand tu feras ton début.

M. Bodinet est parti après avoir enfermé son fils. Aristide, en se voyant seul dans cette vilaine chambre, commence par pleurer, puis finit par s'endormir; c'est la ressource des enfants quand ils ont du chagrin, et ils se la procurent plus facilement que les grandes personnes qui souvent cherchent en vain le sommeil; mais il faut bien que les enfants aient quelques dédommagements.

M. Bodinet a passé une grande partie de la nuit avec ses dignes amis, il ne rentre qu'au matin, et dort alors toute la journée sans répondre à son fils qui lui demande à déjeuner. Enfin, ce monsieur s'éveille, il fouille dans ses poches, se rappelle qu'il a dépensé la veille tout ce qu'il possédait, et s'écrie :

— Diable !... plus le sou... j'ai dormi trop tard... tu ne trouveras plus ! ramoner aujourd'hui. Allons dîner à ma gargote en bas... on n'y fera crédit. Mais demain il faudra gagner du cuibus pour nourrir papa !... c'est le devoir d'un bon fils; j'aime à croire, Aristide, que vous mettr du zèle à le remplir. Mouchez-vous et partons.

Le maître de la gargote reçoit assez mal M. Bodinet, et ce n'est qu'en faveur de l'enfant dont la petite mine l'intéresse, qu'il consent

encore à lui donner à dîner à crédit. Cela n'empêche pas M. Bodinet de manger comme quatre et *a* engager son fils à en faire autant.

Le lendemain dès sept heures du matin, ce monsieur fait lever Aristide, lui fait prendre son sac, sa raclette, ses genouillères et l'emmène dans la rue de Ménilmontant en lui disant :

— Crie, de toute ta force : Ramona la chemina.

— Pourquoi ça?

— Je ne te demande pas de réflexions, obéis sans en faire... crie...

Le petit garçon se décide à dire :

— Ramona la chemina!

— Plus fort!

— Ramona la chemina!

— Encore plus fort!

— Je ne peux pas!

— Il faudra te faire une voix de tête... une voix criarde... je t'*a* prendrai... va toujours.

— Ramona la chemina!

Il y avait trois quarts d'heure que M. Bodinet faisait inutilement crier son fils, lorsqu'enfin une fenêtre s'ouvre et l'on crie :

— Montez, ramoneur!

— Allons, en avant! dit M. Bodinet à Aristide et surtout du toupet! ne recule pas, ou je claque!

On arrive chez les personnes qui ont appelé.

— Est-ce que monsieur est avec le ramoneur? dit une bonne, étonnée de voir un particulier, assez proprement vêtu, servir de compère au petit garçon.

— Oui, mademoiselle, répond Bodinet en se donnant un air important.

— Je suis entrepreneur d'une nouvelle société de ramonage... par actions... avec primes... nous n'employons que de très-petits garçons, parce que ça grimpe bien mieux dans les cheminées, et je les accompagne pour surveiller leur travail...

— Ah! c'est différent! Tiens, petit, voilà la cheminée!

Aristide regarde la cheminée et ne bouge pas; mais M. Bodinet lui attache ses genouillères en lui disant tout bas :

— Monte là-dedans... c'est de la gymnastique... c'est très-amusant... si on te le défendait, tu voudrais y grimper... moi je te le permets, et va te raclette... gratte les murs et fais tomber la suie...

— Je ne pourrais pas... c'est trop noir là-dedans...

— D'autres y montent bien... va donc!...

— Je ne veux pas aller dans une cheminée...

M. Bodinet a pris l'oreille de son fils et il la pince de façon à le faire crier.

— Qu'a-t-il donc, ce petit ramoneur ? demande la bonne, pourquoi crie-t-il?

— Rien!... il a cru que je voulais ramoner à sa place, et cela le désolait. Allons, monte, gamin, et songe qu'un déjeuner copieux sera le fruit de ton travail.

Aristide pousse un gros soupir, mais il se décide, et, après quelques hésitations, disparaît enfin par le haut du foyer.

— Il me semble qu'il ne gratte pas beaucoup, dit la bonne, je ne l'entends pas ratisser.

— Oh! pardonnez-moi, mais nous avons un nouveau système de grattage qui ne fait pas de bruit du tout.

— Il ne tombe presque pas de suie.

— C'est que votre cheminée était moins sale que vous ne le pensiez...

— Petit!... hohé! monte bien jusqu'en haut!...

— Soyez tranquille! il est incapable de rester en chemin... il s'en irait plutôt par-dessus les toits.

Bientôt Aristide redescend tout ébouriffé, tout noir, et disant qu'il ne voit plus clair. M. Bodinet lui essuie les yeux, lui ordonne de se taire, lui fait ramasser la suie, et la bonne donne quinze sous à l'entrepreneur de ramonage.

— Eh bien! petit drôle! dit M. Bodinet à son fils, lorsqu'ils sont dans la rue, tu vois bien que ce n'est pas la mer à boire, de ramoner une cheminée... cette fois, tu as à peine ratissé la suie, tu n'as pas été, j'en suis sûr, jusqu'à moitié du tuyau!... je te pardonne, parce que c'est ton début; mais, comme nous n'aurons pas toujours affaire à des servantes aussi bêtes que celle de tout à l'heure, il faudra, 'avenir, ramoner mieux que cela.

Aristide ne répond rien; il est très en colère d'avoir la figure et les mains toutes noires, il veut aller se débarbouiller à la première borne-fontaine qu'il aperçoit, mais Bodinet l'en empêche, en lui disant:

— La suie est le fard des ramoneurs... si tu n'étais pas noirci par elle, on croirait que tu ne pratiques pas. Tu te débarbouilleras les dimanches dans l'après-midi, c'est bien suffisant. Recommence à crier !... et une voix de tête, s'il est possible !

Dans cette journée, le petit garçon ne trouve que deux cheminées à faire; mais. M. Bodinet se contente de toucher trente sous, en disant.

— Le commerce ne va pas toujours aussi bien qu'on le voudrait... nous en gagnerons plus demain! nous ne mangerons que trente sous aujourd'hui: il faut se plier aux circonstances.

Le lendemain, en effet, Aristide ramone jusqu'à cinq cheminées ; il est parvenu à vaincre sa répugnance et à pénétrer, sans montrer de frayeur, dans l'intérieur des tuyaux ; il commence à se servir assez bien de sa raclette et à faire tomber la suie sans s'aveugler ; mais ce qu'il n'a point fait encore, c'est de monter jusqu'au faîte d'une cheminée et d'y faire entendre la petite chansonnetta des Savoyards. Arrivé aux deux tiers de sa course, l'enfant ne se sent jamais le courage d'aller plus loin ; il trouve d'ailleurs qu'il en a bien assez fait et se hâte de descendre, en disant qu'il a été tout en haut.

M. Bodinet n'est point la dupe du petit garçon. Quinze jours s'écoulent, et ce monsieur répète sans cesse à Aristide :

— Tu trompes tes clients !... tu ne vas jamais jusqu'au haut d'une cheminée... moi, je m'en ficherais pas mal... mais cela peut nous faire du tort : on dira que tu ne ramones qu'à moitié... on ne t'emploiera plus ! voilà ce qu'il faut éviter ! et pour cela, je veux que tu montes tout en haut...

— J'y monte !

— Vous mentez presque aussi bien que votre père !... mais, au reste... la première fois que tu ramoneras, j'ai un moyen de m'assurer de la vérité... j'irai t'attendre sur le toit ! Alors, mon gaillard, tu ne pourras pas m'attraper.

Pendant que M. Bodinet a fait de son fils un ramoneur, et qu'il force le petit garçon à exercer cet état, Félicie continuait de verser des larmes tandis que Gaston et Alexandre passaient une grande partie de leur temps à chercher ce que pouvait être devenu Aristide.

Lorsque, le soir, les deux jeunes gens revenaient près de la jeune mère désolée, les yeux de Félicie les interrogeait ; elle voyait sur-le-champ, dans leurs tristes regards, qu'ils n'avaient rien appris, rien découvert ; alors, elle laissait retomber sa tête sur sa poitrine, en balbutiant :

— J'ai perdu mon pauvre fils ! je ne le verrai plus... le ciel me punit d'avoir trop tardé à l'aimer.

Ce qui augmentait la peine de Félicie, c'était l'idée que son fils était maintenant malheureux, et il était naturel d'avoir cette crainte, lorsqu'on connaissait M. Bodinet.

Gaston faisait tout son possible pour ramener un sourire sur les lèvres de celle qu'il adorait ; mais alors même qu'il lui renouvelait l'assurance de son amour, il ne pouvait dissiper sa mélancolie, et lisait dans ses yeux qu'elle ne pouvait être complètement heureuse tant qu'elle serait séparée de son fils.

Trois semaines se sont écoulées. Un matin, Alexandre, après avoir parcouru une partie du faubourg Saint-Antoine, sans avoir obtenu aucun renseignement sur ce qu'il cherche, va bientôt atteindre le boulevard, lorsqu'un grand rassemblement lui barre le passage.

Le jeune homme s'arrête pour savoir ce qui est arrivé en cet endroit ; le portier de la maison devant laquelle la foule se porte, dit aux curieux :

— Le médecin qui vient de le voir, assure que c'est un homme mort... Dame ! c'est sa faute... je l'avais prévenu... il amène un petit ramoneur... celui-ci monte dans la cheminée du second, chez M. Fouillot... alors voilà l'homme qui me dit :

— Peut-on grimper sur le toit de votre maison ? je voudrais m'assurer si mon ramoneur va jusqu'en haut.

— Je lui réponds : « Oui, monsieur, on peut y aller, vu qu'il y a une partie qui est en terrasse ; mais la cheminée de M. Fouillot donne sur l'autre côté du toit, et ce serait dangereux de s'y hasarder, à moins que vous ne soyez couvreur... » Là-dessus, il m'a répondu :

— Soyez tranquille ! indiquez-moi le chemin

— Je le lui ai indiqué ; il est monté... mais au lieu de rester sur la terrasse, il a voulu gravir le toit de l'autre côté... alors, il aura glissé... et patatras dans la cour... C'est encore bien heureux que je ne l'aie pas reçu sur le dos !

Alexandre a entendu une partie seulement des paroles du

et un sentiment dont il ne peut se rendre compte le porte à écarter la foule qui l'entoure, afin de pénétrer dans la cour de cette maison ; il y parvient ; il arrive jusqu'au blessé... un cri lui échappe en reconnaissant Bodinet.

Celui-ci a levé les yeux, il a aussi reconnu Alexandre et lui fait signe d'approcher de lui. Alexandre se penche vers ce malheureux qui peut à peine parler, mais qui rassemble ses forces pour lui dire :

— Je vais mourir... j'ai ce que je mérite... priez mademoiselle Danglade de me pardonner... je me repens... mon fils... mon fils...

Il ne peut en dire davantage ; ses yeux se ferment, il n'est plus ; et Alexandre sent des larmes mouiller ses yeux, car plus un homme a été coupable et plus notre cœur s'émeut à la vue de son repentir.

— Mon Dieu ! se dit Alexandre en s'éloignant de celui qui ne peut plus l'entendre, mais il ne m'a pas dit où était son fils...

En ce moment, un petit ramoneur s'approche et lui tend les bras, en lui disant :

— Mon bon ami Alexandre... c'est moi... c'est moi... emmène-moi avec toi, je t'en prie... pendant qu'il ne me voit pas !...

Alexandre a reconnu Aristide ; il le prend dans ses bras et s'empresse de s'éloigner avec l'enfant, afin de lui dérober le triste spectacle qui est à quelques pas.

Gaston était auprès de Félicie ; il s'efforçait de distraire sa douleur, lorsque des pas précipités se font entendre, puis bientôt la porte s'ouvre avec violence. Alexandre paraît... il tient à la main un petit ramoneur qu'il pousse dans les bras de Félicie, en lui criant :

— Le voilà !

Et celle-ci tient déjà son fils sur son cœur, en s'écriant :

— Il m'est donc rendu enfin !

— Oui, et pour toujours... car celui qui l'avait enlevé... et qui, comme vous voyez, en avait fait un ramoneur, ne fera plus de sottises... il est mort !...

— Mort !...

— Oui... mais il s'est repenti... Pardonnez-lui donc maintenant tout le mal qu'il vous a fait.

Alexandre raconte comment il a retrouvé l'enfant et quel a été le châtiment de cet homme qui n'avait voulu être père que par spéculation. Mais toute la famille lui pardonne, et Félicie apprend à Aristide à prier pour lui.

Le bon M. Loupard, averti du retour de son élève, accourt l'embrasser, avant même que l'enfant soit entièrement débarrassé des traces de son métier de ramoneur.

Puis, au bout de quelques semaines, Félicie, ou plutôt Ernestine Danglade, qui a loué le logement occupé auparavant par la belle danseuse, épouse Gaston et s'y installe avec lui, au grand ébahissement de toutes les bonnes de la maison qui ne peuvent revenir de ce changement de fortune de la demoiselle du cinquième.

On laisse encore quelque temps Aristide chez son ami Loupard, peut-être l'y laissera-t-on jusqu'à son adolescence ; il y a des personnes qui trouvent qu'il est plus utile de former le cœur que l'esprit ; elles ont d'autant plus raison, qu'en général, l'esprit se forme tout seul.

Madame Montenlair a su si bien se rendre nécessaire à M. Beugle que celui-ci ne tarde pas à l'épouser. Le premier acte de puissance de Rosinette est de mettre Kretly à la porte. Mais, au bout de quelques mois, le gros Allemand recommence à dire :

— Che m'ennuie beaucoup.

Alcibiade Collinet est devenu huissier ; il continue de faire arrêter ses amis quand l'occasion s'en présente.

Le docteur Urtuby continue de jouer du violon et de traiter ses malades à coups d'archets ; ceux-ci préfèrent cela aux coups de lancette, et souvent s'en trouvent mieux.

Le grand Alexandre reste le fidèle compagnon des jeunes époux, et, quoique l'ami intime de Gaston, il ne fait pas la cour à sa femme ; c'est le plus bel éloge que nous puissions faire de lui.

JULES ROUFF & Cⁱᵉ, ÉDITEURS
PARIS.—14, Cloître Saint-Honoré, 14.—PARIS.

EXTRAIT DU CATALOGUE GÉNÉRAL

Collection J. ROUFF, à 1 fr. 50 le volume
In-18 jésus, très beau papier vélin glacé

PAUL DE KOCK	PAUL DE KOCK (suite)	PAUL DE KOCK (suite)	PAUL DE KOCK (suite)
Œuvres complètes	L'Ane à M. Martin . . . . . 1 v.	L'Homme aux trois culottes. . 1 v.	Les Epoux Chamœreau . . 1 v.
Monsieur Dupont . . . . . 1 v.	La Baronne Blaguiskoff . . 1 v.	Monsieur de Volnville. . . 1 v.	Le Petit Isidore. . . . . 1 v.
Mon voisin Raymond. . . . 1 v.	La Bouquetière du Château-	Berlingot et Cⁱᵉ. . . . . 1 v.	Alexis et Georgina . . . . 1 v.
La Femme, le Mari et l'A-	d'Eau . . . . . . 2 v.	Un Jeune Homme mysté-	Flon, Flon, Flon, Larira-
mant. . . . . 1 v.	Carotin. . . . . . . 1 v.	rieux . . . . . . 1 v.	dondaine. . . . . 1 v.
L'Enfant de ma Femme. . . 1 v.	Cerisette. . . . . . 2 v.	La Jolie Fille du Faubourg. 1 v.	Un Monsieur très tour-
Nouvelles et Théâtre . . . 1 v.	Les Compagnons de la	Madame de Monflanquin. . 1 v.	menté . . . . . . 1 v.
Georgette . . . . 1 v.	Truffe . . . . . . 1 v.	Madame Pantalon . . . . 1 v.	
Le Barbier de Paris . . . 1 v.	Le Concierge de la rue du	Madame Tapin . . . . . 1 v.	**TOUCHARD-LAFOSSE**
Madeleine . . . . . . 1 v.	Bac. . . . . . . 1 v.	Un Mari dont on se moque. 1 v.	
Le Cocu . . . . 1 v.	L'Amant de la Lune . . . 1 v.	La Mariée de Fontenay-aux-	Chroniques de l'Œil-de-Bœuf :
Un bon Enfant . . . . . 1 v.	La Dame aux trois corsets. 1 v.	Roses . . . . . . 1 v.	des petits appartements de la
Un Mari perdu . . . . . 1 v.	La Demoiselle du cinquième 2 v.	Ce Monsieur . . . . . 1 v.	cour et des salons de Paris sous
Gustave le mauvais sujet. 1 v.	Les Demoiselles de magasin 1 v.	M. Chérami . . . . . 2 v.	Louis XIII et Louis XIV, la Ré-
André le Savoyard . . . . 1 v.	Une drôle de Maison. . . 1 v.	M. Choubiane . . . . . 1 v.	gence, Louis XV et Louis XVI.
La Pucelle de Belleville. . 1 v.	Les Etuvistes. . . . . 1 v.	Papa Beau-père. . . . . 1 v.	Principaux faits historiques, ar-
Un Tourlourou . . . . . 1 v.	La Famille Braillard. . . 2 v.	Le Petit-Bonhomme du coin 1 v.	tistiques et littéraires sous une
La Maison blanche . . . . 1 v.	La Famille Gogo . . . . 2 v.	La Petite Lise. . . . . 1 v.	forme attrayante et des plus
Frère Jacques . . . . . 1 v.	Les Femmes, le Jeu et le	Les Petits Ruisseaux. . . 1 v.	instructives.
Zizine . . . . 1 v.	Vin . . . . 1 v.	La Prairie aux coquelicots. 2 v.	
Ni jamais, ni toujours . . 1 v.	Une femme à trois visages. 2 v.	Le Professeur Ficheclaque . 1 v.	1ᵉ série de 1634 à 1630. 1 v.
Sœur Anne. . . . . . 1 v.	La Fille aux trois jupons. . 1 v.	Sans Cravate . . . . . 2 v.	2ᵉ — de 1630 à 1672. 1 v.
Jean . . . . 1 v.	Friquette . . . . . . 1 v.	Le Sentier aux prunes . . 1 v.	3ᵉ — de 1672 à 1693. 1 v.
La Laitière de Montfermeil. 1 v.	Une Gaillarde . . . . . 2 v.	Taquinet le Bossu. . . . 1 v.	4ᵉ — de 1693 à 1714. 1 v.
Contes et chansons . . . } 1 v.	La Grande Ville . . . . 1 v.	L'Amour qui passe et l'A-	5ᵉ — de 1714 à 1729. 1 v.
Une Fête aux env. de Paris.	*Les Enfants du boulevard :*	mour qui vient . . . 1 v.	6ᵉ — de 1729 à 1754. 1 v.
L'Homme de la nature . . 1 v.	— Les Nouveaux Trouba-	*La Mare d'Auteuil :*	7ᵉ — de 1754 à 1770. 1 v.
Moustache . . . . . . 1 v.	dours. . . . . . 1 v.	— Madame Saint-Lam-	8ᵉ — de 1770 à 1789. 1 v.
L'amoureux transi . . . . 1 v.	— Un Petit-Fils de Car-	bert . . . . . . 1 v.	
Mon ami Piffard . . . . 1 v.	touche. . . . . . 1 v.	— Benjamin Godichon. 1 v.	
	Une Grappe de groseille. . 1 v.	Paul et son Chien . . . . 1 v.	

Bibliothèque J. ROUFF, à 3 fr. le volume
In-18 jésus très beau papier vélin glacé

CAMILLE ALLARY	ALEXIS BOUVIER (suite)	CONSTANT GUÉROULT	HENRI ROCHEFORT
Laurence Clarys. . . . . 1 v.	Les Pauvres. . . . . 1 v.	L'Affaire de la rue du Tem-	Mademoiselle Bismarck. . . 1 v.
ODYSSE BAROT	Etienne Marcel . . . . 1 v.	ple. . . . . . . 1 v.	De Nouméa en Europe. . . 1 v.
Les Amours de la duchesse	Les Drames de la Forêt. . 1 v.	La Bande à Fifi Vollard . . 1 v.	Les Naufrageurs . . . . 1 v.
Jeanne . . . . 1 v.	Amour, Misère et Cⁱᵉ. . . 1 v.		Les Dépravés . . . . . 1 v.
John Marcy . . . . . . 1 v.	**ALPHONSE BROT**	**HENRI DE KOCK**	**MAXIME RUDE**
Le Procureur impérial (le	Les Nuits terribles. . . 1 v.	La Fille d'un de ces Mes-	Le Roman d'une Dame
Clocher de Chartres). .	Miss Million . . . . . 1 v.	sieurs. . . . . . 1 v.	d'honneur (deuxième em-
Le Procureur impérial (le	**A. BROT ET SAINT-VÉRAN**	**JULES LERMINA**	pire) . . . . . . 1 v.
Condamné). . . . . } 1 v.	Les Compagnons de l'Arche. 1 v.	Les Mariages maudits . . 1 v.	Une Victime de couvent. . 1 v.
Le Casier judiciaire. . . 1 v.	**JEAN BRUNO**	La Haute Canaille. . . . 1 v.	Le Cousin infâme. . . . 1 v.
ALEXIS BOUVIER	M'sieu Gugusse . . . . 1 v.	**JULES MARY**	**P. DE SAINTE-MARTHE**
La Grande Isa. . . . . 1 v.	**ALEXIS CLERC**	La Faute du docteur Made-	Une attaque nocturne. . . 1 v.
La Femme du Mort. . . . 1 v.	Si nous causions femmes. . 1 v.	lor . . . . 1 v.	**PAUL SAUNIÈRE**
Le Mouchard. . . . . . 1 v.	Frère Nicéphore. . . . 1 v.	Les Nuits rouges . . . . 1 v.	Monseigneur . . . . . 1 v.
La Belle Grêlée . . . . . 1 v.	**ACHILLE DALSÈME**	**PRINCESSE OLGA**	Le Secret d'or . . . . . 1 v.
Malheur aux pauvres. . . 1 v.	L'Envers de Paris. — La	Vie galante en Russie (Ef-	**ALFRED SIRVEN**
Le mariage d'un forçat. . 1 v.	Banque Duvoisin . . . 1 v.	feuillons la marguerite). 1 v.	Un Drame au couvent. . . 1 v.
Les Créanciers de l'échafaud 1 v.	Le Lendemain du bal. . . 1 v.	**PAUL D'ORSIÈRES**	**E. THIAUDIÈRE**
Mademoiselle Beausourire. 1 v.	**P. DELCOURT**	Macha. . . . . . . 1 v.	La Petite fille du Curé. . . 1 v.
Isa Loiotte et Cⁱᵉ. . . . 1 v.	Agence Tabureau (célérité	La Chevalière. . . . . 1 v.	Le Roman d'un Bossu. . . 1 v.
La Princesse Saltimbanque. 1 v.	et discrétion)	**G. DE PARSEVAL DESCHÊNES**	**VAST-RICOUARD**
Les Soldats du Désespoir. . 1 v.	Ficelle, successeur de Ta-	Les Mystères du hasard	La Danseuse de corde. . . 1 v.
Le Fils d'Antony . . . . 1 v.	bureau . . . . . . } 1 v.	(l'Oubliette du manne-	**YVES GUYOT**
Bayonnette, histoire d'une	**CH. DIGUET**	quin). . . . . . 1 v.	L'Enfer social . . . . . 1 v.
jolie fille. . . . . . 1 v.	Moi et l'autre . . . . . 1 v.	Les Mystères du hasard (une	**P. ZACCONE**
Auguste Manette . . . . 1 v.	Le Bâtard du Bourreau. . 1 v.	Erreur judiciaire) . . . 1 v.	Une haine au bagne (t. 1ᵉʳ). 1 v.
La Rousse . . . . . . 1 v.			— (t. II). 1 v.
La Bouginotte. . . . . 1 v.			
Le Domino rose . . . . . 1 v.			

Collection de luxe in-18 jésus à 3 fr. 50 le volume

Mémoires de M. Claude	ALEXIS CLERC	TH. LABOURIEU	HENRI ROCHEFORT
Chef de la police de sûreté sous	L'Amour qui fait manger. . 1 v.	Les Crimes de Paris (le	Les Petits mystères de l'Hô-
le second empire. . . . 10 v.	**OSCAR COMMETTANT**	Drame de la rue Charlot). 1 v.	tel des ventes. . . . . 1 v.
Faits divers de l'année 1881	Histoire de bonne humeur. 1 v.	**ANDRÉ LÉO**	**AUGUSTE SAULIÈRE**
Faits divers de l'année 1882	**HENRY DEMESSE**	L'Enfant des Rudère. . . 1 v.	L'Amour terrible . . . . 1 v.
Faits divers de l'année 1883	Gant de fer. . . . . . 1 v.	**JULES MARY**	Morte d'amour. . . . . 1 v.
ODYSSE BAROT	**JULES GROS**	Le Boucher de Meudon. . . 1 v.	Pour une femme. . . . . 1 v.
Le Fort de la Halle (t. 1ᵉʳ). 1 v.	Les 775 millions de Jean-	Les Damnés de Paris (l'En-	**ALFRED SIRVEN**
(t. II). 1 v.	François Jolivet. . . . 1 v.	dormeuse). . . . . . 1 v.	La Bigame. . . . . . 1 v.
Les Trois Bâtards. . . . 2 v.	Les Secrets de la mer. . . 1 v.	**CARLE DES PERRIÈRES**	**EDMOND THIAUDIÈRE**
FORTUNÉ DU BOISGOBEY	Les Trésors de la montagne. 1 v.	Rien ne va plus. . . . . 1 v.	La Maison fatale . . . . 1 v.
Le Coup d'œil de M. Pie-	Mousetard 1ᵉʳ . . . . . 1 v.	Paris-Joyeux . . . . . 1 v.	**VAST-RICOUARD**
douche. . . . . . . 1 v.	Monsieur et Madame Mou-		La Belle héritière. . . . 1 v.
	fetard. . . . . . . 1 v.		

Paris. — Imp. Vᵉ P. Larousse et Cⁱᵉ, rue Montparnasse, 19.

Jules ROUFF et Cⁱᵉ, Éditeurs, 14, cloître Saint-Honoré, à Paris.

EXTRAIT DU CATALOGUE GÉNÉRAL

Collection in-4° illustrée

PAUL DE KOCK	PAUL DE KOCK (suite)	PAUL DE KOCK (suite)	P. DU TERRAIL (suite)
Œuvres complètes	La Femme, le Mari et l'A-	**En préparation**	Le Chambrion . . . . . » 75
	mant 1 15	Friquette . . . . . . » 75	Le Nouveau maître d'école. » 70
L'Enfant de ma femme . » 55	Le Barbier de Paris. . . 1 15	Un Jeune homme mysté-	Dragonne et Mignonne. . » 90
Une Fête aux env. de Paris. » 55	Le Cocu 1 15	rieux . . . . » »	Le Grillon du moulin. . . 1 »
Un Homme à marier. . . » 55	La Pucelle de Belleville. . 1 15	La Mariée de Fontenay-	La Fée d'Auteuil . . . . » 90
Mon ami Piffard . . . . » 85	Un tourlourou. 1 15	aux-Roses . . . . . . » »	Capitaine des pénit. noire. 1 20
L'Âne de Monsieur Martin. » 55	Frère Jacques. 1 15	**PONSON DU TERRAIL**	L'Auberge de la rue des
Nouvelles et théâtre . . » 75	Zizine 1 15	**Rocambole**	Enfants-Rouges. . . . 2 »
L'Amour qui passe et l'A-	Un Jeune homme charmant 1 15	Les Drames de Paris, 2 vol. 11 95	L'orgue de Barbarie . . . 1 »
meur qui vient. . . . . » 75	Jean 1 15	*Les mêmes par parties :*	**EUGÈNE SUE**
Taquinet le Bossu . . . » 75	L'Homme de la nature . . 1 15	1 L'Héritage mystérieux . . 2 70	Les Mystères de Paris . . 5 »
La Fille aux trois jupons . » 75	Moustache. 1 15	2 Le Club des Valets de	Le Juif-Errant . . . . . 5 »
Les Femmes, le Jeu et le Vin. » 75	La Jolie fille du faubourg. 1 15	Cœur. 3 75	Les Misères des enfants
Le Sentier aux prunes . . » 75	L'Amoureux transi. . . . 1 15	3 Exploits de Rocambole. . 3 90	trouvés 4 50
Concierge de la rue du Bac » 75	Ce Monsieur 1 15	4 La Revanche de Baccarat. 1 95	La Famille Jouffroy . . . 3 »
Monsieur de Voienville . . » 75	Carotin. 1 15	5 Chevaliers du clair de lune 1 10	L'Institutrice . . . . . » 40
Berlingot et Cⁱᵉ. . . . . » 75	Madame Pantalon . . . 1 35	6 Le Testament de Grain-	Atar-Gull . . . . » 70
Le Petit bonhomme de coin. » 75	André le Savoyard. . . . 1 35	de-Sel. 2 25	La Salmandre . . . . . » 90
Flon, flon, flon, Lariradon-	Maison Blanche. 1 35	Résurrection de Rocambole 5 55	Le Marquis de Létorières. » 90
daine. . . . . » 75	Sœur Anne 1 35	Dernier mot de Rocambole. 7 50	Arthur. 1 60
Monsieur Dupont. . . . » 75	La Laitière de Montfermeil. 1 35	Les Misères de Londres. . » 70	Thérèse Dunoyer. . . . » 90
Georgette . . . . . . » 95	Sans cravate. 1 35	Les Démolitions de Paris. 2 40	Deux histoires 1 10
Madeleine . . . . . . » 95	Madame de Monfanquin. . 1 35	La Corde du pendu. . . . 2 40	Latréaumont 1 10
Un bon Enfant. . . . . » 95	Monsieur Chérami . . . 1 35	Le Retour de Rocambole. 5 20	Comédies sociales. . . . » 70
Gustave le mauvais sujet. » 95	La Famille Braillard. . . 1 35	Les Nouveaux exploits de	Jean Cavalier 1 40
Ni jamais ni toujours. . . » 95	Les Compagnons de la	Rocambole 5 50	La Coucaratcha. 1 10
Contes et Chansons. . . » 95	Truffe 1 35	Les Drames du village. . 4 20	Le Commandeur de Malte . 1 10
L'Homme aux trois culottes » 95	La Famille Gogo 1 60	L'Amortir de Milan. . . 1 10	Paula Monti. 2 75
Un M. très tourmenté . . » 95	Cerisette. 1 60	Les Cavaliers de la nuit. . 2 40	Plik et Plok. . . . . . » 70
Monsieur Choublanc. . . » 95	La Bouquetière du Châ-	Le Pacte de sang. 4 20	Delaytar. . . . . . . » 50
Une grappe de groseille. . » 95	teau-d'Eau. 1 60	Mystères du demi-monde. 1 10	Le Morne au Diable . . . 1 10
La Dame aux trois corsets. » 95	La Demoiselle du cinquième 1 60	Nuits de la Maison Dorée. 1 10	La Vigie de Koat-Ven. . . 1 80
La Baronne Biaguiskof . . » 95	Le Petit Isidore. 1 60	La Jeunesse du roi Henri. 1 25	Les Sept péchés capitaux. 6 »
Les Petits ruisseaux. . . » 95	Les Demoiselles de magasin 1 60	L'Héritage d'un comédien. » 70	La Bonne aventure. . . . 1 40
Le Professeur Ficheclaque. » 95	Les Enfants du boulevard. 1 60	Le Diamant du comman-	Jean Bart et Louis XIV. . » 90
Une Drôle de maison. . . » 95	La Prairie aux coquelicots. 1 60	deur 4 20	Les Enfants de l'amour. . 1 10
La Grande Ville. . . . . » 95	Une Gaillarde. 1 95	Les Masques rouges . . . 1 95	Les Mémoires d'un mari. . 2 80
Madame Tapin . . . . . » 95	La Mare d'Auteuil . . . 1 95	Le Page Fleur de Mai. . . » 75	Les Légendes du peuple. . 4 40
Un Mari dont on se moque. » 95	Les Étuvistes. 1 95	Les Cosaques à Paris. . . 2 70	Mademoiselle de Fœuernel. 1 10
Papa Beau-père. . . . . » 95	Paul et son chien. . . . 1 95	Le Roi des bohémiens, 8 . 1 10	Les Fils de famille. . . . 2 25
La Petite Lise. . . . . . » 95	Une Femme à trois visages. 1 95	La Reine des gypsies. . . 1 10	Mathilde (édit. de luxe). . 5 »
Mon voisin Raymond. . . 1 15	L'Amant de la Lune . . . 1 35	Mémoires d'un gendarme. 1 »	

Nouvelle collection in-4° illustrée

Très beau papier, magnifiques gravures

PAUL DE KOCK	PAUL DE KOCK (suite)	JEAN BRUNO	PAUL SAUNIÈRE
Gustave le mauvais sujet. 2 »	Moustache. . . . . . . 2 »	M'sieu Gugusse. . . . . 2 »	Monseigneur, T. Iᵉʳ . . . 6 »
Monsieur Dupont. . . . 2 »	Ni jamais ni toujours. . . 2 »	**TONY RÉVILLON**	— T. II (le Secret d'or). 9 »
Mon voisin Raymond. . . 2 »	Un homme à marier . . . 2 »	Le Faubourg St-Antoine. . 2 »	**F. COOPER**
La Pucelle de Belleville. . 2 »	Un mari perdu. . . . . 2 »	Le Drapeau noir . . . . 2 »	Le Dernier des Mohicans. . 1 75
Georgette. . . . . . . 2 »	Le Barbier de Paris. . . 2 »	**CONSTANT GUÉROULT**	Œil de Faucon 1 75
Le Cocu. . . . . . . 2 »	L'Homme de la nature et	L'Affaire de la rue du Tem-	Ontario. 1 75
La Laitière de Montfermeil. 2 »	l'homme policé. . . . . 2 »	ple. . . . . 5 »	**TOUCHARD-LAFOSSE**
La Femme, le Mari et l'A-	L'Enfant de ma femme. . 2 »	La Bande à Fifi Vollard . 6 50	Chroniques de l'Œil-de-
mant. . . . . 2 »	**ALEXIS BOUVIER**	**ALEXIS CLERC**	Bœuf : des petits appar-
André le Savoyard. . . . 2 »	La Femme du Mort. . . . 3 50	Physique et chimie populaires.	tements de la Cour et des
Zizine. . . . . 2 »	La Grande Isa. 5 50	T. Iᵉʳ. Notions prélimi-	salons de Paris, sous
La Maison-Blanche. . . . 2 »	Le Mouchard . . . . . 4 »	naires, pesan-	Louis XIII et Louis XIV,
Un Tourlourou . . . . . 2 »	Les Créanciers de l'échafaud 5 50	teur, chaleur,	la Régence, Louis XV et
Un bon Enfant. . . . . 2 »	Le Belle Grêlée. . . . . 5 »	acoustique . . 10 »	Louis XVI. Principaux
Un Jeune homme charmant 2 »	Mademoiselle Olympe. . . 5 »	T. II. Électricité, stati-	faits historiques, artisti-
Madeleine . . . . . . 2 »	Mademoiselle Beau-Sourire 5 »	que. . . . . . . 10 »	ques et littéraires, sous
Sœur Anne. . . . . . . 2 »	Isa Lolotte et Cⁱᵉ. . . . 7 50	T. III. Chimie, magné-	une forme attrayante et
Jean . . . . 2 »	Le Fils d'Antony . . . . 5 »	tisme, optique,	des plus instructives.
Frère Jacques. . . . . . 2 »		électricité dy-	Tome Iᵉʳ . . . . 10 »
		namique. . . . 10 »	Tome II . . . . 10 »

PUBLICATIONS ILLUSTRÉES

SOUSCRIPTION PERMANENTE : { 10 centimes la livraison (8 pages) ; 50 centimes la série (5 livraisons).

ODYSSE BAROT	ALEXIS BOUVIER (suite)	XAVIER DE MONTÉPIN	ÉMILE RICHEBOURG
Le Procureur impérial.	Bayonnette.	L'Homme aux figures de cire.	Jean Loup.
ADOLPHE BITARD	La Rousse.	**CONSTANT GUÉROULT**	**PONSON DU TERRAIL**
Les Arts et Métiers.	**JEAN BRUNO**	L'Affaire de la rue du Temple.	Les Drames de Paris. ROCAMBOLE.
ALEXIS BOUVIER	M'sieu Gugusse.	La Bande à Fifi Vollard.	**PAUL SAUNIÈRE**
La Femme du Mort.	**TONY RÉVILLON**	**PAUL DE KOCK**	Monseigneur.
La Grande Isa.	Le Faubourg St-Antoine.	Œuvres choisies.	Le Secret d'or.
Le Mouchard.	Le Drapeau noir.	**TOUCHARD-LAFOSSE**	La Petite marquise.
Les Créanciers de l'échafaud.	**ALEXIS CLERC**	Chroniques de l'Œil-de-Bœuf.	**EUGÈNE SUE**
La Belle Grêlée.	Physique et chimie populaires.	**JULES MARY**	Le Juif Errant.
Mademoiselle Olympe.	Hygiène et médecine.	Les Damnées de Paris.	
Mademoiselle Beau-Sourire.	Hygiène et médecine des	**EMMANUEL GONZALÈS**	
Isa Lolotte et Cⁱᵉ.	deux sexes.	Ésaü le Lépreux.	Mémoires de M. Claude.
Le Fils d'Antony.			

Paris. — Imp. Vᵉ P. Larousse et Cⁱᵉ, rue Montparnasse, 19.

www.ingramcontent.com/pod-product-compliance
Lightning Source LLC
Chambersburg PA
CBHW060613100426
42744CB00008B/1398